dup

dharma-university-press.org

Die Frage, ob unser Leben „Kampf oder Kooperation" ist, steht im Mittelpunkt dieses ersten Bandes, mit dem ich Sie einladen möchte, mir durch die europäische Geistesgeschichte zu folgen, bevor ich im zweiten Band Asangas grandiose Theorie des Geistes beschreibe und mit Blick auf unser Leben und Handeln in Unternehmen und anderen Organisationen analysiere. Zur Beantwortung der Frage „Kampf oder Kooperation?" stellen sich verschiedene strukturierende Leitfragen: Ist die Gedankenwelt des Kampfes ein unabänderlicher, gewissermaßen natürlicher Ausdruck der Gattung Mensch, oder ist sie nur eine Ideologie, die das natürliche Sein des Menschen übertüncht? Welche Bedeutung hat die Kooperation für die evolutionäre Entwicklung der Menschheit? Sind Funktionalisierung und Instrumentalisierung biologische, anthropologische, soziologische, psychische oder philosophische Bedingungen für eine produktive Gesellschaft, oder sind sie nur geistige Konstruktionen? Was bedeutet es eigentlich, Mensch zu sein und wie sieht die westliche Vorstellung über den Geist und das Ich aus? Sind die vielen Kriege der Vergangenheit nicht eindeutige Belege dafür, dass der Mensch kriegerisch ist? Das Verständnis über Karma zu erhellen, ist ein weiteres meiner Anliegen mit diesem Buch, weil der Blick auf das eigene Karma ein erweitertes Sichtfeld auf das Leben freigibt, das hilft, die Leid verursachenden Zusammenhänge und Strukturen, die wir allzu oft für Schicksal oder Zufall halten, zu erkennen. Gelingt dies, können wunderbare Momente der Einsicht erlebt werden, die ich jedem Menschen wünsche, bevor das unweigerliche Sterben des Körpers eintritt.

Hans Korfmacher, geb. 1959, studierte Chemie und arbeitete als Umweltschutzmanager in verschiedenen Institutionen und Unternehmen, zuletzt als Direktor für Umweltschutz der Gillette Gruppe in Boston und Aufsichtsratsmitglied der Europäischen Recyclingplattform, eines von ihm initiierten und bis 2006 geleiteten Unternehmens zur Sammlung und Verwertung von Elektroaltgeräten in Europa. 2007 begann er das Systematische Studium der buddhistischen Philosophie am Tibetischen Zentrum in Hamburg und lernte seinen Geist zu erkunden. Diese Grundlage half ihm mehrere schwere Herzinfarkte im Frühjahr 2010 zu überstehen. Seitdem studiert und meditiert er täglich mehrere Stunden über den Geist und seine Bedeutung für das Zusammenleben und -arbeiten von Menschen.

Management und Buddhismus

Lebenskreise

Band 1
Kampf oder Kooperation?

Hans Korfmacher

Bibliographische Information der Deutschen Bibliothek
Die Deutsche Bibliothek verzeichnet diese Publikation in der Deutschen Nationalbibliographie

dharma-university-press.org
Management und Buddhismus, Lebenskreise,
Band 1, Kampf oder Kooperation?
Erste Auflage 2014

Umschlag und Satz: Dietmar Meinert
Titelbild: Rudi Wolf und David Korfmacher
Lektorat: Marika Muster, Eva Maria Hartings, Bruno Elberfeld
Druck: CPIbooks.de
ISBN: 978-3-00-045995-5

Für
Eva & David,
meine Lehrenden,
Freunden und Familien,
und für alle fühlenden Wesen.

Mögen Sie alle glücklich und frei von Leid sein!

Lebensstufen

Wie jede Blüte welkt und jede Jugend
dem Alter weicht, blüht jede Lebensstufe,
blüht jede Weisheit auch und jede Tugend
zu ihrer Zeit und darf nicht ewig dauern.

Es muss das Herz bei jedem Lebensrufe
bereit zum Abschied sein und Neubeginne,
um sich in Tapferkeit und ohne Trauern
in andre, neue Bindungen zu geben.

Und jedem Anfang wohnt ein Zauber inne,
der uns beschützt und der uns hilft, zu leben.
Wir sollen heiter Raum um Raum durchschreiten,
an keinem wie an einer Heimat hängen.

Der Weltgeist will nicht fesseln uns und engen,
er will uns Stuf' um Stufe heben, weiten.
Kaum sind wir heimisch in einem Lebenskreise
Und traulich eingewohnt, so droht Erschlaffen.

Nur wer bereit zu Aufbruch ist und Reise,
mag lähmende Gewöhnung sich entraffen.
Es wird vielleicht auch noch die Todesstunde
Uns neuen Räumen jung entgegensenden.

Des Lebens Ruf an uns wird niemals enden.
Wohlan denn, Herz, nimm Abschied und gesunde!

Hermann Hesse

Vorwort

Hans Korfmacher hat eine unterscheidende Weisheit in Bezug auf den Dharma, der buddhistischen Lehre, durch beständiges Studium und Meditieren erreicht. Durch intensive Übung fand er einen Weg, die Weisheit der Unterscheidung vollständig zur Anwendung zu bringen. Mit Hilfe dieser Methode erfuhr er nicht nur einen großen Nutzen für seinen Geist, sondern auch für seine Herzerkrankung. Aufgrund seiner Erfahrungen und dem Wunsch, andere Menschen auf ihrem Weg zu einem glücklicheren Leben zu unterstützen, hat er sich entschieden, den Geist und seine 51 Geistesfaktoren, ein sehr grundlegendes Thema der buddhistischen Lehre und Psychologie, das der große buddhistische Lehrer Asanga vor 1600 Jahren erstmals beschrieben hat, zu erläutern und die besondere Bedeutung für das tägliche Leben in allen Organisationsformen hervorzuheben. Seine Darstellung der Verbindung zwischen der buddhistischen Landkarten des Geistes und den westlichen Philosophien und Weltbildern mögen den Lesenden besonders helfen, diese Weisheiten zu verstehen und im praktischen Leben heilsam anzuwenden. Ich habe die Hoffnung und spreche Wunschgebete, dass dies zur Freude und zum großen Nutzen vieler Menschen führen wird!

Hamburg, im April 2014 Geshe Pema Samten

Einführung

24. Februar 2010, 19 Uhr: Ich sitze im Flughafen von Barcelona, warte auf meinen Flug nach Düsseldorf und denke seltsamerweise: „Dies ist mein letztes Glas Rotwein." Ich hatte verschiedene Besprechungen in der Stadt, um Mitarbeitende für ein neues, global agierendes Unternehmen einzustellen. Barcelona ist an diesem Tag schön, sonnig und warm. Die Luft ist klar, riecht nach Frühling und Aufbruch.

Kurz nach dem Start wird mir übel. Zunächst denke ich an eine Fischvergiftung. Kalter Schweiß schießt aus meinen Poren. Der Puls ist nur schwer fühlbar. Ich spüre Atemnot und dann einen entsetzlichen Schmerz in der Brust. Nach wenigen Minuten wird mir bewusst: Ich bin in Lebensgefahr! Herzinfarkt! Ich kenne das Risiko. Mein Vater ist 35 Jahre zuvor mit 55 Jahren daran gestorben. Schlagartig weiß ich: Mein bisheriges Leben geht zu Ende. Ich werde nicht mehr Geschäftsführer sein, keine Organisation mehr leiten, keinen Rotwein mehr trinken, keine Kanutouren mehr machen.

Spontan erinnere ich mich an die Grundlagen der buddhistischen Philosophie und an Meditationen. Alles ist vergänglich. Die Gedanken sind ruhig und doch blitzschnell. Entweder halte ich mich an diesem Leben fest, erleide Todesangst und Panik und sterbe mit verwirrtem Geist. Oder ich konzentriere mich und versuche meinen Geist ruhig zu halten, mit der Chance, diese Bedrohung meines Lebens zu überstehen beziehungsweise in Ruhe und ohne Angst zu sterben. Fast intuitiv beginne ich mit der Rezitation eines Mantras, das ich seit zwei Jahren täglich geübt habe. Und tatsächlich: Mein Geist bleibt ruhig, fast schon gelassen, obwohl die Schmerzen in der Brust extrem sind. Ich rufe die Stewardess und erläutere ihr meine Situation. Nach einer Rücksprache mit dem Piloten gibt sie mir Sauerstoff. Das bringt Entlastung und die Schmerzen lassen etwas nach. Die Flugkontrolle gibt eine schnellere Route nach Düsseldorf frei, so dass wir schon nach einer Stunde dort landen. Während dieser und der folgenden Stunden und Tage meditiere ich. Was bislang wichtig war, verliert seine Bedeutung.

In keinem dieser Momente empfinde ich Panik oder Angst. Mein Geist ist auf Heilsames ausgerichtet. Notarzt und Sanitäter können daher nach der Landung den Infarkt im EKG nicht sehen. Nur der Intuition einer Ärztin ist es zu verdanken, dass der Herzinfarkt erkannt wird. Auch später, auf dem OP-Tisch, als der Herzkatheter geschoben wird, bin ich immer noch ganz entspannt, meditiere weiter. Wenn ich diese Szene heute in meinen Geist zurückrufe, sehe ich den OP-Saal und höre, wie ein Arzt ruft, dass er Adrenalin spritzen müsse, weil er - mein Körper - drohe abzuhauen. Und doch: Ich erinnere nur ein angenehmes Gefühl, obwohl ich nicht narkotisiert war. Ein neues Leben beginnt.

Zweieinhalb Jahre zuvor, 22. August 2007: Ich kehre früher als geplant von einer Geschäftsreise aus Boston zurück, um die Erläuterungen des Dalai Lama[1] zu Aryadevas „Vierhundert Verse über den Weg zur Erleuchtung“[2] in Hamburg zu hören. Trotz Jetlag berühren mich seine Worte sehr. Unmittelbar durchströmt mich ein Gefühl der Glückseligkeit. Ich erahne, wie im Nebel, einen neuen Weg, nach dem ich so lange gesucht habe. Nach der Veranstaltung sammele ich Informationen über den tibetischen Buddhismus und das Tibetischen Zentrum in Hamburg[3], denke einige Wochen darüber nach und fasse dann den Entschluss, das fünfjährige „Systematische Studium des Buddhismus“ am Zentrum in Hamburg anzufangen. Dank moderner Technik ist das auch als Fernstudent neben dem Beruf möglich. Zu Beginn bin ich aufgrund von Gewohnheiten hauptsächlich intellektuell bei der Sache: Lese Texte, höre CDs und denke über das Gelesene und Gehörte kritisch nach. Doch vieles berührt mich kaum. Während des ersten Meditationswochenendes im Sommer 2008 treffe ich die Mitstudierenden, Menschen, die ich zuvor noch nie gesehen habe. Es gibt keine üblichen Vorstellungsrunden, keine gewohnten Rituale der Selbstdarstellung. Als ich das erste Mal den tibetisch-buddhistischen Tempel betrete, bin ich überwältigt von der Buntheit und den vie-

---

1 Der heutige Dalai Lama ist die vierzehnte Reinkarnation eines besonderen Geistes. Der Begriff „Dalai“ stammt aus dem Mongolischen und bedeutet: „Lehrer, mit einem Wissen so umfangreich wie der Ozean“ oder kurz „großer Ozean“. Siehe hierzu: Dalai Lama, Meine spirituelle Autobiographie

2 Siehe hierzu: Karen Lang, Aryadevas Catuhshataka, 400 Verse über den Weg zur Erleuchtung

3 Siehe hierzu: www.tibet.de

len Figuren, Farben und Bilder. Es scheint, als würde sich an jeder Figur, an jedem Bild eine spezifische Facette meines Geistes reflektieren. Alles ist mir fremd und neu - und doch auch irgendwie vertraut. Nach zwei Tagen rufe ich zu Hause an und sage: „Jetzt weiß ich, womit ich mich bis an mein Lebensende beschäftigen werde."

Diese beiden Begebenheiten sind nicht nur der Anfang eines Buches, in dem ich über mögliche Wege aus dem alltäglichen Stress des Berufs nachdenke, sondern Impulse, die mich bewegt haben, über den Sinn meines Lebens intensiv nachzudenken. Im Angesichts des Todes ist dieser Impuls besonders groß und ich kann heute feststellen, dass ich mit den Infarkten einen heilsamen Schock erlebt habe. Diesen Impuls möchte ich - ohne zu schockieren - weiter geben. Denn das Leben ist kein intellektuelles oder sonstiges Spiel, sondern ein Juwel, das zu wertvoll ist, um es in der Hektik des Alltags, mit unsinnigem Geschwätz oder Streit zu verschwenden. Mein Wunsch ist mit einigen Worten Anregungen zu geben, die helfen mögen, dass sich viele wieder dem annähern können, was wir doch alle suchen: Glück.

Doch anstatt glücklich zu sein, sind wir meist gestresst und am Ende frustriert oder ausgebrannt, wenn wir mit anderen zusammen arbeiten und leben. Über die Hälfte unseres aktiven Lebens verbringen wir mit Menschen - sei es in Unternehmen oder Verwaltungen, in der Familie oder in Vereinen. Deshalb bezeichneten die alten Griechen das Leben auch als „ein Verweilen unter Menschen". Doch mittlerweile erleben wir während des „Verweilens unter Menschen" vielfältige Verletzungen und Enttäuschungen. Leid ist selbst im rosigen Traumhaus des materiellen Wohlstandes Europas oder Nordamerikas ein ziemlich dominierender Lebenszustand, unabhängig davon, wie hoch oder niedrig das Einkommen ist. Je niedriger das Einkommen, desto größer ist das körperliche Leid. Je höher das Einkommen, desto größer ist die psychische Pein. Spätestens ab dem dreißigsten Lebensjahr beginnen wir wie in einem Nebel hilflos herumzustochern, auf der Suche nach Ursachen für dieses verfluchte Leid. Schuld verorten wir schnell bei Anderen, den Umständen oder gar einem System. Manche glauben an ein höheres Schicksal, eine Strafe Gottes oder nur an Zufall. Schauen wir genau hin, wissen wir aber aufgrund unserer Lebenserfahrungen: Schuldzuweisungen sind sinnlos, weil sie uns nicht an die realen Ursachen für das Leid heranführen.

Mit Hilfe des systematischen Studiums der buddhistischen Philosophie in Hamburg sowie den damit einhergehenden Meditationen habe ich gelernt, meinen Geist mit dem Geist zu erkunden. Dies ist wohl die entscheidende Fähigkeit des Menschen, die uns von anderen Lebewesen unterscheidet. Kaum ein anderes Wesen hat diese Möglichkeit, ist vermutlich noch mehr als wir in den Kerkern der Dumpfheit gefangen, die auch in der Hektik des Alltags entsteht. Während der Betrachtung meines Geistes habe ich vielfältige Ursachen für mein erlebtes Leid identifiziert. Eine der einfachen Erkenntnisse ist, dass niemand Schuld an meinen Frustrationen oder Verletzungen hat. Das Konzept der Schuld dreht nur das Rad des Leids weiter an. Leid ist vielmehr Ergebnis einer schier unüberschaubare Ursachen-Wirkungs-Kette im riesigen Netzwerk des Lebens. Bei genauer Betrachtung können wir das zugehörige Phänomen, das in der buddhistischen Terminologie Karma genannt wird, beispielhaft an unserer Sprache erkennen: Verwende ich immer ein recht aggressives Vokabular, werde ich mich in der Zukunft weitgehend aggressiv verhalten. Indem ich ständig wütend schreie und mich aufrege, erzeuge ich Lebenssituationen, die von Wut und Aufregung geprägt sind und mir am Ende schaden. Daraus folgt: Ich selbst bin Ursache dafür, ob ich Glück oder Leid erlebe, bin selbst meines Glückes Schmied. Doch schon diese einfache Aussage lässt sofort Widerspruch aufkeimen. Die Schwierigkeit besteht darin, dass uns der Begriff Karma (Sanskrit: Handlung) fremd ist, da er in den Medien nur salopp kolportiert und somit oft falsch verstanden wird. Das Verständnis über Karma zu erhellen, ist daher eines meiner Anliegen mit diesem Buch, weil der Blick auf das eigene Karma ein erweitertes Sichtfeld auf das Leben freigibt, das hilft, die Leid verursachenden Zusammenhänge und Strukturen, die wir allzu oft für Schicksal oder Zufall halten, zu erkennen. Gelingt dies, können wunderbare Momente der Einsicht erlebt werden, die ich jedem Menschen wünsche, bevor das unweigerliche Sterben des Körpers eintritt.

Um einen solchen weiten Blick über das eigene Leben schweifen lassen zu können, gilt es den eigenen Geist mit dem Geist zu erforschen. Wie jeder Muskel muss auch das Denken, das seit Platon als die Haupttätigkeit des Geistes bezeichnet wird, geübt werden. Geschieht dies nicht, fallen wir in die Gedankenlosigkeit, die Hannah Arendt so grandios als Ursache für das Leid des Holocaust erkannt hat. Doch sich einfach hinzusetzen und mit der Betrachtung des eigenen Geistes anzufangen, funktioniert genauso wenig wie ich nicht einfach mal eben einen Marathon laufen kann. Denn mein Geist ist wie ein springender Affe, der von einem Ast zum nächsten springt. Um den ureigenen Geist, der uns westlichen Menschen viel zu oft fremd ist und den wir leider hauptsächlich nur für die Gewinnung von Daten nutzen, beobachten und analysieren zu können, sind zwei Aspekte erforderlich: Wir brauchen eine Theorie, die uns eine erste Orientierung darüber gibt, wie der Geist strukturiert sein könnte und welche Faktoren des Geistes uns besonders prägen. Ohne solche Leitplanken laufen wir verwirrt umher und sehen den Wald vor lauter Bäumen nicht. Zweitens ist es notwendig, dass wir die Methoden der Introspektion, beispielsweise in der Meditation, erlernen. Denn selbst das Schauen auf den eigenen Geist braucht bestimmte Methoden und Übung.

Weisheit und Methode sind daher die Schlüsselbegriffe, mit denen wir uns dem angestrebten Glück annähern können. Der große buddhistische Gelehrte Asanga hat im 4. Jahrhundert n. Chr. hierzu die erste Landkarte des Geistes gezeichnet - weit vor Sigmund Freud und weit detaillierter als alle uns im Westen bis heute bekannten Theorien. Schon beim ersten Lesen seiner Konzeption hatte ich so viele Aha-Erlebnisse, dass mir ganze Säcke voll mit Scheuklappen von den Augen fielen. Als ich nach zwei Infarkten, einer beidseitigen Lungenentzündung aufgrund eines Krankenhauskeimes, der mich fast dahin gerafft hätte und mit einem Thrombus in der linken Herzkammer, der sich damals noch zu jeder Zeit hätte loslösen und mich töten können, in der Reha-Klinik ankam und kaum 100 Meter gehen konnte, las ich erneut Asangas Gedanken über den Geist und die 51 Geistesfaktoren. Dabei keimte in mir die Einsicht, dass der größte Teil unseres Leids in dem Geist jeder und jedes einzelnen vergraben ist. Mit jeder Meditation über Asangas Gedanken wuchs der Wunsch einen Weg zu finden, die damit verbundene Lebenshaltung und das zugehörige Wissen über den

Geist so vermitteln und in unsere westliche Sprache übersetzen zu können, dass möglichst viele Menschen diese wunderbaren Aha-Erlebnisse auch erleben und hoffentlich in ihrem Alltag einbetten können. Denn Asangas Weisheit über den Geist und die sich daraus ergebenden Konsequenzen sind meiner Erfahrung nach so wunderbar, dass sie alleine schon als Wege zum Glück zu bezeichnen sind. Auch wenn dies, wie sich noch zeigen wird, nur ein vorläufiges Glück ist. Ich kann nur sagen, dass dieser Weg für mich sehr hilfreich war und ist und hoffe, dass jeder und jede ihn für sich mit Hilfe der hier gegebenen Impulse finden kann.

Seit fast fünf Jahren wälze ich die Gedanken Asangas über den Geist in meinem Geist hin und her und meditiere fast täglich darüber. Immer wieder aufs Neue bin ich begeistert von der Genialität seiner Beschreibungen, die einen Blick auf die Kulissen hinter der Bühne des Lebens ermöglichen. Natürlich ist und bleibt auch seine Weisheit eine Geisteswissenschaft, weil der Geist nichts Materielles ist, den wir aufschneiden, wiegen oder mit den üblichen Methoden der Naturwissenschaft vermessen können. Lassen wir uns aber auf die damit verbundenen Einsichten ein und wenden wir diese im praktischen Alltag an, wird in fast jedem Moment die große Präzision seiner Gedanken spürbar - und die Möglichkeit zu einem glücklicheren Leben. Trotz der schweren Infarkte und trotz aller körperlichen Beschränkungen kann ich sagen, dass ich aufgrund der neuen Erkenntnisse jeden Tag ein sehr glückliches Leben führe.

Interessanterweise begann ich im Herbst 2010 aber nicht unmittelbar mit dem Schreiben über Asanga. Vielmehr begann ich zu lesen, wofür ich in den Jahrzehnten als Manager[4] kaum Zeit gefunden hatte. Scheinbar unsystematisch und doch, rückblickend betrachtet, gezielt: Denn um Asangas Modell des Geistes im Detail verstehen und für unser Glück nutzen zu können, ist es notwendig, dass wir unsere westlichen Weltbilder erst einmal verstehen lernen und auf die Relevanz der zugehörigen Argumente schauen.

4 Ich habe lange über den Begriff Manager nachgedacht - ob ich ihn so verwenden soll oder nicht. Da die Gleichwertigkeit aller Menschen eine wesentliche Basis unseres mitfühlenden Denken und Handelns ist, möchte ich dies auch durch eine geschlechtergerechte Sprache zum Ausdruck bringen. Denn eine Frau kann sich nicht damit identifizieren, wenn sie als Arzt angesprochen wird, wie ein Rätsel am Ende der Bibliographie verdeutlicht. Mit Blick auf den Begriff Manager verwende ich diesen in seiner englischen, geschlechtsneutralen Bedeutung.

Ich las also Bücher kreuz und quer durch die europäische Philosophiegeschichte, über Wissenschaftstheorie, Quantenmechanik, Genetik und Anthropologie, Psychologie, Biographien und die Geschichte unseres Kontinents und der viel zu vielen Kriege. Und je mehr ich las, umso mehr wurde mir bewusst, dass das alltägliche Leid, unter dem wir so sehr leiden, vor allem durch die verrückte Idee entsteht, Leben sei ein „Kampf ums Überleben" und dass Begierde ein anzustrebender Geisteszustand sei. Gleichzeitig begegneten mir viele großartige Denkende, von Platon über Kant bis Tugendhat, die hervorheben, dass die kommunikative Kooperation die entscheidende Fähigkeit des Menschen ist, die uns jenen evolutionären Vorteil gibt, die Anthropologen wie Michael Tomasello gewissermaßen experimentell bestätigen.

So keimte in mir der Gedanke, dass sich unser aktuelles Leben im Spannungsfeld zwischen Kampf oder Kooperation befindet. Die Ideologie des Kampfes wird uns gebetsmühlenartig erzählt und ist Teil fast jedes wissenschaftlichen und unternehmerischen Weltbildes. Verstärkt wird diese Ideologie mit der Aussage „Der Mensch ist kriegerisch!", die seit Thomas Hobbes durch die westliche Geistesgeschichte wabert und über Darwin und Lorenz bis heute ständig wiederholt wird. Mit dieser Ideologie betrachten und bewerten wir fast alle Dinge und Phänomene, Lebenssituationen und Organisationen. Kaum eine Naturbeobachtung, kaum ein Experiment werden ohne diese ungeprüfte Annahme interpretiert. Selbst einige spirituelle Menschen glauben, Krieg sei ein Naturzustand des Menschen. Die Folgen dieser fatalen Sichtweise sind Funktionalisierung und Instrumentalisierung der einzelnen, die angeblich nur zu funktionieren brauchen, um ihr Leben zu gestalten. Deshalb strukturieren wir auch Organisationen - ob Familie oder Verein, Unternehmen oder Verwaltung - hierarchisch und erzeugen so ein ständig gereiztes Klima, eine Anspannung, in der ein glückliches Leben unmöglich ist. Als Chemiker und naturwissenschaftlich ausgebildeter Mensch weiß ich, wie intensiv das Dogma des Kampfes in den Geist junger Menschen eingetrichtert wird, ohne zu fragen, ob diese Theorie mit stichhaltigen Argumenten untermauert werden kann.

Die Frage, ob unser Leben „Kampf oder Kooperation" ist, steht daher im Mittelpunkt dieses ersten Bandes, bevor ich im zweiten

Band Asangas Theorie des Geistes darstelle. Ich möchte Sie einladen, mit mir durch die europäische Geistesgeschichte zu reisen, um Antworten auf verschiedene Leitfragen zu finden: Ist die Gedankenwelt des Kampfes ein unabänderlicher, gewissermaßen natürlicher Ausdruck der Gattung Mensch oder ist sie nur eine Ideologie, die das natürliche Sein des Menschen übertüncht? Welche Bedeutung hatte die Kooperation für die evolutionäre Entwicklung der Menschheit? Sind Funktionalisierung und Instrumentalisierung biologische, anthropologische, soziologische, psychische oder philosophische Bedingungen für eine produktive Gesellschaft oder sind sie nur geistige Konstruktionen, die auf Interessen basieren? Was bedeutet es eigentlich, Mensch zu sein und was ist die westliche Vorstellung über den Geist und das Ich? Sind die vielen Kriege der Vergangenheit nicht eindeutige Belege dafür, dass der Mensch kriegerisch ist?

Ausgangspunkt dieser Reise ist unsere Suche nach Glück, was seit Beginn der Philosophie ihr Leitmotiv ist. Betrachten wir das alltägliche Leid des beruflichen Alltags, ergibt sich schnell die Notwendigkeit, das aktuelle Managementmodell zu hinterfragen, da es die Grundlagen für die alltäglichen Lebenssituationen in Organisationen schafft. Notwendig ist aber auch ein Blick auf die gesellschaftlichen Entwicklungen, von der Griechischen Polis bis hin zum Begriff der Freiheit im 18. Jahrhundert. Freiheit ist die grundlegende gesellschaftliche Konzeption unserer Gesellschaft. Doch was bedeutet es eigentlich, im Sinne des Liberalismus frei zu sein? Schon nach wenigen historischen Betrachtungen wird klar, dass die Freiheit des Liberalismus den damit verbundene Individualismus überzeichnet. Die Freiheit jedes und jeder einzelnen, grenzenlos zu tun, was ihm oder ihr gerade in den Sinn kommt, ist keine hinreichende Bedingung für Glück, wie die historischen Beispiele der Sklaverei und des Rassismus in den USA, des europäischen Kolonialismus oder auch die aktuell toten Flüchtlinge im Mittelmeer bedrückend belegen. Denn der Sklavenhalter sonnte sich in seiner individuellen Freiheit, Menschen auszubeuten und zu unterdrücken, so wie Hitler sich die Freiheit nahm, Menschen jüdischen Glaubens zu vernichten. Somit stellt sich die Frage: Was fehlt am Konzept der Freiheit, um Glück zu erlangen? Das Nachdenken über diese Fragen und die historischen Erfahrungen des

Holocaust führen zu der Einsicht, dass erst die „Unantastbarkeit der Würde" jedes Menschen im Sinne einer universellen Moral der gleichwertigen Achtung eine notwendige Bedingung für wirkliche Freiheit ist - der Befreiung vom Leid. Nur die Anerkennung und praktische Berücksichtigung der Gleichwertigkeit aller Lebewesen ermöglicht reales Glück.

Analysiert man die These des Überlebenskampfes weiter, führt sie uns unweigerlich zu Darwin und der Frage, ob dies tatsächlich ein Prinzip der Evolution ist? Die jüngere Genetik liefert neue Erkenntnisse, die eher in Richtung Kooperation weisen. Auch die evolutionäre Anthropologie vertritt heute die These, dass das Wesen der menschlichen Kommunikation in seiner Kooperationsfähigkeit begründet ist. Als Spezies sind wir nur deshalb evolutionär erfolgreich, weil wir als kommunikativ kooperierende Wesen agieren, wodurch wir beispielsweise mehr Nahrung erjagen konnten als unsere Verwandten, die Affen. Anthropologische Untersuchungen zeigen, dass die menschliche Sprache ein Ergebnis erfolgreicher kommunikativer Kooperation ist und nicht irgendeines plötzlichen Gens. Wären wir Menschen, wie manche Vertreter der Kampfideologie uns glauben machen wollen, nur keulenschwingende Egomanen in einem immer währenden Kampf, säßen wir noch heute brüllend wie Schimpansen auf den Bäumen.

Dies sowie die wissenschaftlichen Erkenntnisse der Neurobiologie, dass es keine zentrale Instanz - ein Hirnareal oder ein Gen - für unsere Intelligenz geben kann, weil jede koordinierende Instanz intelligenter sein müsste als die jeweiligen Komponenten des Gehirns, führen uns auch zu der Erkenntnis, dass jede hierarchische Organisation weniger produktiv ist, als eine Struktur, die die Gleichwertigkeit aller Beteiligten produktiv einbezieht. Im Umkehrschluss folgt: Selbst wirtschaftliches Handeln ist grundsätzlich altruistisch motiviert, weil wir mit jedem Produkt und jeder Dienstleistung anderen helfen wollen. Kommunikative Kooperation ist sogar in den neuronalen Strukturen des Menschen angelegt. Erst die spiegelneuronale Kommunikation hat die Grundlage unseres evolutionären Erfolgs gelegt: Mitgefühl.

Hinter den Meinungen über den vermeintlich Kampf verbergen sich Weltbilder. Diese zu erschüttern, ist ein wesentliches Ziel meiner Darlegungen. Die philosophischen Analysen durch fast alle Jahrhunderte Europas legen die Konstruktion eines überhöhten ICH[5] offen, die mit Hegels Phänomenologie des Geistes ihren theoretischen und mit Sigmund Freud ihren praktischen Höhepunkt finden. Mit den psychoanalytischen Erfahrungen lernen wir, dass das unbewusste ES, wie Freud den konzeptlosen Raum des Geistes taufte, der Ort ist, an dem die von den Buddhisten beschriebenen karmischen Samen ausgesät werden. Die Untersuchung des Über-ICH und des von Erich Fromm entdeckten autoritären Charakters ermöglichen dann sogar ein solides Verständnis über die Ursachen von Aggression und Gewalt.

Trotzdem: Wie kann die These, dass der Mensch von Natur aus kommunikative Kooperation und eine innere universelle Moral der egalitären Achtung lebt, die offensichtlichen Realitäten von Krieg und Aggression erklären? Daher muss sich die These, dass das narzisstische ICH und der autoritäre Charakter dieses Leid verursachen, selbst am Grauen des Holocaust messen lassen, wenn sie uns denn einen realistischen Blick auf die Welt ermöglichen soll. Wieder ist es das besondere Verdienst von Hannah Arendt, diese Analysen soweit aus dem Dunkel des Unsichtbaren heraus geholt zu haben, dass wir auf der Bühne des Lebens die „Banalität des Bösen" erkennen, „vor dem das Wort versagt und an der das Denken scheitert."[6] In Verbindung mit Erich Fromms genialer Entdeckung des omnipotenten, narzisstischen ICH als Ursache für erlebtes Leid, entsteht eine Weltsicht, die sogar die wahrscheinlich furchtbarste menschliche Erfahrung - den Holocaust - erklärbar macht.

Auf dieser Basis kann die im Alltag ständig präsente Instrumentalisierung enttarnt werden als eine banale Folge eines „narzisstischen ICH", das mit dem oftmals grausam wirkenden „autoritären Charakter" sich seit Jahrhunderten in unseren Gesellschaften austobt und die wesentlichen Ursachen von Herrschaft und destruktiver Gewalt gelegt hat.

5 Die Schreibweise ICH verwende ich, um das übersteigerte, egozentrische oder auch narzisstische ICH zu benennen, im Unterschied zum einfachen bloßen Ich.

6 Hannah Arendt, Eichmann in Jerusalem, S. 371

Die weite Reise in die westliche Geistesgeschichte verknüpfe ich mit grundlegenden Erkenntnissen der buddhistischen Philosophie, wie denen von Nagarjuna, Asanga, Tsongkapa, aber auch von heute lebenden buddhistischen Meistern wie dem Dalai Lama und meinem Lehrer Geshe Pema Samten. Es ist mein Anliegen, damit zum westlichen Verständnis dieser mitfühlenden Geistestradition beizutragen, woraus hoffentlich viele Leserinnen und Leser heilsame Impulse für ihr Leben finden können.

Das Schreiben eines Buches ist wie das Denken ein lebendiger Prozess, in dem fast täglich neue Aspekte des Lebens einfließen. Während der Entwicklung des Buches sind mir viele Bücher und Artikel westlicher Philosophen und Denkerinnen scheinbar zugeflogen. Allen diesen schreibenden und denkenden Menschen der Vergangenheit und auch der Gegenwart bin ich höchst dankbar und hoffe, dass ich ihre Gedanken richtig verstanden habe und hier korrekt wieder gebe. Oft entdeckte ich dabei Parallelen zu Asangas Modell über den Geist und es war erhellend zu lernen, dass über die Jahrhunderte große westliche Denkende - von Platon bis Hannah Arendt - ähnliche Ideen entwickelt haben. Mir scheint aber, dass die westlichen Denkenden sich nur selten getraut haben, die letzten Konsequenzen aus ihren Überlegungen zu ziehen oder sie hatten nicht mehr genügend Lebenszeit, um diese zu formulieren. Mit dem heutigen Wissen über die geistesgeschichtlichen Erfahrungen Europas und den philosophischen Analysen der buddhistischen Gelehrten, löst sich für mich sogar langsam der scheinbare Widerspruch zwischen östlicher und westlicher Philosophie auf. Eine freudige Erkenntnis, weil gewisse Grundannahmen des Lebens offenbar global ähnlich sind, was Sicherheit in einem durchaus spekulativen Gebiet des Denkens erzeugt.

Aus einem Zwiegespräch mit mir selbst ist nun dieses erste Buch von vier Bänden entstanden. Es werden vier Bände sein, weil Bücher auch handhabbar sein sollen. Was nützt ein fünfzehnhundert Seiten Wälzer, den man nur an einem Tisch lesen kann und der deshalb nur in einem Bücherregal steht? Bücher sollen doch so geschrieben und gedruckt sein, dass sie für den alltäglichen Gebrauch eine gedankliche Unterstützung sein können. Da ich kein professioneller Autor bin, hat sich die Struktur des Buches im Laufe der dreieinhalb Jahre, die ich bislang daran geschrieben habe, ständig verändert. Und ich bin mir sicher, dass wenn der vierte Band in voraussichtlich zwei bis drei Jahren - so ich dann noch lebe - veröffentlicht wird, es weitere Veränderungen gegeben hat. Sicherlich können die einzelnen Bände für sich gelesen werden. Doch Missverständnisse werden möglich, wenn das zuvor Geschriebene übergangen wird. Deshalb empfehle ich die chronologische Lektüre.

Rückblickend kann ich heute sagen, dass ich vor etwas mehr als sechs Jahren vieles von dem, was ich heute in diesem Buch schreibe, nicht ernst genommen hätte, denn es hat damals nicht in mein Weltbild eines Managers gepasst. Doch da mir die neue Sicht auf meinen Geist geholfen hat, sogar in größter Lebensgefahr meinen Geist ruhig und stabil zu halten, bin ich heute mehr denn je von der heilsamen Wirkung der buddhistischen Weisheiten überzeugt und bin mir sicher, dass jeder Mensch dadurch auf einen heilsamen Weg einbiegen kann. Denn es geht nicht um Religion oder um einen Glauben an etwas. Mit den Worten des Dalai Lama: „Die Menschen in nicht-buddhistischen Ländern können auch Nicht-Gläubige bleiben und sich gegen Religion aussprechen. Das ist überhaupt kein Problem, solange sie sich mitfühlend verhalten."[7] Der Buddhismus ist in dieser Hinsicht eine mitfühlende Lebenshaltung. „Mitgefühl ist meine Religion", formuliert pointiert der Dalai Lama.

Ich hatte in meinem Leben das Glück, einigen besonders mitfühlenden Menschen begegnen zu dürfen. Doch die übliche Geschäftigkeit hielt mich davon ab, weiter über die Qualität von Mitgefühl nachzudenken. Dies änderte sich mit der Geburt unseres Sohnes David vor 18 Jahren. Ich begann damals erste buddhistische Bücher zu lesen, wie die „Harvard Vorlesungen" des Dalai Lama, die mir ein erstes konzeptuelles Gerüst für eine solche heilsame Lebenshaltung vermittelt haben. Aber egal wie viel ich auch las, es blieb kaum etwas in meinem Geist haften. Das Gelesene rann aus meinem Geist wie Wasser, das in einen löchrigen Eimer geschüt-

---

7 Dalai Lama, Ethik ist nicht alleine Sache der Religion, Ansprache auf der 2. Europäischen Konferenz tibetischer Buddhisten am 12. April 2013 in Fribourg. In: Tibet und Buddhismus, Nr. 107, 4/2013, S. 6

tet wird. Zehn Jahre später erst begann ich mit Hilfe des Studiums der buddhistischen Philosophie am Tibetischen Zentrum in Hamburg diese Löcher zu stopfen. Dafür bin ich insbesondere meinem tibetischen Lehrer Geshe[8] Pema Samten sowie den westlichen Lehrenden Christoph Spitz, Oliver Petersen und Jens Grotefendt und dem Begründer dieses Studiums, dem verstorbenen Geshe Thubten Ngawang, zutiefst dankbar. Ohne sie hätte ich die Ausfahrt aus dem Hamsterrad nicht gefunden und wäre vermutlich bereits tot, wie es die Medizinstatistiken berechnen. Durch die Liebe meiner Frau Eva Maria Hartings und unseres Sohnes David und ihre vielen wunderbaren Gedanken und Impulse habe ich diese Krise durchstanden und neue, für mich tief greifende Erfahrungen machen können.

Beim Nachdenken darüber, welchen Menschen ich besonders danken möchte, weil sie es mir ermöglicht haben, dieses Buch zu schreiben, kam mir die Einsicht, dass diese Liste viel zu lang sein würde. Denn alle Menschen, die ich im Laufe meines Lebens getroffen habe, ob als Freunde oder sogenannte Gegner, ob intensiv oder nur kurz und scheinbar oberflächlich, haben mich so geprägt und berührt, dass ich heute hier sitzen und dies schreiben darf. Ohne diese Menschen wäre ich heute jemand anderes. Allen möchte ich daher von ganzem Herzen danken, auch wenn es mit geringer Kraft arbeitet als früher und es fast an ein kleines Wunder grenzt, dass ich diese Texte noch schreiben darf.

Mit jeder Meditation über die von Asanga beschriebenen Geistesfaktoren und ihre Bedeutung für das Leben in Unternehmen werden viele Zusammenhänge und Ursachen über leidvolle Erfahrungen klarer - und ich hoffe, dass sich dies auch in meinen Worten widerspiegelt. Mein sehnlicher Wunsch ist, mit den hier gewählten Worten dazu beizutragen, dass die beschriebenen Gedanken Bausteine für Ihr ganz konkretes Glück werden können. Sollten Sie an einigen Passagen eine abwehrende Haltung fühlen

---

8 Geshe ist ein akademischer Titel - vergleichbar einem Professor - der nach einem Studium in einer Klosteruniversität erlangt werden kann. Das Studium kann zwanzig Jahre oder länger dauern, je nach den Fähigkeiten und Möglichkeiten der jeweiligen Person. Oft nutzen wir aber auch die freundschaftliche Bezeichnung Geshe-la, womit die Freundschaft zum Lehrer oder zur Lehrerin beschrieben wird.

oder gar Verwirrung spüren, bitte ich dies zu entschuldigen und möchte Sie bitten, zunächst nicht mehr weiter zu lesen oder eine Pause einzulegen. Denn eine Abwehr gegen die heilsamen Gedanken der buddhistischen Philosophie ist schädlicher, als im Status quo zu verbleiben. Mein einziger Wunsch ist:

Mögen Sie und alle fühlenden Wesen
glücklich und frei von Leid sein!

Neuss, im Mai 2014 — Hans Korfmacher

Auf der Suche nach Glück

Wir alle leben in Organisationen, seien sie klein oder groß, in Familien, Vereinen, Schulen oder Universitäten, Behörden oder Unternehmen. Wir verbringen im Durchschnitt 80 Prozent der bewussten Lebenszeit mit anderen Menschen in Gemeinschaften wie Familie, bürgerliche Gesellschaft, Unternehmen und Staat, und brauchen diese Organisationen, wie die Luft zum Atmen. Wir können nicht anders. Nur ganz wenige Menschen können über einen längeren Zeitraum ohne soziale Kontakte leben, wenn sie sich in die Einsamkeit einer Wildnis oder zur Meditation zurückziehen. Aber selbst dann bleiben sie mit den Beziehungen zu ihren früheren Leben verbunden und ihr Weg führt sie in der Regel zurück in die Gemeinschaft.

Schauen wir uns das alltägliche Leben in Organisationen an, stellen sich immer wieder die gleichen Fragen: Warum bin ich verheiratet? Warum wohne ich in dieser Lebensgemeinschaft? Warum besuche ich die Schule oder studiere an einer Universität? Warum arbeite ich in einem Büro? Warum engagiere ich mich in Besprechungen und Konferenzen? Warum arbeite ich in der Produktion? Warum will ich ein neues Produkt entwickeln? Für jede Lebenssituation in einem Netzwerk mit anderen stellt sich die Frage: Warum? Auf diese Fragen brauchen wir überzeugende Antworten, denn Glück werden wir nur dann erfahren, wenn wir wissen, was wir mit unserem Leben wirklich anfangen wollen.

Die spontanen Antworten sind so vielfältig wie das Leben: Weil ich meine Frau beziehungsweise meinen Mann liebe! Weil ich in der Schule, der Ausbildung oder der Universität etwas lernen will! Weil ich die Menschen in meiner Lebensgemeinschaft unterstützen will! Weil ich Freude bei der Gestaltung der Welt empfinde! Mit jeder dieser Handlungen suchen wir Zuwendung und Liebe von Vater, Mutter oder Lebenspartnern, sehnen uns nach Streicheleinheiten; wir suchen nach Anerkennung bei Freunden, in Vereinen, von Lehrenden in Schule, Ausbildung und Universität; und natürlich suchen wir Achtung und Bestätigung von Kolleginnen und Kollegen, Mitarbeitenden oder Vorgesetzten. Diese positiven Gefühle vermitteln uns einen Hauch von Glück. Erst durch das Leben in Gruppen – in Organisationen aller Art - fühlen wir uns als Teil der Welt, hoffen darauf, die Einsamkeit des „In-die-Welt-geworfen-Seins" hinter uns lassen zu können. Die Suche nach Anerkennung entspricht unserem intuitiven Streben nach Glück, auf das der Dalai Lama so oft hinweist: „Je mehr ich von dieser Welt erfahre und sehe, desto klarer und eindeutiger wird die Erkenntnis, dass, unabhängig davon, wie unsere Situation gerade ist – ob wir reich sind oder arm, gebildet oder nicht, ob wir einer bestimmten Rasse, einem Geschlecht, einer Religion oder was auch immer angehören – das Einzige, was wir alle anstreben, ist glücklich zu sein und Leid zu vermeiden."[9]

Schauen Sie einen kurzen Moment zurück auf Ihre Vergangenheit und fühlen Sie eines der tief empfundenen Glücksgefühle, welches wir nur in wenigen Momenten des Lebens erleben dürfen. Schließen Sie ihre Augen und fühlen Sie sich wieder ein in eine dieser Situationen: Fühlen Sie den Sonnenuntergang am Meer, den Sie mit einem geliebten Menschen, verbunden mit Nähe und Zärtlichkeit, erlebten. Fühlen Sie nochmals die Momente während eines Gipfel-Aufstiegs mit einer Gruppe, die verbunden sind mit dem Gefühl gemeinsamer Verwirklichung. Fühlen Sie noch einmal die bewegenden Momente während eines bestimmten Konzerts, die Sie weinen oder lachen ließen. Fühlen Sie die Erfahrung von Zuneigung und Mitgefühl, die andere Ihnen schenkten oder mit denen Sie andere beschenkten. Fühlen Sie die nicht enden wollenden Momente des Glücks der Vereinigung mit einem anderen Menschen. Fühlen Sie das Unaussprechliche während der Geburt Ihres Sohnes oder Ihrer Tochter. Lassen Sie diese Bilder und die Gefühle noch einmal in Ihrem Geist entstehen und genießen Sie: Ja, Glück schmeckt lecker!

Aber es ist zum Haare Ausreißen: Das Glück zerrinnt uns zwischen den Fingern. So groß die Freude über das neugeborene Baby auch ist, so hilflos macht sein Schreien. So belebend die Sonne am Strand sich auch anfühlt, sie wird auf jeden Fall untergehen. Der Alltag im Zusammenleben mit anderen gestaltet sich teilweise schwie-

9 His Holiness The Dalai Lama, The Ethics for a New Millenium, S.4 (eigene Übersetzung)

rig; die Verliebtheit weicht zu oft der Routine; die gute und gelobte Präsentation ist schon nach kurzer Zeit wieder Vergangenheit. Glück vergeht. Und doch streben wir immer wieder aufs Neue danach. Ein besseres Produkt muss entwickelt, Gewinne neu erwirtschaftet werden. Egal wie sehr wir uns anstrengen, wir können den Moment des Glücks nicht festhalten. Es ist der stete Wandel, der Verlust dieses Moments, der unser Glück in Unsicherheit, Angst und andere traurige Gefühle verwandelt. Die Folge ist nahezu erbärmlich: Wie ein Junkie jagen wir dem Glück hinterher, richten unsere Erwartungen und Hoffnungen auf die Zukunft. Wenn erst einmal Wochenende, Urlaub, Weihnachten, Geburtstag, Rente da sind, ja dann....

So verharren wir in einer Erwartungswelt und merken nicht einmal, wie gut unsere tatsächlichen Lebensumstände sind. Im Vergleich mit Menschen in vielen Ländern der Welt jammern wir in Zentraleuropa und Nordamerika auf hohem Niveau. Und doch steigt der Frust immer öfter bis zur völligen Erschöpfung. Das Leben erscheint vielen Menschen sinnlos. Ihre Erwartungswelt bricht zusammen. Die Folgen sind weitreichend: Verzweiflung, Burn-out, Depressionen, Krebs, Herzinfarkte. Immer mehr Berufstätige leiden früher oder später daran. Sterben. „Die Alten sind ausgebrannt", heißt es, „sind nicht mehr innovativ, kreativ, werden aus dem Arbeitsmarkt gedrängt. Nur die Jungen sind hungrig nach Erfolg."

In den vergangenen Jahren hat sich eine umfangreiche Glücksforschung in den Wirtschaftswissenschaften entwickelt. Glück ist zu einem ökonomischen Parameter geworden, denn das Streben nach Glück beeinflusst das Konsumverhalten. Richard Layard von der London School of Economics fasst mit Blick auf die Glückssuche in den westlichen Industriestaaten zusammen: „Wir haben mehr Nahrung, mehr Kleidung, mehr Autos, ein größeres Haus, mehr Häuser mit Zentralheizung, machen häufiger Urlaub, haben eine kürzere Arbeitswoche, eine bessere Arbeit und sind vor allem gesünder. Trotzdem sind wir nicht glücklicher.... Wenn wir wollen, dass die Menschen glücklicher sind, müssen wir wirklich verstehen, welche Bedingungen Glück herbeiführen und wie wir diese Bedingungen herstellen können."[10]

10 Richard Layard, Die glückliche Gesellschaft, S. 4

Die Suche nach Glück entspringt seit Menschengedenken dem menschlichen Streben. In der Antike war das Ziel jeder „menschlichen Handlung eudaimonia[11], das Glück im Sinne des guten Lebens, das sich alle Menschen wünschen; alle Handlungen waren verschiedene Mittel, um dieses Ziel zu erreichen."[12] Die griechischen Philosophen dachten viel darüber nach, was das Glück verhindern könne. Platon (428-384 v. Chr.) kommt zu der einfachen Beobachtung: „Am glücklichsten ist, wer nicht die geringste Spur von Bosheit in sich trägt."[13] Aristoteles (384 - 322 v. Chr.) ergänzt, dass „böse Menschen das Leben meiden und sich selbst töten, da sie sich selbst nicht ertragen können."[14] Dies sind erste Hinweise, dass Böswilligkeit ein Hindernis auf dem Weg zum Glück ist.

Gibt der Mensch seinen Begierden nach, werde das Erreichen des wahren Glücks ebenfalls behindert, erklären uns die Schriften der griechischen Philosophen. „Denn folgt der Mensch seinen Begierden, die für die künftigen Folgen blind sind, und verfällt der Mensch in Haltlosigkeit, so ist es, als ob derselbe zugleich absichtlich und gegen seine Absichten handelte."[15] Um Glück zu erfahren, helfen keine Dauerpartys, kein Sex, kein Konsum von Nikotin, Alkohol und anderen Drogen, kein Durcharbeiten im Büro, keine Jacht im Mittelmeer, kein Dauerspiel am Computer oder im Kasino, keine x-te Verkaufsparty oder Präsentation beim Chef. Hedonistisches Glück durch Rausch ist schal, vergeht und endet immer mit einem Kater. Seneca, römischer Philosoph (4 v. Chr. - 65 n.Chr.) schreibt deshalb in einem Brief an seinen Freund Lucilius:

„Wer die Einsicht besitzt, ist auch maßvoll;
wer maßvoll ist, auch gleichmütig;
wer gleichmütig ist, lässt sich nicht aus der Ruhe bringen;
wer sich nicht aus der Ruhe bringen lässt, ist ohne Kummer;
wer ohne Kummer ist, ist glücklich:
also ist der Einsichtige glücklich,
und die Einsicht reicht aus für ein glückliches Leben!" [16]

11 auch Glückseligkeit, Wohlstand

12 Hannah Arendt, Vom Leben des Geistes, S. 295

13 Platon, Politeia, (Der Staat), zitiert nach: Hannah Arendt, Vom Leben des Geistes, S. 294

14 Aristoteles, zitiert nach: Hannah Arendt, Vom Leben des Geistes, S. 294

15 Hannah Arendt, Vom Leben des Geistes, S. 296

16 Seneca, Epistulae morales 85 (Brief über die Ethik)

Glück korrespondiert mit der Weisheit, durch die wir die Zusammenhänge des Lebens erkennen. Tief empfundenes Glück schenkt unserem Leben Sinn, nach der alle Philosophie fragt.

Menschen, die mit Haut und Haaren Glück ausstrahlen, sind buddhistische Nonnen und Mönche. Jeder, der einmal den Dalai Lama in einer öffentlichen Veranstaltung erlebt hat, fühlt seine tiefe Ruhe, Freude und Gelassenheit, Menschlichkeit und Weitsicht, die in jenem großen Glück gipfelt, das sich in seinem herzerfrischenden Lachen ausdrückt. Seine verschmitzte Freude ist ansteckend für alle, die ihn erleben. Doch leider ist es unrealistisch, dass wir alle ab sofort weise Mönche oder Nonnen werden, weil wir beschäftigt sind mit dem Alltäglichen, dem Erwirtschaften des Lebensnotwendigen - und immer mehr mit dem Überflüssigen. Aber wir können uns fragen: Wenn Glück eine Geisteshaltung ist, welche Faktoren meines Geistes können mir helfen, ein glücklicheres Leben zu führen? Und welche Aspekte meines Geistes verhindern Glück? Ist ein glückliches Leben auch in einer stets geschäftigen Arbeitswelt möglich? Was müssten wir in Organisationen ändern, um Glück zu erfahren? Welche Mittel können angewendet werden, um dies zu erreichen? Das sind die Leitfragen, denen ich in den nächsten vier Bänden nachgehe. Dabei begeben wir uns auf eine Reise, die in der äußeren Welt beginnt und sich im Inneren unseres Geistes fortsetzt, in scheinbar unendlichen Windungen und Serpentinen, frei nach Sokrates' Motto: Gnoti se auton! (Erkenne dich selbst!) Mit nur einem Ziel: Glück!

Zunächst beschäftigen wir uns mit den Ideen, die unser Leben in der westlichen Gesellschaft prägen. Denn ohne ein Wissen über diese Weltbilder, können wir uns selbst nicht erkennen, treiben stattdessen wie ein Ball auf einem scheinbar unendlichen Ozean. Beginnen wir mit der Frage, wie wir uns organisieren?

Management prägt unser Leben

Management ist der Schlüsselbegriff unserer Zeit. Wir managen heute die Familie, den Verein, den Kirchenchor, die Schule, das Studium, die Wissenschaft, eine Abteilung, einen Unternehmensbereich, einen Konzern, einen Staat und sogar Staatenbünde. Es gibt viele Definitionen für den Begriff Management, die meist folgender Kenntnis folgen: „Management kann sowohl Leitungsfunktionen in Unternehmen und Organisationen bezeichnen als auch die Personen, die diese Funktionen ausüben und entsprechende Managementkompetenzen benötigen. Zu den typischen Funktionen oder Aufgaben des Managements in Unternehmen und Organisationen gehören Planung, Organisation, Führung und Kontrolle."[17] Management hat das Ziel etwas zu organisieren. In seiner Managementlehre beschreibt der amerikanische Experte Peter Drucker, „dass Management niemals eine exakte Wissenschaft werden kann, da es vornehmlich eine Kunst ist und auf Intuition beruht, der Manager bei der Erfüllung ihrer Aufgaben folgen."[18]

Steigen wir tiefer in die Methoden des Managements ein, erfahren wir, dass „Management zunächst die Tätigkeit der Willensdurchsetzung [sei][19], das heißt Verhaltensformung und Verhaltensbestimmung anderer Personen bedeutet. Findet die Verhaltensbeeinflussung mit dem Willen der Beeinflussten statt, so spricht man auch von demokratischer Regierung; findet sie gegen den Willen der Beeinflussten statt, so handelt es sich um Herrschaft. Regierung und Herrschaft sind damit Unterkategorien zu Führung."[20] Diese Definition aus den Trainingsunterlagen für zukünftige Projektmanager in Deutschland beschreibt ein weit ver-

17 http://de.wikipedia.org/wiki/Management

18 http://de.wikipedia.org/wiki/Management; Drucker und sein Schüler Fredmund Malik an der Universität St. Gallen gelten als die Gurus der Managementlehre in den USA und in Europa.

19 Die in [eckigen Klammern] gesetzten Worte sind grammatikalische Ergänzungen oder inhaltliche Zuordnungen zum verwendeten Zitat, um dies besser in den Gedankenfluss des Textes einzubetten.

20 Harry Zingel, Grundzüge des Projektmanagements, Definitionen, Organisation und Steuerung von Projekten: Grundgedanken des betrieblichen Projektmanagements, 2009, www.zingle.de

breitetes Verständnis über Management. Und benennt gleichzeitig die Ursachen für unsere Abwehr gegen viele Situationen im beruflichen Alltag: Denn wer möchte freiwillig Opfer einer Willensdurchsetzung sein? Niemand! Überdeutlich ist die feudalistische Prägung dieses Managementbildes, die Vorgesetzte zu Herrschern über Untergebene macht.

Die Idee der Willensdurchsetzung steht im Widerspruch zur gesellschaftlichen Wirklichkeit, da wir, zumindest in Europa und Nordamerika, ein recht weit entwickeltes demokratisches und damit kooperatives Leben führen. In der gesellschaftlichen Praxis nehmen wir gemeinsam und gleichberechtigt teil an der Gestaltung von Organisationen wie Länder und Staaten. Keine Bundeskanzlerin und kein Minister dürfen uns bevormunden. Wir sind das Volk, dem sie zu dienen haben! Sonst wählen wir sie ab. Aus dem Widerspruch zwischen unserem gesellschaftlichen Status einerseits sowie dem feudalistischen Managementverständnis andererseits speist sich ein ständiger Konflikt, der schlicht und einfach für alle Beteiligten Leid erzeugt. Sowohl Manager als auch Mitarbeitende fühlen sich eingezwängt in eine unmenschliche Lebenssituation. Die einen sollen herrschen, die anderen sollen sich beherrschen lassen. Und doch will keiner so leben. Die Konsequenzen sind Stress, Unzufriedenheit, Ineffizienz, Blockaden. Bei jeder Bevormundung durch den Chef oder die Chefin wehren wir uns innerlich, weil wir dies im gesellschaftlichen Kontext, im Umgang mit Menschen außerhalb des Betriebs, nicht mehr dulden.

Nun können wir erahnen, warum so viele Menschen in Berufen, in denen sie über die Hälfte ihres bewussten Lebens verbringen, unglücklich sind. Die Idee einer Herrschaft, die an den meisten Business-Schools immer noch gelehrt wird, zerstört den Respekt zwischen Managern und Mitarbeitenden. Die Folgen von Unterwerfung, Willensdurchsetzung und Manipulation in der Arbeitswelt sind psychische und körperliche Erkrankungen aller Art.

Die praktizierte Durchsetzung des Willens basiert auf der Theorie einer Führerschaft. Diese „Groß-Mann-Theorie", wie Fredmund Malik sie ironisch nennt, nimmt an, dass mit bestimmten Persönlichkeitsmerkmalen ausgestattete Führerfiguren ein gutes Management ermöglichen: „Es wurde der neue Manager mit ganz besonderen Eigenschaften und Fähigkeiten gefordert, es wurden Spielregeln für Sieger aufgestellt und es ertönte der laute Ruf nach kraftvollen, dynamischen, visionären und charismatischen Führern, die Sinn und Richtung der Organisation bestimmen, Anziehungskraft auf Menschen entfalten und Inspirations-, Identitäts- und Loyalitätszentren darstellen sollten."[21] Vermutlich wären zu ihrer Zeit Könige wie Ludwig XIV., Heinrich VIII. oder Friedrich der Große ähnlich beschrieben worden, obwohl sie – heute sichtbar – im Wesentlichen Leid und Kriege hinterließen. Da waren weder Glanz noch Gloria.

Zum Glück wächst in der klassischen Managementtheorie die Erkenntnis, dass diese „Theorie der alten Schule" schadet. „Schon der Ruf nach Führergestalten ist höchst gefährlich, wie die Geschichte bewiesen hat. Die Wahrscheinlichkeit, dass sich die Richtigen angesprochen fühlen, ist verschwindend gering.... Die Forderung nach Führern dieser Art geht schon mangels Masse ins Leere."[22] In der Fachliteratur findet erfreulicherweise eine umfangreiche Diskussion über die verschiedenen Management-Theorien, -Stile, -Arten und -Ziele statt. Dies ist eine fruchtbare Diskussion, weil sie zeigt, dass selbst die Vertreter traditioneller Vorstellungen nicht mehr zufrieden sind mit einem „Führerprinzip", so dass die Unterwerfung durch „Führer"[23] hoffentlich ebenso aussterben wird wie die unter Könige und Kaiser.

Allerdings sind die alternativen Denkansätze bislang über eine Funktionsbetrachtung nicht hinausgekommen. Der angelsächsische Ansatz setzt auf die Verhandelbarkeit der Regeln in einer scheinbar neutralen, funktionalen Welt: "Management is the process of getting activities completed efficiently with and through other people; the process of setting and achieving goals through the execution of five basic management functions: planning, organizing, staffing, directing, and controlling; that utilize human, fi-

21 Fredmund Malik, Führen, Leisten, Leben, S. 47

22 Fredmund Malik, Führen, Leisten, Leben, S. 47

23 Die Begriffe Führung, Führer und Führerschaft sollten wir aus historischen Gründen grundsätzlich nicht mehr für die Leitung von Gruppen und Organisationen verwenden, weil sie immer den Anklang einer autoritären Herrschaftsstruktur haben.

nancial and material resources."[24] Management beschränkt sich in dieser Gedankenwelt auf Funktionserfüllung, die zu einer eigenen Qualität erhoben wird.Die Instrumentalisierung der Mitarbeitenden wird zur Methode. Das Zusammenleben von Menschen in einer Organisation wird damit auf Verträge zwischen Funktionstragenden reduziert. Empfindungen der Beteiligten - Glück oder Leid - sind in dem angeblich freiwilligen Kontraktsystem nicht vorgesehen. Als Profis sollen wir unsere Arbeit unpersönlich und distanziert machen. Auf Befindlichkeiten einzelner darf keine Rücksicht genommen werden.

Zur Begründung der Entmenschlichung argumentiert Malik, dass „auch jene Jobs erledigt werden müssen, die so gut wie niemandem jemals Freude machen können. Kein Job kann immer nur Freude machen. Jeder Job weist Elemente auf, die einen nie freuen."[25] Als Beweis führt er Müllarbeiten, Bestattungsarbeiten, Kanalreinigungsarbeiten und ähnliche Tätigkeiten an. Doch warum soll die Entsorgung von Müll keine Freude machen? Drückt sich hier die Angst eines Kopfarbeiters vor dem eigenen Dreck aus, dem die eigenen Exkremente nur negative Aspekte seines Daseins sind? Tatsache ist doch, dass die Müllarbeitenden uns vor Epidemien wie Pest und Cholera schützen, die ohne eine geordnete Müllentsorgung wieder auftreten würden. Deshalb werden diese und ähnliche Arbeiten in unserem Rechtssystem auch als „Daseinsvorsorge"[26] bezeichnet, mit der die umfangreiche existenzielle Vorsorge für alle in unserer Gesellschaft gemeint ist. Die Gesellschaft kann diese Tätigkeiten gar nicht hoch genug wertschätzen, weil sie die Menschheit vor Krankheiten und Tod schützen. Das ausschließlich auf Funktionen ausgerichtete Kontraktsystem stuft aber sozial bedeutsame Berufe wie Kindererziehung, Kranken- und Altenpflege als niedrig ein - sichtbar an der schlechten

---

24 www.crfonline.org/orc/glossary/m.html In Deutsch: Aufgaben effizient auszuführen, ist das Ziel des Managements. Die grundlegenden Unternehmensziele sollen durch fünf Funktionen erfüllt werden: Planung, Organisation, Ausstattung mit Ressourcen, Richtungsangabe und Kontrolle. Hierfür sind personelle, finanzielle und materielle Ressourcen erforderlich.

25 Fredmund Malik, Führen, Leisten, Leben, S. 92

26 Der Begriff der Daseinsvorsorge ist definiert im öffentlichen Recht und beschreibt alle Tätigkeiten und Handlungen, die zur Existenzsicherung einer Gesellschaft dienen und dementsprechend einen besonderen Rechtsschutz genießen. Hierunter fallen die Abwasser- und Abfallentsorgung ebenso wie die Grundversorgung mit Wasser, Energie usw.

Bezahlung und dem miesen Image. Viele in diesen Berufen fühlen sich als Verlierer, gut genug um Abwässer oder Abfälle, wie Windeln von Kindern oder bettlägerigen Senioren zu entsorgen. Wie soll bei solcher Degradierung Freude an der Arbeit aufkommen?

Damit stellt sich die Frage, warum solche grundlegenden Arbeiten in unserer Gesellschaft eigentlich so gering geschätzt und schlecht bezahlt werden? Wer entscheidet darüber? Sind diese Arbeiten doch für jeden einzelnen und jede einzelne, für die Gesellschaft und sogar für den Fortbestand der Menschheit wesentlich! Und wie verständigen wir – das „Publikum der Staatsbürger"[27] – uns über Regeln zur Bewertung von Arbeiten in der Gesellschaft? Welche Normen legen wir dafür zugrunde?

Auf der Suche nach Antworten wird schon nach wenigen Überlegungen klar, dass das „private Recht der Vertragsgestaltung" gar nicht so privat sein kann. Jeder Vertrag ist immer schon gesellschaftlich, weil er die Qualitäten einer Gesellschaft maßgeblich mitbestimmt. Forscher der New Economics Foundation berichten, dass jeder Euro, den ein Finanzmanager in London verdient, einen 47-fachen volkwirtschaftlichen Schaden verursacht, während eine Putzfrau durch jeden Euro, den sie verdient, einen 10-fachen Wert für die Gesellschaft erwirtschaftet.[28] Die Unabhängigkeit des Privaten ist insofern eine Illusion, die nur die umfassende Betrachtung unserer Abhängigkeiten verhindert. Faktisch sind wir mit allem auf irgendeine Weise verbunden. Das aber passt nicht ins übliche ökonomische Denken, das sich nur auf den privaten Gewinn konzentrieren will.

So flüchtet Malik sich denn auch am Ende seiner Argumentation zurück in eine autoritäre Trutzburg: „Pflichterfüllung ist ein Wort, das man in den letzten zwanzig Jahren immer seltener hört. In der Management- und Motivationsliteratur kommt es so gut wie überhaupt nicht mehr vor. Pflichterfüllung und Pflichtbewusstsein sind Begriffe, die nicht zum Sprachschatz der sogenannten Intellektuellen zählen. Sie sind aber unverzichtbar für die Manager einer Gesellschaft und ebenso unverzichtbar ist der Mut, sie gerade

27 Jürgen Habermas, Faktizität und Geltung, S. 500

28 Thomas Öchsner, Vom Preis der Arbeit, Süddeutsche Zeitung, Nr. 68, 22.03.2014, S.22

dann zu fordern, wenn es nicht populär ist."[29] Da klingt sie wieder, die Melodie der scheinbar guten alten Werte, die auf pflichtbewusste Unterwerfung unter einen Führer beruhen. Die Willensdurchsetzung soll zwar nicht mehr offen oder brutal erfolgen, sondern durch das hehre Ziel einer „Pflichterfüllung". Die freiwillige Unterwerfung unter das Diktat der Instrumentalisierung ist aber nur eine Fortsetzung feudalen Denkens: der Chef bestimmt, wer die Pflicht hat, in der Grube Jauche zu kübeln.

Die autoritären Strömungen in den Managementlehren sind ungeeignet, angestrebtes Glück zu fördern, weil jedes „Ich will" einer natürlichen Neigung zur Freiheit entspringt. Glück impliziert die Abneigung des Menschen, jemandem untertan sein zu müssen. „Der Wille wendet sich stets an sich selbst. Wenn das Gebot sagt: „du sollst", so antwortet der Wille: „du sollst wollen, was das Gebot sagt" - und nicht gedankenlos Befehle ausführen... [was bedeutet], dass dem „Ich-will" sofort ein „Ich-will-nicht" entgegentritt."[30] Der intuitive Prozess des Abwägens zwischen Ich-will und Ich-will-nicht ist der Motor, der uns bewegt, die eigene Gleichwertigkeit und die aller zu suchen und zu finden. Die Konsequenz ist: Entweder leiden wir weiter unter den Willensdurchsetzung durch welche Autoritäten auch immer und erkranken infolgedessen an Rückenleiden, Krebs, Burn-Out. Oder wir streben nach Freiheit von autoritärem Denken und Handeln, indem wir unseren Geist erkennen und nutzen.

Jede und jeder entscheidet dies letztlich für sich selbst. Sich für das Glück zu entscheiden impliziert die Notwendigkeit, sich selbst mit Hilfe des Geistes kennenzulernen, weil Glück ganz offensichtlich mit einem freien Geist verbunden ist. Das ist der Weg, für den die nachfolgenden Gedanken Ihnen Hinweise geben möchten. In einem ersten Schritt tauchen wir dazu ein in die europäische Geistesgeschichte, weil alles Tun und Handeln von Weltbildern abhängt.

---

29 Fredmund Malik, Führen, Leisten, Leben, S. 93

30 Hannah Arendt, Vom Leben des Geistes, S. 303

Die Neuzeit und der Positivismus

Der Beginn der Neuzeit[31] ist durch einen Namen markiert: Galilei Galileo (1564 - 1642). Seine herausragende Lebensleistung ist die Veränderung des Weltbildes, das im jüdisch-christlich geprägten Abendland vorherrschte. Während die römisch-katholische Kirche bis zum Jahr 1600 das geistige Monopol über das Weltbild in Europa hat, die Erde - und damit den Menschen - ins Zentrum des Universums stellt, behauptet Galilei in diesem Jahr, dass sich die Erde um die Sonne dreht und die Sonne das Zentrum eines Planetensystems ist. Sowohl griechische als auch ägyptische Astronomen hatten diese These bereits 300 v. Chr. anhand von Experimenten aufgestellt. Dieses Wissen wurde aber von der Kirche ab dem sechsten Jahrhundert systematisch und oft brutal unterdrückt. Ihr Motiv: Gott ist das Zentrum allen Seins und hat den Menschen als sein Abbild ebenfalls ins Zentrum des Universums gestellt. Ganz nebenbei gebühre den Vertretern Gottes daher die Herrschaft. So stellte das klerikale Herrschaftsstreben die Erde in den Mittelpunkt des Universums, mit Europa und dem Petersdom in Rom als Schaltstelle einer Scheibenwelt. Die Sonne geht auch in dieser Konstellation - wie beobachtbar - am Morgen im Osten auf und am Abend im Westen unter.

Columbus segelte folglich 1492 noch mit der Vorstellung über diese Scheibenwelt nach Westen, immer die Angst im Nacken, der Rand der Scheibe könnte erreicht werden und das Schiff ins Ungewisse fallen. Dabei entdeckte er im Namen der Europäer einen vermeintlich neuen Kontinent, der später Amerika getauft wurde. Zwar hatten Wikinger und Chinesen bereits viele Jahrhunderte früher den amerikanischen Kontinent betreten, aber zur europäischen Geschichtslegende gehört, Columbus habe Amerika entdeckt. Hierauf gründet sich bis heute der Herrschaftsanspruch jenes Eurozentrismus, der den wechselseitigen Respekt der Völker

31 Die Neuzeit wird in den Geschichtswissenschaften meist mit dem Beginn des 15. Jahrhunderts definiert, wobei besonders die Entdeckung Amerikas durch Europäer 1492 und die Reformation 1517 als Eckpfeiler verwendet werden. Andere Geschichtswissenschaftler legen den Zeitpunkt 100 Jahr später und verknüpfen dies mit der Veränderung des europäischen Weltbildes durch Galilei.

verschiedener Kontinente erschwert und auch geistiger Nährboden für einen anscheinend unausrottbaren Kolonialismus ist.

Galilei wird heute als Ur-Vater der naturwissenschaftlichen, empirischen Wissenschaften verehrt. Die These der Empirie lautet: Eine Beobachtung X wird vermeintlich objektiv wahrgenommen und durch eine Theorie A in den Kontext mit Y gestellt. Mit Hilfe der Theorie A wird die Vorhersage einer noch unbekannten Beobachtung Z möglich. Wird Z in einem reproduzierbaren Experiment beobachtet, gilt der theoretische Zusammenhang zwischen X und Y als wahr. Diese stark verkürzte Darstellung wurde insbesondere durch Karl Popper (1902-1994) standardisiert und gehört zu den Glaubensbekenntnissen der heutigen Wissenschaft.[32] Sie geht davon aus, dass objektive Beobachtungen eine Theorie verifizieren (bestätigen) oder falsifizieren (widerlegen) können. Die dann vermeintlich wahre Theorie A bildet wiederum die Grundlage für neue Theorien, die zu Mosaiksteinen eines Theoriegebäudes werden.[33] Um zu bewerten, ob diese Wissenschaftstheorie richtig ist, muss man fragen: Gibt es objektive Beobachtungen? Was bedeutet objektiv? Inwieweit ist jede Beobachtung abhängig von verschiedenen Faktoren? Kann Objektivität aber nicht gefunden werden, wäre eine solche Wissenschaftstheorie falsch.

Viele Physiker und Wissenschaftstheoretiker wie Paul Feyerabend haben im 20. Jahrhundert aufgezeigt, dass die als Positivismus benannte obige Vorstellung von Wissenschaft lediglich naiver Glaube ist. Feyerabend führt dies explizit am Fall Galilei aus. Zunächst erinnert er an Aristoteles' Turm-Argument: Fällt ein Stein von einem hohen Turm, so müsste der Stein, wenn die Erde sich in der Zeit des Fallens unter ihm weiter dreht, nicht senkrecht herabfallen, sondern in einer Kurve westlich des Turmes wieder auf der Erde aufschlagen. Tatsächlich sehen wir jedoch, dass der Stein senkrecht fällt und direkt neben dem Turm auf die Erde trifft. Aristoteles stellte aus dieser Beobachtung X die Theorie A auf, dass die Erde sich nicht dreht. Aus der Theorie einer fixierten Erde ergibt sich die reproduzierbare Vorhersage Z: Jeder von einem hohen

32 Siehe hierzu: Karl Popper, Logik der Forschung, 2005

33 Siehe hierzu auch die wichtige Kritik durch Thomas Kuhn, Die Struktur wissenschaftlicher Revolutionen, 2001

Punkt zur Erde fallende Gegenstand fällt senkrecht. Da dies allen üblichen Beobachtungen entspricht, war das Turm-Argument für viele Jahrhunderte gültig.[34] Die Bewegungen der Sterne und der Sonne werden in der Kosmologie einer ruhenden Erde durch die Bewegungen der Gestirne um die Erde erläutert. Ptolemäus und andere Denker verfeinerten dieses Weltmodell im Laufe der Jahrhunderte. Die römisch-katholische Kirche übernahm das Aristotelische Weltbild, ohne vermutlich je ernsthaft darüber nachgedacht zu haben. Nützte es ihr doch als Argument für den Beweis der Existenz Gottes: Menschheit und Erde stehen als Krönung der Schöpfung im Mittelpunkt, um die sich alles dreht.

Galilei hingegen behauptet im Jahre 1600, dass die Erde sich drehe und das Turm-Argument falsch sei - obwohl dies durch die gewöhnliche Beobachtung mithilfe der fünf Sinne bestätigt wird. Er stellte sich also gegen eine damals „objektive" Beobachtung, die von vielen Menschen täglich erlebt wird und damit gegen den Stand der wissenschaftlichen Erkenntnisse des 16. Jahrhunderts. Feyerabend weist anhand von historischen Dokumenten detailliert nach, dass Galilei zu seiner Zeit gar nicht die erforderlichen Theorien und Erkenntnisse zur Verfügung haben konnte, um das Turm-Argument zu entkräften. Denn dafür hätte er Erkenntnisse über die Psychologie der Wahrnehmung, die Trägheit der Masse in einer Kreisbewegung und der Relativität der Bewegungen im Raum besitzen müssen – allesamt gedankliche Konstruktionen, die erst im 18. und 19. Jahrhundert entwickelt wurden.

Auch das Argument, Galilei habe seine Theorie auf der Grundlage von Fernrohr-Beobachtungen gegründet, lässt Feyerabend nicht gelten: „Man braucht nur einen kurzen Blick auf Galileis Zeichnungen und auf heutige Fotografien entsprechender Mondphasen zu werfen, um sich zu überzeugen, dass kein Bestandteil der Zeichnungen mit Sicherheit mit irgendeiner Stelle der Mondlandschaft identifiziert werden kann.... Galilei besaß nur sehr geringe Kenntnisse der damaligen optischen Theorie [Sie wurde von Kepler erst später entwickelt.] Sein Fernrohr lieferte auf der Erde

34 Die Widerlegung des Turm-Arguments selbst ist schon ein Argument gegen den naiven Positivismus, weil eben nicht eine Beobachtung, sondern eine im Geist schon vorhandene, unüberprüfte Annahme festlegt, wie wir eine einfache Beobachtung interpretieren.

überraschende Ergebnisse.... Doch am Himmel musste man, wie wir heute wissen, mit Schwierigkeiten rechnen.... Das Fernrohr [erzeugt] neue und merkwürdige Erscheinungen, von denen einige mit bloßem Auge als Täuschungen erkennbar, andere widersprüchlich sind, wieder andere selbst schon wie Täuschungen wirken, und die einzige Theorie, die überhaupt Ordnung in dieses Chaos hätte bringen können, Keplers Theorie des Sehens, scheiterte an den einfachsten und klarsten Daten."[35]

Alle um 1600 verfügbaren sogenannten objektiven Daten sowie die daraus abgeleiteten Theorien wiesen darauf hin, dass die Erde sich nicht dreht. Trotzdem hat Galilei die Hypothese der Erdbewegung erfolgreich durchgesetzt – gegen alle offensichtlichen Beobachtungen und gegen alle wissenschaftlichen Theorien seiner Zeit. Feyerabend führt als Begründung für diesen Erfolg an: „Es wird übersehen, dass die Wissenschaft ein komplexer und heterogener geschichtlicher Vorgang ist, der undeutliche und unsystematische Vorwegnahmen künftiger Ideologien neben hoch entwickelten theoretischen Systemen sowie alten und versteinerten Denkformen enthält.... Zur Prüfung der Kopernikanischen Theorie[36] [der Erdbewegung] bedarf es einer völlig neuen Weltauffassung mit einer neuen Auffassung vom Menschen und seinen Erkenntnisfähigkeiten."[37] Der Erkenntnisprozess bei Galilei basierte also nicht auf Beobachtung und anschließender Ableitung eines Gesetzes, wie uns die positivistische Wissenschaftstheorie heute glauben machen will. Galilei betrieb vielmehr - wie Feyerabend es nennt - „Propaganda": Er schuf mit Hilfe einer neuen Sprache eine neue Weltsicht, die erst viele Jahrhunderte später durch bis dahin scheinbar unsichtbare Daten Bestätigung fand. Galilei blieb gar nichts anderes übrig, als Vertrauen für das neue Weltbild durch Worte zu schaffen, denn Daten hatte er nicht zur Verfügung. Insofern war er ein Visionär.

---

35 Paul Feyerabend, Wider den Methodenzwang, S. 170-196

36 Kopernikus hat bereits 100 Jahre früher aufgrund von Beobachtungen und eigenen Berechnungen die Theorie der Erdbewegung aufgestellt, konnte sich als gläubiger Christ jedoch nicht gegen die Meinung seiner Kirche stellen und verwässerte daher seine eigene Theorie in seinem letzten Werk bevor er starb.

37 Paul Feyerabend, Wider den Methodenzwang, S. 209

Es stellt sich nun die Frage, warum Galilei ein so vehementer Verfechter der Theorie der Erddrehung war, obwohl er dadurch die Aggression der damals brutal agierenden römisch-katholischen Kirche zu spüren bekam? Eine abschließende Antwort werden wir wohl nie finden. Aber vermutlich hatte Galilei eine andere Wahrnehmungsfähigkeit als seine Zeitgenossen. Er verstand intuitiv, dass sich die Erde um die Sonne drehen musste. Er forcierte seine Sichtweise mit Worten in einem Modell, das den Mittelpunkt des Universums von der Erde zur Sonne verlagerte. Er schuf ein neues Bezugssystem, was den enormen Zorn der Kirche provozierte. Seine Visionen galten „allen vernünftigen Leuten als die phantastische Ausgeburt einer ungehemmten Einbildungskraft. Die von aller Bestätigung durch Erfahrung unabhängige Vorstellung einer um die Sonne kreisenden Erde war der Vorwelt unbekannt."[38] In diesem Sinne war er ein Genie.

Neurologen vermuten, dass Galilei und alle anderen uns bekannten Genies - wie beispielsweise Newton und Einstein - überdurchschnittliche Wahrnehmungsfähigkeiten besitzen. Darold Treffert beschäftigt sich seit vielen Jahren mit der nur wenige hundert Menschen umfassenden Gruppe der Savant[39]: „Es scheint, als wären die einzelnen schon mit der Software für eine spezifische Fähigkeit auf die Welt gekommen. Sie haben diesen Chip für Musik, Malerei, Mathematik oder andere Fähigkeiten." Ein Beispiel für dieses Phänomen aus jüngsten Tagen: Ein junger Mann hat die Begabung, alle visuellen Wahrnehmungen zu erinnern und in Zeichnungen wieder zu geben. Nach einem Rundflug über Rom zeichnet er jedes Detail des Panoramabildes von Rom, selbst den kleinsten Fenstersims. Oder ein Junge spielt im Alter von acht Jahren nach nur sechs Monaten perfekt Klavier. Kurz darauf entdeckt er die Mathematik von Kompositionen und komponiert mit zwölf Jahren hochkomplexe mathematische Musikstücke, die wir als Jazz wahrnehmen.[40]

Neurologische Untersuchungen zeigen bei diesen Menschen eine Veränderung der Gehirnstruktur: Die linke, rationale Gehirnhälfte ist weniger aktiv, während die rechte, intuitive Gehirnhälf-

38 Hannah Arendt, Vita Activa, S. 331;

39 Siehe auch www.savantsyndrome.com

40 Expedition ins Gehirn, 3Sat, 09.12.2011.

te besonders ausgeprägt ist. In der Folge verstärkt sich die intuitive, nicht-begriffliche Wahrnehmungsfähigkeit. Das Intuitive dringt bis ins Bewusstsein vor, weil die linke rationale Hirnhälfte als Filter der Informationsflut ausfällt. Während bei gewöhnlichen Menschen das sogenannte rationale Bewusstsein die Informationsmenge auf schätzungsweise 50 Bit/Sekunde begrenzt, kann das intuitive Bewusstsein mehrere Millionen Bit/Sekunde[41] verarbeiten. Galilei, Newton, Maxwell, Einstein, Schrödinger, Heisenberg und viele andere naturwissenschaftliche Genies sind herausragende Beispiele für die außergewöhnliche Fähigkeit, besonders verborgene Phänomene[42] erkennen und bewusst wahrnehmen zu können. Ähnliches gilt auch für Genies in Musik, Literatur und anderen Künsten.

Feyerabend kritisiert die Hypothese der Wissenschaft, dass Beobachtungen und Theorien aus sich heraus existieren würden: „Fast jeder hält es für selbstverständlich, dass genaue Beobachtungen, klare Grundsätze und gute Theorien entscheidend sind; man kann und muss sie hier und jetzt anwenden, um eine vorgeschlagene Hypothese entweder zu eliminieren, zu bestätigen oder vielleicht gar zu beweisen. Ein solches Vorgehen ist aber nur dann sinnvoll, wenn man annehmen kann, dass die Bestandteile unseres Wissens - die Theorien, die Beobachtungen, die Argumentationsgrundlagen - zeitlose Gegenstände sind, alle gleich vollkommen und gleich zugänglich und in Beziehungen zueinander stehen, die unabhängig sind von den Ereignissen, die sie produziert haben. Das ist eine äußerst verbreitete Meinung. Jeder Logiker geht von ihr aus. Aber dies entspricht nicht der Wirklichkeit."[43] Diese Annahme ist der entscheidende Denkfehler der herkömmlichen Wissenschaftstheorie. Vielmehr existieren vielfältige Abhängigkeiten der Lebewesen und auch physikalischer Phänomene untereinander, die wir kaum erkennen, geschweige denn verstehen, weshalb es eine Objektivität nicht geben kann.

---

41 Bas Kast, Ich fühle, also bin ich. Zeit-Wissen, 02/2006

42 Der Begriff der verborgenen Phänomene wird in der buddhistischen Philosophie für Phänomene verwendet, die nicht offensichtlich mit den fünf Sinnen wahrgenommen werden können. So sind alle Vorstellungen über Atomkerne oder Elektronen verborgene Phänomene, da noch nie jemand diese gesehen, gefühlt oder anderweitig mit Sinnen wahrgenommen hat.

43 Paul Feyerabend, Wider den Methodenzwang, S. 185

Trotzdem wird den Lernenden weltweit im Physik-, Chemie- oder Biologieunterricht das positivistische Weltbild vermittelt und so getan, als würde ein Atom aus sich heraus existieren - objektiv, unabhängig, substanziell und ohne jede Beziehung zu anderem. Dies gleicht einer gezielten Manipulation junger Menschen, um das Glaubensdogma der positivistischen Wissenschaft zu tradieren, das aber kaum etwas mit der Wirklichkeit gemein hat. Obendrein wird auch noch verschwiegen, dass Wissenschaft immer nur die Konstruktion eines Weltbildes ist: „Weil sich Wissenschaft auf die Mannigfaltigkeit der prinzipiell unübersehbaren, niemals in ihrer Totalität zu begreifenden Fakten richtet, kann der Zusammenhang der Erkenntnisse nicht mehr objektiv an einer selbst zum System zusammengefügten Welt festgemacht werden."[44] Die durch Wissenschaften geschaffenen Tatsachen sind letztlich Konstruktionen unseres Geistes. Wir erschaffen die Welt in einem geistigen Akt. „Das Naturbild der modernen Physik, dessen Anfänge man bis auf Galilei zurückverfolgen kann, zeigt uns ein Universum, von dem wir nicht mehr wissen, als dass es in bestimmter Weise mit unseren Messinstrumenten kompatibel ist."[45] Die aufgrund der Theorien geschaffenen technischen Gegenstände, die wie theoretisch vorhergesagt funktionieren, zeigen nur, dass die Theorien in sich konsistent sind, nicht jedoch, dass sie eine korrekte Wirklichkeit abbilden.

Bei der Suche nach Wirklichkeit und Wahrheit müssen wir uns vergegenwärtigen, dass die Gedankenwelt der experimentellen Wissenschaften immer nur das widerspiegelt, was zuvor mit Hilfe der Mathematik in die Messinstrumente hineinprojiziert wurde. Denn „das, was wir von unseren Apparaten ablesen, sagt über die wirklichen Eigenschaften nicht mehr aus, als eine Telefonnummer über den aussagt, der sich meldet, wenn wir sie wählen. Anstatt mit objektiven Eigenschaften finden wir uns mit den von uns selbst erbauten Apparaten konfrontiert, und anstatt der Natur oder dem Universum begegnen wir gewissermaßen immer nur uns selbst."[46]

---

44 Jürgen Habermas, Erkenntnis und Interesse, S. 91

45 Hannah Arendt, Vita activa, S. 333

46 Hannah Arendt, Vita activa, S. 333

Daten werden in der heutigen wissenschaftlichen Propaganda so präsentiert, als würden die Beobachtungen aus sich selbst heraus existieren: unabhängig, unumstößlich, unveränderlich. So als seien sie ewige Felsen. Feyerabend hat diesen Mythos der Wissenschaft enttarnt: „Die Geschichte der Wissenschaft besteht ja nicht bloß aus Tatsachen und Schlüssen aus Tatsachen. Bei genauer Untersuchung stellt sich sogar heraus, dass die Wissenschaft überhaupt keine nackten Fakten kennt, sondern dass alle Phänomene, die in unsere Erkenntnisse eingehen, bereits auf bestimmte Weise gesehen, also Vorstellungen und daher ideell sind. Und damit ist die Geschichte der Wissenschaft so komplex, so chaotisch, so voll von Fehlern und so unterhaltend wie die in ihr enthaltenen Ideen, und diese wiederum sind ebenfalls so komplex, chaotisch, voll von Fehlern und so unterhaltend, wie das Bewusstsein derer, die sie erfinden.“[47]

Freuen wir uns deshalb liebevoll über dieses unterhaltsame Chaos und machen wir uns klar: Die Wissenschaft erzählt uns nette und teilweise interessante Geschichten, die vom Geist der Wissen-Schaffenden erfunden werden. Je mehr die Elemente einer Erzählung zusammenpassen, desto stimmiger wird das Weltbild und damit der Glaube daran. Doch die Wirklichkeit hat mit diesen Geschichten nur so viel gemein: Daten sind nur augenblickliche geistige Beschreibungen eines weitgehend unbekannten Seins. Da der menschliche Geist beschränkt ist, kann immer nur eine begrenzte Anzahl von Aspekten der Wirklichkeit untersucht und zur Theoriebildung herangezogen werden. Erweitern wir die Anzahl der Parameter, verändert sich das Ergebnis. Verändern wir die Fragestellungen, Beobachtungsmethoden und Interpretationsgrundlagen, verändern sich auch die vermeintlichen Fakten. „Dem Jubel über die Wissenschaft wird der Verdacht auf dem Fuße folgen, dass diese mathematisch vorausgesagten Universen Traumwelten sein könnten, in denen jede Traumvision, die der Mensch so oder anders konstruiert, sich als Wirklichkeit bewährt, solange der Traum währt. Und dieser Verdacht kann sich ja nur verstärken, wenn man bedenkt, dass die Vorgänge und Vorkommnisse in dem unendlich Kleinen, den Elementarteilchen, den gleichen Ge-

---

47 Paul Feyerabend, Wider den Methodenzwang, S. 30

setzen folgen, die gleichen Bahnen ziehen sollen wie die Planeten oder Sonnensysteme des für uns unendlichen Großen. Was einen dabei stutzig machen muss, ist die Tatsache, dass man entdeckte, dass Materie keine Eigenschaften besitzt und überhaupt nicht Materie genannt werden kann."[48]

Galileis historische Bedeutung besteht nicht darin, dass er uns einer Wirklichkeit näher gebracht hat. Denn auch sein heliozentrisches Weltbild ist weit entfernt von der Unendlichkeit der Galaxien. Sein revolutionärer Akt liegt darin, dass er sich traute, den Bezugspunkt unseres Menschseins ins Universum zu verlegen. Mensch und Erde sind seither nicht mehr Mittelpunkt. „Die Erdentfremdung [ist] das Wahrzeichen der modernen Wissenschaft."[49] Das neue Bezugssystem ist nicht mehr die Erde, sondern das Universum, über das wir fast nichts wissen. Und selbst die Vorstellungen über ein Weltall mit einer Sonne im Zentrum wurde im 20. Jahrhundert grundlegend revidiert: Die Sonne ist nur ein winziges Staubkorn in einer Galaxie, die wiederum auch nur ein kleiner Punkt in einem schier unendlichen Galaxien-Netzwerk ist. Mit Galilei hat die Menschheit die Gewissheit verloren, die die Wahrnehmung durch die fünf Sinne bis dahin bot. „Descartes (1596- 1650) versuchte dieser Problematik dadurch Herr zu werden, indem er den archimedischen Punkt in den Menschen zurückverlegte, nämlich in die des Verstandes und des Bewusstseins, die die Entdeckung erst ermöglichten. Er wählte das menschliche Erkenntnisvermögen als Bezugspunkt, das, an sich weltlos, sich Wirklichkeit und Gewissheit im Rahmen mathematischer Formeln verschafft, die es selbst hervorbringt.... Die einzige für ein solches Unternehmen unerlässliche Voraussetzung ist, dass niemand, weder Gott noch ein böser Geist, etwas daran ändern kann, dass zwei und zwei vier sind."[50]

Aufgrund der Entfremdung von unseren eigenen Sinneseindrücken hat die Wissenschaft ein neues, in sich schlüssiges mathema-

48 Hannah Arendt, Vita activa, S. 363

49 Hannah Arendt, Vita activa, S. 337

50 Hannah Arendt, Vita activa, S. 361; Zur Relativität der Aussage von 2+2=4 gibt es eine schöne Anekdote, in der ein Mensch eines Naturvolkes erklärt: Wenn ich in zwei Seilen jeweils zwei Knoten habe und diese jeweils miteinander verknüpfe, habe ich am Ende 5 Knoten in einem Seil.

tisches Weltkonzept erschaffen, das sich immer wieder selbst mit Hilfe der Messapparate in tautologischer Weise bestätigt. Apparate können nur das messen, was sie messen sollen; Dinge, für die sie hergestellt worden sind. Alle schönen Computeranimationen von Planeten oder Atomen sind lediglich Traumwelten, die von mathematischen Konstrukteuren erdacht werden. Als Menschheit leben wir daher in einem uns weitgehend unbekannten Raum. Das Universum ist unvorstellbar groß und vermutlich können wir mit Apparaten nur wenige Promille - wenn überhaupt so viel - vermessen. Dies macht Angst. Der Himmel ist nicht mehr das Paradies. Das Weltall ist tiefstest Schwarz - unbekannt, unkontrollierbar, vielleicht voller Gefahren und Bedrohungen. Wissenschaftlerinnen und Wissenschaftler malen sogar das Inferno eines Weltuntergangs durch den Einschlag eines Kometen oder Asteroiden an die Wand, obwohl der letzte wirklich gravierende Einschlag schon 65 Millionen Jahre her ist. Angst und Unsicherheit kompensieren wir mit dem Glauben an eine exakte Wissenschaft und an das Materielle. Selbst Geistige und psychische Phänomene versuchen wir deshalb nur auf einer materiellen Ebene zu beschreiben. „Das Gehirn ist der Geist!", lautet das Credo der Neurowissenschaften. Aber selbst Asteroiden mit wenigen Kilometern Durchmesser könnte die angeblich allmächtige Wissenschaft nicht bezwingen, was die realen Grenzen ihrer Modelle versinnbildlicht.

All dies wäre kaum bemerkenswert, würde durch den aktuellen Wissenschaftsbetrieb kein Schaden verursacht. Doch die positivistische Empirie verschleiert mehr als sie uns an neuen Erkenntnissen verschafft. Sie behindert in der heutigen Praxis an Universitäten und Forschungsinstituten in fast mittelalterlicher Manier non-konforme Denkansätze. Galilei oder Einstein hätten in der hiesigen Forschungslandschaft kaum eine Chance. Zudem: „Die empirisch-analytischen Wissenschaften erschließen die Wirklichkeit nur insoweit sie im Funktionskreis instrumentellen Handelns zur Erscheinung gelangen;... sie erfassen die Wirklichkeit nur im Hinblick auf eine unter spezifischen Bedingungen immer und überall möglichen technischen Verfügung."[51] Zusammenhänge zu erkennen, Ursachen und Wirkungen miteinander in ein Verhält-

51 Jürgen Habermas, Erkenntnis und Interesse, S. 241

nis zu setzen, das sind keine trivialen oder einfachen Aufgaben. Sie erfordern eine stetige Kritik, ein Infragestellen der eigenen Interessen und Vorstellungen. Absolute Erkenntnisse über die Welt kann Wissenschaft nicht erringen. Sind wir uns dessen bewusst, verwechseln wir die durch Interessen gesteuerten Wahrnehmungen der Wissenschaft nicht mehr mit der Wirklichkeit! Mit einem so geschärften Geist und dem zugehörigen Bewusstsein über den Charakter der Wissenschaft können wir ihre Geschichten genießen, genau wie die der australischen Traumfänger oder die der indisch-persischen Geschichten aus Tausend und einer Nacht. „So kann die Erkenntnis von heute zum Märchen von morgen und der lächerlichste Mythos schließlich zum festen Bestandteil der Wissenschaft werden."[52]

52 Paul Feyerabend, Wider den Methodenzwang, S. 83

Das neue Weltbild der Quantenmechanik

Galilei hat den Bezugspunkt der Menschheit von der Erde ins Weltall verlagert, wodurch eine neue Distanz zwischen Menschen und der sie umgebenden Natur entsteht: Die Naturbeobachtenden der Moderne sehen sich seither - ganz anders als Menschen der Naturvölker zuvor - nicht mehr als Teil der Natur. Es scheint, als würden Humboldt, Darwin und viele andere Naturforschenden über Meere und Wälder nur noch schweben, in Distanz zu den beobachteten Objekten, und die ursprüngliche Wahrnehmung des Lebendigen verlieren. So beginnt das, was Erich Fromm (1900 - 1980) später als „Entfremdung" bezeichnen sollte.

Mit der Verlegung des Bezugspunktes von der Erde ins Weltall verlieren wir Sicherheit. Gewohnte Ordnungen und Vorstellungen sind nicht mehr haltbar. Beziehungen zur Natur werden gekappt. „Die klassische Physik beruht auf der Annahme - oder sollten wir sagen Illusion - dass wir die Welt beschreiben können, ohne von uns selbst zu sprechen. Wir „wissen" beispielsweise, dass es die Stadt London gibt, unabhängig davon, ob wir sie sehen oder nicht."[53] Aber über Phänomene sprechen und sich selbst dabei außen vor zu lassen, erzeugt das Gefühl, haltlos im Raum zu schweben, sich nicht mehr verorten zu können. Das jedoch ist psychisch kaum auszuhalten und erfordert Kompensation. Deshalb suchen wir Halt, um uns an irgendetwas in einem scheinbar unendlichen Universum orientieren zu können. Der Blick ins Weltall macht Angst. Festhalten-wollen ist daher der bestimmende Modus jeder durchschnittlichen Sinneswahrnehmung. Sie soll uns mitteilen, dass ein Baum ein Baum ist, ein Gerät ein Gerät, ein Mensch ein Mensch und ich ICH bin. Wir hegen den Wunsch, dass äußere Phänomene wie auch wir selbst sicher sein mögen, aus sich selbst heraus, eigenständig und substanziell existieren, damit wir uns auf irgendetwas verlassen und daran festhalten können.

53 Werner Heisenberg, Quantentheorie und Philosophie, Reclam 9948, 1979, S. 56

Die Autonomiebestrebungen der Individuen, ein übersteigerter Individualismus und der immer weiter zerteilend-wissenschaftliche Blick des 17. Jahrhunderts sind zwei Seiten derselben Medaille. Letztlich suchen wir in jeder Naturbeobachtung eine Bestätigung des Wunsches, dass das ICH unabhängig sein möge. Denn wenn der Baum nicht unabhängig ist, bin auch ICH nicht unabhängig. Wir sehnen uns hinein in das schöne Märchen der aus sich selbst heraus bestehenden Dinge auf der Basis des einfachen, mechanistischen Weltbildes, das uns die Wissenschaft seit Galilei erzählt. Materie ist in dieser Traumsequenz eine aus sich selbst heraus existierende Entität[54], zusammengesetzt aus kleinsten, unteilbaren Bausteinen - den Atomen. „Man kann sagen, dass die klassische Physik eben die Idealisierung der Welt darstellt, in der wir über die Welt oder ihre Teile sprechen, ohne dabei auf uns selbst Bezug zu nehmen.“[55] Je weiter die physikalischen Untersuchungen fortschreiten, desto kleiner werden die Einheiten, die in naiver Weise als „eigenständig“ gewünscht werden. Naiv deshalb, weil zumindest seit Bohr, Einstein, Heisenberg und Schrödinger, also seit gut 100 Jahren, dieses Märchen als solches enttarnt ist.

Die Quantenmechanik hat die absolute Existenz der Materie als Fata Morgana entlarvt. Hans-Peter Dürr, viele Jahre Direktor des Max-Planck-Institutes für Physik, Schüler Heisenbergs und Schrödingers, bringt dies mit einfachen Worten auf den Punkt: „Materie ist im Grunde nicht Materie. Deshalb habe ich eingangs erwähnt, ich habe fünfzig Jahre über Materie gearbeitet, die es gar nicht gibt. Wir können uns das nicht vorstellen.... Es gibt nur Beziehungsstrukturen, es gibt keine Objekte. Die Frage, was ist und was existiert, kann so nicht mehr gestellt werden.“[56] Der heute wohl berühmteste deutsche Quantenphysiker bekennt, dass die Materie, über die er fünfzig Jahre lang geforscht hat, in Wirklichkeit nicht existiert. Vielmehr existieren nur „Beziehungsstrukturen“ zwischen Dingen, welche aber nicht aus sich heraus existent sind. „Wenn wir anfangen, über etwas zu reden, dann fangen wir

---

54 Der Begriff Entität bedeutet, dass es sich um eine unabhängige Einheit, um etwas Seiendes handelt. Siehe hierzu auch: de.wikipedia.org/wiki/Entität

55 Werner Heisenberg, Quantentheorie und Philosophie, S. 57

56 Hans-Peter Dürr, Geist, Kosmos und Physik, S. 58ff

gewöhnlich damit an zu fragen, was ist, was existiert. Das ist das Erste, was wir fragen. Wenn diese Frage keinen Sinn mehr hat, dann bleibt uns auch die Sprache weg. Es bleiben nur die Fragen, was passiert und was bindet - und nicht, was welche Teile wie verbindet. Das ist für uns ganz ungewohnt."[57]

Um diese Aussagen zu verstehen, ist eine Kenntnis über Entwicklung und Bedeutung von Weltbildern hilfreich. Die menschliche Wahrnehmung basiert auf Weltbildern, die Grundverständnisse formulieren, auf die sich eine Gruppe von Menschen, manchmal sogar die ganze Menschheit, verständigt. Paul Feyerabend analysiert das erste, uns schriftlich überlieferte Weltbild, wie folgt: „Die älteste uns bekannte Kosmologie ist die der archaischen Griechen [ca. 2000 v. Chr.], wie sie in Homers[58] Texten beschrieben wird. Diese Kosmologie betrachtet die Dinge als eine Aneinanderreihung von Einzelteilen, weshalb beispielsweise der Mensch nicht als Ganzes, sondern nur als Ansammlung von Einzelteilen beschrieben wird."[59] In der archaischen Welt existierte kein ICH, denn ICH zu denken bedeutet, sich als Ganzes, als etwas Unteilbares zu denken. Das Individuum setzte sich im Bild der archaischen Menschen aus Einzelteilen zusammen. „Zum Beispiel gibt es keinen Ausdruck für den menschlichen Körper als Ganzes. >Soma< ist die Leiche; man spricht von Gliedern, wo man heute von Körper spricht."[60]Das Leben und die eigene Existenz wurden als WIR wahrgenommen, welches den Horizont der jeweilig individuellen Welt erfasste - die Mitmenschen genauso wie die Tiere und Pflanzen, die Erde, das Wasser, die Luft. Naturvölker sprechen daher von der „Mutter Erde" und den vier Elementen - Erde, Wasser, Feuer, Wind - die alles Lebende ermöglichen.

Das ändert sich um 500 v. Chr. mit der Philosophie der Vorsokratiker, die uns durch die Fragmente von Heraklit (540 - 480 v. Chr.) und Demokrit (460 - 380 v. Chr.) zugänglich ist. Heraklit

57 Hans-Peter Dürr, Geist, Kosmos und Physik, S. 60

58 Homer gilt als einer der ersteh Dichter Europas, der vermutlich im 8. Jahrhundert v. Chr. Gelebt hat. Seine Geschichten beschreiben vermutlich Ereignisse, die um zwischen 2000 und 1200 v. Chr. stattgefunden haben.

59 Paul Feyerabend, Wider den Methodenzwang, S. 320

60 Paul Feyerabdend, Wider den Methodenzwang, S. 334

postuliert „das allgegenwärtige Wesen des Logos“ als ein „Eins-Sein der Gegensätze.“ Für ihn ist der „Logos das Wesen der Welt und der Seele.“[61] Demokrit hingegen denkt über das Wesen der Natur nach und fordert: „Nur scheinbar hat ein Ding eine Farbe, nur scheinbar ist es süß oder bitter; in Wirklichkeit gibt es nur Atome im leeren Raum.“ Demokrit wird Begründer des Atomismus, die „Atome im leeren Raum“ sind für ihn Vision, die der nichtmateriellen Sichtweise der heutigen Quantenmechanik schon sehr nahe kommt.

Mit Sokrates, Platon und Aristoteles wächst die antike griechische Kosmologie. Das Denken über den Logos führt zur Annahme eines Geistes (griechisch: nous), dessen Haupttätigkeit Platon als Denken bezeichnet. Die im Mittelalter besonders durch Thomas von Aquin betriebene Fokussierung des Geistes auf den Verstand (lateinisch: ratio) führt allerdings zur falschen Gleichsetzung von Logos mit Logik, was Heraklit gewiss genauso ablehnen würde, wie Platon der Gleichsetzung von Geist und Verstand widersprach. Demokrits Idee von Atomen, die alles Existierende begründen, breitet sich in der Antike rasant aus. Es beginnt der bis heute andauernde Disput, was dominiert: Geist oder Materie. Während Platon als Idealist die Bedeutung der Sinneseindrücke und des Geistes hervorhebt, favorisiert Aristoteles die materiell ausgerichtete Denkschule. Für ihn ist die „Materie Stoff eines bestimmten Dings, das eine Form aufweist“. Indem diese „Materie in neuer Weise strukturiert wird, entsteht ein neues Einzelding.“ Seine Kosmologie wird später vom aufkommenden Christentum weitgehend übernommen. Thomas v. Aquin verstärkt diese Denkschule als Prediger des Verstandes. Ihm dient das verstandesmäßige ICH als Objekt der Gestaltungskraft Gottes: Gäbe es kein unabhängiges ICH, gäbe es keinen Gott, lautet seine Kernthese. Demnach ist die Frage erlaubt, ob theistische Philosophen Gott erschufen, um den Glauben an ein ICH zu stärken?

Die christliche Philosophie bleibt im Schatten der antiken griechischen Kosmologie, die erst durch die neue Kosmologie der klassischen Physik abgelöst wird - begründet durch Kopernikus, Kepler und Galilei im 16. und 17. Jahrhundert. Newton, Maxwell

61 Karl Jaspers, Aus dem Ursprung denkende Metaphysiker, S. 23 - 25

und andere entwickeln das mechanistische Weltbild im 19. Jahrhundert weiter, in dem sich die Objekte allein auf kreisförmigen Bahnen bewegen. Bewegung ist das Merkmal dieser Weltidee. Sie wird als Wirkung von Kräften - wie der Gravitationskraft, der Corioliskraft, der elektromagnetischen Kräfte - verstanden, die auf Objekte einwirken. Dies formuliert zwar eine Beziehung zwischen den sich bewegenden Objekten und den Ursachen der Bewegung, die aber in der frühen Mechanik noch oberflächlich bleibt. Später vergleichen Physiker die Bewegungen von Atomen, Elektronen, Neutronen, Protonen mit den Bewegungen der Planeten. Die Bausteine der Materie bleiben auch weiterhin in diesem Weltbild aus sich heraus existierende Objekte.

Mit den Theorien von Einstein, Bohr, Schrödinger, Heisenberg und anderen in der ersten Hälfte des 20. Jahrhunderts entsteht eine neue relativistische[62] Kosmologie. „Eine interessante Entwicklung tritt ein, wenn die beseitigte Ontologie[63] umfassend ist, d. h. wenn ihre Gegenstände, als in jedem Vorgang eines bestimmten Gebietes vorhanden, vorgestellt werden. Die klassische Physik ist ein solches Beispiel. Sie hat eine umfassende Terminologie zur Beschreibung gewisser, ganz grundlegender Eigenschaften physikalischer Gegenstände entwickelt wie Form, Masse, Volumen, Zeitabschnitte usw. Das mit dieser Terminologie verbundene Begriffssystem setzt wenigstens in einer seiner zahlreichen Deutungen voraus, dass die Eigenschaften den Gegenständen innewohnen und sich nur als Ergebnis unmittelbarer physikalischer Einwirkungen verändern. Das ist eines der universellen Prinzipien der klassischen Physik. Nach der Relativitätstheorie, mindestens in der von Einstein und Bohr anerkannten Deutung, gibt es aber keine den Gegenständen selbst zukommenden Eigenschaften der angeführten Art, sondern Form, Masse usw. sind Beziehungen zwischen physikalischen Koordinatensystemen, die sich ohne physikalische Einwirkungen ändern können, wenn man ein Koordinatensystem durch ein anderes ersetzt. Das so entstehende Begriffssystem leugnet nicht einfach das Bestehen der klassischen Sachverhalte. Das

62 Der Begriff relativistische Kosmologie bezieht sich auf Einsteins Relativitätstheorie und darf nicht mit dem neoliberalen Begriff des philosophischen Relativismus verwechselt werden.

63 Aus dem Griechischen: Lehre über Seiendes

könnte es gar nicht, denn es gestattet nicht einmal die Formulierung solcher Aussagen. Sie hat keine einzige Aussage mit ihrem Vorgänger gemeinsam."[64]

Was ist also anders in dem neuen relativistischen Weltbild der Quantenmechanik? Ein Gedankenexperiment mag helfen, dies zu verstehen:

(i) Vor mir liegt eine Holzplatte, die ich sehen, fühlen, riechen, tasten und sogar hören kann, wenn ich darauf klopfe, die ich also mit meinen fünf Sinnen wahrnehmen kann. Ich sehe etwas Festes, Undurchsichtiges mit einem Eigengeruch nach Holz und spezifischem Klang. Die Wahrnehmung signalisiert: Hier existiert ein Ding mit klaren Eigenschaften, das so stabil ist, dass ich einen anderen Gegenstand darauf stellen kann. Es ist abgegrenzt, zeigt Profil. Ich vertraue meiner Wahrnehmung und glaube, eine endgültige Wahrheit über das Holz erlangt zu haben.

(ii) Benutze ich jedoch ein anderes Wahrnehmungsinstrument als mein Auge, wie beispielsweise ein Mikroskop, wird sichtbar, dass die Holzplatte aus Holzfasern besteht, die eng aneinander liegen. Darin befinden sich weitere Materialien, die wie Klebstoff die Holzfasern zusammen halten. Mit jeder stärkeren Verkleinerungsstufe des Mikroskops werden Hohlräume zwischen den Fasern sichtbar. Wären meine Finger klein genug, könnte ich in die Hohlräume hineingreifen und das Holz wie Stoff bewegen. Das Mikroskop als Instrument der Wahrnehmung lässt Holz geschmeidig wie Stoff erscheinen.

(iii) Benützte ich ein Instrument, das noch kleinere Einheiten erkennen kann, würde ich Strukturen sehen, die in der Chemie als Moleküle bezeichnet werden. Nach diesen Modellen bestehen die Moleküle des Holzes aus Sechsecken, die in langen Ketten aneinander gereiht sind. Die Ketten sind beweglich, wie auch die einzelnen Sechsecke in sich. Das Holz verliert weiter an Stabilität. Könnte ich die Welt der Moleküle sehen, wäre Holz einer zähen Flüssigkeit sehr ähnlich.

64 Paul Feyerabend, Wider den Methodenzwang, S. 373

(iv) Auf der nächsten Verkleinerungsebene werden Einheiten sichtbar, die die Physik als Atome bezeichnet. In den naturwissenschaftlichen Modellen sind Atome die Bausteine der Moleküle. Sie sind Raumgebilde, die locker miteinander verbunden sind, hin- und herschwingen, nie an einem Orte bleiben und in dauernder Bewegung sind. Mit dieser Wahrnehmung würde sich Holz wie ein sehr dünnflüssiges Medium oder ein Gas verhalten.

(v) Auf der weiteren Reise in den Mikrokosmos würde ich nun eine riesige Überraschung erleben. Nach den Atommodellen der relativistischen Physik löst sich das Atom in Teilchen auf, die nur als mathematische Aufenthaltswahrscheinlichkeiten beschreibbar sind. Könnten wir diese Orte – im Bild der klassischen, mechanistischen Physik - fixieren, würden sich um einen winzigen Kern noch kleinere Elektronen bewegen. Hätte der Atomkern beispielsweise die Größe eines Fußballs, würden sich in etwa 200 Kilometern Entfernung die Elektronen in der Größe eines Sandkorns mit Lichtgeschwindigkeit auf einer Kreisbahn um den Kern bewegen. Zwischen Atomkern und Elektron jedoch scheint nur leerer Raum, so wie Demokrit dies in seinen Visionen beschrieben hat.

Auf dieser Verkleinerungsstufe wäre Holz dem Universum ähnlich: In einem fast leeren Raum bewegten sich atomare Bausteine weit voneinander entfernt. Doch anstatt dieser Teilchen habhaft werden zu können, sind sie nur als „Wahrscheinlichkeitsfunktion" mit „Aussagen über Wahrscheinlichkeiten"[65] beschreibbar. Sie existieren nur aufgrund ihrer Beziehung zueinander. Die vermeintlichen Teilchen hören auf, eigenständige Dinge zu sein. Selbst ihr Gewicht ist nicht mehr Aspekt ihrer Existenz, sonders das Ergebnis ihrer Beziehungen zueinander. Keinem der atomaren Teilchen kann eine Masse zugeordnet werden. Masse und damit Materie ist nicht auffindbar. Der Physiker Higgs beschreibt in seinen mathematischen Modellen zur Feldtheorie in den 1960er Jahren die Masse daher als eine Wirkung der Bewegung von zwei Kraftfeldern zueinander. Die sich aus der Bewegung der Kraftfelder ergebenden Beziehungsenergien manifestieren sich dabei in Beziehungsstrukturen, denen wir Namen wie Atomkern oder

65 Werner Heisenberg, Quantentheorie und Philosophie, S. 54

Elektron geben. Sie sind keine Dinge, Gegenstände, Partikel, sondern lediglich zeitweilige Energiezustände, die nur noch mit mathematischen Konstruktionen als Hilfsmittel beschrieben werden können. Die Materie Holz hört auf dieser Betrachtungsebene auf ein Ding zu sein, das aus sich heraus existiert. Das gewöhnliche, als fest wahrnehmbare Holz, ist in seiner feinsten Struktur leerer Raum, in dem sich in riesigen Abständen etwas in einem wie auch immer gearteten Energiezustand auf wahrscheinlichen Bewegungsflächen zueinander bewegt. Uns fehlt die Sprache, wie Hans-Peter Dürr sagt, um dies zu beschreiben, weil wir mit der Sprache und ihren Begriffen immer im Horizont eines Dings - der Welt der klassischen Physik - bleiben.

Wir können uns fragen, warum wir dieses physikalische Leer-Sein in unserem gewöhnlichen Leben nicht wahrnehmen können? Der Grund ist zunächst unsere begrenzte Wahrnehmungsfähigkeit. Wir haben nicht die Sensoren, um den leeren Raum zwischen den Atomen wahrnehmen zu können. Könnten unsere Augen beispielsweise Röntgenstrahlung sensorisch nutzen, würde die Welt nicht in Farben erscheinen. Wir würden durch Menschen hindurchschauen und nur ganz wenige Umrisse erkennen, wie etwa das Knochengerüst, das nicht von den Röntgenstrahlen durchleuchtet wird. Hätten wir Sensoren, die den leeren Raum zwischen den Partikeln wahrnehmen könnten, wäre die Welt vollständig leer - wie das Universum. Eine öde und vermutlich Angst erzeugende Vorstellung.

Um dies scheinbar noch zu verkomplizieren weist Heisenberg darauf hin, dass dieser leere Raum des Mikrokosmos prinzipiell nicht messbar ist. Jedes Lichtquant, das zur Beobachtung notwendig wäre, würde schon im Moment der Beobachtung das zu beobachtende Objekt verändern. „Diese Unsicherheiten kann man objektiv nennen, insofern sie ja die Folge davon sind, dass wir das Experiment in den Begriffen der klassischen Physik beschreiben. Man kann sie auch subjektiv nennen, insofern sie unsere unvollständige Kenntnis der Welt bezeichnen.“[66] Heisenberg betont, dass die Quantenmechanik nur insofern die Welt objektiv beschreiben

66 Werner Heisenberg, Quantentheorie und Philosophie, S. 55

kann, wie sie sich auf die Begriffe der klassischen Physik bezieht. Die jedoch bilden weniger eine Realität ab, sondern sind vielmehr Erfindungen und Vereinbarungen zwischen Menschen zwecks Verständigung.

Einstein weist in einem Gespräch mit Heisenberg 1926 auf einen weiteren Aspekt des Wissen-Schaffens hin: „Vom prinzipiellen Standpunkt aus betrachtet ist es ganz falsch, eine Theorie nur auf beobachtbare Größen gründen zu wollen. Denn es ist ja in Wirklichkeit ganz umgekehrt. Erst die Theorie entscheidet darüber, was man beobachten kann." Vergegenwärtigen wir uns für einen kurzen Moment diesen entscheidenden Satz:

„Erst die Theorie entscheidet darüber,
was man beobachten kann."

Die in unserem Geist vorhandenen Vorstellungen und Ideen bestimmen und ermöglichen eine Interpretation von Sinneseindrücken. Einstein greift damit auf ein altes Sokrates-Argument zurück, der gesagt hat: „Um zu wissen, was Gerechtigkeit ist, muss man wissen, was das Wissen ist; und um dies zu wissen, muss man einen ungeprüften Vorbegriff von Wissen haben. Daher kann man gar nicht zu klären versuchen, was man weiß oder was man nicht weiß. Weiß man, so bedarf es keiner Untersuchung; weiß man nicht, so weiß man nicht einmal, wonach man suchen soll."[67] Einstein fährt in diesem Sinne im Gespräch mit Heisenberg fort: „Die Beobachtung ist ja ein sehr komplexer Prozess. Der Vorgang, der beobachtet werden soll, ruft irgendwelche Geschehnisse in unserem Messapparat hervor. Als Folge davon laufen in diesem Apparat dann weitere Vorgänge ab, die schließlich auf Umwegen den sinnlichen Eindruck und die Fixierung des Ergebnisses in unserem Bewusstsein bewirken. Auf diesem langen Weg müssen wir wissen, wie die Natur funktioniert, wenn wir behaupten wollen, dass wir etwas beobachtet haben. Nur die Theorie erlaubt uns, aus dem sinnlichen Eindruck auf den zugrunde liegenden Vorgang zu schließen."[68]

---

67 Sokrates im Theaitetos, zitiert nach Hannah Arendt, Vom Leben des Geistes, S. 169

68 Albert Einstein im Gespräch mit Werner Heisenberg, in: Werner Heisenberg, Quantentheorie und Philosophie, S. 31

Sokrates' und Einsteins Gedanken sind wesentlich für das Verständnis jeder Wahrnehmung: Bei jeder Beobachtung gelangen „Geschehnisse" wie Licht, bewegte Luft (Töne), Gerüche, Wärme oder Kälte direkt oder über Messapparate zu unseren Sinnesorganen. Dadurch erleben wir zunächst nur eine „Erscheinungswelt" der Sinneseindrücke. Diese werden erst durch eine Interpretation zur „Bühne der Lebenden", wie die griechischen Philosophen dies zutreffend bezeichnen. Doch „Erscheinen heißt stets: anderen so und so zu scheinen, und dieses Scheinen verändert sich mit dem Standpunkt und der Perspektive der Schauenden. Mit anderen Worten, jedes Erscheinende erhält kraft seiner Erscheinungshaftigkeit eine Art Schleier, der es durchaus verbergen oder entstellen kann."[69] Mit Hilfe von Weltbildern lernen wir, die Erscheinungswelt der Sinne in einer bestimmten Art und Weise zu interpretieren. Wenn ich Licht sehe, kann ich dies als eine angenehme Sicherheit oder Wärme wahrnehmen oder ich kann eine Gefahr erkennen wie bei einer Explosion. Die ungeprüften Vorstellungen oder Theorien in meinem Geist sind Voraussetzungen für jeweilige Interpretationen. Diese Interpretationsmuster wiederum basieren auf vergangenen Wahrnehmungen und daraus entwickelten Erfahrungen, die seit vielen hunderttausend Jahren teils bewusst, teils intuitiv in meinem Geist und dem der Menschheit abgespeichert werden.

Einsteins Beschreibung des Wissenschaftsprozesses stellt die Wissenschaftstheorie endgültig vom positivistischen Kopf auf die relativistischen Füße. Nicht die Beobachtung selbst erlaubt das Aufstellen von Theorien. Vielmehr bedarf es eines Weltbildes - eines komplexen Systems aus vielen kompatiblen Theorien – um etwas beobachten zu können. Dieser Strategie folgte auch Galilei, indem er eine neue Weltsicht mit der Kraft seiner Worte als Ausdruck seiner Ideen erschuf – ganz ohne Daten. Er nahm das heliozentrische Weltbild als gegeben an und beschrieb von diesem aus alle ihm bekannten Phänomene. Dementsprechend gilt: Stelle ich mich auf den Standpunkt einer Atomtheorie mit Atomen, Elektronen als Partikel, dann werde ich Atome und Elektronen beobachten. Stelle ich mich auf den Standpunkt einer Theorie, die die

69 Hanna Arendt, Vom Leben des Geistes, S. 31

Materie ohne Teilchen beschreibt, werde ich Entsprechendes beobachten. Das, was wir im „Schauspiel des Lebens" beobachten, ist abhängig von den eigenen geistigen Vorstellungen, die wiederum das Ergebnis von Interpretationen sind.

Der größte Teil unserer Vorstellungen entsteht aus Konventionen, die wir beispielsweise als Baby durch Kommunikation mit unseren Eltern lernen: Essen und Trinken tun gut, genauso Schmusen oder Singen. Später lernen wir viele tausend Worte und Begriffe als Verabredungen über Bedeutungen. So wird ein kugeliges Ding mit dem Begriff Ball ausgestattet. Weitere Vorstellungen ergeben sich aufgrund von Handlungen aller Art. Jede Handlung hinterlässt im Geist eine neue Datenspur, die wiederum den weiteren Blick auf die Welt prägt. Denn „wir sind von dieser Welt und nicht bloß in dieser Welt; wir sind selbst Erscheinungen, da wir ankommen und fortgehen, erscheinen und verschwinden."[70]

Vielen erscheint diese Sichtweise auf Erkenntnisprozesse spekulativ. Sie wollen etwas handfestes und sie suchen klare Antworten auf die Frage: Was geschieht denn wirklich in einem Atom? Heisenberg antwortet lapidar: „Was man den Beobachtungen entnimmt, ist eine Wahrscheinlichkeitsfunktion, also ein mathematischer Ausdruck, der Aussagen über Möglichkeiten oder Tendenzen mit Aussagen über unsere Kenntnis von Tatsachen ermöglicht. Daher können wir das Ergebnis einer Beobachtung nicht objektivieren. Wir können nicht beschreiben, was zwischen dieser Beobachtung und der nächsten passiert."[71] Das verblüfft uns noch mehr: Es existiert keine Eins-zu-Eins-Beziehung zwischen Ursache und Wirkung. Wir können zwar eine Ursache beobachten und eine Weile später auch eine Wirkung. Der zeitliche Abstand zwischen beiden Erscheinungen mag Millisekunden oder Jahrhunderte betragen. Doch in jedem Fall ist es unmöglich präzise anzugeben, was zwischen den beiden Momenten von Ursache und Wirkung tatsächlich geschieht. Das ist eine Konsequenz aus der von Heisenberg formulierten Unschärferelation: Um jeden Moment zwischen einer Ursache und einer Wirkung beschreiben zu können, müssten wir zu jedem Zeitpunkt die Veränderung – physikalisch den Im-

70 Hanna Arendt, Vom Leben des Geistes, S. 32

71 Werner Heisenberg, Quantentheorie und Philosophie, S. 50

puls - und den Ort eines Phänomens exakt angeben können. Das aber, so Heisenberg, ist grundsätzlich unmöglich.

Das „Prinzip der Diskontinuität" ist eine wesentliche Erkenntnis der Quantenmechanik, die insofern nicht ganz neu ist, da sie vom indischen Philosophen Nagarjuna bereits im 2. Jahrhundert n. Chr. formuliert wurde mit dem berühmten ersten Satz aus seinen „Versen zum Mittleren Weg":

„Niemals und nirgends
entsteht eine Erscheinung
aus sich heraus, aus anderem,
aus beidem oder ohne Ursache."[72]

Nach Nagarjunas Auffassung entstehen Erscheinungen weder aus Ursachen noch ohne Ursachen. Mit Erscheinung meint er alles Wahrnehmbare, sei es ein materieller Gegenstand oder ein Lebewesen, aber auch einen Geisteszustand oder ein Wissensobjekt. Seine zunächst radikale Ablehnung jeder Ursache und jedes Entstehen im ersten Teil dieses Satzes hat schon früh Gegner aus anderen buddhistischen Schulen auf den Plan gerufen und oft zur Fehlinterpretation durch spätere Philosophen, vor allem im Westen, geführt. Sie haben Nagarjuna statisches oder sogar nihilistisches Denken vorgeworfen, weil er mit diesen Formulierungen die Existenz von Ursachen negiere. Doch diesem Vorwurf begegnet Nagarjuna unmittelbar durch die einfache Aussage, dass Erscheinungen nicht ohne Ursachen entstehen können. Doch wie sollen Erscheinungen aus Ursachen und dennoch ohne Ursachen entstehen? In diesem Widerspruch liegt die besondere Qualität seines Denkens. Nagarjuna will uns wegführen von der üblichen einfachen Denkweise, die immer nur vom Entweder-Oder, Schwarz-oder-Weiß ausgeht: Entweder entsteht etwas aus einer Ursache oder etwas entsteht nicht aus einer Ursache. Stattdessen möchte er uns neue, unbegangene Denkwege zeigen, damit wir das „abhängige Entstehen", die relativistische Vernetzung alles Existierenden verstehen lernen.

72 Nagarjuna, Lehre der Mitte, Kapitel 1, Vers 1; siehe hierzu auch: Das Nagarjuna Projekt, www.dharma-university-press.org

Oft wird ein Widerspruch zwischen klassischer Physik und Quantenmechanik postuliert, als würde der unsichtbare Mikrokosmos sich anders verhalten als der sichtbare Makrokosmos. Doch dies ist nur ein verzweifelter Versuch, die angebliche Beständigkeit und Unabhängigkeit der Dinge zu bewahren. Schauen wir uns an, was geschieht, wenn ich einen Ball trete und dieser im nächsten Moment durch die Luft fliegt: Eine Ursache bewirkt eine Wirkung; einfache klassische Physik. Zerlegen wir diesen Prozess jedoch in kleinste Einheiten, dann tritt ab einem bestimmten Verkleinerungsgrad des Raumes und der Zeit die von Heisenberg formulierte Unschärfe ein: Ort und Impuls[73] der Bewegung des Balles können im absoluten Sinne nicht exakt beschrieben werden. Wir können in absolutem Sinne nicht angeben, wo sich ein Teilchen zu welchem Zeitpunkt befindet. Eine vollständige Beschreibung der Beziehung zwischen Ursache und Wirkung ist unmöglich. Es existiert weder eine direkte Ursache, noch entsteht die Bewegung des Balls ohne Ursache - ganz im Sinne Nagarjunas.

Das ist eine ungewohnte Sicht auf die Welt. Schnell sind wir geneigt, solche Gedanken als Unsinn oder Spekulation abzustempeln und seit Nagarjuna brauchte es weitere 1800 Jahre, bis die Naturwissenschaft eine relativistische Kosmologie beschrieb. Trotzdem agiert die publizierte westliche Wissenschaft leider nur auf den Grundlagen des mechanistischen Weltbildes des 17. Jahrhunderts. Nachzulesen ist das in Lehrbüchern, in denen jungen Menschen das Märchen vom autonom existierenden Atom erzählt wird. Aufrechterhalten wird das mechanistische, dinghafte Weltbild, weil es ökonomisch erfolgreich ist. Niemand soll die Frage nach der Kosmologie und den Interpretationen von Welt stellen. Stattdessen sollen die Menschen an die Erfolge der wunderbaren instrumentellen Wissenschaft glauben. Kaum jemand spricht darüber, dass in einer chemischen Reaktion, die zur Produktion eines bestimmten, nützlichen Stoffes erforderlich ist, sich nur 15-20 Prozent der Reaktionspartner so verhalten, dass das gewünschte Produkt entsteht, während 80-85 Prozent der Reaktion unbekannt ist

73 Impuls entspricht der Geschwindigkeit einer Masse ($p= mv$). Mit Geschwindigkeit definiert als Distanz l pro Zeiteinheit ($v=l/t$) ergibt sich, dass der Impuls auch beschrieben werden kann als $p= ml/t$

und nicht nutzbare Nebenprodukte liefert, die meist als Abfälle beseitigt werden. Schamanen gleich spricht kaum jemand darüber, dass die Ingenieurwissenschaften nur deshalb so erfolgreich sind, weil sie ad-hoc-Annahmen und Korrekturfaktoren in ihre Formeln hinein zaubern, die erst die Nutzung der Formeln für den Bau einer Brücke, eines Autos oder eines Computers ermöglichen. Die westliche Wissenschaft hat letztlich aufgehört wissenschaftlich zu denken, seit das philosophische Grundgerüst für den naiven positivistischen Glauben an den wissenschaftlichen Materialismus errichtet worden ist.

Wir befinden uns insofern in einer Phase des Umbruchs, weg von einer alten Kosmologie, die die Materie als Krönung des Wissens und des Lebens betrachtet, hin zu einer neuen Kosmologie, für die Materie nur Ausdruck einer Beziehungsstruktur ist. Derartige Umbrüche finden in der Menschheitsgeschichte mit großer Regelmäßigkeit statt. Der aktuelle Umbruch wird die Menschheit vermutlich noch mehrere Jahrhunderte beschäftigen, weil die Trägheit des Denkens und die Gewöhnung an Altes die Geschwindigkeit der Umstellung bestimmen.

Betrachten wir die relativistische Kosmologie aus der philosophischen Perspektive, ist sie eine Bestätigung der buddhistischen Erkenntnis vom Leer-Sein aller Phänomene von inhärenter Existenz, die Buddha mit den Worten formulierte:

„Die Phänomene sind leer davon,
aus sich heraus zu existieren."

Phänomene erscheinen erst aufgrund der vielfältigen Wechselbeziehungen untereinander, werden sichtbar nur durch ihre beziehungsmäßigen Bedingungen[74]. So entsteht eine Erscheinung, besteht eine Weile, um schon bald wieder zu vergehen. Das Leben ist eine ständige Metamorphose von Phänomenen, einschließlich dessen, was wir als Körper bezeichnen. Einzelnes kann nicht endgültig isoliert werden, besteht nicht aus sich heraus, sondern nur in dem

74 Kenneth Inada hat in seiner schönen Übersetzung von Nagarjunas Mulamadhyamakakarika (Lehre der Mitte) den Begriff der „relational conditions" für den Sanskrit Begriff „pratyaya" geprägt, den ich mit „beziehungsmäßiger Bedingung" übersetzen möchte. Siehe hierzu: Kenneth Inada, Nagarjuna – A translation of his Mulamadhyamakakarika, S. 38

Kontinuum einer Metamorphose. Wir können nur die Wahrscheinlichkeitsräume des abhängigen Entstehens, Bestehens und Vergehens benennen. „Nur wenn Dinge in einem einzigartigen Moment in einer spezifischen Beziehung zueinander stehen, können wir sie als beziehungsmäßige Bedingungen einer Wirkung bezeichnen."[75]

Erwin Schrödinger meditiert über das Kontinuum des Lebens in seinen philosophischen Schriften: „Kein Ich steht alleine. Hinter ihm liegt eine unermessliche Kette von physischen und intellektuellen Geschehen, der es als gegenwärtiges Glied angehört und die es fortsetzt. Durch den augenblicklichen Stand seines somatischen und seines Zerebralsystems und durch Erziehung und Überlieferung in Wort, Schrift, Denkmal, Sitte, Lebensform, geschaffener Umgebung…, durch all dies noch mit tausenden Worten zu Bezeichnende, in tausend Wendungen nicht zu Erschöpfende, ist das Ich nicht nur verkettet mit dem Ahnengeschehen, nicht nur ausschließlich sein Erzeugnis, sondern vielmehr im strengsten Sinne des Wortes mit ihm dasselbe, seine streng unmittelbare Fortsetzung - wie das Ich mit fünfzig Jahren die Fortsetzung des Ichs von vierzig Jahren ist."[76] Das nun ist wirkliche Revolution gegen das alltägliche, westliche Lebensverständnis. Schrödinger benennt damit ein Kontinuum des Geistes, das weit über den aktuellen Körper hinaus reicht. Dies ist eigentlich leicht zu verstehen, steht aber in drastischem Widerspruch zu unserer Wahnvorstellung über die reine Existenz des Materiellen, woran alles, selbst der Geist gebunden sei. Geben wir diese Wahnvorstellung auf und erkennen Körper und Geist als zwei verschiedene Einheiten des Lebens, fühlen wir unmittelbar: Der Geist ist ein Kontinuum (lückenlos Zusammenhängendes), das sich über die Jahrhunderte ständig verändert und selbst nicht aus sich heraus existiert.

Fassen wir in Ruhe die Konsequenzen aus dem quantenmechanischen Weltbild zusammen:

(i) Die konventionell wahrgenommenen Dinge existieren nicht substanziell und unabhängig. Sie existieren und erscheinen vielmehr aufgrund von vielfältigen Bedingungen. Sie sind abhängig

---

75 Nagarjuna, Lehre der Mitte, Kapitel 1, Vers 5

76 Erwin Schrödinger, Mein Leben, meine Weltansicht, S. 79. In Band 4 dieses Buches beschreibe ich eine Meditation über die vielen Millionen vergangenen Ichs, wodurch die ständige Metamorphose des Seins fühlbar wird.

vom jeweiligen Wahrnehmungsinstrument bzw. den so vermittelten Sinneseindrücken und in besonderer Weise abhängig vom wahrnehmenden Geist und den in ihm vorliegenden Ideen oder Theorien zur Interpretation des Erschienenen - ganz im Sinne Platons und Einsteins.

(ii) Die Dinge sind nur das Produkt einer kurzfristigen Manifestation von Beziehungssituationen. Ohne Beziehungen existieren weder Dinge noch ihre Teile. Das Elektron wird erst aufgrund der Beziehungsenergien und Strukturen zu einem Atomkern, zu anderen Elektronen und Elementarteilchen zu dem, was wir als Elektron interpretieren. Verändern sich Beziehungsstruktur und Beziehungsenergien, verändern sich die immer nur konventionell wahrnehmbaren Dinge. Materie ist in diesem Kontext nur ein Abbild der verschiedenen Beziehungssysteme. „Es gibt streng genommen keine Elektronen, es gibt keinen Atomkern, sie sind eigentlich nur Schwingungsfiguren. Eine Art Schwingungsfigur wie das Handy-Gespräch im elektromagnetischen Feld, nichts Materielles im eigentlichen Sinne. An diesem Punkt haben wir Materie verloren."[77]

(iii) Bezogen auf das Ich formuliert Schrödinger: Durch die Geburt werde „ich nicht erst erschaffen, sondern gleichsam nur wie aus einem tiefen Schlaf geholt. So erscheint mir dann mein Hoffen und Streben, Bangen und Sorgen als dasselbe wie das von Tausenden, die vor mir gelebt haben, und ich darf glauben, dass ich auch nach Tausenden von Jahren noch Erfüllung finden kann, was ich vor Jahrtausenden zum ersten Mal erfleht habe. Kein Gedanke keimt in mir auf, der nicht die Fortsetzung eines Ahnen und darum in Wahrheit kein junger Keim ist, sondern die Weiterentfaltung eines Triebs am uralten heiligen Baum des Lebens wäre."[78] An dieser Stelle ist der Begriff „ich" sicher verwirrend, denn weder ich als Hans, noch irgendjemand anderer leben über Tausende von Jahren. Schrödinger benennt damit den Geist, der aktuell in einem bestimmten Körper wohnt und gemeinsam mit dem Körper ein aktuelles Ich bildet. Während das Ich mit dem Körper vergeht, ist der Geist ein Kontinuum ohne Anfang und - ohne Ende - und in ständig Veränderung.

77 Hans-Peter Dürr, Geist, Kosmos und Physik, S. 62

78 Erwin Schrödinger, Mein Leben, meine Weltansicht, S. 80; Schrödinger schrieb diese Zeilen im November 1960, wenige Wochen vor seinem Tod am 4. Januar 1961.

Was bedeutet dies nun für mich und meinen Körper, für meine Beziehung zu anderen und zur materiellen Welt? ICH bin doch vorhanden, fühle Schmerzen und Freude, rede, spreche, liebe usw. Ist mein Körper nur eine Illusion? Gewiss ist der Körper keine Illusion, denn der Schmerz, der entsteht, wenn ich mir mit dem Hammer auf den Daumen haue, ist sehr real. Der Daumenschmerz ist das Ergebnis einer Beziehung zwischen eben jenem Hammer und meinem verworrenen Geist, der den Schlag zulässt. Manchmal ist der Geist so verwirrt, dass er immer wieder auf den Daumen haut und nichts mehr fühlt. Aber mein Körper ist ganz offensichtlich nichts Einheitliches, ist nur ein momentaner Zustand, der aufgrund von vielfältigen Beziehungsenergien, Bedingungen und Abhängigkeiten von Trilliarden von inneren und äußeren Einflussfaktoren genau zu diesem Moment so existiert, wie er existiert. Er verändert sich in jedem Moment. Könnten wir die einzelnen Atome an einer Körperstelle markieren, würden wir schon nach wenigen Stunden feststellen, dass keines an ihrem ursprünglichen Ort verbleibt. Materie ist in ständiger Veränderung und Bewegung. Deshalb heilen Wunden, wobei neue Materie an alter Stelle ersetzt wird. Deshalb wachsen wir. Und deshalb altern wir. Bilder dieses Körpers aus der Vergangenheit im Vergleich mit heute sind eindeutige Belege.

Doch wenn wir von ICH sprechen, fühlen wir etwas Einheitliches, Unteilbares, aus sich heraus Existierendes. Beispielsweise in bedrohlichen Situationen bei Unfällen oder Krankheiten. Dann entsteht fast automatisch das Gefühl einer ICH-Identität, an der ich mich festhalten will, die mich schützen soll. Dabei erscheint mir das ICH als würde es aus sich heraus existieren. Untersuche ich aber später in der Ruhe des Zurückgezogen-Seins dieses angeblich inhärente ICH, stellt sich zunächst heraus, dass es sich auf zwei Teile bezieht: Körper und Geist. „Versuche ich an der herrschenden Ansicht festzuhalten und die mir durch mein Erleben höchst gewisse Einheit meines ICH auf jene äußerliche und relative Einheitlichkeit einer somatischen Individualität zurückzuführen, so finde ich mich vor ein undurchdringliches Dickicht von Fragen gestellt. Warum, frage ich, kommt gerade meinem Leib einheitliches Ich-Bewusstsein zu, hingegen der Zelle, dem Organ noch nicht, dem Menschenstaat nicht mehr? Oder, wenn dem nicht so ist: Wie setzt sich mein ICH aus den einzelnen ICH meiner Gehirnzellen zusammen?"[79] Ist also ein Kohlenstoff-Atom des Gehirns mein ICH? Oder ist das Elektron eines Sauerstoffatoms mein ICH? Sicherlich nicht. Durch intensives Nachdenken wächst die Erkenntnis, dass der Körper nur als Zusammenspiel von unzählbaren Faktoren, Atomen und Energien erscheint. Der Körper ist ein grandios zusammengesetztes Etwas, viel komplexer, als wir uns dies vorstellen. Denn würden wir die chemischen Elemente des Körpers einfach nur zusammen mixen – man nehme zehn Kilogramm Kohlenstoff, fünf Kilogramm Wasserstoff usw. - ergäbe sich daraus kein Körper, der meinem oder anderen Körpern auch nur ähnlich wäre.

Meditiere ich über diese Beobachtung wird klar, dass beide - Körper und Geist - nicht unabhängig existieren. Der Körper benötigt Nahrung, Wasser, Liebe, Zuwendung, Gespräche. Der Geist benötigt die Wechselwirkung mit dem Geist anderer Menschen. Untersuchen wir den Körper wie die Holzplatte, verschwindet er mit jeder Verkleinerungsstufe. Das rein Materielle reicht nicht aus, um einen Körper zu konstituieren. Die Beziehungsstruktur der Elemente zueinander ist erforderlich, braucht ein Programm, ähnlich einer Software. Dieses Programm kann jedoch grundsätzlich nur eine Information oder eine Erkenntnis sein – also etwas Nicht-Materielles. Denn wäre der strukturbestimmende Faktor etwas Materielles, müsste er in den üblichen Elementen der Materie zu finden sein, was nach dem heutigen Wissensstand nicht der Fall ist. Bezeichnen wir dieses beziehungsbestimmende Programm als Geist, so lernen wir mit Erwin Schrödinger: „Außenwelt und Bewusstsein [Geist] sind ein und dasselbe, sofern dieselben Elemente diese wie jene zusammensetzen."[80] Auch hier findet sich wieder eine Parallele zur Antike, denn Aristoteles stellte die These auf, die Seele setze sich aus den gleichen Bausteinen zusammen wie die Materie. Allerdings hat der Westen aufgrund dieser These immer nur die Materie untersucht und nicht verstanden, dass die Bausteine der Materie im Geist zu finden sind.

79 Erwin Schrödinger, Mein Leben, meine Weltansicht, S. 86
80 Erwin Schrödinger, Mein Leben, meine Weltansicht, S. 91

Die Freiheit der Moderne

Die Moderne fiel nicht vom Himmel, sondern ist das Ergebnis des durch Galilei veränderten Bezugssystems. Die Verlagerung des archimedischen Punktes von der Erde in das Weltall erfordert keinen Schöpfergott mehr; Kirche und andere Autoritäten sind für die Erklärung des Lebens fortan nicht mehr nötig. Die Moderne ist die Zeit der Aufklärung und Säkularisierung, die ihre vorläufigen Höhepunkte in den französischen und amerikanischen Revolutionen findet.

„Freiheit! Gleichwertigkeit![81] Brüderlichkeit!" Die Französische Revolution fegt die vermeintlich göttliche Macht von Königen und Kaisern, Kardinälen und Päpsten hinweg. Sie fordert vor allem Freiheit und Menschenrechte. Am 26. August 1789 verabschiedet die neu konstituierte französische Nationalversammlung die „Erklärung der Menschen- und Bürgerrechte", da „die Unkenntnis, die Achtlosigkeit oder die Verachtung der Menschenrechte die einzigen Ursachen des öffentlichen Unglücks und der Verderbtheit der Regierungen sind."[82] Die Erklärung dient dem Ziel, „allen Mitgliedern der Gesellschaft beständig vor Augen" zu führen, dass die Menschenrechte „die natürlichen, unveräußerlichen und heiligen Rechte aller Menschen" sind. Artikel 1 formuliert kurz und bündig:

„Die Menschen werden frei und
gleich an Rechten geboren und bleiben es."

Freiheit und Gleichwertigkeit sind kein Ergebnis einer Leistung oder eines Vertrages. Sie sind Aspekte des Menschseins und können keinem Menschen genommen werden. Wenige Sätze später wird aber bereits eine instrumentalisierende Relativierung erwogen: „Gesellschaftliche Unterschiede dürfen nur im allgemeinen

81 Die übliche Übersetzung lautet Gleichheit. Doch der Begriff verwirrt nur, weil natürlich niemand identisch oder gleich ist mit jemand anderem. Vielmehr ist jeder Mensch gleichwertig mit jedem anderen Menschen. Dies zum Ausdruck zu bringen war die Intention der französischen Revolutionäre mit dem Begriff Egalité. Das Gerede von Gleichheit mag manchem auch Argument gewesen sein, die Aufklärung ad absurdum zu führen.

82 Deklaration der Menschen und Bürgerrechte

Nutzen begründet sein." Dies nimmt an, dass Ungerechtigkeit zulässig und zu rechtfertigen ist, wenn es der gesamten Gesellschaft dient. „Der Zweck heiligt die Mittel!"[83] Ein gefährlicher Satz, weshalb die Sklaverei in Frankreich nicht durch die erste Republik, sondern 1852 durch Kaiser Napoleon III. abgeschafft wird.

Artikel 2 spezifiziert „das Recht auf Freiheit, das Recht auf Eigentum, das Recht auf Sicherheit und das Recht auf Widerstand gegen Unterdrückung" als die „natürlichen und unantastbaren Menschenrechte". Das Recht auf Freiheit ist der Gegenentwurf zur feudalistischen Unterwerfung, in dem Könige und Kaiser, Bischöfe und Kardinäle Menschen über Jahrhunderte versklavten. Wohl wissend, dass unbegrenzte Freiheit nicht möglich ist, schränkt Artikel 4 im Kantischen Sinne ein:

„Die Freiheit besteht darin, alles tun zu dürfen, was einem anderen nicht schadet."

Denn Freiheit lebt von den Beziehungen der Menschen untereinander. Niemand soll Schaden erleiden. Um die im Feudalismus üblichen Abhängigkeiten zukünftig zu verhindern, formulieren die französischen Revolutionäre weitsichtig das Recht auf Eigentum als ein subjektives Recht jedes einzelnen. Basierend auf den Ideen von Locke und Voltaire soll die Verteilung des Besitzes auf viele die Unterwerfung von Besitzlosen durch Feudalherren beenden. Doch eine Landreform im Sinne einer gleichwertigen Verteilung an alle Bewohner und Bewohnerinnen Frankreichs findet nicht statt. Wie so oft in der Geschichte bleibt auch diese Revolution in der Umsetzung ihrer Ideale im Morast von Interessenskonflikten stecken und erreicht das Gegenteil: Das Recht auf Eigentum erschafft nur eine neue Gruppe reicher Besitzenden - die Bourgeoisie. Sie dominiert bis heute das Land, besitzt ein Drittel der Privatvermögen und lenkt abwechselnd Regierungen, Justiz und Konzerne. Wirtschaft und Staat sind in Frankreich heute so eng verzahnt wie einst zu absolutistischen Zeiten.

Frankreich erlebt nach der Revolution ein fünffaches Wechselspiel zwischen Republik und Kaiserreich. Die Jahrzehnte unter

83 Dies bildet die geistige Grundlage des Utilitarismus, der besonders im angelsächsischen Raum aktuell und verbreitet ist.

Kaiser Napoleon Bonaparte sind zwar motiviert von dem Wunsch, feudale und kirchliche Machtstrukturen in ganz Europa zu beseitigen und damit die Ideale der Revolution in Europa zu verbreiten. Doch letztlich etabliert die Bourgeoisie eine neue feudalistische Gesellschaft. Die klassisch demokratische Trennung der Gewalten[84] ist bis heute im Land der Revolution kaum vorhanden. Posten werden wie in einer Kaste verteilt. Man kennt sich halt.

Parallel zu den französischen Umbrüchen befreien sich die amerikanischen Kolonien vom Britischen Empire. Der Austausch zwischen den Revolutionären über den Atlantik findet in jener Zeit auch ohne Internet statt: „Die Unabhängigkeitserklärung der dreizehn Kolonien in Nordamerika vom 4. Juli 1776" beschleunigt die revolutionären Strömungen in Frankreich. Die französische Erklärung der Menschenrechte ist deutlich beeinflusst von der Verfassung der Vereinigten Staaten von Amerika vom 17. September 1787, die als Antwort auf die Jahrzehnte des Krieges gegen das Britische Empire formuliert wurde. In der Präambel manifestieren die amerikanischen Aufständischen ihren Willen zum Wohl jedes Bürgers und jeder Bürgerin des Landes:

„Wir, das Volk der Vereinigten Staaten,
von der Absicht geleitet, unseren Bund zu vervollkommnen,
die Gerechtigkeit zu verwirklichen, die Ruhe im Innern zu sichern,
für die Landesverteidigung zu sorgen, das allgemeine Wohl zu fördern und
das Glück der Freiheit uns selbst und unseren Nachkommen zu bewahren,
setzen und begründen diese Verfassung für
die Vereinigten Staaten von Amerika."[85]

In umgekehrter Richtung ist die französische Erklärung der Menschenrechte Vorbild für die amerikanische „Bill of Rights", den zehn Zusatzartikeln, in denen 1791 die unveräußerlichen Grundrechte aller Bürger der USA festgelegt werden. Die Instrumente zur Verhinderung einer neuen Monarchie werden im ersten Zusatzartikel genannt: Trennung von Staat und Kirche, Religions-

84 Legislative, Exekutive, Judikative

85 Im Original: "We the People of the United States, in Order to form a more perfect Union, establish Justice, insure domestic Tranquility, provide for the common defense, promote the general Welfare, and secure the Blessings of Liberty to ourselves and our Posterity, do ordain and establish this Constitution for the United States of America."

freiheit, Meinungsfreiheit, Pressefreiheit, Versammlungsfreiheit und das Recht auf Petitionen. Die große Sorge hinsichtlich eines britischen Angriffs auf die neu gewonnene Freiheit drückt sich aus im zweiten Zusatzartikel, der allen Bürgern das Recht zum Besitz und Tragen von Waffen und der Gründung von Milizen zusichert. Um jede zukünftige Willkürherrschaft zu verhindern, sichert der vierte Zusatzartikel, dass alle Bürger das Recht auf einen zügigen und öffentlichen Prozess vor einem Geschworenengericht haben.

Die Angst vor einer zentralen Staatsgewalt ist damals so groß, dass die amerikanische Verfassung dem Staat schwere Ketten anlegt. Der zentralen Bundesregierung werden jegliche Eingriffsmöglichkeiten in die grundlegenden Rechte der Bundesstaaten verweigert. Die USA sind eher eine Föderation als ein Bundesstaat. Das Recht am Eigentum und andere liberale Abwehrrechte schützen „das private Rechtssubjekt gegen ungesetzliche Eingriffe des Staates in Freiheit und Eigentum."[86] Ziel der Abwehrrechte ist zu vermeiden, dass der Staat sich in die Beziehungen und Verhandlungen des einzelnen einmischt. Als politisches Konzept wird der Individualismus verfassungsmäßig mit der Maxime festgelegt, dass alle Bürger frei sind zu verhandeln, was sie verhandeln möchten. Die amerikanische Verfassung ist getragen von der Idee, dass der Staat nur ein notwendiges Übel ist. Das Ziel ist, den Einfluss und die Macht des Staates soweit wie nötig zu minimieren, um eine umfassende Freiheit des einzelnen zu erreichen. „So wenig Staat wie möglich, so viel wie nötig", lautet bis heute die Devise und prägt die Staatsidee der amerikanischen Gesellschaft.

Doch die Konsequenzen wurden damals wohl kaum bedacht. Weder der Bundestaat noch die einzelnen Staaten haben heute real genügend Ressourcen, um Infrastrukturen wie Straßen und Eisenbahnlinien, Schulen und Krankenhäuser aufrecht zu erhalten. Wer in einem Starkregen durch die Vororte New Yorks oder irgendeiner anderen Großstadt fährt, glaubt sich in einem Entwicklungsland. Wer die regelmäßig in Zelten stattfindenden kostenlosen Schmerzbehandlungen für Millionen armer Amerikaner erlebt, wähnt sich im Mittelalter. Die Gemeinschaft der amerikanischen

86 Jürgen Habermas, Faktizität und Geltung, S. 647

Gesellschaft, die vielbeschworene Community, vergammelt, löst sich auf in den Fliehkräften des übersteigerten Individualismus, der Freiheit mit vollständiger Unabhängigkeit verwechselt.

Sowohl die Französische Revolution als auch die Gründung der USA bilden die Grundlagen für das westliche Freiheitsverständnis: „Demokratie und Menschenrechte bilden den universalistischen Kern des Verfassungsstaates, der aus der Amerikanischen und Französischen Revolution in verschiedenen Varianten hervorgegangen ist."[87] Und doch konnten diese Grundsätze weder Sklaverei noch den bis heute latenten Rassismus in den Südstaaten und im Mittleren Westen der USA verhindern. Trotz „Freiheit und Gleichwertigkeit" blühen in der französischen Gesellschaft bis heute Kolonialismus und Rassismus. Was also fehlt im Konzept von Demokratie und Freiheit, um die Versklavung von Menschen und Völkern zu verhindern?

Dazu müssen wir auf die Geschichte des Bürgertums und den Begriff der Freiheit schauen: Der Begriff des „freien Bürgers" - der Frauen ausschloss - taucht erstmals in der griechischen Polis um 400 v. Chr. auf. Es ist die Zeit des Übergangs vom archaischen zum antiken Griechenland. Worin bestand damals die Freiheit? Die freien Bürger der Polis waren frei davon, sich um die „Lebensnotwendigkeiten kümmern zu müssen". Sie besaßen genügend Ressourcen und brauchten nichts für ihren Lebensunterhalt zu tun. Sie lebten von den durch Sklaven erwirtschafteten Gütern und konzentrierten sich auf den „öffentlichen Raum" (polis) mit „ihrer Demokratie". Sie philosophierten und organisierten Politik und Bildung, erfreuten sich der Künste und Mathematik. Die freien Bürger der Polis bestimmten und gestalteten das „öffentliche" Leben. Als Denkende definierten sie Menschsein als „einen Zustand im Besitz des Logos."[88] Alle anderen - ohne Logos - wurden nicht als Menschen, sondern als Sklaven und Sklavinnen betrachtet. In der Sphäre des Privaten - dem Gegensatz zum Öffentlichen - produzierten Sklavinnen und Sklaven die Konsumgüter des Alltags fürs Essen, Trinken, Waschen, Reinigen, Schlafen,

87 Jürgen Habermas, Faktizität und Geltung, S. 603

88 Hannah Arendt, Vita activa, S. 37

Wohnen. Im Privaten entstand der Raum der Ökonomie, in dem die Unfreien die Lebensnotwendigkeiten für den Rest der Gesellschaft erwirtschafteten.

Doch die Tauben fliegen nicht gebraten ins Maul. Die Freiheit der Bürger war schon damals eine erzwungene Freiheit: „Der Preis dafür, dass die gesamte freie Bürgerschaft der Last des Lebens ledig sein durfte, war ungeheuer hoch, und er bestand keineswegs nur in der gewalttätigen Ungerechtigkeit, die denen angetan wurde, die man ins Dunkel der Notwendigkeit und der Mühsal zwang. Der wirkliche Preis für die absolute Freiheit ist in einem gewissen Sinne das Leben selbst.... [Es entsteht] eine Art Ersatzleben, ein künstliches Leben, das seine natürliche Lebendigkeit verloren hat."[89] Indem sich die freien Bürger von den Lebensnotwendigkeiten als dem „Stoffwechsel des Menschen mit der Natur" entfernen, verlieren sie auch den Kontakt zur Natur des Lebens. Sie leben in einer künstlichen Welt des selbst geschaffenen privaten Raums. Betrachten wir die heutigen künstlichen Welten der sogenannten Reichen und Schönen, scheint es, als hätte sich in 2500 Jahren kaum etwas verändert: Der Jetset jagt geschäftig um den Globus, Wohlhabende verbarrikadieren sich in mit Nato-Draht abgesperrten Wohnanlagen und glauben manchmal selbst daran, dass sie in einer freien Welt lebten. Doch Zweifel und Leid sind auch hier täglich spürbar durch den Widerspruch zum Wunsch, endlich wieder leben zu dürfen.

Zur dritten Gruppe der antiken Gesellschaft gehören die aufstrebenden Handwerker. Sie waren freier als die Sklaven, hatten aber nicht den Status freier Bürger. Handwerker stellen Dinge her aus den Materialien der Natur wie Holz, Steine, Metalle. „Das Werk unserer Hände fertigt die schier endlose Vielzahl von Dingen, deren Gesamtsumme sich zu der von Menschen erbauten Welt zusammenfügt. Die meisten dieser Dinge sind Gebrauchsgegenstände und als solche besitzen sie Haltbarkeit, die John Locke als Vorbedingung des Eigentums erkannte, die Adam Smith als Vorbedingung der Werte benötigte, die auf dem Markt erscheinen und ausgetauscht werden. Das Brauchen verleiht der Welt

89 Hannah Arendt, Vita activa, S. 141

als dem Gebilde von Menschenhand die Dauerhaftigkeit und Beständigkeit. Dinge bilden die eigentlich menschliche Heimat des Menschen."[90] Mit der Herstellung der Gebrauchsgüter wie Stühle und Tische, Häuser und Straßen - heute kommen Autos und Flugzeuge, Computer und Telefone hinzu - errichten Handwerker und Ingenieure die verdinglichte Heimat des Menschen. Jene Heimat, die länger existiert als der Mensch selbst und die wir deshalb über uns hinaus heben - transzendieren. Diese Macht katapultiert im Mittelalter das Handwerk und den damit einhergehenden Handel fast auf die Stufe der freien Bürger. Handwerk und Handel erleben eine Blütezeit, in der die noch versklavte Arbeitsgesellschaft des untergehenden Altertums zur ersten Konsum- und Gebrauchsgesellschaft wird. Handwerker und Kaufleute werden die ersten nicht-feudalen Besitzenden, „die aber aufgrund ihres Reichtums nicht die ihnen zukommende Stimme in öffentlichen Angelegenheiten" haben. „Das Regieren [bleibt] eine Sache der Könige und das Besitzen eine Sache der Untertanen."[91]

Und sie bewegt sich doch! Im Laufe der Jahrhunderte erlangen Sklaven und Sklavinnen, später Handwerker, Handwerkerinnen und Kaufleute, Bildung und Reichtum. Ihr Wissen um die praktischen Dinge des Lebens ermöglicht ihnen selbst innerhalb der privatwirtschaftlichen Feudalgesellschaft die Aneignung von Besitz. Es entwickelt sich eine Arbeitsteilung zwischen Hilfsarbeitern, Handwerkern und Bauern und den organisierenden Kaufleuten. Die Privatwirtschaft blüht. Das Selbstbewusstsein der wohlhabenden Unfreien wächst. Die immer noch so genannten „freien Bürger" müssen daher immer öfter zur Gewalt greifen, um ihre Herrschaft zu erhalten. Die römischen Senatoren oder venezianischen Adeligen legen den Grundstein für eine bis heute wirksame versklavende Freiheit, wogegen Menschen bis heute demonstrieren - sei es auf dem Platz des Himmlichen Friedens in Peking, im Gezi-Park Istanbuls, auf dem Tahrir Platz in Kairo, auf den Straßen Rio de Janeiros und in so vielen weiteren Staaten mit schreiender Ungerechtigkeit.

90 Hannah Arendt, Vita activa, S. 161

91 Hannah Arendt, Vita active, S. 82

Die Überwindung des kirchlichen Weltbildes durch Kepler, Galilei und andere schafft am Ende des Mittelalters den Raum für die Entwicklung der politischen Theorie der Freiheit, die von John Locke und anderen formuliert wird: „Der Naturzustand ist ein Zustand vollkommener Freiheit, innerhalb der Grenzen des Naturgesetzes seine Handlungen zu lenken und über seinen Besitz und seine Person zu verfügen, wie es einem am besten scheint - ohne jemandes Erlaubnis einzuholen und ohne von dem Willen eines anderen abhängig zu sein."[92] Locke, später Voltaire und andere überhöhen diese Freiheit und rechtfertigen damit sogar die Sklaverei, um „eroberte Völker zu beherrschen und die eigenen Rechte zu schützen". Hier schimmert die Schwachstelle des Liberalismus durch, der im Namen der Freiheit propagiert, dass andere, die nicht zur eigenen Sippe gehören, gequält oder getötet, ausgebeutet und missbraucht werden dürfen.[93]

Mit der Idee des Liberalismus formiert sich Widerstand gegen die Besitzrechte der feudalen Herrscher. Die meisten Königshäuser melden schon damals regelmäßig Insolvenz an. Locke und Voltaire treibt die Überzeugung, dass der freie Besitz den Feudalismus zu Fall bringen wird. Die Freiheit des einzelnen von der staatlichen Knechtschaft soll mit Hilfe des „Rechts am Eigentum" sowie dem „Recht des ungehinderten Erwerbs" erreicht werden. Locke erfindet „die Aneignung und Anhäufung von Besitz" als neue gesellschaftliche Qualität: „Worum es ihm ging, war eine Tätigkeit zu finden, die von sich selbst her einen aneignenden Charakter hat, die sich der Dinge der Welt bemächtigt und dennoch ganz privater Natur bleiben kann."[94] Der Freiheitsbegriff des Liberalismus ist im Wesentlichen eine „Freiheit zur unbegrenzten Anhäufung von Besitz". Deshalb propagiert der aufstrebende Liberalismus auch die „offene Feindschaft gegen alles Staatliche"; denn der Staat hat im Gewand feudaler Herrscher schon immer die Knechtschaft organisiert.

---

92 John Locke (1632-1704) gilt als Vater des Liberalismus und des Empirismus und beeinflusste auch den Freiheitsbegriff der französischen Revolution und der amerikanischen Verfassung.

93 Die 68er Bewegung konterkarierte diesen tötenden Liberalismus mit den drastischen Worten: „Fighting for peace is like fucking for virginity." (Zu Deutsch: Kriege für den Frieden zu führen ist ähnlich dem Versuch, Jungfräulichkeit durch Sex zu erhalten.)

94 Hannah Arendt, Vita active, S. 130

Die amerikanische Gesellschaft lebt das Dogma des Liberalismus bis zum Extrem. Die Freiheit der Menschen in den USA - und weiten Teilen Europas - dient fast ausschließlich dem Zwecke der Aneignung und Anhäufung materiellen Reichtums und der Abwehr staatlicher Eingriffe. In den USA wurden die Ureinwohner Nordamerikas in einem Genozid gnadenlos ermordet, wodurch Siedelnde und Kaufleute sich das frei zugängliche Land aneignen konnten. In dem wilden Getöse um die Landverteilung bildete sich schon bald eine aufstrebende Gruppe der neuen Großgrundbesitzenden. Sie nahmen sich mittels Korruption und Gewalt mehr als andere und verhielten sich schon bald wie neue Feudalherren. Ob Rinderzucht oder Baumwollproduktion, Goldrausch oder Öl-Boom, Konsum- oder Informationsgesellschaft - der ungezügelte Individualismus zeigt in den Boom-Phasen der Wirtschaft sein hässliches Gesicht. Im Kampf um Besitz und Reichtum sind Gleichwertigkeit und Würde der Menschen nur lästige Nebensächlichkeiten.

Nach dem Genozid in den USA etablieren die neuen Herren daher ohne Skrupel die Sklaverei, obwohl ihre Vorväter sich durch die Flucht nach Nordamerika davon zu befreien suchten. Sklaverei ist eine der Folgen des ungezügelten Liberalismus, der sich nur auf die Aneignung von Kapital konzentriert. Zunächst werden afrikanische Sklaven und Sklavinnen via Karibik importiert und gequält; nachfolgend schuften asiatische und lateinamerikanische Sklaven und Sklavinnen, die weite Teile der Infrastrukturen wie Bahnlinien und Straßen durch den riesigen Kontinent mit ihrem Blut bauen. Bis heute existiert dieser Alptraum. Schwarze und andere Einwanderer und Einwanderinnen aus vielen Ländern erledigen meist sklavenähnliche Arbeiten und halten die Grundinfrastrukturen des Landes aufrecht. Ohne diese billigen Arbeitskräfte würde keine Straße gebaut, kein Müll beseitigt, kein Abwasser gereinigt, keine Schule gesäubert. 80 Prozent der US-Bevölkerung - also rund 270 Millionen Menschen - verdienen weniger als $29.000 jährlich[95]. Und das in einem Land, das zu den reichsten der Erde gehört. Den Bodensatz der US-amerikanischen Gesellschaft bilden

95 Also weniger als 1800 €/Monat; Der ganz große Unterschied, Die Zeit Nr. 41, 04.10.2012, S. 32

46 Millionen Menschen, die von Lebensmittelkarten und Almosen leben.

1982 erlebe ich hautnah die Auswirkungen dieser brutalen Gesellschaft, als ich für zehn Stunden eine amerikanische Freundin ins New Orleans Hospital begleite. Die Flure sind voll mit Kranken, die nicht behandelt werden, weil sie kein Geld haben und keine private Krankenversicherung nachweisen können. Einem an Diphterie erkrankten jungen Mann schwillt der Hals fast zu. Auch er hat kein Geld. Bereits in drei Krankenhäusern hatte man ihm eine Antibiotikum-Spritze verweigert. Ich argumentiere mit dem Arzt, rede auf ihn ein, appelliere an seine Menschlichkeit. Erst im letzten Moment, als der junge Mann fast erstickt, verabreicht der Mediziner die lebensrettende Spritze. Dieses Erlebnis erschüttert mich heute noch. Mein Glaube an den amerikanischen Traum[96], der für mich Garant von Freiheit und Gleichheit war und der die deutsche Gesellschaft, meine Eltern und damit auch mich von der Diktatur des Nazi-Regimes befreit hat, löst sich auf in den Elendsbildern im New Orleans Hospital, wo der Liberalismus seinen wahren Charakter zeigt.

Schauen wir genau hin, ist die Wirklichkeit der heutigen neoliberalen amerikanischen Gesellschaft so menschenunwürdig wie zur Zeit der Polis. Damals wie heute besitzt ein Prozent der Bevölkerung die unbegrenzten Möglichkeiten der materiellen Freiheiten mit einem Einkommen von mehr als $12.000 pro Monat. Sie gestalten das Land ihres machtlosen Bundesstaates nach ihren Vorstellungen, zahlen maximal 15 Prozent Steuern und lassen die Infrastrukturen des Landes verrotten. Sie kaufen sich einfach Flughäfen und Dienstleistungen, Schulen und Universitäten, Abgeordnete und Präsidenten. Im Unterschied zur Antike und zum Mittelalter hat die Privatwirtschaft die Schaltstellen des amerikanischen Staates längst übernommen. Die meisten amerikanischen Präsidenten entstammen reichen Familien, die den Status der freien Bürger der Polis in dynastischen Familien leben. Ein Investmentmanager versuchte 2012 die Herrschaft des amerikanischen Präsidenten zu

96 Der amerikanische Traum ist die Erfindung des Essayisten John Truslow Adams, der im Jahre 1931 erstmals in seinem Buch The Epic of America den Begriff prägt. Siehe hierzu: Die Zeit, Träume weiter Amerika, 18.10.2012, S. 15

übernehmen, indem er seinen Freunden eine nahezu vollständige Befreiung von allen Steuern versprach. Die Aktienkurse der amerikanischen Unternehmen steigen, seit ehemalige Mitarbeitende von Großbanken die Federal Reserve Bank steuern und Milliarden öffentlicher Gelder in die Wirtschaft pumpen.

Die Freiheit zur unbegrenzten Anhäufung von Hab und Gut, Haus und Hof hat ein globales Ausmaß angenommen. Ob in Russland oder China, Indien oder Dubai, Angola oder Brasilien: „In den vergangenen Jahren haben Anwälte und Steuerberater die Welt mit einem Netz an schwer durchschaubaren Arrangements überzogen, welches Steuervermeidung und Korruption in alarmierendem Ausmaß ermöglicht. Private Finanzvermögen in Steueroasen sind [seit der Finanzkrise] auf 21 Billionen[97] Dollar angewachsen. Diese Undurchschaubarkeit ist nicht einfach so entstanden. Sie ist das Werk der brillantesten Juristen und Ökonomen. In den Industrieländern unterminieren sie die Steuerbasis, anderswo ermöglichen sie das Plündern der Staatshaushalte und bluten die ärmsten Gesellschaften aus."[98]

Aus der historischen Perspektive sowie mit Blick auf die aktuelle Weltwirtschaft ist eindeutig: Der mit guten Motiven von John Locke initiierte liberale Freiheitsbegriff zur unbegrenzten Anhäufung von Gütern ist eine Gefahr für die Menschheit. Denn „eine Politik,... die vorgibt, den Bürgern ein selbstbestimmtes Leben primär über die Gewährleistung von Wirtschaftsfreiheiten garantieren zu können, zerstört das Gleichgewicht zwischen den einzelnen Grundrechten."[99] Die liberale Gesellschaft geht davon aus, dass Individuen „in ihrer privaten und wirtschaftlichen Existenz hinreichend unabhängig sind und ihre persönliche Identität ausbilden und stabilisieren können", um auf dieser Basis „gleichwertige Verhandlungen"[100] zu führen. Doch diese Annahme ist pure Naivität, weil die Ausgangslage der an Verhandlungen Teilneh-

97 Gemeint sind 10^{12}, also echte Billionen und nicht die amerikanische Billionen, die nur einer Milliarde entsprechen.

98 Paul Collier, Wirtschaftsprofessor an der Oxford University, in: DIE ZEIT, Keine Geheimnisse mehr! Nr. 16, 11.04.2013, S. 20

99 Jürgen Habermas, Zur Verfassung Europas, S. 20

100 Jürgen Habermas, Zur Verfassung Europas, S. 20

menden unterschiedlicher nicht sein kann: Bis heute wird die Freiheit eines weißen Amerikaners oder Europäers höher bewertet als die von Einwanderern und Einwanderinnen aus Entwicklungsländern oder Ländern, deren Bruttosozialprodukt vergleichsweise niedrig ist. Die Verletzung der Menschenrechte ist Alltag in den Slums von New Orleans und Chicago, London und Madrid, Paris und Berlin sowie in den unzähligen Slums in Indien, Brasilien, Mexico, China, Russland, Afrika. So sehr der ursprüngliche liberale Begriff des Eigentums geeignet war, den Terror des Feudalismus zu beenden, so sehr ist er ungeeignet, eine menschenwürdige Gesellschaft zu verwirklichen.

Um Alternativen zum liberalen Verständnis einer Gesellschaft zu finden, ist ein nüchternes Verstehen der Vorgänge erforderlich, auf die sich der Liberalismus so sehr stützt. Wir müssen uns fragen: Was geschieht eigentlich in der Wirtschaft einer Gesellschaft? Warum produzieren wir Waren und treiben Handel damit? Ist die Produktion oder der Vertrieb von Gütern bereits eine Vorbedingung für Ungerechtigkeit? Bei einfachem Hinschauen fällt auf, dass das, was täglich Millionen Menschen tun, ein einfaches „Handeln im Sinne eines Tätig-Seins" ist. Produzenten stellen Güter für Menschen her, die selbst nicht die Möglichkeit oder Fähigkeit dazu haben. Dies setzt voraus, dass ein Produkt für jemand anderen nützlich und hilfreich sein kann. Produzieren bedeutet, dass ich meine Fähigkeiten und meine Lebenszeit zur Herstellung von Dingen zur Verfügung stelle, die für andere - und auch für mich - nützlich und hilfreich, manchmal auch lebensnotwendig sind. Weil alle Menschen in einer Gesellschaft sich ähnlich verhalten, schließen Produktion und Vertrieb das Teilen der jeweiligen Produkte und Dienstleistungen mit anderen ein. Wirtschaften ist aus dieser Perspektive ein Geben und Nehmen von Fähigkeiten und Möglichkeiten. Als Unternehmende wie auch als Mitarbeitende wollen wir, dass andere unsere Produkte und Dienstleistungen nutzen, sie für gut empfinden, um mit ihnen einfach nur ein gutes Leben führen zu können. Nichts anderes drücken wir aus mit dem bekannten Sprichwort: „Der Kunde ist König."

Heute tauschen wir nicht mehr Dinge, wie in den vorindustriellen bäuerlichen oder handwerklichen Gesellschaften, um uns wechselseitig zu helfen. Stattdessen nutzen wir Geld, das den relativen Wert meiner Arbeitskraft und Fähigkeiten im Vergleich zu anderen beschreibt. Im Idealfall bewerten die Nutzenden meine Arbeit mit der Höhe eines Geldbetrages, den sie für die von mir hergestellten Produkte oder Dienstleistungen bezahlen wollen. Angestellte verkaufen keine Produkte, sondern ihre Arbeitskraft. Der Wert der Arbeitskraft richtet sich grundsätzlich - wie bei Produkten - nach den Fähigkeiten der Arbeitenden sowie nach Angebot und Nachfrage. Produziere ich Dinge, die andere begehren, oder besitze ich Fähigkeiten, die für andere interessant sind, erziele ich einen hohen Preis und verdiene mehr Geld. Finden meine Produkte oder Fähigkeiten keine Interessenten, dann verdiene ich wenig Geld oder werde sogar arbeitslos. Im idealisierten Sinne ermöglicht das Prinzip von Angebot und Nachfrage eine wechselseitige Anerkennung und Wertschätzung der individuellen Fähigkeiten, ermöglicht Geben und Nehmen von Befähigungen und Begabungen. Einfaches ökonomisches Handeln ist insofern von seiner Basis her altruistisch.

Doch die simple Methode von Angebot und Nachfrage sowie des damit verbundenen uneigennützigen Gebens und Nehmens wird ständig verletzt. Eine der Hauptursachen ist der mittlerweile durchgängige Warencharakter der Arbeitskraft, in der Marx noch die Wurzel allen gesellschaftlichen Übels sah. Denken wir über die Thesen von Marx nach, erkennen wir, dass der Warencharakter nicht inhärenter Charakter jeder Arbeitskraft ist. Der Warencharakter der Arbeit entsteht vielmehr erst aufgrund einer erzeugten oder missbrauchten Not von Menschen, die dann ihre Arbeitskraft zu jedem Preis anbieten müssen, um das für sie Lebensnotwendige zu erwirtschaften. Die Gewalt der Not und deren Missbrauch verzerren den Grundsatz von Angebot und Nachfrage. Mit jeder Produktionsverlagerung in Länder wie Bangladesch oder Vietnam wird die Not der dort oft hungernden Menschen ausgenutzt. Ökonomen nennen diese Staaten deshalb "Billiglohnländer". Millionen Menschen werden dort im antiken Sinne versklavt. Was früher die Sklaven Roms, die Weber Schlesiens oder die Kinder in Manchester waren, sind heute die Fließbandarbeitenden der Elektronikindustrie in China, die Mädchen an den Nähmaschinen in

Vietnam oder die Jungs in den Chemikalienbädern der Gerbereien in Bangladesch.

Dass diese Verzerrung des angeblich freien Marktes keine Erfindung des 19. oder 20. Jahrhundert ist, dokumentieren unzählige historische Beispiele. Viele der heute berühmten Musiker, Schriftsteller, Philosophen oder Maler lebten in materieller Notlage. Sie mussten ihre einzigartigen Werke für Brot und Wasser und für ein Dach über dem Kopf hergeben. Die Gemälde van Goghs, die Musik Mozarts oder die Schriften Kants sind einzigartig und hätten in einem idealisierten freien Markt von Angebot und Nachfrage bereits zurzeit ihrer Entstehung einen hohen Preis erzielt. Doch Verleger und Galeristen nutzten die Notlagen der kreativen Geister aus. Die physische Notwendigkeit, Lebensmittel erwirtschaften zu müssen, hebt die grundsätzliche Freiheit aller Marktakteure und damit der Märkte auf, weil die Partner und Partnerinnen eines Handels dann nicht mehr auf gleicher Augenhöhe sprechen und agieren können. Gemälde oder Musik, genauso wie Kleidung oder Geräte sind in einem unfreien Markt nur Rohstoffe der Spekulation.

Wetten auf die Zukunft erzeugen jenen spekulativen Markt, aus dem das berühmte Kapital entsteht, das manche erfreut und zu viele noch immer leiden lässt. Der spekulative Markt wird befeuert von Moden und Begierden. Das Haben-wollen bestimmt den Preis eines van Gogh Gemäldes ebenso wie das einer angesagten Automarke. Wenn die Herstellung eines Produktes zehn Euro kostet und es wird für 100 Euro verkauft, dann regiert die Begierde. Der Nutzen der Waren, die Wertschätzung der Fähigkeiten der Herstellenden sowie Angebot und Nachfrage sind im spekulativen Markt nur untergeordnete Einflussfaktoren. Daraus aber folgt: „Mit Verweis auf das Zusammenspiel von Freiheit, Eigennutz und Wettbewerb sind zentrale Fragen [der liberalen Gesellschaft] nicht mehr zu beantworten. Woran richten wir unser Handeln und Unterlassen aus, wenn ein Rekurs auf Regeln nicht mehr möglich ist? Wie entstehen Mitverantwortung und Gemeinsinn?"[101] Diese wesentlichen Fragen zu beantworten ist eine Bedingung, damit wir

101 Michael Hüther (Professor für Ökonomie und Direktor des Instituts der deutschen Wirtschaft), Ein Europa der Nationen, in: Süddeutsche Zeitung, 5./6. Oktober 2013, S. 22

auch in einer geschäftigen Welt ein glückliches Leben erlangen können.

Aus dieser kurzen und sicherlich vereinfachenden Betrachtung der Ökonomie, die niemanden anklagen möchte, lernen wir, dass unser aktuelles Wirtschaften zu wenig auf die Bedürfnisse der Menschen und die Nutzwerte der Waren ausgerichtet ist. Wenn wir wirtschaften wollen, um einander zu helfen „geht [es] darum, dass wir vertrauen können und zwar sowohl auf die Fairness sowie Angemessenheit der Institutionen und Regeln als auch auf das alltägliche Fairplay der anderen im öffentlichen Raum, kurz auf ihren guten Willen."[102] Im Kern ist jede Ökonomie ein altruistisches Unterfangen, denn es ist doch wunderbar Häuser und die zugehörige Technik, Energie und Möbel, Kleidung und Waschmittel, Lebens- und Reinigungsmittel, Produkte der Körperreinigung und Körperpflege, Telefone und Computer, Medikamente und andere Heilmittel, Züge, Busse und Automobile und viele andere sinnvolle Produkte herzustellen und zu verkaufen. Aber, weil wir den Nutzen der Waren und die Bedürfnisse der Menschen zu oft wilden Spekulationen unterordnen, verlieren wir mehr und mehr die echte Freiheit der Wirtschaft - die zum Casino verrottet.

Es ist wesentlich zwischen den Wirtschaftsbereichen zu unterscheiden, deren Produkte Sinn stiftend sind und denen, die schaden. Woran erkennen wir diesen Unterschied? Ohne Zweifel sollten wir bestimmte Produkte und Technologien abschaffen, da sie das Leben grundsätzlich gefährden: Die Herstellung und Nutzung von Waffen aller Art, von Hochrisiko-Technologien oder die nur auf Spekulation basierenden Finanzprodukte sind einer lebendigen Gesellschaft unwürdig. Waffen und andere Gewalt fördernde und auslösende Produkte und Organisationen begünstigen die Ungleichwertigkeit, zwingen zu viele Menschen in Lebensbedingungen, unter denen niemand leben möchte und nicht leben sollte. Sie vernichten die Märkte, auf denen wir freudig unsere Talente, Produkte und Waren austauschen wollen. Dass die Atomenergie selbst in einem Land wie Japan mit ausgeprägter Hochtechnologie immense Zerstörung schafft, belegt ihr Tötungspotential. Wol-

102 Ebd.

len wir die atomare Verseuchung und damit die Verletzung Tausender in weiten Teilen Europas, Nordamerikas und Asiens noch verhindern, bedarf es eines signifikanten Strategiewechsels hin zu erneuerbaren Energiequellen. Die Zerstörung des Klimas durch Treibhausgase aller Art zu beenden, gehört eindeutig zu den wichtigen Feldern einer nachhaltigen Wirtschaft. Ähnliches gilt für die Beendigung der Zerstörung von Lebensräumen durch die extensive Nutzung bestimmter Agrochemikalien. Doch noch mehr Glück vernichten jene Spekulationen, die die Gier nach Profit befeuern. Nach den Erfahrungen mit der Finanzkrise seit 2007 ist klar, dass selbst Spekulierende kaum mehr nachvollziehen können, ob oder warum eine Aktie steigt oder fällt, ob ein Land kreditwürdig ist oder über seine Verhältnisse lebt. Im Casino der Kapitalmärkte werden die Ideen und Fähigkeiten vieler Millionen verzerrt, wird Leben zerstört.

Werden Waffenfabriken oder Atomkraftwerke, Klima verseuchende Treibhausgasfabriken wie Braunkohlekraftwerke oder bestimmte Chemieproduktionen geschlossen, entfallen entsprechende Arbeitsplätze. Als Gesellschaft dürfen wir die Betroffenen nicht alleine lassen, sondern müssen gemeinsam die Folgen der notwendigen Veränderung so steuern, dass niemand leidet. Dies ist unsere gemeinsame Verantwortung, der aber angesichts des demographischen Wandels leicht nachzukommen möglich ist. Die mit den notwendigen Veränderungen verbundenen Konsequenzen bedürfen eines breiten gesellschaftlichen Diskurses. Jeder Einzelfall muss aus der Perspektive aller betrachtet werden. Solche Prozesse können vermutlich nicht in Monaten, sondern nur in Jahren und Jahrzehnten vollzogen werden. Denn jede Anordnung von Oben, jedes diktatorische Bestimmen, selbst eines ökologisch und ökonomisch sinnvollen Weges, kann bereits wieder zu einer Gefahr für die Gleichwertigkeit, Würde und Freiheit des Menschen werden. „Die Wurzel der Geschichte ist der arbeitende, schaffende, Gegebenheiten umbildende und überholende Mensch. Hat der Mensch sich erfasst und das Seine ohne Entäußerung und Entfremdung in realer Demokratie begründet, so entsteht in der Welt etwas, das allen in die Kindheit scheint und worin noch niemand war: Heimat."[103] Zuhause sein, mit vertrauten Gesichtern, bewussten und unbewussten Wahrnehmungen, bedingungsloser Liebe - das ist Heimat, nach der wir uns alle sehnen, die wir gerne durch unser tägliches Handeln, in welchem Beruf oder Zuhause auch immer, erleben möchten. An jedem Ort der Welt, mit jedem fühlenden Wesen. Dann, so Ernst Bloch, sind wir „verliebt ins Leben".

Ein wichtiger Baustein für diese „mit-allen-verbindende-Freiheit" ist die aktive Beteiligung „jedes Bürgers und jeder Bürgerin" im Sinne der französischen und amerikanischen Revolutionen an den wegweisenden Entscheidungen unserer Gesellschaft durch direkte Demokratie. Indem wir beispielsweise eine Volksabstimmung darüber durchführen, dass der Waffenhandel Deutschlands im ersten Schritt auf Europa beschränkt wird, stoßen wir bereits eine so breite Diskussion über das Töten von Menschen durch Menschen an, die jedem und jeder einzelnen die Möglichkeit gibt, sich selbst die Frage zu stellen: Möchte ich durch eine Waffe getötet werden? Die klare Antwort „Nein!" wiederum wird weiteres Nachdenken über alltägliche Gewalt auslösen, deren Veränderungskraft weit größer ist, als die jeden Gesetzes. Dies hat heilsame Wirkungen auf die Beziehungen der Menschen untereinander. Wie gehen wir miteinander um, wie wollen wir das gemeinsame Erwirtschaften von lebensnotwendigen Gütern gestalten? Vermutlich würde eine solche Auseinandersetzung über mehrere Jahre laufen und schließlich zu einem friedensstiftenden Ergebnis führen. Auf dieser Basis wären weitere Schritte zur Veränderung möglich. Am Ende stünde die vollständige Schließung aller Waffenfabriken in Europa - und irgendwann weltweit. Denn erst ohne Waffen werden wir den Wahnsinn des Tötens von Menschen durch Menschen beenden und die Würde des Menschen schützen.[104]

---

103 Ernst Bloch, Prinzip Hoffnung, S. 1628

104 Die aktuellen Auseinandersetzungen um die Ukraine und ihrer Landesteile zeigen, dass eine militärische Option auf keinen Fall zu einer Lösung führen kann, da dies zu einer atomaren Konfrontation zwischen Russland und dem Westen führt. Insofern ist jedes stehende Heer in Europa sinnlos und die dafür verschwendeten Energien und Ressourcen sind besser eingesetzt, wenn wir sie für die Dialogfähigkeit, also für die Kooperation der Staaten verwenden.

Die Würde des Menschen ist unantastbar

„Das revolutionäre Bewusstsein [der französischen und amerikanischen Revolutionen] drückt sich weiterhin in der Überzeugung aus, dass die emanzipierten einzelnen gemeinsam zu Autoren ihres Schicksals berufen sind. In ihren Händen liegt die Macht, über die Regeln und die Art ihres Zusammenlebens zu entscheiden. Indem sie sich als Bürger [und Bürgerinnen] die Gesetze, denen sie gehorchen wollen, selbst geben, stellen sie ihren eigenen Lebenszusammenhang her."[105] Solche Welt umspannende Freiheit, deren Geist ich in den 1960er und 70er Jahren miterleben durfte, war der Traum der Jugend Europas nach den beiden Weltkriegen. Das ist der Geist, der die Menschen Ostdeutschlands und Osteuropas bis heute rührt, wenn sie die amerikanische Hymne hören. Die gleichwertige Freiheit aller Menschen war der Traum des ANC in Südafrika ebenso, wie er das Ziel der Protestierenden im arabischen Frühling, der Landarbeitenden in Südamerika oder der Menschen in der Ukraine immer noch ist.

Gleichwertige Freiheit erfordert ein Bewusstsein darüber, dass wir uns als Gleichwertige wahrnehmen und als solche miteinander kooperieren. Es fordert und fördert den Gedanken: „Ich bin genauso viel wert, wie jeder andere Mensch auf diesem Planeten. Meine Stimme hat genauso viel Gewicht wie die jedes und jeder anderen." Daher der Slogan des ANC: „One man, one vote!"; wobei in der patriarchalen Struktur des ANC und auch der englischen Sprache Frauen weitgehend vergessen werden. Die in der Französischen Revolution noch als Brüderlichkeit getarnte Gleichwertigkeit - weil auch dort hauptsächlich männliche Revolutionäre die Manifeste schrieben - drückt den Wunsch aus, die Würde des Menschen, also jeder Frau und jedes Mannes, zu verwirklichen. Denn so wenig wie ich in meiner Würde verletzt werden möchte, will auch niemand anderes dies erleben. Darin liegt das Wesen der Gleichwertigkeit.

---

105 Jürgen Habermas, Faktizität und Geltung, S. 606

Die Würde des Menschen war in der Antike und bis ins 19. Jahrhundert hinein hauptsächlich mit der Vorstellung der Ehre verbunden. Als politisches Konzept wurde die Würde des Menschen erstmalig vom süddeutschen Demokraten Julius Fröbel (1805 - 1893) im Jahr 1848 formuliert: „Wir wollen die soziale Politik, d.h. den Staat, in welchem das Glück, die Freiheit und die Würde jedes einzelnen als gemeinsamer Zweck aller anerkannt ist und die Rechts- und Machtvollkommenheit der Gesellschaft aus der Verständigung und Vereinbarung aller ihrer Mitglieder entspringt."[106] Ein Satz, der heute immer noch seine Gültigkeit hat und leider viel zu wenig verwirklicht ist. Er beinhaltet die konsequente Fortschreibung des Gedanken von Artikel 4 der Erklärung der Menschen- und Bürgerechte von 1789: „Die Freiheit besteht darin, alles tun zu dürfen, was einem anderen nicht schadet." Schaden vermeiden definiert die Grenze jeder individuellen Freiheit. Doch im Gegensatz zu einer allgemeinen Deklaration wollte Fröbel ein subjektives, einklagbares Recht, denn Gleichwertigkeit und Würde eines jeden Menschen bilden den notwendigen rechtlichen Rahmen für eine freie Gesellschaft.

„Erst die Menschenwürde,
die überall und für jedermann [und jede Frau] ein und dieselbe ist,
begründet die Unteilbarkeit der Grundrechte."[107]

Doch nach 1848 brauchte die Menschheit weitere 100 Jahre und mehrere grausame Kriege, bis die Würde des Menschen als Grundsatz der menschlichen Gemeinschaft zumindest für alle Staaten proklamiert wurde. Am 10. Dezember 1948 verabschiedet die erste Generalversammlung der neugegründeten Vereinten Nationen (UNO) die „Allgemeine Erklärung der Menschenrechte". Im Artikel 1 heißt es:

„Alle Menschen sind frei und gleich
an Würde und Rechten geboren."[108]

---

106 Jürgen Habermas, Faktizität und Geltung, S. 613

107 Jürgen Habermas, Zur Verfassung Europas, S. 20

108 Allgemeine Erklärung der Menschenrechte, siehe http://www.un.org/depts/german/grunddok/ar217a3.html

In den Diskussionen des damals neugegründeten UN-Ausschusses für Menschenrechte, der die Erklärung der Menschenrechte formulierte, tobte in den Jahren 1946/47 ein ideologischer Kampf um die Vorrangstellung der Freiheit gegenüber dem Staat. Die Vorsitzende des Ausschusses, Eleanore Roosevelt, Witwe des kurz zuvor verstorbenen US-Präsidenten Franklin D. Roosevelt, wollte nur die sogenannten „vier Freiheiten"[109] verankert sehen, die ihr Mann 1941 als Antwort auf den nationalsozialistischen Terror formuliert hatte. Auf der anderen Seite standen die sozialistischen Staaten mit der Sowjetunion an ihrer Spitze, die das Primat des Staates formulierten. Es ist zwei Philosophen - dem Franzosen Cassin und dem Chinesen Zang - zu verdanken, dass sie auf die besondere Bedeutung der Würde im Licht der Erfahrungen des Naziterrors hinwiesen und sich dabei gemeinsam auf Konfuzius und Kant bezogen. Erst diese Diskussion eröffnete den Weg zur Aufnahme der Würde und Gleichwertigkeit in die „Allgemeine Erklärung der Menschenrechte", die jedoch bei der Verabschiedung noch kein einklagbares Recht war, weil USA wie UdSSR nur eine unverbindliche Deklaration wollten.[110]

Die Würde des Menschen erschafft und ermöglicht jenen öffentlichen Raum, den Hannah Arendt in ihren Analysen betrachtet und auf die Polis Griechenlands zurück geht, in dem die gleichwertigen Mitglieder einer Gesellschaft zusammen kommen und ihre gemeinschaftlichen Belange in Respekt und Anerkennung der Würde des jeweils anderen vereinbaren. Ohne die grundlegende Kategorie der Würde jedes und jeder einzelnen ist ein demokratischer und freier Rechtsstaat nicht möglich, erstarrt das Recht in

109 Am 6. Januar 1941 formulierte US-Präsident Franklin D. Roosevelt in seiner Rede zur Lage der Nation vier Freiheiten, als die Grundlage für die Gestaltung der Weltordnung nach dem 2. Weltkrieg: „In künftigen Tagen, um deren Sicherheit wir uns bemühen, sehen wir freudig einer Welt entgegen, die gegründet ist auf vier wesentlichen Freiheiten des Menschen. Die erste dieser Freiheiten ist die der Rede und des Ausdrucks - überall auf der Welt. Die zweite dieser Freiheiten ist die jeder Person, Gott auf ihre Weise zu verehren - überall auf der Welt. Die dritte dieser Freiheiten ist die Freiheit von Not. Das bedeutet, weltweit gesehen, wirtschaftliche Verständigung, die jeder Nation gesunde Friedensverhältnisse für ihre Einwohner gewährt - überall auf der Welt. Die vierte Freiheit aber ist die von Furcht. Das bedeutet, weltweit gesehen, eine globale Abrüstung, so gründlich und so lange durchgeführt, bis kein Staat mehr in der Lage ist, seinen Nachbarn mit Waffengewalt anzugreifen - überall auf der Welt."

110 Siehe hierzu die Protokolle des UN-Ausschusses für Menschenrechte unter www.un.org sowie eine Analyse dieses Prozesses unter www.dharma-university-press.org

einer willkürlichen „Fall zu Fall Betrachtung", abhängig von den jeweiligen Moden, Emotionen und Interessen. Gleichwertigkeit und Menschenwürde sind die übergeordneten und notwendigen Rahmenbedingungen für die vom Eigentum noch verzerrte liberale Freiheit und erzeugen „erst den Status von Bürgern [und Bürgerinnen], die als Subjekte gleicher Rechte einen Anspruch darauf haben, in ihrer menschlichen Würde respektiert zu werden."[111]

Dies bedarf auch einer menschenwürdigen Sprache, die die Unterschiede im Geschlecht[112], der Religion und anderen Aspekten der jeweiligen Personen respektvoll zum Ausdruck bringt. Ohne den Begriff der Menschenwürde sind die Freiheitsrechte der amerikanischen und französischen Revolutionen nur leere Worthülsen. Ohne die Gleichwertigkeit aller Menschen etablieren sich immer wieder aufs neue feudale Strukturen, in denen sich Besitzende mit diversen Bezeichnungen auf Kosten anderer nehmen, was ihnen beliebt, und dies auch noch mit ihrem vermeintlichen Verhandlungsgeschick oder ihrer angeblichen Intelligenz verbrämen.

„Die Menschenwürde bildet gleichsam das Portal, durch das der egalitär-universalistische Gehalt der Moral ins Recht importiert wird. Die Idee der menschlichen Würde ist das begriffliche Scharnier, welches die Moral der gleichwertigen Achtung für jeden [und jede] mit dem positiven Recht und der demokratischen Rechtssetzung zusammenfügt."[113]

Das extreme Leid des Holocaust als Verbrechen gegen die Menschheit[114] für immer zu verhindern war auch Motiv für die wenigen visionären Menschen in Deutschland nach 1945, als sie

---

111 Jürgen Habermas, Zur Verfassung Europas, S. 21

112 Die Bedeutung einer geschlechtergerechten Sprache zeigt sich an folgendem Rätsel: Ein Vater fährt mit seinem Sohn auf einer Landstraße. An einem Bahnübergang geschieht ein schwerer Unfall. Der Vater stirbt. Der Sohn wird schwer verletzt ins Krankenhaus eingeliefert. Der Chirurg betritt den Operationssaal und ist entsetzt: „Ich kann den Jungen nicht operieren. Das ist mein Sohn." Wieviel Väter hat der Junge? Die Auflösung steht am Ende der Bibliographie.

113 Jürgen Habermas, Zur Verfassung Europas, S. 21

114 Der englische Begriff lautet „crime against humanity", der schon in den Nürnberger Prozesses als Rechtsgrundlage ad hoc geprägt wurde. Hannah Arendt kritisiert mit ihrer ausgeprägten sprachanalytischen Fähigkeit die übliche deutsche Übersetzung „Verbrechen gegen die Menschlichkeit" als „die Untertreibung des 20. Jahrhunderts", weil nicht etwas mehr Menschlichkeit oder Nettigkeit verlang wird, sondern weil mit dem Holocaust das Menschsein vieler Millionen Menschen negiert wurde, was dann als Begründung für die Morde verwendet wurde. Damit handelt es sich korrekterweise um ein Verbrechen an der Menschheit. Siehe: Hanna Arendt, Eichmann in Jerusalem, S. 399

im Parlamentarischen Rat das Grundgesetz der neu zu gründenden Bundesrepublik Deutschland berieten. In den ersten Entwürfen stand aufgrund der Diskussionen im UN-Ausschuss für Menschenrechte die Freiheit noch an erster Stelle. Doch schon nach wenigen Sitzungen des Unterausschusses für Grundsatzfragen formulierte der Vorsitzende Professor Mangold: „Eine Festlegung allgemeiner Freiheitsrechte genügt uns nicht; wir müssen also, um zu einer wirklichen Sicherung des einzelnen Staatsbürgers zu kommen, die Freiheitsrechte aufgliedern und konkretisieren.... Die Bezugnahme auf die Menschenwürde erscheint mir nach dem, was wir in der Nazizeit erlebt haben, unerlässlich."[115] Andere Mitglieder des Ausschusses brachten das erlittene Leid deutlich zum Ausdruck: „Viele von uns und tausend andere haben die Würde in der Nazizeit hochgehalten, haben dafür Opfer gebracht und sind dafür in den Tod gegangen. Die Würde wurde getreten, wie es schlimmer nicht möglich war. Diese Würde sollte jeder einzelne hochhalten, auch wenn er dafür diskriminiert wird."[116] Im Rahmen dieser Diskussion, auch basierend auf den Überlegungen zum Verfassungskonvent auf der Insel Herrenchiemsee im Sommer 1947, wurde schließlich in Artikel 1 die Würde des Menschen als erster Grundsatz des neuen Grundgesetzes festgelegt. Nur vier Jahre nach den grauenhaften Erlebnissen formulierten die Mütter und Väter des Grundgesetzes im Einklang mit den allgemeinen Menschenrechten der Vereinten Nationen einen bis dahin einzigartigen Rechtsanspruch für alle Menschen in Deutschland:

„Die Würde des Menschen ist unantastbar."

Und sie zementierten dies mit einer Ewigkeitsklausel für alle Zeiten der Bundesrepublik Deutschland. Dieser Anspruch ist für die Menschen Deutschlands ein in Stein gemeißeltes Bekenntnis: Nie wieder Leid und Krieg in die Welt zu tragen und untereinander die Würde jedes und jeder einzelnen zu schützen und zu fördern. Dieser Satz schuf erstmalig in der Rechtsgeschichte einen individuell einklagbaren Rechtsanspruch auf den Schutz der indi-

---

115 Prof. Hermann Mangold, Vorsitzender des Ausschusses für Grundsatzfragen des parlamentarischen Rates in: Der Parlamentarische Rat, Band 5, S. 52

116 Josef Schrage, Mitglied im Ausschuss für Grundsatzfragen des parlamentarischen Rates in: Parlamentarischer Rat, Band 5, S. 73

viduellen Würde. „Dass wir in dieser geschichtlichen Stunde die Würde des Menschen an den Anfang der Verfassung stellen, halte ich für sehr bedeutsam",[117] unterstrich Helene Weber, die sich im Parlamentarischen Rat besonders für die Gleichwertigkeit von Männern und Frauen einsetzte.

Führen wir uns die emotionalen und realen Bedingungen der Jahre nach 1945 vor Augen, wird die fast übermenschliche Leistung und Weisheit, die mit Artikel 1 des Grundgesetzes verbunden ist, deutlich. Wir spüren, dass die Mütter und Väter des Grundgesetzes einen Meilenstein in der Menschheits-Geschichte gesetzt haben. Denn sie stellen nicht nur fest, dass alle Menschen „frei und gleich an Würde und Recht" geboren werden, sondern dass diese Würde „unantastbar" ist, und zwar in zweifacher Hinsicht: Erstens darf kein Staat, keine Person oder Gruppe die Würde eines Menschen verletzen. Dies legt den absoluten Verzicht auf Sklaverei und Todesstrafe, Krieg und Folter, Instrumentalisierung und Diskriminierung für alle Zeiten fest. Jeder politische, religiöse, sexuelle, ökonomische oder sonstige Missbrauch von Menschen ist Unrecht, muss unterbleiben und ist rechtswidrig. Zweitens kann einem Menschen die Würde nicht genommen werden, weil diese Würde Kern eines jeden Menschen ist. Sie ist ihm oder ihr angeboren und kein Ergebnis irgendeiner Leistung. Sie ist unabhängig von Geburtsort, Hautfarbe, sexueller Neigung, wirtschaftlicher Potenz oder Staatszugehörigkeit und ist grundsätzlich unantastbar. Die Würde des Menschen ist unmittelbar verbunden mit dem Leben – dem Verweilen unter Menschen.

Die Bedeutung dieser beiden Aspekte für die realen Lebenssituationen wird vielfach unterschätzt: Die Unantastbarkeit der Menschenwürde impliziert, dass Unternehmen sowohl Mitarbeitende als auch Liefernde, wo auch immer auf diesem Planeten, nicht instrumentalisieren dürfen. Menschen sind keine Maschinen oder Kostenfaktoren, sondern von Freiheit und Würde geprägte Wesen. Zudem fordert die Unantastbarkeit der Würde ein gleichwertiges Leben aller in einer Gesellschaft der Gleichwertigen. Dies ist die Grundlage dafür, dass in allen Teilen Deutschlands die „Gleich-

117 Dr. Helene Weber, Mitglied im Ausschuss für Grundsatzfragen des parlamentarischen Rates in: Parlamentarischer Rat, Band 5, S. 69

wertigkeit der Lebensumstände" angestrebt wird, beispielsweise durch Abstimmung von Gesetzesvorhaben im Bundesrat oder durch Finanzausgleiche zwischen den Bundesländern. Ein immer wieder geforderter Wettbewerb der Bundesländer oder der grausame Umgang mit Menschen, die Asyl und unsere Hilfe benötigen, sind eklatante Widersprüche zur Unantastbarkeit der Menschenwürde und damit verfassungswidrig. Die Gleichwertigkeit jedes und jeder einzelnen bezieht sich auf alle Aspekte des Lebens und im Verhältnis zum Staat. Dies betrifft die Gleichstellung von Männern und Frauen ebenso wie die Gleichbehandlung aller möglichen Partnerschaften. Niemand darf bevorzugt oder benachteiligt werden.

Die Unantastbarkeit der Menschenwürde hat nach dem Holocaust sukzessive Einzug in die Verfassungen anderer europäischer Länder gehalten. Es fällt dabei auf, dass als erste die ehemaligen faschistischen Staaten diesen Schritt gingen. Italien erwähnt die Würde zwar noch unverbindlich in der Präambel der neuen Verfassung von 1947. Doch Spanien (1975), Portugal (1978) und Griechenland (1982) folgen jeweils nach Beendigung der dortigen faschistischen Regime den Formulierungen des deutschen Grundgesetzes. In den 1990er Jahren übernehmen Schweden und die bis dahin von der Sowjetunion unterdrückten baltischen Staaten diesen Grundsatz des Lebens. Im Zuge der Verhandlungen über den Entwurf einer Europäischen Verfassung im Jahr 2000 erreicht die „Unantastbarkeit der Menschenwürde" mit der „Charta der Grundrechte der Europäischen Union" in Artikel 1 auch den Status europäischen Rechts. Es dauerte allerdings weitere fünf Jahre, bis mit dem Vertrag von Lissabon 2005 diese Charta rechtsverbindlich und einklagbar wurde. Heute können alle Europäer und Europäerinnen vor dem Europäischen Gerichtshof (EuGH) in Luxembourg die Unantastbarkeit ihrer Würde rechtlich einklagen. Und zwar mit Erfolg, wie mehrere aktuelle Urteile des EuGH zeigen[118].

Der Geist der Würde des Menschen wehte auch schon bei der Gründung der „Europäischen Wirtschaftsgemeinschaft" (EWG)

118 Siehe beispielsweise das Asylrechtsurteil des EuGH für Homosexuelle vom 06.11.2013

1957 durch Europa - Ausdruck der neuen Kooperation von zunächst sechs europäischen Staaten[119]. Dies war zwar noch ein laues Lüftchen, aber immerhin stand hinter der Gründung der EWG der Gedanke, dass Menschen, die gemeinsam Handel treiben, verschiedene Sprachen sprechen, sich kulturell austauschen und deren Kinder gemeinsam aufwachsen und lernen - Menschen also, die umfänglich kooperieren - nicht mehr aufeinander schießen werden. Die Europäische Wirtschaftsgemeinschaft und die nachfolgenden Strukturen ermöglichen seither die Entwicklung eines neuen, europäischen öffentlichen Raumes, der seit vielen Jahrzehnten Krieg in Zentraleuropa verhindert und die Würde aller Menschen anerkennt.

Mit dem Maastricht Vertrag von 1992 entsteht sogar eine „Europäische Union" (EU) mit einer „Europäischen Staatsbürgerschaft", so dass nun alle Menschen in Europa eine doppelte Staatsbürgerschaft haben. Wir sind Bürgerinnen und Bürger Europas und des jeweiligen Mitgliedslandes. Seither wächst eine neue europäische Identität. Die gemeinsame Währung vereinfacht seit 2000 die wirtschaftlichen Beziehungen und fördert die wirtschaftliche Verankerung der europäischen Identität. „Ich bin Europäer!", sagen bereits viele junge Menschen. Es ist ein Zeichen großer heilsamer Veränderung und es erfüllt mich mit großer Freude, nach dem Grauen der Nazi-Zeit in den Straßen, Cafés und Geschäften Deutschlands die vielen Sprachen Europas zu hören. Zu unser aller Glück lösen sich dadurch die starren Nationalstaaten auf, die letzte Reflexe feudaler Vergangenheit sind.

Und dennoch ist Europa wieder in Gefahr! Denn eine große Anzahl von Funktionären und nationalen Regierungen reduzieren die Europäische Union auf einen Wirtschaftsraum, minimieren Europa auf das Private, in dem sie alleine, demokratisch kaum legitimiert, regieren, manche auch herrschen. Dadurch behindern sie die Weiterentwicklung jenes neuen „öffentlichen Raumes" Europa, in dem Menschen zusammen kommen, gemeinsam sprechen und handeln, feiern und arbeiten, sich umarmen, lachen und weinen, sich streiten und wertschätzen und mit Vertrauen gemeinsam

119 Neben den ehemaligen sogenannten Todfeinden Frankreich und Deutschland beteiligten sich Italien, Belgien, Niederlande und Luxembourg.

politische Entscheidungen treffen, über die gemeinsame Zukunft debattieren und Visionen entwickeln. Der öffentliche Raum Europa – gebaut beispielsweise durch europäische Parteien in einem real-demokratischen Europa-Parlament - ist Bedingung und Ursache für die volle Entfaltung der Würde des Menschen und dessen Verwirklichung im realen Leben.

Hinter der Fassade des Privaten – ob im Privatrecht oder in Privat-Unternehmen - droht allzu oft die Gewalt des vermeintlich Stärkeren. Im Privaten herrscht zu oft der destruktive Wettbewerb zwischen angeblich Nichtgleichwertigen – Arbeitgebenden und Arbeitnehmenden, Konzernen und Konsumenten. Oft setzt sich ein Vertragspartner über einen anderen hinweg und diktiert die Regeln einfach. Oft scheint es, als wollten dominante Vertragspartner den öffentlichen Raum Europa verhindern. Vermutlich ahnen sie, dass die Würde des Menschen die real existierende neoliberale Ökonomie mit ihrem verzerrten Freiheitsbild ins Schwanken bringt. Die beständige Ökonomisierung der Gesellschaft beschädigt die Menschenwürde. „Auf dem mühsamen Weg zur rechtsstaatlichen Institutionalisierung der gleichen Teilnahmerechte aller Bürger [und Bürgerinnen] an der politischen Willensbildung sind die Widersprüche manifest geworden. Einst sollte die Demokratie gegen den Despotismus durchgesetzt werden, den man in Königen, Adel und Klerus verkörpert sah. Inzwischen ist die politische Herrschaft entpersonalisiert - die Demokratisierung arbeitet sich nur an den systemischen Imperativen eines ausdifferenzierten Wirtschafts- und Verwaltungssystems ab."[120] Die Folgen sind global: „Großbritanniens Netzwerk an Offshore Zentren bringt eine Menge Geld in die City of London für die dortigen Banken. Viele der buchhalterischen und juristischen Arbeiten an der Strukturierung von Unternehmen und Finanzprodukten, die auf den Virgin Islands [und anderen Steueroasen] angeboten werden, werden in Wirklichkeit in der City of London erledigt."[121]

Manche mögen diese Kritik am Privaten verstehen als Plädoyer fürs Staatliche. Doch ihnen sei die Geschichte der Stasi entge-

120 Jürgen Habermas, Faktizität und Geltung, S. 607

121 Interview mit Nicholas Shaxson, Experte für Steueroasen in: DIE ZEIT, Keine Geheimnisse mehr! Nr. 16, 11.04.2013, S. 21

gengehalten, die mit ihrem Überwachungsapparat und der Terrorisierung Andersdenkender die Würde aller Bürgerinnen und Bürger der DDR umfänglich beschädigt hat. Oder die Geschichte des KGB mit seinen Gulags und den heutigen, in Russland wirksamen Formen staatlichen Terrors, die jugendliche Protestierende in grausame Arbeitslager steckt. Oder die Geschichte der chinesischen Kulturrevolution mit ihren Massakern und den immer noch existierenden Umerziehungslagern in denen die Vernichtung von Menschen ähnlich mechanisiert ist, wie in den Konzentrationslägern Nazi-Deutschlands. Aus der Geschichte aller Formen totalitärer Staatsmacht vermeintlich sozialistischer Regime lernen wir, dass ein falsch verstandenes Volkseigentum nicht vor der Missachtung der Menschenwürde schützt. Auf Kuba oder in Venezuela tobt die Korruption genauso wie in den USA oder Japan.

Weitere Anzeichen für die Beschädigung der Würde des Menschen waren die Kriege in Serbien und im Kosovo, Irak und Afghanistan. „Am Hindukusch" wurde nicht „die Freiheit (Deutschlands) verteidigt,"[122] sondern die Würde des Menschen beschädigt. Die Würde jedes Menschen in Europa und jedem anderen Teil der Welt ist in Gefahr, wenn das Private oder der Staat dominieren. Der Preis für die jeweilige Dominanz des einen oder anderen ist - wie schon in der griechischen Polis - eine „gewalttätige Ungerechtigkeit, die denen angetan wird, die man ins Dunkel von Notwendigkeiten und Mühsal zwingt" sowie der „Verlust des Lebens selbst". Zurück bleibt damals wie heute nur „eine Art Ersatzleben, ein künstliches Leben, das seine natürliche Lebendigkeit verloren hat."[123] Reduzieren die Regierenden in Brüssel und in den europäischen Hauptstädten die Europäische Union weiterhin nur auf das Private und Wirtschaftliche oder auf die Beziehung zwischen Staaten, wird das einmalige kooperative Projekt „Europäische Union" das 21. Jahrhundert nicht überstehen. Kriege und andere Grauen könnten dann selbst in Europa wieder aufflammen.

---

122 Ausspruch des ehemaligen Verteidigungsministers Peter Struck zur Rechtfertigung des Afghanistan-Einsatzes der Bundeswehr Anfang 2002.

123 Hannah Arendt, Vita activa, S. 141

Die Würde des Menschen ist Bedingung und Ursache für jeden „öffentlichen Raum". Indem die Menschen ihre Würde leben und wahrnehmen und sie dies als ihr grundlegendes Recht vollkommen wissend annehmen, entsteht jener Raum, in dem sie sich gemeinsam engagieren, ihre Gemeinschaft gestalten und organisieren und endlich ihrem Wesen entsprechend miteinander kooperieren und leben. Wie groß die wechselseitige Abhängigkeit zwischen der Würde des Menschen und dem öffentlichen Raum ist, zeigt sich am Modell der direkten Schweizer Demokratie: Dort wird öffentlich auch über die Ausweisung eines Gewerbegebietes oder die Planung von Schulen und Straßen debattiert. Dabei erleben die Menschen ihre Wirksamkeit, haben das Gefühl, an den Entscheidungen aktiv beteiligt zu sein. Sie kommen zusammen und entscheiden nach durchaus heftigen Debatten über wichtige Aspekte des gemeinsamen Zusammenlebens.

Ähnliches erleben und berichten Menschen in den USA über ihre „Community". Regelmäßig treffen sich die Bürgerinnen und Bürger der kleineren Gemeinden in „Townhall Meetings", wählen Menschen aus ihren Reihen in Komitees für Bildung oder Gesundheit, Finanzen oder Infrastruktur. Sie diskutieren intensiv über die Ausgestaltung alltäglicher Probleme ihrer Gemeinde und treffen auf diesen öffentlichen Versammlungen weitreichende Entscheidungen. Was wir in Deutschland an Stadtparlamente und professionelle Verwaltungen delegieren, wird in weiten Teilen der USA und in der Schweiz in direkter Demokratie entschieden. Auch wenn dabei manche Fehler gemacht werden, wächst dadurch der Zusammenhalt der Menschen, weil sie sich aktiv einbringen in die Entwicklung ihrer Gemeinde und ihres Landes. Der Grad der direkten Demokratie ist ein Indiz für den Grad verwirklichter Gleichwertigkeit und Würde. „Die Menschenwürde ist ein Seismograph, der anzeigt, was für eine demokratische Rechtsordnung konstituiert ist - nämlich genau die Rechte, die sich die Bürger [und Bürgerinnen] eines politischen Gemeinwesens geben müssen, damit sie sich gegenseitig als Mitglieder einer freiwilligen Assoziation von Freien und Gleichen achten können."[124] In einer

124 Jürgen Habermas, Zur Verfassung Europas, S. 20

Gesellschaft, in der sich die Menschen als freiwillige Mitglieder von „Freien und Gleichwertigen achten", treffen sie sich, diskutieren über verschiedene Möglichkeiten und kommen zu gemeinsamen Handlungen. Interessen werden sichtbar, manche können gar als egoistische Einzelinteressen enttarnt werden. Dadurch, dass Menschen gemeinsam sprechen und handeln, erlangen sie Achtung voreinander. Allerdings bedarf es auch hierfür bestimmter Grenzen: Wie dem Grundsatz, dass über die Gleichwertigkeit und Würde eines jeden Menschen nicht abgestimmt werden kann. Denn Abstimmungen über Todesstrafen oder die Ausgrenzung von Menschen aus anderen Ländern sind eklatante Widersprüche zur Würde des Menschen und zur direkten Demokratie.

Für einen solchen öffentlichen Raum sind auch politisch unabhängige, öffentlich-rechtliche Medien erforderlich, die kritisch über die Aspekte des Lebens in der Gemeinschaft informieren, recherchieren und den Raum für Veränderung schaffen. Je größer die Dominanz privatrechtlicher Medien, desto kleiner wird der öffentliche Raum und desto mehr ist die Würde des Menschen wieder in Gefahr. Dies wird besonders drastisch deutlich an der manipulativen Kraft der privaten Medienkonzerne in Italien und England oder dem auf Hetze gegen Minderheiten ausgerichteten US Privatsender Fox. Andererseits steuern autokratische Regierungen wie in Ägypten oder der Türkei, im Iran oder Russland staatliche Medien wie Marionetten.

In diesem Sinne hat auch das Internet eine große Bedeutung zur Förderung der Menschenwürde. In sozialen Netzen können sich Menschen austauschen und gemeinsam verabreden, tyrannische Regierungen zu stürzen. Deshalb haben so viele totalitäre Systeme Angst vor dem Internet. Das Internet ist wohl der globalste öffentliche Raum, den Menschen je geschaffen haben. Täglich wird aber auch die wechselseitige Abhängigkeit von öffentlichem Raum und Menschenwürde sichtbar: Wenn Menschen im Netz beleidigt oder gedemütigt, als Sklaven gehandelt oder als Sexobjekte präsentiert werden, mag die Freiheit vollständig sein - die Menschenwürde aber wird beschädigt. Es bedarf daher global wirksamer Regeln und Absprachen, die Verletzungen der Menschenwürde im Netz verhindern. Die Freiheit im Netz schützt genauso unzureichend, wie einst die amerikanische Verfassung Hunderttausende nicht vor der Sklaverei bewahrt hat. Das ist wohl eine der größten Herausforderungen für die globale Gleichwertigkeit.

Alle globalen Regeln bergen die Gefahr diktatorischer Manipulation. Orwells „Big Brother", heute im Gewand der NSA und anderer Geheimdienste unterwegs, benennt das Dilemma: Regierungen sind potenziell in Gefahr, das Internet für ihre Herrschaftsinteressen zu missbrauchen; und sind gleichzeitig notwendige Garanten, um die Würde jedes und jeder einzelnen zu schützen und in einem demokratischen Rechtsgefüge zu wahren. Regelungen für den globalen „öffentlichen Raum" Internet können daher nur im Geiste der Unantastbarkeit der Würde des Menschen gestaltet werden. Das zu entwickeln ist eine der großen Aufgaben für die Weltgemeinschaft im 21. Jahrhundert. Denn „zu beleidigen ist keine Freiheit - erst recht keine Pressefreiheit. Es ist Rufmord. Demokratie bedeutet aber Verantwortung!"[125]

Neben einer verantwortlichen Freiheit sind Erziehung und Bildung der Menschen von besonderer Bedeutung für die Verankerung des Bewusstseins über die Unantastbarkeit der Würde jedes Menschen. Erst öffentliche Bildung und Erziehung erlauben es Menschen, die Welt mit ihren Fähigkeiten wahrzunehmen und zu verstehen, um sie im Sinne der Menschenwürde zu gestalten. Dies erfordert wiederum die Fähigkeit zur Kommunikation, weshalb die Sprachausbildung besonders wichtig ist. Zur Förderung der europäischen Gemeinschaft wäre es beispielsweise sinnvoll, wenn jeder Bürger und jede Bürgerin Europas langfristig drei Sprachen[126] sprechen und lesen könnte. Denn mit der Fähigkeit zur europäischen Kommunikation wachsen die intuitiven und analytischen Fähigkeiten, den gemeinsamen Ort Europa zu verstehen und zu gestalten. Umgekehrt gilt: Die Würde des Menschen gerät immer dann in Gefahr, wenn Erziehung und Bildung nur dem Zweck der wirtschaftlichen Verwertung dienen. In einigen Privat-(Hoch)-schulen werden heute oftmals Krieger eines vermeintlich aggressiven Marktes ausgebildet. Zu viele junge Menschen wer-

125 Roberto Saviano (wird wegen seiner Bücher von der Mafia gejagt), Fangt die Schmäher ein, in: DIE ZEIT, Nr. 25, 13.06.2013, S. 9

126 Die Heimatsprache, Englisch sowie eine romanische, nordische oder slawische Sprache.

den dort darauf trainiert, ihr Leben auf die Gewinnmaximierung anonymer Aktionäre auszurichten – und verlieren so schon in jungen Jahren ihr schönes Leben. Verantwortungslose Freiheit beschädigt die Würde zukünftiger Manager und Mitarbeitender.

Sowohl unbegrenztes Privateigentum als auch erzwungenes Volkseigentum sind ungeeignete Gesellschaftsmodelle, um die Würde und Freiheit des Menschen zu bewahren und zu fördern. Es bedarf eines neuen, dritten Weges zur Gestaltung der menschlichen Gesellschaften, der die Dynamik des Lebens und die ständige Veränderung allen Menschseins liebevoll und respektvoll ermöglicht. In einer solchen Gesellschaft ist jeder Mann und jede Frau „freiwilliges Mitglied einer freiwilligen Assoziation von Freien und Gleichen". Dafür bedarf es keiner komplexen Regelsysteme, sondern hauptsächlich einer bejahenden Haltung zum Leben, die jedem Menschen Glück und die Freiheit von Leid wünscht. Freiheit und Würde verschmelzen dann zu einem lebensfrohen Geisteszustand. Dies anzustreben und mitzugestalten ist Aufgabe jeder und jedes einzelnen. Diese Verantwortung können wir an niemanden delegieren.

Der Kampf ums Überleben - Macht, Gewalt, Wettbewerb

Ein weiterer großer Denker der Moderne ist Charles Darwin (1809 - 1882). Darwin ist ein grandioser Naturbeobachter, beschreibt auf seinen Reisen um die Welt vielfältige Pflanzen und Tiere und leitet daraus die berühmte Evolutionstheorie[127] ab. In seinen Schriften formuliert er als Interpretation seiner Naturbeobachtungen das Prinzip „Survival oft the fittest", was landläufig als „Kampf ums Überleben" oder „Überleben der Stärksten" übersetzt wird.

Für Darwin ist der geistige Wegbereiter dieser Interpretation seiner Daten Thomas Malthus (1766 - 1834). Als Ökonom propagiert Malthus zu Beginn des 19. Jahrhunderts den Wettbewerb und den Kampf um Lebensräume als Basis für den Erfolg von Unternehmen und Gesellschaften. Damals befindet sich das Britische Empire, die bislang größte Herrschaftsorganisation der Menschheitsgeschichte, auf dem Höhepunkt seiner Ausdehnung. Es herrscht auf allen fünf Kontinenten über mehr als die Hälfte der damaligen Weltbevölkerung. Dieses Empire gründet sich seit Queen Elisabeth I. (1533 - 1603) auf Piraterie, Krieg und Unterwerfung. Elizabeth erhebt sogar den Mörder Francis Drake in den Adelsstand, denn er verschafft ihrer Krone mit Raubzügen immensen Reichtum. Das Empire hat in seiner Geschichte mit rund 90 Prozent aller heutigen Staaten Kriege geführt.[128] Die meisten Weltkriege - also Kriege, an denen Länder von mehr als einem Kontinent beteiligt sind - gehen auf sein Konto.[129] Und doch glorifizieren heutige Me-

---

127 Es gibt auch Hinweise, dass Darwin die theoretische Beschreibung der Evolution von einem anderen Wissenschaftler vorher gehört hatte und diese dann sehr erfolgreich in seine Naturbeobachtungen eingebaut hat.

128 Siehe hierzu: "British have invaded nine out of ten countries" in: The Telegraph, 04.11.2012 unter http://www.telegraph.co.uk/history/9653497/British-have-invaded-nine-out-of-ten-countries-so-look-out-Luxembourg.html"

129 „Als Weltkrieg bezeichnet man militärische Auseinandersetzungen, die 1) aufgrund des geografischen Ausmaßes und des unbegrenzten Einsatzes aller verfügbaren Mittel (Menschen, Waffen u. a.) von weltweiter Bedeutung sind und 2) deren Resultat eine grundsätzliche Neuordnung der Beziehungen und Gewichte zwischen den Staaten der Welt ist." (Bundeszentrale für politische Bildung) http://www.bpb.de/nachschlagen/lexika/politiklexikon/18475/weltkrieg. Dieser Definition zufolge hat es vermutlich schon weit über fünfzig Weltkriege gegeben.

dien diesen Unterdrückungsapparat in fataler Weise ebenso, wie das gleichfalls brutal agierende Römische Reich.

Jede offensichtliche menschliche Schmach durch Krieg und Unterdrückung sucht Rechtfertigung, denn keine Gesellschaft kann dramatische Inhumanität lange aushalten. Eine Begründung ist jedoch nur dann dienlich, wenn sie außerhalb der menschlichen Gesellschaft gefunden wird. So suchte das Empire von Beginn an Argumente, um die nach menschlichen Maßstäben unmoralischen Handlungen der global agierenden britischen Armeen mit übergeordneten Gründen zu rechtfertigen. Gesucht wurde eine gleichsam natürliche Moral, die Gewalt und Kampf als Notwendigkeit darstellen würde. Malthus lieferte hierfür King Georg III. (1738 - 1820) mit seinen abstrusen Thesen von der Eroberung neuer Lebensräume durch die „Besten" die ersten Ansätze. Da Malthus zudem als einer der Urväter der Ökonomie gilt, beherrscht sein mörderischer Expansions- und Kampfgeist weiterhin das Denken der meisten Ökonomen. Doch immer dann, wenn biologistische[130] Beweisführungen zur Begründung von Gewalt vorgebracht werden, wie in der „Blut- und Bodenideologie" der Nazis, können wir davon ausgehen, dass sich dahinter pures Herrschaftsstreben versteckt und keinerlei sinnvolle Argumentation. Die Folgen solcher Konstruktionen sind stets Leid, das billigend in Kauf genommen wird.

Darwin bestätigte später, dass er im Jahre 1838 durch die Lektüre der Theorien von Thomas Malthus einen entscheidenden Impuls für die Interpretation seiner gesammelten Daten erhalten habe. Die Denkweise des Thomas Malthus bestimmte in der Folge Darwins Überlegungen - ganz im Sinne Sokrates' und Einsteins Argument, dass eine ungeprüfte Theorie im Geist eines Beobachtenden die Interpretationen der Daten bestimmt. Seine einfachen Naturbeobachtungen wurden dadurch in eine lebensverachtende Ideologie transformiert, die seither zur Rechtfertigung kolonialistischer und rassistischer Kriege dient und uns bis heute als Naturgesetz verkauft wird. Auf dieser Basis konnte Queen Viktoria (1819 - 1901) ihre Raubzüge in Indien und anderen Teilen der Welt

130 Biologie als Meta-Biologie verstanden

mit vermeintlich gutem Gewissen weiterführen und der britischen Bevölkerung mit der These schmackhaft machen, sie seien eben die „Besten" und daher die natürlichen Herrscher der Welt. Darwins Theorie wurde zur Legitimation des europäischen Kolonialismus genauso missbraucht, wie Hitler mit sozialdarwinistischen Argumenten versuchte, die angebliche Vorherrschaft der arischen Rasse zu untermauern und neue „Lebensräume im Osten" ganz im Sinne Malthus erringen wollte. Alle Diktaturen und Kriegstreiber - von Hitler, Stalin und Mao bis Pinochet, Mugabe und Kim Il Sung - berufen sich auf Malthus' ideologischen Wahnsinn eines Raubtier-Wettbewerbs als gewissermaßen natürliche Rechtfertigung für Unterdrückung und Krieg.

Das Weltbild des Überlebenskampfes scheint seither unumstößlich, wohl auch deshalb, weil es der Herrschaft zu vieler Staaten und Diktatoren genützt hat. Es hat Einzug gehalten in fast alle wissenschaftlichen Disziplinen und prägt weitgehend das westliche Denken, welches in vielen Facetten der fiktiven europäischen Vorherrschaft entspringt. Jede Beobachtung - ob im Reagenzglas oder in freier Wildbahn - und fast jedes Verhalten von Tieren oder Menschen wird seither durch diese Brille gesehen - und verzerrt doch alle Wahrnehmungen: Leben ist in diesem Weltbild nur ein Akt des brutalen Wettbewerbs und der Zerstörung - ohne Glück und ohne Freude, rein funktional. Sozialdarwinisten behaupten gar: „Gene seien die alles umfassende Einheit des Lebens und die Kommandozentralen der Zellen"; das Leben sei eine militärische Operation zum „Zwecke der optimalen Reproduktion von Genen."[131] Wäre dem tatsächlich so, wäre Leben wirklich furchtbar.

Die aufmerksame Lektüre der Naturbeobachtungen Darwins zeichnet jedoch ein anderes Bild: Darwin benennt viele Einzelfälle, in denen diejenigen Tiere als die „Besten" gelten, die das Überleben der Gruppe sichern: So beschreibt er zum Beispiel Vogelarten, die behinderte Artgenossen durchfüttern - also jene, die nicht mehr selbst zur Futtersuche fähig sind. Die Tiere zeigen so etwas wie Mitgefühl für ihre behinderten Mitgeschöpfe. Der evo-

131 Siehe hierzu: Richard Dawkins, Das Egoistische Gen, Rowohlt Verlag 2004.

lutionäre Vorteil der mitfühlenden Handlung liegt auf der Hand: Wenn Tiere behinderten Tieren helfen, werden neue, kreative Lösungen bei der Futtersuche erprobt. Die Qualität von Kooperation und Kommunikation unter den Tieren erhöht sich. Zudem werden die genetischen Potenziale der meist nur durch äußere Umstände kranken Tiere in der Population weiter genutzt, weil körperliche Gebrechen nichts über die genetischen Qualitäten aussagen. Die Besten sind nach Darwins Beobachtungen diejenigen, die durch kooperative und mitfühlende Aktivitäten den Fortbestand der jeweiligen Population ermöglichen.

Einhundertfünfzig Jahre später kommen Genetiker wie Carl Woese zu ähnlichen Erkenntnissen: Die ersten „lebenden Systeme [bestanden] aus kooperierenden und kommunizierenden Ensembles von RNS- und Proteinmolekülen, die in der Lage waren, sich selbst zu erneuern. Was diese Systeme auszeichnet, war „connectedness", also Verbundenheit und gegenseitige Abhängigkeit. Keine der Komponenten innerhalb eines Ensembles - weder RNS noch Proteine - waren autonom. Es herrschte ausnahmslos wechselseitige Abhängigkeit."[132] Statt eines Kampfes ums Überleben erzählt die jüngere Genetik uns die Geschichte vom Ursprung des Lebens auf diesem Planeten als einen Prozess des umfassenden abhängigen Entstehens, der auf Kooperation zurückzuführen ist: „Den Anfang des Lebens markiert - neben der biologischen Kooperation - das Prinzip der Kommunikation, das heißt des Erkennens und der Übermittlung von Information."[133]

Die Untersuchung der Evolution des menschlichen Genoms anhand der Genome anderer Lebewesen, mit denen wir verwandt sind, weist ebenfalls auf das Grundprinzip der Kooperation hin: „Genome sind dank zahlloser Informationen, die ihnen vom Gesamtorganismus bzw. von der Zelle zufließen, in der Lage, auf Inputs der verschiedenen Art, insbesondere auf Stressoren, zu reagieren. Sie tun dies nicht nach dem Zufallsprinzip, sondern nach Regeln, die in ihnen selbst verankert sind. Die Prinzipien, die bei einem Blick auf die Evolution des Genoms deutlich werden, sind:

132 Joachim Bauer, Das kooperative Gen, S. 35
133 Joachim Bauer, Das kooperative Gen, S. 36

Kommunikation, Kooperation und Kreativität."[134] Überwinden wir das Vorurteil und die Ideologie des Kampfes, lernen wir, dass „Gene kommunikative Moleküle sind und ein Genom ein hoch empfindliches Organ, ein zur Wahrnehmung von äußeren Signalen befähigtes System."[135] Nicht der viel zitierte Kampf ums Überleben ist die treibende Kraft der Evolution, sondern die heilsame Energie von Kommunikation, Kooperation und Kreativität. Nicht unabhängige Einzelteile, die im Wettstreit miteinander stehen, ermöglichen die vielfältige Entwicklung der Lebewesen. Leben ist die Veränderung von Materie und Geist durch Austausch von Informationen.

Selbst die Theorie Darwins zur Erläuterung der Entstehung der Arten erscheint im Licht neuer Analysen zumindest unvollständig, wenn nicht gar falsch: Vor 65 Millionen Jahren starben nach dem Einschlag eines Asteroiden weitgehend alle Dinosaurier und mit ihnen über 90 Prozent aller Lebewesen auf der Erde. Mit der heute grob berechenbaren Geschwindigkeit einer auf Punktmutation und Wettkampf basierenden Evolution hätte die Natur gar nicht die Zeit gehabt, um die heutige Vielfalt der Lebewesen - und damit uns Menschen - hervorzubringen. Die Evolution musste vor 65 Millionen Jahren gewissermaßen einen Neustart hinlegen. Um die heutige Artenvielfalt in einer so kurzen Zeit zu ermöglichen, sind andere Methoden als Punktmutation und Auslese erforderlich. Ermöglicht wurde dies vielmehr durch die zielgerichtete Kommunikation, Kooperation und Kreativität der Gene. Leben basiert auf dem Informationsaustausch zwischen Strukturen, woraus schließlich die mannigfaltigen Lebensformen entstehen.

Und ein weiteres Dogma wird von der jüngeren Genetik direkt mit begraben: „Wäre alles, was wir heute sind und was wir können, tatsächlich von Genen gesteuert, würden wir noch auf Bäumen sitzen und könnten uns kaum sprachlich verständigen." Denn „offenbar legen die genetischen Programme nicht fest, was wir sind, sondern bestenfalls, was aus uns werden könnte."[136] Hier nähert sich die neuere „Epigenetik" der Quantentheorie an, die

---

134 Joachim Bauer, Das kooperative Gen, S. 140

135 Joachim Bauer, Das kooperative Gen, S. 141

136 Gerald Hüther, Inge Krens, Das Geheimnis der ersten neun Monate, S. 21

uns bekanntlich erklärt, dass nur die Wahrscheinlichkeiten, die „Tendenz zu einem bestimmten Geschehen"[137] und damit auch die Möglichkeiten dessen, was geschehen könnte, beschreibbar sind. „So ziemlich alles, was uns heute so selbstverständlich erscheint, was uns als Menschen ausmacht - der aufrechte Gang, unsere Sprache, Mimik und Gestik, mit der wir uns verständigen und unsere Gefühle zum Ausdruck bringen - all das ist nicht durch genetische Programme gesteuert."[138] Vielmehr sind wir das Produkt eines ständigen Prozesses der wechselseitigen Abhängigkeiten von fast unzählbaren Einflussfaktoren. Leben ist schier unüberschaubare Potenzialität.

Die These vom „Kampf ums Überleben" hatte und hat immer noch weitreichende Konsequenzen für das Selbstverständnis des Menschen. Der Mensch versteht sich seit Malthus und Darwin als erfolgreichster Kämpfer im Tierreich und glaubt, Gewalt und Wettbewerb seien erforderlich, um sich in größeren Gruppen - von Unternehmen über Staaten bis Staatenbünden - zu organisieren. Es gilt das Dogma: Erst die Gewaltpotenziale eines Präsidenten oder einer Premierministerin sowie das Gewaltmonopol des Staates halten den Staat zusammen. Erst die Herrschaft eines Vorstandsvorsitzenden oder einer Professorin sowie der Wettbewerb im Markt ermöglichen die Existenz eines Unternehmens oder einer Forschungseinrichtung. Erst die Willensdurchsetzung einer Abteilungsleitung ermöglicht eine effektive Arbeit. Diesem Glaubensgrundsatz zufolge sind Hierarchie und Herrschaft zwangsläufige Notwendigkeiten für den Erfolg des Ganzen.

Die Philosophin Hannah Arendt (1906 - 1975) hat sich Zeit ihres Lebens sehr intensiv mit den Aspekten von Macht und Gewalt und deren Bedeutung für das Leben beschäftigt, da sie deren Konsequenzen als Mensch jüdischen Glaubens in negativster Weise erleben musste. In ihrer brillanten Analyse „Vita activa" analysiert sie tiefgründig Macht und Herrschaft und formuliert neue, klare Sichtweisen. Zur Annäherung an den Begriff Macht definiert sie zunächst den „Erscheinungsraum, der entsteht, wo immer Men-

137 Werner Heisenberg, Quantentheorie und Philosophie, S. 17

138 Gerald Hüther, Inge Krens, Das Geheimnis der ersten neun Monate, S. 22

schen handelnd und sprechend miteinander umgehen" und aufgrund dessen sie „Gemeinschaften bilden". Ein solcher Erscheinungsraum „liegt in jeder Ansammlung von Menschen potenziell vor, aber eben nur potenziell; er ist in ihr weder notwendigerweise aktualisiert, noch für immer oder auch nur für eine Zeitspanne gesichert. Der Aufgang und Untergang von Kulturen, der Verfall mächtiger Reiche oder großer Zivilisationen hängen mit der Eigentümlichkeit des öffentlichen Bereichs zusammen, der so sehr auf dem handelnden und sprechenden Miteinander der Menschen beruht, dass er selbst unter den scheinbar stablisten Verhältnissen seinen potenziellen Charakter niemals ganz und gar verliert."[139]

Das Öffentliche ist der Erscheinungsraum, den die Bürger und Bürgerinnen durch ihr Handeln gestalten. „Der Begriff des Öffentlichen bezeichnet die Welt selbst, insofern sie das Gemeinsame ist und als solches sich von dem unterscheidet, was uns privat zu Eigen ist.... In der Welt zusammenleben heißt, dass eine Welt von Dingen zwischen denen liegt, deren gemeinsamer Wohnort sie ist. Und zwar in dem gleichen Sinne, in dem etwa ein Tisch zwischen denen steht, die um ihn herum sitzen; wie jedes Zwischen verbindet und trennt die Welt [der Dinge] diejenigen, denen sie jeweils gemeinsam ist."[140]

Der Gegensatz zum Öffentlichen ist das Private, wo das Intime schon immer verborgen wird, die Geburt ebenso wie das Sterben. Im Privaten wird seit der Antike das Lebensnotwendige erwirtschaftet – und ist bis heute Ort der Ökonomie. Doch im Gegensatz zur Antike dominiert heutzutage die (private) Ökonomie unser Leben fast vollständig. Das Private hat die Vorherrschaft über alle Aktivitäten des Lebens übernommen, hat unser Leben ökonomisiert. Die immer nur öffentlich mögliche Politik wird kaum mehr geschätzt, scheint selbst hauptsächlich dem privaten Wirtschaften dienen zu wollen. Die Konsequenz aus der Dominanz des Privaten ist gravierend: „Nur ein Privatleben zu führen, heißt in erster Linie, in einem Zustand leben, in dem man bestimmter, wesentlich menschlicher Dinge beraubt ist.... Beraubt einer Beziehung zu

139 Hannah Arendt, Vita activa, S. 252
140 Hannah Arendt, Vita activa, S. 66

anderen,... beraubt der Möglichkeit etwas zu leisten, das beständiger ist als das Leben. Diese Beraubungen haben zu jener Verlassenheit geführt, in welcher menschliche Beziehungslosigkeit sich in ihrer extremsten und unmenschlichsten Form äußert."[141] Indem wir uns auf das ökonomisierte Private fokussieren, geraten Menschen in eine zunehmende Isolation. In solcher Einsamkeit instrumentalisieren wir einander, verlieren den Bezug zueinander. Das Miteinander im Handeln und Sprechen nimmt ab, und langsam stirbt das Leben, geht im schlimmsten Fall in umfassender Funktionalität unter.

Instrumentalisierung dominiert heute weitgehend unser Leben. Wir glauben, dem Fetisch der Instrumentalisierung der Wirtschaft folgen zu müssen, um weiterhin Teil einer Gesellschaft sein zu können. Dabei merken wir nicht einmal, dass durch solches Verhalten genau das verloren geht, was wir so dringend suchen: sinnvolles und glückliches Leben. Der Preis der Instrumentalisierung ist immens: Je mehr wir erwirtschaften, je größer die Ökonomisierung der Lebenswelt, desto größer werden individuelle Einsamkeit und nachfolgende Depressionen. Dies drückt sich aus in den gettoartigen Wohngebieten, die der Wohlhabenden, die sich mit Stacheldraht und Wachmannschaften schützen und isolieren, oder die der Armenviertel, in denen Kriminalität ständige Bedrohung ist. In der aktuellen Steigerungsform der Entfremdung durch die instrumentalisierende Ökonomisierung ist selbst Privateigentum nicht mehr greifbar, existiert nur noch als beziehungsloses Kapital in Form einer computergesteuerten Zahl, ohne Ort und ohne Heimat, morgen schon Schall und Rauch aufgrund unendlich schneller Spekulationen. Das ursprünglich Private, „der Ort, an dem wir selbst sein können", hat sich mit der global-ökonomischen Instrumentalisierung aufgelöst. Heimat, die Ernst Bloch noch als das Ziel jeden Handelns beschreibt, scheint verloren, die Heimstätte nur noch kurzzeitige Schlafstätte für die, die sich instrumentalisieren lassen (müssen); in früheren Jahren betraf dies in erster Linie Männer. Heute haben Frauen weitgehend aufgeholt: Sie haben die zweifelhafte Wahl zwischen ihrer Instrumentalisierung in der glo-

141 Hannah Arendt, Vita activa, S. 73

balen Wirtschaft oder der durch einen Mann in der Tradition patriarchaler Denkstrukturen.

Arendt analysiert das Entstehen von Macht mit ergreifender Logik. Die Denkerin formuliert eine positive, weil produktive Sicht auf die Macht, die „den potenziellen Erscheinungsraum zwischen Handelnden und Sprechenden ins Dasein ruft und am Dasein erhält. Das Wort selbst - im deutschen Macht, das sich von >mögen< und >möglich< ableitet und nicht von >machen< - weist deutlich auf den potenziellen Charakter der Macht hin." Macht ist produktiver Ausdruck einer Beziehung zwischen Menschen. Sie „entsteht zwischen Menschen, wenn sie zusammen handeln, und sie verschwindet, wenn sie sich wieder zerstreuen."[142] Kommunikation, Kooperation und Kreativität sind auch hier die zentralen Faktoren, die produktive Macht potenziell ermöglichen. Werden diese behindert, verschwindet die produktive Macht fast automatisch.

Diese Analyse ist grundlegend für das tiefere Verstehen von Organisationen, wie Vereinen oder Unternehmen, aber auch Gemeinden und Staaten und damit für unser Leben. „Was eine Gruppe von Menschen als Gruppe zusammenhält, wenn der flüchtige Ausdruck des Zusammenhandelns verflogen ist, und was wir heute Organisation nennen, ist [die produktive] Macht, die wiederum dadurch intakt gehalten wird, dass sich die Gruppe nicht zerstreut."[143] Produktive Macht wächst durch Kooperation, während ihr Gegensatz, die destruktive Herrschaft, aus der Vereinzelung durch autoritäre Strukturen entsteht. Aus dieser Erkenntnis leiten sich charakteristische Qualitäten aller Organisationen ab: „Nur in einem Miteinander, das nahe [und lange] genug ist, um die Möglichkeit des Handelns ständig offen zu halten, kann [produktive] Macht entstehen." Treffen sich Menschen ohne das Motiv eines gemeinsamen Handelns - beispielsweise auf einem Wochenmarkt - entsteht überhaupt keine Macht, weil Gemeinsames nicht angestrebt wird. Trifft sich die gleiche Anzahl von Menschen auf dem gleichen Marktplatz, um für ein gemeinsames Ziel zu demonstrieren, entsteht bereits durch den kurzen Moment dieser

142 Hannah Arendt, Vita activa, S. 252

143 Hannah Arendt, Vita activa, S. 254

Gemeinsamkeit produktive Macht. Verstetigt sich diese Zusammenkunft - etwa bei Montags-Demonstrationen oder dauerhafter Besetzung von Plätzen - können sogar gewalttätige Regime wie einst in der DDR oder in Ägypten gestürzt werden. Wird solche Zusammenkunft von Menschen zum Zwecke eines gemeinsamen Zieles gar in Organisationsformen gegossen - Staaten, Unternehmen, Vereine - entstehen machtvolle Strukturen, die Ausdruck eines gemeinsamen Willens von Menschen sind, die das gleiche Ziel verbindet.

Die produktive Macht eines Unternehmens und jeder anderen Organisation basiert somit auf den gemeinsamen Ideen und Handlungen ihrer Mitglieder. Es bedarf der Mit-Arbeit und der regelmäßigen Treffen von Menschen mit einem gemeinsamen Ziel, um Unternehmen oder andere Organisationen zu formen und zu erhalten. Ohne diese Zusammenkünfte und ohne das Gemeinsame bleiben sie juristische Gebilde, Briefkästen oder sinnlose Instrumente eines Gelderwerbs. Hieraus folgt: Unternehmen können nur dann erfolgreich in einem Markt agieren, wenn die Aktivitäten der Mitarbeitenden sich auf die Interessen und Bedürfnisse einer Zielgruppe konzentrieren. Die dabei mögliche Kommunikation mit den potenziell an Dienstleistungen und Produkten Interessierten, die selbst wieder einen öffentlichen Raum bilden, bewirkt Ansehen und Anerkennung des Unternehmens im Markt. Dann wächst das so viel zitierte Vertrauen der Märkte, die ja immer nur Menschen sind. Diese werden dadurch zu unsichtbaren Partnern und Partnerinnen der Unternehmen, deren produktive Machtsphäre sich genau um jene Anzahl von Menschen vergrößert, die die Produkte oder Dienstleistungen schätzen. Im Umkehrschluss ergibt sich: Unternehmen, die ihre Interessen nur auf den Gewinn oder die Vorteile ihrer Aktionäre richten, scheitern früher oder später, weil produktive Macht durch singuläre Gewinninteressen behindert wird.

Doch auch die produktive Macht wächst - wie alles Irdische - nicht ins Unendliche. „Die Grenze der Macht liegt nicht in ihr selbst, sondern in der gleichzeitigen Existenz anderer Machtgruppen, also in dem Vorhandensein von anderen, die außerhalb des eigenen Machtbereichs stehen und selber Macht entwickeln."[144] Macht wird einerseits erzeugt durch das Zusammenkommen vieler und andererseits begrenzt durch die Vielzahl anderer Organisationen. Vielfalt ist das Merkmal, das produktive Macht ermöglicht und begrenzt.

Der produktiven Macht entgegen steht die destruktive Herrschaft des Tyrannen: „Für Montesquieu war das hervorragende Merkmal der Tyrannei das Prinzip der Isolierung, auf dem sie beruht; die Isolierung des Herrschers von seinen Untertanen und die Isolierung der Untertanen gegeneinander, die durch eine Art systematischer und organisierter Verbreitung von Furcht und allseitigem Misstrauen zustande kommt."[145] Der Tyrann ist ohne Macht, weil er versucht, alle zu beherrschen und die Menschen durch Terror vereinzelt. Die Menschen einer tyrannischen Gesellschaft kommen nicht mehr zusammen. Sie leben in Angst und Schrecken, was wiederum die Machtlosigkeit des Tyrannen verstärkt. In seinem Drang nach Herrschaft greift er dann auf die destruktive Gewalt als einzigem Mittel zurück.

Von der „produktiven Macht" grenzt Arendt konsequent die „destruktive Herrschaft" durch Gewalt ab. Gewalt ist in ihrer Analyse Produkt und Ausdruck eines überhöhten, narzisstischen ICH, das die Entfremdung von der Welt und die damit erzeugte Vereinsamung nicht mehr aushält. In seiner Überhöhung verliert der Tyrann jede Beziehung zu anderen. Stalin soll so einsam gewesen sein, dass die Ärzte Angst davor hatten, ihm die Krebsdiagnose mitzuteilen, weil er alles, was nicht seinen Vorstellungen entsprach, töten ließ. Argumente und Einsicht kennt die destruktive Herrschaft nicht, wie wir dies auch aus der Biographie über Adolf Hitler[146] lernen. Destruktive Herrschaft ist gewalttätig und ohnmächtig.

Aus diesen Überlegungen ergibt sich die wichtige Konsequenz, dass hierarchische und autoritäre Organisationen nur destruktive Herrschaft hervorbringen können, in der Führer lediglich zum

144 Hannah Arendt, Vita activa, S. 254

145 Hannah Arendt, Vita activa, S. 256

146 Volker Ullrich, Adolf Hitler – Jahre des Aufstiegs

Zwecke ihrer Willensdurchsetzung agieren: Untergebene nehmen die Befehle ihrer Vorgesetzen im Stehen entgegen; Vorgesetzte ordnen an und erwarten die Ausführung ihrer Anordnung ohne Widerspruch; Unternehmen oder Verwaltungen erwarten blinde Loyalität, ohne ihren Mitarbeitenden zu vertrauen; Kontrolle steht über Vertrauen; Vorgesetzte organisieren ebenfalls stehend Zusammenkünfte von Mitarbeitenden, in denen diese über ihre Arbeit kühl Bericht erstatten, ohne je gemeinsam zu sprechen, geschweige denn zu einem kreativ-machtvollen Team mit gemeinsamen Zielen zusammen wachsen zu können.

Leider verwenden wir den Begriff Macht eher für Konstellationen, in denen diese gar nicht existiert, sondern in denen umfänglich die destruktive Herrschaft wütet. Vielleicht geschieht dies, damit wir uns erst gar nicht unserer produktiven Macht bewusst werden und so feudal-autoritäre Organisationsstrukturen wie ein auf absoluten Gehorsam gedrilltes Beamtentum erhalten bleiben. Die sogenannten „Machtspiele" in Organisationen jedenfalls haben nichts gemein mit produktiver Macht. Sie sind nur Methoden zur Abgrenzung von Herrschaftsgebieten vorgeblicher Führer und Führerinnen. Solche subtile Gewalt aber frustriert, da sie schmerzhafter Widerspruch zur intuitiv erahnten Gleichwertigkeit aller Menschen und den Möglichkeiten zur produktiven Macht ist. Werden Mitarbeitende zur Umsetzung von Anordnungen lediglich instrumentalisiert, wird ihre Würde beschädigt. Bleibt die Beziehung von Menschen auf der Ebene von „Untergebenen versus Vorgesetzten" zum Zweck einer Willensdurchsetzung, dominiert die einsame destruktive Herrschaft der Tyrannei. Deshalb sprechen die meisten CEOs[147] oder Vorstandsvorsitzenden von „einem der einsamsten Jobs, die ein Unternehmen zu vergeben hat". Unter destruktiven Herrschaftsbedingungen lösen sich langsam aber stetig sinnvolle Organisationsstrukturen wie Abteilungen, Unternehmen, Staaten auf. Deshalb - welch ein Glück – gehen alle Tyranneien und Herrschaften über kurz oder lang unter.

Mit diesem klaren Blick auf Macht und Gewalt wird auch ein neues Verständnis für die verschiedenen Qualitäten von Wettbe-

147 Chief Executive Officer = Vorstandsvorsitzender in amerikanisch geprägten Unternehmen.

werb sichtbar. Produktiver Wettbewerb entfaltet sich, wenn sich in der Vielfalt der Handlungsoptionen die Wechselwirkungen zwischen den im Wettbewerb stehenden Unternehmen und ihren Mitarbeitenden einerseits mit denen der potenziell interessierten Menschen des Marktes andererseits produktiv verstärken. Produktiver Wettbewerb ist insofern heilsam, als er die lebendige Entwicklung einer Gesellschaft im Ganzen durch neue Ideen, Technologien, Prozesse oder Strukturen fördert und die Würde des Menschen in konkretem Handeln oder Nicht-Handeln bewahrt. Das Ziel des produktiven Wettbewerbs ist das Wohl aller Menschen - regional, national, global - und nicht die schnöde Gewinn-Maximierung Einzelner.

In der produktiven Macht wie im produktiven Wettbewerb spiegeln sich die urmenschlichen Fähigkeiten zur kommunikativen Kooperation, die das Grundgerüst menschlichen Handelns und Sprechens bilden: sowohl innerhalb von Unternehmen, als auch zwischen Unternehmen; sowohl im Verhältnis der Mitarbeitenden zu ihren Kunden, als auch in der Beziehung zu Liefernden und anderen Beteiligten. Sie ermöglicht die Pluralität von Ideen, schafft die Möglichkeiten zur Gestaltung von Welt durch Produkte und Prozesse und respektiert die vielfältigen Bedürfnisse der Menschen und anderer Lebewesen.

Dem produktiven Wettbewerb steht der auf Malthus zurückgehende destruktive, kämpferische Wettbewerb entgegen, der Zerstörung, Übernahme, Kampf und Herrschaft als Fundament hat. Destruktive Macht und zerstörerischer Wettbewerb sind - wie die Tyrannei - die Folgen eines narzisstisch gestörten ICH. Der destruktive Wettbewerb richtet sich nach den egoistischen Interessen Einzelner, die, ihr ICH überhöhend, am Ende eines schmerzhaften Prozesses immer in der Machtlosigkeit der Tyrannei untergehen. Dann waltet das ICH alleine im Olymp der Karriere, Champagner und Austern schlürfend, zerstört mit einem Federstrich durch „Freisetzung" das Leben von Mitmenschen - und ist doch nur einsam und traurig. Das Wohl der Menschen im Markt ist für das Ego im kämpferischen Wettbewerb nur instrumentell. Produkte dienen nicht mehr anderen, sondern ausschließlich anonymer Kapitalvermehrung und einem sich selbst überhöhenden ICH. Einzelne oder kleine Gruppen üben dabei in der Regel Gewalt aus, um ihren jeweiligen Willen durchzusetzen. So wird Management zur zitierten „Willensdurchsetzung".

Das Leiden aller Mitarbeitenden, gleich auf welcher Hierarchiestufe, entspringt dem Widerspruch zwischen Gewalt einerseits und dem natürlichen Bedürfnis nach Kommunikation und Kooperation andererseits. Wir fühlen uns in dieser Lage sowohl als Mitarbeitende wie auch als leitende Angestellte unwohl und hilflos. Weil wir aber den Schmerz der Instrumentalisierung nicht mehr fühlen wollen, schränken wir das Fühlen einfach ein - entwöhnen uns gewissermaßen vom Leben. Das klinische Bild des Nicht-mehr-Fühlens ist die Depression, worunter nach Einschätzung von Experten fast ein Drittel der arbeitenden Bevölkerung in Deutschland leidet. Ökonomisieren und instrumentalisieren wir als Gemeinschaft weiter unser Land, die Gemeinde, das Unternehmen, einen Verband oder Verein oder gar unsere Familien und Freunde, verhindern wir das lebensnotwendige Miteinander und damit die Fülle und die Schönheit des Lebens. Die Instrumentalisierung reduziert unsere Beziehungsfähigkeiten und schleudert uns in eine Abwärtsspirale vollständiger Sinnlosigkeit – ins Nichts des Shareholder-Value.

Eine nachhaltige, an den Lebenserfordernissen von Menschen, Tieren und Pflanzen orientierte Handlungs- und Wirtschaftsweise ist unter diesen Bedingungen nicht möglich. Deshalb erleben wir Krise um Krise: in der Wirtschaft, in den Gesellschaften wie auch in der Umwelt.[148] Immer wenn wir uns wechselseitig instrumentalisieren – aktiv wie passiv – verletzen wir einander durch Gewalt und beschädigen unsere Würde als Menschen. Darunter leiden und trauern wir täglich. Während das Leben von den griechischen Philosophen noch als ein „Verweilen unter Menschen" verstanden wurde, degradieren wir uns im instrumentellen Alltag selbst zu Arbeits- und Kostenfunktionen, werden zu lebenden Toten - Wesen, die „nicht mehr unter Menschen verweilen".

148 Das Scheitern der UN-Umweltgipfel seit Kopenhagen 2010 ist ein typisches Signal für die Ohnmacht einer nicht im Miteinander befindlichen Weltgemeinschaft.

Das Wesen der menschlichen Kommunikation

Offensichtlich gehört Kommunikation zum Wesen der Menschen, wenn sie zusammen kommen, um ihre Umwelt gemeinsam zum Wohle aller machtvoll zu gestalten und zu verändern. Die menschliche Kommunikation zu verstehen ist deshalb von großer Bedeutung für unseren Wunsch, die Qualität des Lebens zu verbessern und Glück anstatt Leid zu erfahren.

Michael Tomasello, Leiter des Max-Planck-Instituts für Evolutionäre Anthropologie in Leipzig, untersucht als Psychologe und Anthropologe seit vielen Jahrzehnten die „Evolution der menschlichen Kommunikation". Als Empiriker analysiert er mit seinen Teams das kommunikative Verhalten von Menschenaffen wie Schimpansen und Bonobos ebenso wie das von Babys und Kleinkindern. Er sucht Antworten auf Fragen wie: Worin unterscheiden sich die Kommunikationsarten von Affe und Mensch? Welche Merkmale und evolutionären Aspekte haben dazu geführt, dass wir Menschen heute die Kommunikationsfähigkeiten haben, die wir täglich benutzen? Die Untersuchungen in Leipzig konzentrieren sich darauf zu verstehen, „wie Menschen durch den Gebrauch natürlicher Gesten miteinander kommunizieren, damit wir nachvollziehen können, wie die Menschen durch den Gebrauch einer Sprache miteinander kommunizieren und wie diese Fertigkeiten im Laufe der Evolution entstanden sein könnten."[149]

In einem dieser Experimente werden die Kommunikationsmotive von sechs bis 18 Monate alten Babys untersucht. Erwachsene sind hierzu so instruiert, dass sie „auf Zeigegesten der Kleinkinder in vier Varianten [reagieren sollen]: dadurch, dass der Erwachsene auf das Ereignis blickt, ohne das Kleinkind anzusehen;... dadurch, dass er gegenüber dem Kind positiv emotional reagiert, ohne das Ereignis zu sehen;... dadurch, dass er gar nichts tut; ... oder dadurch, dass er abwechselnd auf das Kleinkind und das Ereignis

149 Michael Tomasello, Ursprünge der menschlichen Kommunikation, S. 13

blickt, während er positiv emotional reagiert."[150] Die Beobachtungen zeigen, dass bei den ersten drei Verhaltensweisen der Erwachsenen Kinder unzufrieden sind, sichtbar daran, dass sie weniger häufig Zeigegesten machen. Nur wenn Kind und Erwachsener, wie in der vierten Variante, eine gemeinsame Aufmerksamkeit herstellen können, erleben Kinder Zufriedenheit.

In einer weiteren Versuchsanordnung werden Erwachsene aufgefordert, auf einen Bezugsgegenstand - beispielsweise einen Ball - entweder mit Interesse oder mit Desinteresse zu schauen. Bringen „die Erwachsenen Desinteresse zum Ausdruck, setzen die Kleinkinder ihre Zeigegesten innerhalb eines Durchgangs weder fort, noch wiederholen sie diese, weil sie vermutlich verstehen, dass der Erwachsene ihre Begeisterung nicht teilt. Diese Ergebnisse heben besonders das Motiv der Kleinkinder hervor, dass Erwachsene ihre Aufmerksamkeit nicht bloß auf einen Bezugsgegenstand richten, sondern auch mit ihrer Einstellung zu diesem Gegenstand übereinstimmen sollen."[151] Doch um Interesse oder Desinteresse eines Erwachsenen wahrnehmen zu können, müssen die Kleinkinder sich in diese hineinversetzen können. Sie müssen verstehen können, welche Einstellung der oder die Erwachsene zu einem Gegenstand hat. Erst aufgrund dieser Fähigkeit - die wir Empathie nennen - können sie erfahren, ob eine andere Person ihre Interessen und Empfindungen teilt oder nicht. Empathie ist daher Voraussetzung für einen produktiven, das heißt verändernden und schöpferischen Kontakt zwischen Menschen.

In einer dritten Testreihe wurde untersucht, wie sich Einjährige verhalten, wenn Erwachsene einen Bezugsgegenstand nicht mit Sprache, sondern nur mit Gesten suchen. „In diesen Situationen zeigen die Kleinkinder auf den fraglichen Gegenstand... und während sie dies tun, zeigen sie keinerlei Anzeichen, den Gegenstand für sich selbst haben zu wollen [kein Wimmern oder Greifen nach dem Gegenstand]." Offensichtlich wollen die Kleinkinder den Erwachsenen mit Informationen über den Gegenstand, der gesucht wird, versorgen. „Um ein solches Motiv ausbilden zu können,

150 Michael Tomasello, Ursprünge der menschlichen Kommunikation, S. 133
151 Michael Tomasello, Ursprünge der menschlichen Kommunikation, S. 135

müssen Kleinkinder erstens verstehen, dass andere wissend oder unwissend sein können, und zweitens müssen sie einen altruistischen Antrieb haben, um anderen zu helfen, indem sie diesen mit der nötigen oder wünschenswerten Information versorgen wollen." Kleinkinder haben also bereits in einer Lebensphase, in der sie noch nicht sprechen können, die Fähigkeit heraus zu finden, ob eine andere Person über einen Gegenstand etwas weiß, und ob dieser für diese Person von Bedeutung ist oder nicht. Dies zeigt die große Differenzierungsfähigkeit vorsprachlicher Kommunikation sowie dass „Kleinkinder schon sehr früh auf Weisen zeigen, die eindeutig kooperativ sind und die die intentionalen und geistigen Zustände des anderen eindeutig berücksichtigen."[152]

Tomasello zieht aus diesen und weiteren Untersuchungen den Schluss, dass wir als Menschen schon ab dem dritten Lebensmonat fähig sind, Intentionen anderer zu erkennen. Die Experimente legen nahe, dass dabei drei grundlegende Motive vorliegen, die nicht kulturell entstanden, sondern das „Ergebnis der Evolution, also unserer eigentlichen Menschwerdung", sind:

„1. Das Teilen mit anderen; ...
2. Das Informieren von anderen; ...
3. Das Auffordern anderer zu bestimmten Handlungen."[153]

Diese drei Motive treiben grundsätzlich unsere Kommunikation mit anderen an. Wir möchten Gegenstände, Einstellungen und Gefühle mit anderen teilen, sie darüber informieren, um schließlich zu einer gemeinsamen Handlung mit ihnen zu kommen. Wir kommunizieren, um anderen zu helfen, und auch, um selbst Hilfe zu bekommen. Diese Motive zur Kommunikation sind integraler Aspekt unseres Menschseins und begründen unsere natürliche Uneigennützigkeit. Deshalb fühlen wir uns immer dann glücklich, wenn wir selbstlos kommunizieren dürfen[154]. Immer dann, wenn

152 Michael Tomasello, Ursprünge der menschlichen Kommunikation , S. 133-135

153 Michael Tomasello, Ursprünge der menschlichen Kommunikation , S. 135

154 Die meisten schwangeren Frauen berichten, dass sie in der Phase der Schwangerschaft ein besonderes Glück erleben, weil ihnen einerseits ein sehr intensives Mitgefühl aus der Gesellschaft zuteil wird - denn Mütter und Kinder sichern die Existenz der Gemeinschaft - und weil sie einem neuen Lebewesen ihren Körper zur Verfügung stellen dürfen, was wohl das umfassendste Mitgefühl ist, das wir einem Menschen schenken können.

ich mit dem Ziel kommuniziere, anderen helfen zu können und dies auch zu sichtbaren Erfolgen führt, erlebe ich Freude und eine steigende Motivation für ähnliches Handeln. Uneigennützigkeit alias Altruismus ist insofern kein erlernter oder antrainierter Geisteszustand aufgrund einer wie auch immer gearteten äußeren Moral, einem „Du-sollst" oder „Du-musst", sondern gehört zu unseren grundlegenden menschlichen Eigenschaften. Altruismus ist eine angeborene Fähigkeit des Menschen, mit deren Hilfe wir in der Welt in Erscheinung treten.

Im Umkehrschluss folgt: Sobald ich spüre, dass der Kontakt mit anderen einen instrumentellen Charakter annimmt, ich mich also benutzt oder bevormundet fühle, sinkt mein Motiv zur weiteren Kommunikation mit anderen, beginnt das abwehrende Sich-zurück-ziehen, was so viele Mitarbeitende täglich leben. Es sinkt das Engagement, also der Wunsch zur Fortsetzung einer kooperativen Aktivität. Bis hin zu inneren oder auch tatsächlichen Kündigungen von Arbeitsverhältnissen. Schlechte Arbeitsergebnisse oder gereizte Stimmungen in Abteilungen sind insofern eindeutige Hinweise darauf, dass eine Instrumentalisierung wütet, die Mitarbeitende demotiviert. Hannah Arendts These über die produktive Macht, die nur aus dem Zusammenkommen und Handeln entsteht, wird faktisch bestätigt.

Die Beobachtungen aus Leipzig zeigen aber nicht nur, dass Kleinkinder bereits Empathie als evolutionär vorteilhafte Fähigkeit nutzen. Sie weisen auch auf die Notwendigkeit einer gemeinsamen Kommunikationsgrundlage hin, die erforderlich ist, um überhaupt mit anderen in einen Austausch treten zu können: „In einer weiteren Versuchsanordnung lenken Kleinkinder die Aufmerksamkeit eines Erwachsenen auf einen Bezugsgegenstand, um dann ihre Einstellungen mit ihnen teilen zu können... Die Erwachsenen sind so instruiert, dass sie entweder Interesse oder Desinteresse an dem Gegenstand zeigen."[155] Dabei wird sichtbar, dass ein Kind einem Erwachsenen einen Zielgegenstand häufiger als einen anderen Gegenstand zeigt, wenn Erwachsener und Kleinkind diesen Zielgegenstand zuvor gemeinsam begeistert geteilt haben.

155 Michael Tomasello, Ursprünge der menschlichen Kommunikation , S. 136 - 142

In allen anderen Fällen treffen die Kleinkinder eine eher zufällige Wahl. Tomasello folgert hieraus: Wir können nur dann mit anderen erfolgreich kommunizieren und mit ihnen in Beziehung treten, wenn wir vor der eigentlichen Kommunikation mit dem potenziellen Kommunikationspartner einen „gemeinsamen Kommunikationshintergrund" herstellen konnten. Ein solcher Hintergrund statuiert die notwendige kommunikative Absicht, so „dass wir gemeinsam wissen oder es wechselseitig offenkundig ist, dass ich etwas von dem anderen will. Dieses Modell beruht wesentlich auf der gegenseitigen Erwartung von Hilfsbereitschaft."[156]

Vor der offensichtlichen Kommunikation in Form des Zeigens und Sprechens suchen wir die Aufmerksamkeit des Gegenübers, um zunächst eine gemeinsame Kommunikationsbasis als Motiv für die Verständigung zu finden. Das geschieht non-verbal intuitiv, gewissermaßen unsichtbar und ohne äußere Erscheinung, wobei wir uns besonders auf altruistische oder kooperative Motive konzentrieren. Denn erst wenn wir durch unsichtbare Signale die Bestätigung erhalten, dass eine gemeinsame Kommunikation möglich werden kann, beginnt die direkte und sichtbare Kommunikation. Diese Vorgehensweise scheint zunächst komplex, erfordert sie doch bei jedem Kontakt mit anderen ein wechselseitiges Verständnis oder - wie Tomasello es nennt - ein „mutualistisches[157] Konzept der Zusammenarbeit. Menschliche Kommunikation ist ein grundlegendes kooperatives Unternehmen, das am natürlichsten und reibungslosesten im Kontext eines wechselseitig vorausgesetzten, gemeinsamen begrifflichen Hintergrunds und wechselseitig vorausgesetzter, kooperativer Kommunikationsmotive funktioniert."[158] Als Mensch zu leben beinhaltet insofern die Fähigkeit zur kooperativen und kreativen Kommunikation auf der Grundlage gemeinsamer Kommunikationsmotive.

Diese Erkenntnis ist grundlegend für unser Leben. Ich kann nur dann mit jemandem in eine sprachliche Kommunikation eintreten, wenn es ein gemeinsames Motiv oder zumindest eine kurzfristige gemeinsame Kommunikationsbasis gibt. In der Kindheit

156 Michael Tomasello, Ursprünge der menschlichen Kommunikation, S. 143

157 wechselseitiges

158 Michael Tomasello, Ursprünge der menschlichen Kommunikation , S. 17

lernen wir die Wahrnehmung des kommunikativen Hintergrundes zunächst im Zusammenleben mit den Eltern und anderen Verwandten wie Geschwistern oder Großeltern: Das Ablesen von den Augen, das Deuten von Körpersprache und Gesten, der Geruch einer Situation, die Geräusche einer Stimmung oder das Licht einer Atmosphäre sind die zugehörigen Kommunikationsmittel. Unser Sohn David hat mit Eva und mir bis zu seinem dritten Lebensjahr non-verbal kommuniziert. Wir lasen seine Vorstellungen und Wünsche von seinen Augen und seiner Körpersprache ab und umgekehrt. Diese nicht-begriffliche Kommunikation ermöglicht blindes Vertrauen und hat den evolutionären Vorteil, dass gefährliche Lebenssituationen intuitiv erkannt und gut gemeistert werden können. Nach drei Jahren begann David zu sprechen – dann allerdings in vollständigen Sätzen. Sein Kommunikationsradius hat sich wie bei allen Menschen mit den Jahren stetig vergrößert. Dadurch betreten wir immer größere Netzwerke aus vielen Menschen: Früher waren dies Sippen und Stämme, heute zählen hierzu Schulen, Universitäten, Unternehmen und andere Organisationen. Schließlich entwickeln sich regionale, überregionale, nationale und letztlich auch internationale Kommunikationshintergründe, so dass wir uns als Rheinländer, Deutsche, Europäer oder gar als Weltbürger und Weltbürgerinnen fühlen.

Die Fähigkeit, die gemeinsame Ausgangslage von Kommunikation zu lesen, zu interpretieren und zu verstehen, macht uns zum Menschen – und damit zum Teil einer Gruppe. Begegne ich einem fremden Menschen in einer mir fremden Stadt, werde ich nur dann mit dieser Person in Kommunikation und damit in Kontakt kommen, wenn es irgendein gemeinsames Motiv gibt. Suche ich beispielsweise eine Straße und ich frage eine andere Person danach, dann ist die Voraussetzung für diesen Kontakt, dass die andere Person mir helfen möchte und meine Frage beantworten kann. Denn hat die fremde Person weder ein Interesse noch die Fähigkeit mir zu helfen, kann ich noch so viel fragen und werde doch keine sinnvolle Antwort erhalten. Da ich als Fragender intuitiv um diese Bedingung weiß, schaue ich mir die vielen fremden Gesichter auf der Straße an und filtriere non-verbal und gefühlsmäßig genau diejenigen heraus, von denen ich den Eindruck habe, dass sie meinen Kommunikationswunsch erfüllen können. Erst wenn ich jemanden mit diesen Bedingungen finde, spreche ich ihn oder sie an und stelle meine Frage. Je besser ich die intuitive Vorauswahl treffe, desto größer ist meine Aussicht auf Erfolg. Je besser ich die non-verbale Kommunikation beherrsche, desto größer ist mein evolutionärer Vorteil.

Der jeweils persönliche Nutzten dieser Vorgehensweise ist leicht nachzuvollziehen. Aber auch für die Bewohner und Bewohnerinnen einer Stadt ergeben sich evolutionäre Vorteile: Denn vermutlich fühle ich mich bei einer zügigen und erfolgreichen Antwort auf meine Frage zur Orientierung in der Stadt schnell wohl und angenommen. Dadurch werde ich zu einem neuen Faden im Netzwerk der Menschen dieser Stadt mit der Welt, werde zu ihrem intuitiven Werbeträger. Dies intensiviert den Austausch der dort lebenden Gemeinschaft mit der Welt auf verschiedenen Ebenen: Mehr Ideen, Umsatz und sonstiges wirtschaftliches Potenzial werden für die Menschen der Stadt zugänglich. In diesem Sinne basiert nachhaltige Wirtschaftsförderung einer Gemeinde immer darauf, dass Menschen sich an diesem Ort wohl fühlen können. Eine Stadt wird nur dann als angenehmer Ort wahrgenommen, wenn ihre Einwohner und Einwohnerinnen eine gemeinsame Identität entwickelt haben, die gegenüber Fremden offen und freundlich ist, damit ein Austausch mit der Welt erfolgen kann. Sobald eine Stadt sich in ihrer eigenen Identität jedoch abkapselt oder erst gar keine Identität entwickelt oder nur noch Ort einer Wettkampfarena ist, fühlt sich niemand dort wohl und wird nur ungerne an diesem Platz siedeln.

Manchmal begegnen wir Menschen, mit denen wir keinen oder nur einen unvollständigen Kommunikationshintergrund herstellen können und sprechen aneinander vorbei - so viel wir auch reden mögen. Wir verstehen die Botschaften des Gegenübers nicht, weil es keinen gemeinsamen Katalog an Erfahrungen gibt. Manchmal fragen wir dann sogar: „Spreche ich denn Chinesisch?" Hieraus ergeben sich gravierende Verständigungsprobleme, wie der folgende Fall eines Managers zeigt:

In einem Supervisionsprozess kristallisiert sich heraus, dass ein Geschäftsführer von seinen Mitarbeitenden hinsichtlich seiner Ziele und Motive oft nicht verstanden wird. Andererseits erlebt er regelmäßig Schwierigkeiten, die Absichten, Motive und Ziele der Mitarbeitenden zu verstehen. Die komplexe Analyse seiner Familiengeschichte - auch mit Hilfe von Familienaufstellung - ergibt, dass er in einer sehr wohlhabenden Familie aufgewachsen ist und frühzeitig von seinem Vater zum Golfspielen und ähnlichen Hobbys angehalten wurde. Gewohnheiten, die nicht denen durchschnittlicher Jugendlicher entsprechen. In Kindheit und Jugend hatte er deshalb schon wenige Freunde. Bis weit in seine Studienzeit hinein bleiben ihm Gruppenzugehörigkeit und Kommunikation mit Gleichaltrigen fremd. In seinem weiteren Berufsleben als Ingenieur fällt dieses Problem zunächst kaum auf, da er hauptsächlich mit technischen Problemen befasst ist. Sachfragen stehen für ihn in dieser Zeit im Vordergrund; er soll doch funktionieren und eine Aufgabe erledigen. Doch mit der Übernahme von Leitungsaufgaben, in denen er Mitarbeitende für bestimmte Tätigkeiten und Aufgaben motivieren muss, beginnen die Probleme. Er spürt seinen Mangel, andere zu verstehen. Im Zuge des Supervisionsprozesses begreift er, dass dieses Problem im Wesentlichen durch die Unfähigkeit entsteht, mit seinen Mitarbeitenden einen gemeinsamen Kommunikationshintergrund herzustellen. So beginnt er mühsam, wie ein Kleinkind, die vorsprachliche Kommunikation neu zu erlernen.[159]

Das Beispiel zeigt eine der Ursachen für die vielfach zu beobachtende Sprachlosigkeit zwischen Mitarbeitenden und Vorgesetzten: Treffen Vorgesetzte, die in einem akademischen oder wohlhabenden Haushalt aufgewachsen sind, auf Mitarbeitende aus anderen familiären oder sozialen Verhältnissen – oder umgekehrt -, besteht oftmals eine Verständigungsbarriere, die auf unterschiedliche Kommunikationshintergründe zurückzuführen ist. Die für eine erfolgreiche Zusammenarbeit notwendigen Informationen können dadurch nicht mehr oder nur stockend fließen. Ähnlich gestört ist die Verständigung auch bei Menschen, die in unterschiedlichen Branchen ihre beruflichen Kommunikationshintergründe erlernt haben und zusammenarbeiten sollen. Ein Vorgesetzter bei-

159 Diese und andere Beispiele basieren auf realen Begebenheiten, die ich jedoch zum Schutz der Personen soweit verallgemeinere und anonymisiere, dass die realen Personen nicht identifiziert werden können.

spielsweise, der in der Logistikbranche, in der jede Minute und jeder Handgriff instrumentalisiert und durchkalkuliert ist, seine Leitungskompetenzen erworben hatte, scheiterte nach wenigen Monaten auf einer Position, in der er hochmotivierte Akademiker und Akademikerinnen anleiten sollte, weil diese die Instrumentalisierung sofort identifizierten und berechtigterweise als Herabwürdigung empfanden. Das Ergebnis solcher Fehlkommunikationen sind Enttäuschungen in allen Facetten - von Verzweiflung bis Wut. Deshalb ist das Erlernen non-verbaler Kommunikation sowie die Dialogfähigkeit über alle sozialen und gesellschaftlichen, ethnischen oder nationalen Grenzen hinweg von so großer Bedeutung für ein gute und produktiv machtvolle Zusammenarbeit - sowie für ein glückliches Leben.

Ähnlich verunsichert reagieren wir auf Verständigungsversuche, die im Widerspruch zur natürlichen Kooperationsfähigkeit stehen – dem Grundprinzip menschlichen Lebens. Als Baby und Kleinkind vermeiden wir den Kontakt mit Menschen, die sich nicht-kooperativ oder nicht-altruistisch verhalten. Das gelingt eine Weile. Doch spätestens im Kindergarten oder in der Grundschule häufen sich die unangenehmen Erfahrungen des Kommandiert oder Bevormundet werdens. Wir fühlen einen inneren Widerstand, eine Ablehnung gegen die offensichtliche Zwangslage der nicht-kooperativen Kommunikation. Können wir uns einer solchen Situation nicht mehr entziehen, etwa wenn Vorgesetzte sich partout durchsetzen wollen, sind wir enttäuscht und müssen uns entscheiden, wie wir mit den Frustrationen umgehen wollen. Die Handlungsoptionen lauten in der Regel: Engagement oder Gleichgültigkeit, Anpassung oder Auflehnung, Bleiben oder Gehen. Doch auch sie lösen das eigentliche Problem nicht, das in dem Bestreben der Vorgesetzten besteht, ihren Willen als Mittel der Herrschaft durchzusetzen.

Die Kommunikationsmotive und Hintergründe zu verstehen und damit die ursprünglich altruistischen Ziele jeder Kommunikation zu erleben, ist besonders bei der Zusammenarbeit von Menschen erforderlich, die in verschiedenen Kulturen aufgewachsen sind. Vielfach werden Begriffe in unterschiedlichen Kulturen verschieden interpretiert. Bekannt ist jenes Missverständnis, das entsteht, wenn ein US-amerikanischer Manager einem deutschen Mitarbeitenden sagt: „Hey, your job was pretty good." Dem deutschen Mitarbeitenden sagt dies meist „Oh, das habe ich gut gemacht!" Doch das amerikanische Verständnis dieser Bemerkung ist eher kritisch nach dem Motto: „Das hast du zwar schon ganz gut hinbekommen, aber nicht wirklich gut." Interkulturelle Missverständnisse sind in jedem internationalen Konzern Quelle vielfältiger Enttäuschungen. Da die wenigsten Unternehmen ihren Mitarbeitenden jedoch diese Hintergründe erläutern, wüten die üblichen Herrschaftsmuster: Die Chefs aus der Herkunftskultur des Unternehmens setzen sich hinweg über alle Interpretationsmuster der Menschen anderer Kulturen. So verbreitet sich die US-amerikanische Sprachkultur in US-basierten Konzernen und die deutsche Sprachkultur in bundesdeutschen Konzernen. Bei den meisten asiatischen Konzernen ist deshalb die eigentliche „Führungsebene" ausschließlich mit Menschen der eigenen Kultur besetzt. Mitarbeitende aus anderen Kulturen empfinden dies als gewaltvolle Willensdurchsetzung und nicht-kooperative Kommunikation und sich selbst als Mitarbeitende zweiter Klasse.

Nicht-kooperative Kommunikation aufgrund unterschiedlicher Kommunikationshintergründe treten um so häufiger auf, je mehr die beteiligten Personen auf sich fixiert sind. Je stärker der narzisstische Charakter eines Menschen, desto geringer ist sein produktiver Austausch mit der Umwelt und um so mehr wird die frustrierende Welt aus Befehl und Gehorsam als Ersatzkommunikation verwendet. Narzisstische Vorgesetzte neigen deshalb stark zu gewalttätiger Kommunikation - Befehle, Schreien, Wutausbrüche, zynische Herabsetzungen und andere Abwertungen. Eine narzisstische Störung ist fast durchgehend mit einem autoritären Charakter gepaart. Diese Art der Kommunikation erreicht die angesprochenen Menschen überhaupt nicht mehr und erzeugt ausnahmslos Leid, Frustration und entsprechende Abwehr, die opportunistisch oder auflehnend sein kann. Ganz im Gegensatz zur glücklich machenden Zusammenarbeit, bei der Menschen sich austauschen und miteinander reden, um Ergebnisse zu erzielen.

Das Zusammenleben in Organisationen oder Gesellschaften, die von stark narzisstisch gestörten Menschen dominiert werden, ist deshalb immer von Depression und Leid bestimmt. Selbst der Befehlshaber einer militärischen Einheit erlebt dieses Leid, weil er intuitiv weiß, dass seine Art der Kommunikation den Grundsätzen seines lebendigen Menschseins widerspricht. In keinem der vergangenen mordlüsternen Weltreiche lebten je glückliche Befehlshabende. Alle Menschen wissen zu ihrer Zeit, dass Mord und Unterdrückung, Rassismus und Kolonialismus, Ausbeutung und Vernichtung, Gewalt und instrumentelle Willensdurchsetzung nicht zu einer humanen, glücklichen Gesellschaft gehören. Deshalb fühlen sich kampferprobte Vorgesetzte jeden Abend unglücklich und hundeelend, was ihren Alkoholkonsum steigert, und sie schon nach wenigen Jahren ausgelaugt.

Der evolutionäre Vorteil der Kooperation

Die kooperative Kommunikation zwischen Menschen grenzt sich deutlich ab von der Verhaltensweise und der Kommunikationsweise von Menschenaffen. Wenn Schimpansen auf die Jagd gehen, „kommunizieren sie nicht intentional über die fortlaufende Tätigkeit, und zwar weder um ein Ziel festzulegen, noch um Rollen zu koordinieren.... Grundsätzlich ist es die Konkurrenz der Schimpansen, die es ihnen erschwert, ihre Nahrung mit andern zu teilen."[160] Schimpansen leben mehr oder weniger gleichgültig nebeneinander her.

Verhalten wir uns nicht auch manchmal wie Schimpansen, die zwar ein gemeinsames Ziel haben mögen, sich dann aber im Kampf um die Beute gegenseitig schaden? Wenn in einem Unternehmen der oder die Vorstandsvorsitzende den 300-fachen Anteil vom Unternehmens-Gewinn für sich beansprucht, entspricht dies dann nicht mehr dem für Schimpansen typischen Kampf um die Beute als der menschlichen Fähigkeit zur Kooperation? Was nützen die schön formulierten Ziele einer Stadtverwaltung, wenn jeder weiß, dass am Ende der Oberbürgermeister oder die Oberbürgermeisterin sich nur zu seinen bzw. ihren Gunsten profilieren will, um wiedergewählt zu werden und die Verwaltungsangestellten für das Erreichen dieses Zieles instrumentalisiert werden? Der Kampf um Gewinn und Profilierung erzeugt bei den Mitarbeitenden jeder Ebene Unzufriedenheit und halb scherzhaft fragen sie: „Ja, sind wir denn in einem Affenhaus?" Sie sind sich bewusst, dass dieser Kampf nicht der ursprünglichen Kooperationsfähigkeit des Menschen entspricht.

Doch sind Kampf und Selbstdarstellung nicht immer schon Teil des Lebens? Sind sie nicht ein natürlicher Bestandteil jedes Zusammentreffens von Menschen, durch die die Wirklichkeit erst erzeugt wird? Sind die affenähnlichen Verhaltensweisen nicht das

160 Michael Tomasello, Ursprünge der menschlichen Kommunikation, S. 170

Erfolgsrezept wirtschaftlichen Handelns per se? Inwieweit bietet die Fähigkeit zur Kooperation und Kommunikation überhaupt evolutionäre Vorteile und wie könnten diese konkret aussehen? Ist es nicht offensichtlich, dass der Stärkere sich im Dschungel der Vorzeit durchsetzte, und dass das Gerede von Kooperation und Kommunikation nur einer träumerischen Sozialromantik oder den Wünschen spekulativer Philosophen entspringt? Ist die Konkurrenz nicht doch Grundlage der Evolution? Die Paläoanthropologie zeichnet ein ziemlich klares Bild darüber, welches Verhalten mit hoher Wahrscheinlichkeit evolutionär vorteilhafter war - und vermutlich bleiben wird:

(i) Auf der Stufe jener menschenähnlichen Wesen, die sich als Gattung „Homo" vor ein bis zwei Millionen Jahren von denen der Menschenaffen trennt, „setzt eine Gruppe gemeinsam das Ziel fest, ein Beutetier zu fangen." Die Gruppenmitglieder „verteilen die verschiedenen Aufgaben und bestimmen [gemeinsam], wie diese koordiniert werden."[161] Die frühen Menschengruppen zeigen damit erste Organisationsfähigkeiten. Sie verteilen Aufgaben und Rollen und koordinieren sich in ihren Handlungen. Anthropologie und Soziologie nennen dieses Verhalten „geteilte Intentionalität." Sie befähigt uns, Möglichkeiten, Interessen und Vorstellungen wechselseitig zu verstehen und zu vereinbaren. Geteilte Intentionalität setzt die Fähigkeit zu einem Wissen über die Vorstellung der anderen voraus. Erst diese emphatische Begabung ermöglicht zu wissen, was jemand anderes über das Erreichen gemeinsamer Ziele denkt oder fühlt. Empathie ermöglicht Kooperation.

Im Unterschied dazu beobachten Anthropologen, dass „Affen anderen Artgenossen nicht dabei helfen, Nahrung zu bekommen, selbst dann nicht, wenn es sich um ein Elternteil, ein Kind oder einen Bundesgenossen handelt."[162] In den seltenen Fällen, in denen ein Schimpansen-Rudel gemeinsam jagt, nimmt sich der Stärkere zunächst die Beute und frisst alleine. Die anderen müssen zusehen und unter Umständen hungern. Nicht selten wird um die Beute erneut gekämpft. Affen verschwenden durch solche Kämp-

161 Michael Tomasello, Ursprünge der menschlichen Kommunikation, S. 202

162 Michael Tomasello, Ursprünge der menschlichen Kommunikation, S. 203

fe wertvolle Energie, bevor sie ihre Nahrung verzehren. Das ist ihr evolutionärer Nachteil und der Grund, weshalb sie Affen geblieben sind.

Das menschenähnliche Wesen „Homo" hingegen kann durch Kooperation derartige Energieverschwendung vermeiden. „Die frühen Menschen teilen ihren Fang immer mit den anderen und zwar nicht nur in ihren unmittelbaren Familien, sondern auch im größeren Umkreis der sozialen Gruppe."[163] Ihnen steht damit ein größeres Energiereservoir zur Verfügung als den Affen, was wiederum mehr Jagd und noch mehr Nahrung ermöglicht. Dieses Mehr an Nahrung und Energie begründet einen gravierenden evolutionären Vorteil des frühen Menschen, weil die gesamte Sippe, einschließlich der Kranken und Schwachen, Nahrung aus der Jagd erhält. Dies erhöht auch die Anzahl und Vielfalt der für die Fortpflanzung zur Verfügung stehenden Individuen. Denn selbst wenn einzelne krank und schwach sind, können sie Träger wichtiger genetischer Qualitäten sein. So wird das genetische Potenzial der Gruppe optimal genutzt. Geteilte Intentionalität und Empathie sind vermutlich die entscheidenden Vorteile der frühen Menschen gegenüber den Menschenaffen. Man kann sie als die fundamentalen Schritte zur Menschwerdung bezeichnen.

Geteilte Intentionalität und Empathie sind auch die Katalysatoren für gemeinsame Planung und die Herausbildung komplexer Gesellschaften. „Tatsächlich unterliegt dieses Verhalten [der gemeinsamen Jagd] sozialen Normen, die diejenigen, die nicht teilen, streng sanktioniert. Die Neigung, die Früchte der gemeinschaftlichen Arbeit fair zu teilen, ist bei Menschen besonders stark ausgeprägt. Menschen in fast allen Kulturen haben Normen des Teilens und der Fairness verinnerlicht."[164] Der zunächst nahrungstechnische Vorteil legt auch den Grundstein für die Entwicklung von Werkzeugen im Laufe der Menschheitsgeschichte, weil die zusätzlichen Energiereserven den Luxus des Nachdenkens erlauben. Während Affen von der Hand in den Mund leben, gestattet das zusätzliche Energiereservoir dem Menschen das Denken und damit

163 Michael Tomasello, Ursprünge der menschlichen Kommunikation, S. 201
164 Michael Tomasello, Ursprünge der menschlichen Kommunikation, S. 201

einen Blick auf die Zukunft und die Gestaltung des Zusammenlebens.

Das Denken, das sich äußerlich als Übergang von der Hand zur Kopfarbeit offenbart, ist ein weiterer wesentlicher evolutionärer Schritt und trennt die Wege von Affen und Menschen endgültig. Das Denken führt zum „Verstehen von Wahrnehmungen", also zur kreativen Interpretation von Beobachtungen. Denn „der Verstand möchte fassen, was den Sinnen gegeben ist. Die Erkenntnisse leiten sich von der Erscheinungswelt ab, in der wir uns mittels Sinneswahrnehmungen zurechtfinden."[165] Kreative Interpretation ermöglicht die frühen technischen Entwicklungen. Die Erfindung des Rades etwa war nur deshalb möglich, weil Menschen als denkende Wesen aus den runden rollenden Baumstämmen und deren Nutzen für den Transport von schweren Gegenständen - wie beispielsweise Felsen - die Konsequenz zogen, dass etwas Rundes und Stabiles generell für eine Fortbewegung hilfreich ist. Durch solche nützlichen Erfindungen wächst die Population des Homo habilis (lat.: geschickter Mensch). Auch wenn der Begriff Fortschritt eine Vokabel der Moderne ist, so erleben wir seit zwei Millionen Jahren das stetige Fortschreiten unserer geistigen Fähigkeiten. Aufgrund dessen wächst seit etwa einer Million Jahren auch der materielle Wohlstand der Menschheit kontinuierlich an.

Das Streben Neues, Größeres, Besseres zu erfinden, ist seitdem Aspekt unseres evolutionären Vorteils. Mit Hilfe von Werkzeugen und Technik, die durch Beobachten und Denken erfunden werden, hat sich das Nahrungsangebot ständig vergrößert. Es entstand ein sich selbst verstärkendes System aus Intelligenz und Bevölkerungswachstum. Auch wenn uns viele einreden wollen, dass Boot Erde sei bald voll, ist eine solche Grenze noch lange nicht erreicht. Denn durch die intelligentere Nutzung der Ressourcen, die uns der Planet Erde bietet, beispielsweise durch die Reduzierung der Fleischproduktion und durch eine bessere kommunikative Kooperation auf globaler Ebene, können noch viele Milliarden Menschen mehr gemeinsam auf diesem schönen Planeten leben, ohne ihn zu zerstören. Voraussetzung dafür ist allerdings, dass wir die

165 Hanna Arendt, Vom Leben des Geistes, S. 66

evolutionären Vorteile der Empathie und der geteilten Intentionalität und damit unserer Kooperationsfähigkeit wieder entdecken und besser nutzen. Denn egoistischer Eigennutz ist wie bei Schimpansen im Hinblick auf die Entwicklung evolutionär definitiv nachteilig.

(ii) Der Weg vom „Homo" über den „Homo erectus" und „Homo habilis" zum „Homo sapiens" ist gekennzeichnet durch die wechselseitige Unterstützung in den alltäglichen Fragen der Erwirtschaftung lebensnotwendiger Güter - das, was wir früher gemeinsame Jagd nannten: „Menschen helfen einander unter anderem durch Informationen und erbitten in vielen Situationen Hilfe voneinander. Das Anbieten von Hilfe und das positive Bitten um Hilfe beinhalten so etwas wie Altruismus, wobei ein Individuum seine Interessen denen anderer unterordnet."[166] Ein Helfender vergrößert dadurch „seinen Ruf als hilfsbereite Person, mit der die anderen in Zukunft [mehr] kooperieren wollen."[167] Helfende erlangen in einer Gruppe so stets ein höheres soziales Ansehen und werden für die Fortpflanzung attraktiver - was individuell angenehm als auch für die Gruppe vorteilhaft ist.

„Wenn Menschen anfangen, wirklich hilfsbereit zu sein, um damit ihr Ansehen zu steigern, und sie damit rechnen können, dass andere auch hilfsbereit sein wollen, beginnen sie, funktional betrachtet, die anderen freimütig über Dinge zu informieren."[168] Das ist Grundlage der Prozesse, die wir heute Bildung nennen. Das Vermitteln von Wissen an die nachkommende Generation basiert auf unserer naturgemäßen Empathie und kommunikativen Kooperation und ist immer uneigennützig motiviert, weil sie die nachfolgende Generation in die Lage versetzt, ihre Zukunft erfolgreich zu gestalten. Die Lehrenden erlangen kaum direkte Vorteile aus ihrer Lehrtätigkeit. Sie spüren aber jene altruistische Freude, dass die Lernenden für ihre Zukunft gut ausgestattet werden.

Einen rudimentären Altruismus finden wir zwar auch bei Tieren. Wenn beispielsweise Lachse an den Ort ihrer Geburt zurück-

---

166 Michael Tomasello, Ursprünge der menschlichen Kommunikation, S. 210

167 Michael Tomasello, Ursprünge der menschlichen Kommunikation, S. 216

168 Michael Tomasello, Ursprünge der menschlichen Kommunikation, S. 219

schwimmen, um dort zu laichen und zu sterben, lassen sie ihr Leben in aufopfernder Weise für das Leben der neuen Generation. Bei uns Menschen hingegen sind das Denken, im Sinne eines empathischen und umfassenden, nicht nur rationalen Austauschs mit anderen und der Interpretation und Verständigung über die gewonnenen Einsichten und Erkenntnisse, sowie die Vermittlung von Wissen die entscheidenden evolutionäre Vorteile überhaupt. Heute wissen sogar Egomanen: Bildung ist das grundlegende Erfolgsrezept jeder Gesellschaft[169]. Die Prozesse der Bildung verstärken die Vorteile der sich entwickelnden Menschen, die sich besonders dramatisch beschleunigen, wenn Bildung der gesamten Bevölkerung zugänglich ist. Deshalb ist für die Zukunft der Menschheit bedeutungsvoll, dass wir Bildung nicht weiter ökonomisieren und bei der Ausbildung unserer Kinder nicht auf deren zukünftige Arbeitschancen oder ihren mutmaßlichen Vorteilen im „Kampf des Besten" schielen. Menschen lernen fürs Leben. Wissen und Verstehen sind grundlegend für ein glückliches Leben.

(iii) Interessant ist in diesem Kontext die Entwicklung der Sprache. Wir alle glauben, dass die vielfältigen Prozesse des Teilens, der Planung, der Technikentwicklung und der Bildung mit vokaler Sprache stattgefunden haben, weil dies unserer heutigen Erfahrung entspricht. Doch zur großen Überraschung der Anthropologen lebte der Mensch in einem Zeitraum von eineinhalb bis zwei Millionen Jahren ohne eine vokale Sprache. Genetische Untersuchungen zeigen, „dass eines der Schlüssel-Gene für die artikulierte menschliche Sprache in der menschlichen Population vor nicht mehr als 150.000 Jahren erstmals"[170] auftrat. Das Fehlen einer vokalen Sprache über weit mehr als eine Million Jahre erklärt auch den enormen Erfolg der non-verbalen Kommunikation, die auf Gestik und Mimik, ja sogar auf Körpergerüchen basiert. Mit Hilfe der non-verbalen, scheinbar intuitiven Beziehungen unterei-

---

169 Eine der wesentlichen Ursachen dafür, dass in Deutschland die Jugendarbeitslosigkeit trotz der Krise des Wirtschaftssystems bei 8% und nicht wie in Spanien über 50% liegt, ist das Duale-Ausbildungssystem mit Lehre und Berufsschulen. Wäre Deutschland in den 1990er Jahren der Forderung der liberalen Marktradikalen gefolgt und hätte das Duale-Ausbildungssystem abgeschafft, weil dies für Unternehmen angeblich eine finanzielle Belastung darstellt, würden wir vermutlich heute wie in Frankreich und Großbritannien eine Jugendarbeitslosigkeit von ca. 25% erleben.

170 Michael Tomasello, Ursprünge der menschlichen Kommunikation, S. 220

nander identifizieren, interpretieren, differenzieren und verstehen wir innerhalb von Millisekunden jede kleinste Veränderung in unserer Umgebung. So wissen wir bei Vorstellungsgesprächen bereits nach wenigen Sekunden, ob wir mit dem Gegenüber zusammen arbeiten wollen oder nicht. Bei der Suche nach einer Lebenspartnerin oder einem Partner wissen wir oft schon nach wenigen Minuten Blickkontakt oder nach dem gegenseitigen Beschnuppern, ob sie die oder er der Richtige für uns sind. Non-verbale Kommunikation ist kein archaisches Zusatzinstrument, sondern eins der wichtigsten Mittel menschlicher Verständigung. Wir beherrschen es so perfekt, dass wir uns dessen nicht einmal bewusst werden. Allzu oft laufen wir heute aber vor lauter Rationalität Gefahr, diese Fähigkeit zu verlernen oder zu unterschätzen.

Verbunden mit unserem Vorurteil über die Notwendigkeit einer vokalen Sprache zur Kommunikation ist der Glaube, dass wir für das Wahrnehmen Begriffe benötigen. Wir haben uns so sehr an Wörter und Worte, die wir auch aufschreiben können, gewöhnt, dass uns eine unmittelbare Wahrnehmung fremd erscheint. Doch wie Asanga uns in seinem Modell[171] des Geistes erklärt, werden Begriffe erst in der letzten Phase einer Wahrnehmung gebildet: Bevor ich ein Wort für ein Objekt oder eine Situation auswähle, tritt der Geist mit dem Objekt in Berührung. Dadurch erlebe ich primär eine Empfindung, die einer unmittelbaren Wahrnehmung entspricht - einer Intuition. Diese wird nachfolgend mit Erfahrungen in meinem Geist verglichen, so dass ich das Wahrgenommene interpretieren und einordnen kann. Erst nach diesem Prozess der „Unterscheidung" erfolgt eine begriffliche Zuordnung, wobei Begriffe selbst nur ein Instrument zur Vereinbarung sind.

Dass diese Erklärung des Wahrnehmungsprozesses nicht theoretischer Art ist, zeigt sich an alltäglichen Erfahrungen wie beispielsweise dem Riechen: Forschende an der Rockefeller University in New York City errechneten, dass der Mensch circa eine Billionen verschiedene Gerüche wahrnehmen kann. „Verwunderlich sei diese enorme Zahl jedoch nicht, schließlich verfüge das olfaktorische [Riech]System über wesentlich mehr unterschiedliche

171 Asangas Modell über den Geist und seine Geistesfaktoren ist Schwerpunkt im Band 2

Rezeptoren als die visuelle und die auditive Wahrnehmung."[172] Diese Beobachtung bestätigt, dass das Riechen ohne Begriffe erfolgt, denn wir kennen nicht einmal eine Billionen Begriffe, um Gerüche zu benennen. Schon im alltäglichen Sprachgebrauch fällt es uns schwer, Düfte in Worte zu fassen und nutzen hierfür meist Analogien wie: „Das riecht wie eine Rose." Doch der Duft vieler Rosen ist so unterschiedlich, dass diese Analogie - wie jede andere - nur ein schwaches Hilfsmittel zur Verständigung ist.

Die späte Entwicklung des Sprachgens belegt auch die These der neueren Genetik, dass sich erst aus einer langjährigen und erfolgreichen geistigen Tätigkeit wie der Kommunikation, die über eine Million Jahre, basierend auf Empathie und geteilter Intentionalität, praktiziert wurde, neue Gene entwickeln. Gene sind eher die materielle Manifestation einer zuvor erprobten Handlung als deren Bedingung. Die klassische, vereinfachende Kausalität, nach der ein vorhandenes Gen erst eine Handlung ermöglicht, können wir auch hier wieder vom positivistischen Kopf auf die realen Füße stellen: Gene entstehen zur Fixierung und gleichsam Automatisierung einer bereits evolutionär erfolgreichen Handlung. Erst erfolgreiche Kommunikation hat ein Sprach-Gen hervorgebracht. Die philosophische Konsequenz ist klar und eindeutig: Das Bewusstsein bestimmt das Sein.

(iv) „Noch spannender ist es sich vorzustellen, wie Sprache aussähe - falls wir sie überhaupt noch so nennen würden - wenn sie sich nicht im Kontext der Kooperation, sondern im Kontext einer Konkurrenz entwickelt hätte. In diesem Falle gäbe es keine gemeinsame Aufmerksamkeit und keinen gemeinsamen Kommunikationshintergrund, und deshalb könnten Handlungen, die Beziehungen bezeichnen, nicht auf menschenähnliche Weise vollzogen werden. Jedenfalls nicht im Hinblick auf Perspektiven oder abwesende Gegenstände. Es gäbe keine kommunikative Absicht und daher auch keinen Grund für mich herausfinden zu wollen, warum jemand mit mir zu kommunizieren versucht. Und es gäbe keine Kommunikationsnormen und keine Kommunikationskonventionen [also Sprache], die nur entstehen können, wenn Personen

172 Frieder Wolfsberger, Mensch nimmt eine Billionen Düfte wahr, Spektrum.de vom 22.03.2014

ein gemeinsames, kooperatives Verständnis und Interesse haben. Ohne die Motive des Informierens und Teilens könnte die hypothetische, kompetitive Form der Sprache nur für Zwang und Täuschung benutzt werden - und nicht einmal dafür, da die Kommunizierenden aus Mangel an Vertrauen nicht zusammenarbeiten könnten, um ihre Botschaften zu übermitteln. Daher kann es keine Sprache, wie wir sie kennen, auf der Grundlage von Konkurrenz geben."[173]

Beleidigungen und Shitstorm, Abwertungen und Aggression, Missbrauch und Instrumentalisierung, wie wir sie oftmals im Internet oder im beruflichen Umgang erleben, gehören jedenfalls nicht zu einem menschlichen Leben, das durch Empathie und Kooperation evolutionär erfolgreich war und ist. Die Existenz der Sprache ist ein offensichtlicher Beweis hierfür und belegt, dass die These vom „Kampf ums Überleben" eine von Herrschaftsbestrebungen fehlgeleitete Interpretation der Lebenswelt ist. Es war nicht der Keulen schwingende, sich brutal durchsetzende Individualist, der sich - einsam in seiner Höhle sitzend - als Egomane in der Evolution des Menschen durchgesetzt hat. Und es sind auch nicht die auf Selbstvorteile gedrillten Manager, Politiker und Politikerinnen, die die Zukunft der Menschheit produktiv gestalten werden. Die von einigen Kampf-Coaches angebotenen Management-Trainings, in denen Mitarbeitende durch die Beobachtung von Affen ihre Willensdurchsetzung einüben sollen, können daher nur als überflüssigen Blödsinn eingestuft werden, die den Geist von Mitarbeitenden und der jeweiligen Unternehmen beeinträchtigen. Das Leben der Menschheit basiert seit jeher auf kommunikativer und kreativer Kooperation, die man auch nicht bei einem Überlebenstraining erlernen kann. Verkümmert die kommunikative Kooperation aber, verkümmert die Menschheit.

Der evolutionäre Nachteil des Ellenbogenverhaltens wird selbst bei den Menschenaffen offenbar: „In einer Untersuchung benötigten Schimpansen einen Partner, der ihnen helfen sollte, an Futter heran zu kommen. Zwei potenzielle Partner standen zur Verfügung. Ein Partner stellte sich als ungeeignet heraus – ein dominan-

173 Michael Tomasello, Ursprünge der menschlichen Kommunikation, S. 361

tes Männchen, das gewöhnlich versuchte, die Situation an sich zu reißen - während der andere sich als guter Partner erwies. Nach nur kurzer Erfahrung mit beiden Partnern begannen die Schimpansen, fast ausschließlich den Kooperativeren zu wählen. Das zeigt, dass nicht-kooperierende Individuen einen Preis für ihre Selbstsüchtigkeit und ihr Konkurrenzgebaren zahlen, indem sie von attraktiven Gelegenheiten für Zusammenarbeit ausgeschlossen werden."[174] Das Echo einer auf Konkurrenz und Egozentrik ausgerichteten Handlung vernehmen Schimpansen genauso unmittelbar wie Menschen. Wenn egozentrische Menschen glauben, sie könnten alleine eine Organisation leiten und steuern, dann ist das Scheitern gewiss. Erfolgreiches Management basiert auf Empathie, stimuliert mit altruistischer Motivation die Kooperationsfähigkeit von Mitarbeitenden untereinander sowie deren Zusammenarbeit mit Liefernden und versetzt sie in die Lage, mit den potenziell an Produkten und Dienstleistungen interessierten Menschen im Markt bedürfnisorientiert zu kommunizieren.

(v) Mit diesen Erkenntnissen aus der Anthropologie werden auch die weitreichenden Thesen von Handlungs- und Kommunikationstheoretikern, die Jürgen Habermas in seiner „Theorie des kommunikativen Handelns" nachzeichnet, gewissermaßen experimentell bestätigt: „Die kognitive Entwicklung [des Geistes] im engeren Sinne bezieht sich auf Strukturen des Denkens und Handelns, die der Heranwachsende in aktiver Auseinandersetzung mit der äußeren Welt erwirbt." Dies entspricht der „Bildung eines äußeren und eines inneren Universums", was durch die „Wechselwirkung zwischen dem Subjekt und den Objekten der Welt und zwischen dem Subjekt und den anderen Subjekten [ermöglicht wird]. Während der Kontakt mit der äußeren Natur den konstruktiven Erwerb des intellektuellen Normensystems vermittelt, bahnt die Interaktion mit anderen Personen den Weg zum konstruktiven Hineinwachsen in das gesellschaftlich anerkannte System moralischer Normen." In diesem Prozess können wir beobachten, „dass jede Wechselwirkung zwischen Subjekten diese gegenseitig modifiziert. Jede soziale Beziehung ist also eine Totalität in sich, die neue Eigenschaften schafft, indem sie das Indi-

174 Michael Tomasello, Ursprünge der menschlichen Kommunikation, S. 217

viduum in seiner geistigen Struktur transformiert."[175] Kommunikatives und kooperatives Handeln „bedeutet daher allgemein die Dezentralisierung eines egozentrisch geprägten Weltverständnisses", was nichts anderes als Einfühlungsvermögen ist, indem ich meine eigene Weltsicht zurücknehme, mich in die Welt der umgebenden Subjekte hineinbegebe und hieraus eine Transformation meines Geistes produktiv erlebe. „Jeder Akt einer Verständigung [zwischen Individuen] lässt sich somit als Teil eines kooperativen Deutungsvorgangs begreifen, der auf intersubjektiv anerkannte Situationsdefinitionen abzielt." In diesem Prozess verständigen sich „kommunikativ Handelnde stets im Horizont einer Lebenswelt", die sich „aus mehr oder weniger diffusen Hintergrundüberzeugungen [bzw. Kommunikationshintergründen] aufbaut". Dieser „lebensweltliche Hintergrund steht [im Alltag] als Quelle für Situationsdefinitionen"[176] zur Verfügung.

Aufgrund der anthropologischen Untersuchungen können wir zusammenfassen: Menschliche kooperative Kommunikation ist durch den Wunsch motiviert, Informationen zu teilen. Hieraus ergeben sich viele Vorteile für die Gemeinschaft: Mehr Nahrung und Wachstum der Gruppe, innovatives Denken und die Fähigkeiten zur Werkzeugherstellung, Bildung, Technologieentwicklung. So konnten wir, die „homines sapientes" (dt.: die weisen Menschen) entstehen. Menschen unterscheiden sich durch Empathie und geteilter Intentionalität von den Affen. Menschsein impliziert kooperativ, kreativ und kommunikativ mit einem altruistischen Motiv zu leben, die Gemeinschaft zu stützen und zu fördern, Informationen zu teilen, Materielles zu geben. Dieses Verhalten des „kommunikativen Handelns", das wir auch nur als sozial bezeichnen können, ist die Basis für den Erfolg des weisen Menschen.

Aufgrund des altruistischen Verhaltens entstehen in der Menschheitsgeschichte Gruppen, in denen sich Individuen sicher und wohl fühlen. Es bilden sich Stämme, Sippen und andere Formen sozialer Strukturen. Über die Jahrhunderte entstehen dadurch über 6000 verschiedene Sprachen, die teilweise noch heute

175 Jürgen Habermas, Theorie des kommunikativen Handelns, Band 1, S. 105

176 Jürgen Habermas, Theorie des kommunikativen Handelns, Band 1, S. 107

existieren. Die Sprachwerdung ist ein einmaliger kultureller Prozess, der lokale und regionale, nachfolgend kulturelle, ökonomische, politische und nationale Identitäten entstehen lässt. „Diese Dimension der Imitation/Konformität, Solidarität/Zugehörigkeit [legt] die Grundlage für eines der drei Grundmotive des Kooperationsmodells menschlicher Kommunikation: den Wunsch, Gefühle und Einstellungen mit anderen zu teilen."[177] Hieraus erwachsen gesellschaftliche Normen, die historisch entwickelte Übereinkünfte sind, „die als handlungskoordinierende Mechanismen nur in der Weise funktionieren, dass sich die Interaktionsteilnehmer über die beanspruchte Gültigkeit ihrer Äußerungen einigen, d.h. Geltungsansprüche, die sie reziprok erheben und intersubjektiv anerkennen."[178]

Die zunächst noch kleinen Organisationsformen wie Sippen und Stämme vereinigen sich über Jahrhunderte zu immer größeren Einheiten. In den ersten Siedlungsgebieten der frühen Bauern in Europa und Kleinasien bilden sich erst die Stadtstaaten, wie die der Sumerer und Griechen. Diese vereinen sich im Laufe der Zeit zunächst zu kleineren, dann immer größeren Einflussgebieten: Griechenland, das Reich Alexander des Großen, das Römische Reich bis hin zum Britischen Empire. Ähnliches geschieht in allen Teilen der Welt: In Indien und China sind große staatsähnliche Organisationseinheiten schon weit vor den Stadtstaaten der Sumerer und Griechen bekannt. In Süd- und Mittelamerika kennen wir die riesigen Staatsgebiete der Inkas und Majas. Doch alle Imperien zerfallen. Ein ständiger Wechsel zwischen Fürstentümern und Königreichen, autonomen Gebieten und riesigen Konglomeraten findet über Jahrhunderte statt.

Erst im Zuge der französischen und amerikanischen Revolutionen entstehen die Nationalstaaten, wie wir sie heute kennen, mit denen wir uns allzu oft identifizieren, als hinge unser Leben davon ab. Doch die Entstehung auch dieser Gesellschaftsgebilde ist nur temporär, weil grundsätzlich alles in Bewegung ist und bleibt. Schon bald vereinigen sich die Nationalstaaten zu überregionalen

177 Michael Tomasello, Ursprünge der menschlichen Kommunikation, S. 228

178 Jürgen Habermas, Theorie des kommunikativen Handelns, Band 1, S. 148

Bünden, beginnend mit den Vereinigten Staaten von Amerika als erste Föderation von Staaten. Im 20. Jahrhundert entstehen nacheinander die Union der Sowjetrepubliken, die Union der Indischen Bundesstaaten und die Europäische Union. Obwohl nicht offiziell so benannt, ist auch China ein Bund verschiedener Staaten.

Die Gründung des Völkerbundes im 20. Jahrhundert ist der erste Versuch der Kooperation von Staaten unabhängig von politischen Wertevorstellungen. Der Versuch scheitert, weil die Herrschaftsinteressen in Europa noch von autoritären und narzisstischen Führern angetrieben sind. 1931 gründet das Vereinigte Königreich (UK) alternativ das Britische Commonwealth als erstes globales Bündnis ehemaliger britischer Kolonien. Es soll über funktionale Handelsbeziehungen den Einfluss der Krone sicherstellen. Bis heute akzeptieren immerhin sechszehn Staaten, unter ihnen Kanada, Australien und Neuseeland, die britische Königin als ihr Staatsoberhaupt. Dem Commonwealth gehören aktuell 54 Staaten mit ungefähr zwei Milliarden Menschen an.

Nach dem zweiten Weltkrieg ist die Notwendigkeit zur globalen Kooperation so enorm, dass die Vereinten Nationen (UN) im Herbst 1945 mit zunächst 51 Staaten gegründet werden. In dem Gründungsvertrag heißt es:

Wir, die Völker der Vereinten Nationen -
festentschlossen, künftige Geschlechter
vor der Geißel des Krieges zu bewahren,
die zweimal zu unseren Lebzeiten
unsagbares Leid über die Menschheit gebracht hat
und unseren Glauben an die Grundrechte des Menschen,
an die Würde und den Wert der menschlichen Persönlichkeit,
an die Gleichberechtigung von Mann und Frau
sowie von allen Nationen, ob groß oder klein erneut zu bekräftigen,
sind entschlossen Bedingungen zu schaffen,
unter denen Gerechtigkeit und die Achtung vor den Verpflichtungen
aus Verträgen und anderen Quellen des Völkerrechts
gewahrt werden können,
den sozialen Fortschritt und einen besseren Lebensstandard
in größerer Freiheit zu fördern,
und für diese Zwecke Duldsamkeit zu üben

und als gute Nachbarn in Frieden miteinander zu leben,
unsere Kräfte zu vereinen,
um den Weltfrieden und die internationale Sicherheit zu wahren,
Grundsätze anzunehmen und Verfahren einzuführen, die gewährleisten,
dass Waffengewalt nur noch im gemeinsamen Interesse angewendet wird,
und internationale Einrichtungen in Anspruch zu nehmen,
um den wirtschaftlichen und sozialen Fortschritt aller Völker zu fördern,
haben beschlossen, in unserem Bemühen um die Erreichung dieser Ziele
zusammenzuwirken."[179]

Auch wenn dieser Satz der Präambel nur schwer lesbar ist, drückt er das wunderbare Ziel eines Weltfriedens aus, der die Würde aller Menschen schützen soll. Hätten wir dieses Ziel schon verwirklicht, würde das Leid in der Welt deutlich kleiner sein. Es bleibt eine stete Herausforderung an unser Leben, in welcher Organisationsform auch immer.

Aktuell wird diese Arbeit noch vom Gezerre der Veto-Mächte und ihren partikulären Interessen behindert, die, wie im syrischen Bürgerkrieg sichtbar, Hunderttausende sterben lässt. Aber das Ende auch dieser Phase ist bereits absehbar. „Die Politik begegnet gesellschaftlichen Problemlagen nicht mehr nur innerhalb des institutionellen Rahmens von Nationalstaaten oder als intergouvernementaler [zwischenstaatlicher] Regelung [wie in der Europäischen Union]. Nach zwei, drei Jahrzehnten der unerhörten Kreativität und Zerstörungsgewalt einer politisch gewollten Globalisierung steht das Verhältnis von Politik und Gesellschaft als solches zur Diskussion. Die Agenda der Weltpolitik wird nicht mehr in erster Linie beherrscht von zwischenstaatlichen Konflikten, sondern von einem neuen Thema: Es geht um die Frage, ob die internationalen Konfliktpotenziale so weit beherrscht werden können, dass sich aus einer - bislang unwahrscheinlichen - Kooperation der Weltmächte global wirksame Normen und Verfahren und entsprechend weiträumig greifende politische Handlungskapazitäten entwickeln können."[180]

---

179 Siehe hierzu http://www.un.org/Depts/german/un_charta/charta.pdf
180 Jürgen Habermas, Zur Verfassung Europas, S. 84

Die „Kooperation der Weltmächte" ist das Gebot für das 21. Jahrhundert und es ist eine Anforderung, die WIR nur gemeinsam erfüllen können. Der Internationale Seegerichtshof sowie die Schaffung des Internationalen Gerichtshofes in Den Haag sind hervorstechende Beispiele moderner Kooperationsfähigkeit, um Tyrannen - welchen Lagers auch immer - zukünftig nicht mehr ungestraft davonkommen zu lassen. Die Konflikte im Nahen Osten, in Nord- und Zentralafrika, in den Staaten des Kaukasus, Himalayas oder Südamerikas sind die Versuchsfelder der modernen globalen Kooperationsnotwendigkeit. Denn eines ist klar: Eine kriegerische Lösung von Konflikten ist seit der Erfindung der Atombombe unmöglich geworden. Deshalb musste Russland in den 1990er Jahren zusehen, wie ihr Verbündeter Serbien völkerrechtswidrig bombardiert wurde. Deshalb muss der Westen aktuell zusehen, wie die Krim von Russland ebenso völkerrechtswidrig annektiert wird. Die Konsequenz und Forderung aus dieser Situation lautet: Alle Staaten eines erweiterten Europas - einschließlich Russland, Ukraine, Moldawien, Georgien und andere - sind gefordert, in einer gemeinsamen Union ihre Kooperationsfähigkeiten zu fördern und zu praktizieren.

Die politischen und sozialen Organisationsmodelle, in denen wir uns als Menschen miteinander abstimmen und kooperieren, Vertrauen schaffen und unser Leben gestalten, sind so vielfältig wie unsere kulturell gewachsenen und sich stetig verändernden Kommunikationshintergründe. Die Aggressionen der vergangenen Jahrhunderte, bis hin zu Genoziden und Holocaust, stärken heute die Einsicht, dass die Gattung Mensch nur dann weiter existieren wird, wenn sie die menschentypische kommunikative Kooperation und Empathie wieder belebt. Unsere menschliche Fähigkeit zur kommunikativen und kreativen Kooperation ist zurzeit mehr denn je erforderlich, um die globalen Aspekte des Lebens auf unserem Planeten zu koordinieren. In diesem Sinne fordert der Dalai Lama uns auf, „auf der Basis von Mitgefühl und Verständnis [zu] begreifen, dass die ganze Menschheit zusammengehört. Die Welt rückt durch technische Entwicklung und moderne Kommunikation zusammen. Wir bilden neue Einheiten und die gegenseitige Abhängigkeit ist groß. Die Vorstellung der Trennung in WIR und die anderen ist heute bedeutungslos. WIR sollten unsere Abwehrhaltung und das Ziehen von Grenzen endlich überwinden. Was wir heute wirklich brauchen, ist ein Sinn für universelle Verantwortung. Positive Emotionen wie Mitgefühl, Achtung und Zuneigung sind entscheidend, um die Einheit der Menschheit zu verwirklichen."[181]

181 Dalai Lama, Buch der Menschlichkeit, zitiert nach: Tibet und Buddhismus, Magazin für tibetischen Buddhismus im Westen, Nr. 100, 1/2012, S. 7

Neuronale Kommunikation verbindet uns permanent

Doch wie geschieht diese non-verbale Kommunikation, durch die wir über die Interessen und Gefühle unserer Mitmenschen etwas erfahren und womit wir die notwendigen Kommunikationsmotive mit ihnen gemeinsam entwickeln können? Die Bedeutung dieser Frage - auch für die alltäglichen Geschäftsvorgänge - speist sich aus dem Umstand, dass Organisationen erst aufgrund der Beziehungen zwischen Menschen existieren. Ohne Mitarbeitende wären Unternehmen nur leere Hüllen und Hallen. Ohne Kommunikation und Kooperation zwischen den Individuen könnten Ideen nicht entwickelt und Produkte nicht hergestellt werden. Ohne die Beziehung zu den Menschen im Markt könnten Produkte und Dienstleistungen nicht erdacht und verkauft werden. Unternehmen und andere Organisationen sind daher prinzipiell Orte der Kooperation zum Nutzen und Wohl aller. Die Qualität der Kommunikationswege zwischen Individuen zu verstehen, ist somit wesentlich für den Erfolg aller Unternehmen und Organisationen, die erst durch die Zusammenarbeit ihrer Angestellten mit einem gemeinsamen Motiv produktive Macht erlangen können.

Untersuchungen der vergangenen Jahre weisen darauf hin, dass bei der schöpferischen Kommunikation die neuronale Ebene eine besondere Bedeutung hat: „Ein Begriff, den Wissenschaftler für die neuronale Abstimmung verwenden, ist „Limbische Resonanz“, eine Sinfonie des gegenseitigen Austauschs und interner Anpassung, durch die zwei Menschen ihre emotionale Verfassung harmonisieren.“[182] Das erinnert an die schöne Situation des Verliebt-Seins, wenn wir uns einer noch fremden Person so intensiv annähern, dass wir mit ihr oder ihm schon nach wenigen Augenblicken zusammen sein wollen. In der Liebe erleben wir das starke Gefühl einer engen Beziehung. Die Schönheit dieses Gefühls geht zurück auf Erinnerungen in der frühesten Kindheit: Wenn wir als Baby die ausgeprägten heilsamen Beziehungsenergien fühlen,

182 Daniel Coleman, Emotionale Führung, S. 73ff

sind wir eins mit der Mutter, die uns das Leben in der Geburt geschenkt hat. Mit dem Verlassen des Mutterleibs beginnt zwar die körperliche Trennung, aber die non-verbale Verbindung bleibt bestehen und befähigt zu neuen Beziehung mit den anderen da draußen: zu Vater, Geschwistern, Freunden und Freundinnen. Und sie beschützt uns.

Eltern und Kinder kommunizieren über viele Monate, teilweise mehrere Jahre, non-verbal. Kinder lernen, zwischen den Zeilen zu lesen, was ihre spätere Abnabelung erleichtert. Aufgrund dessen verlieren sie zwar die Sicherheit des Nestes und erleben Trennungsschmerz. Doch im Schutzraum der von intuitiver Kommunikation geprägten Kindheit öffnen sie sich schon bald für andere - dem Draußen. Mit der ersten Kindergartenliebe wird dann erstmals ein anderes, intensives Hingezogen-Sein zu einem oder einer anderen erlebt. Zur gleichen Zeit entdecken wir die Freude und die Lust am eigenen Körper. Es ist eine fast unbändige Freude am Körperlichen und Leben, die Freud fälschlich als infantile Sexualität[183] interpretiert hat. Das Wahrnehmen des eigenen Körpers, die Freude über das Zusammenkommen mit anderen lassen die große „Sinfonie des Austauschs" des neuronalen Ensembles erklingen. Mit jedem Genuss der Verbundenheit ertönt die Sinfonie lauter und lebendiger. Vergangenheit oder Zukunft sind in solcher Kindheit unbedeutende Konzepte – wie in allen Momenten des intensiven Austauschs mit anderen. Die Liebe ist vollkommener Ausdruck gegenwärtigen Lebens.

Die „Sinfonie des Austauschs" erklingt auch in beruflichen Situationen, wenn Teams perfekt aufeinander abgestimmt sind. Dabei erleben die einzelnen eine intensive Resonanz miteinander, ein Gefühl der Begeisterung. Der Funke springt über und inspiriert die gesamte Gruppe. Möglich wird ein rauschartiger Zustand, mit einer riesigen Freude an der Zusammenarbeit und einer Lust zum Erfolg, die kaum in Worte zu fassen sind. „Wir sind die Champi-

183 Siehe Werke von Sigmund Freud, u.a. Abriss der Psychoanalyse, 1976; Erich Fromm hat Freuds Sexualtriebtheorie heftig kritisiert, und wer die Originaltexte liest, versteht, dass Freud an dieser Stelle der Blindheit seiner Zeit folgte, besonders was den sexuellen Missbrauch von Kindern betrifft. Die kindliche Freude am eigenen Körper hat fast nichts gemein mit der späteren Sexualität, denn sie ist eine einfache Freude über das Erleben des eigenen Körpers.

ons!" „Gemeinsam sind wir unbesiegbar!", lauten die entsprechenden Losungen und drücken doch kaum das aus, was uns in diesen Momenten so glücklich macht. Arbeit hört auf Qual oder Last zu sein. Howard Gardner, Psychologe an der Harvard University, hat dieses „Engagement" als eine der drei Säulen für Glück im Berufsleben identifiziert.[184] Selbst übliche Revierkämpfe lösen sich auf. Die Teammitglieder freuen sich, erschaffen Neues, sind innovative Quellen von Gegenwart, die sich in die Zukunft verlängert. Doch wie bei jedem Rausch droht die Gefahr eines unkontrollierbaren Tornados, der das Team sowie dessen Mitglieder verletzen und zerstören kann.

Gezielt eingesetzt führt die non-verbale Kommunikation zu ganz erstaunlichen Resultaten. Bei einem Treffen von dreihundert Gillette-Managern 2004 in Boston brachte Benjamin Zander, Dirigent des Boston-Sinfonie-Orchester, die Anwesenden, in der Mehrzahl ohne Deutschkenntnisse, in wenigen Minuten dazu, in fast perfekter Aussprache und Tonlage Beethovens „Ode an die Freude" in deutscher Sprache zu singen[185]. Sein Vorgehen bei der Teambildung basiert auf seiner Erfahrung als Dirigent: „Als Dirigent spiele ich kein Instrument während des Konzerts. Ich muss also alle Musiker in dem Orchester so motivieren und anleiten, dass sie die Musik spielen, wie ich es mir vorstelle. Dazu bedarf es einer gemeinsamen Resonanz, einem blinden Verstehen und Vertrauen, wodurch ich die Potenziale der Musiker wecke und in Einklang mit ihren und meinen Vorstellungen bringe"[186], erläutert er seine Arbeit als Dirigent und den Nutzen für jede Organisation. „Die verbale Sprache reicht dafür nicht aus. Dirigenten kommunizieren mit den Musikern über ihre Vorstellung davon, wie eine Symphonie gespielt werden soll, zwar auch über Worte, Gestik und Mi-

---

184 Howard Gardner, When Excellence and Ethics meets

185 Eigenes Erleben. Das Zusammentreffen mit Benjamin Zander hat mich aus einem weiteren Grund tief bewegt. Obwohl seine Mutter und andere Familienmitglieder im Holocaust ermordet wurden, hegt er keinen Groll auf die Deutschen, was er mir in einem kurzen Gespräch mit einer solchen Herzensliebe vermittelte, die mich bis heute berührt und wofür ich ihm sehr dankbar bin. Er war der erste Mensch jüdischen Glaubens, den ich getroffen habe, der mich nicht als Mitglied einer schuldigen Nation, sondern als Mensch betrachtete. Später hatte ich das Glück, noch weitere ähnliche Begegnungen mit anderen Menschen jüdischen Glaubens erleben zu dürfen.

186 Siehe auch: Benjamin Zander, The Art of Possibility

mik, aber besonders mit Hilfe intuitiver Resonanz." Da schwingt sie schon wieder, die „Sinfonie des Austauschs". Die Subtilität der Kommunikation wie bei einem Orchester, einem Team oder in der Liebe erstaunt uns, wenn wir uns ihrer bewusst werden. Wie kann ein Einzelner ein Orchester mit hundert Musizierenden oder mehr dirigieren, ohne währenddessen zu sprechen? Was genau ist jener Funke, der im Austausch eines Team zündet?

Neue Erkenntnisse der Gehirnforschung weisen auf eine erstaunliche Erklärung hin: Neurowissenschaftler um Giacomo Rizzolatti an der Universität Parma in Italien entdecken Ende der 1990er Jahre die sogenannten Spiegelneuronen[187]. Rizzolatti und sein Team beobachten damals bei Affen, dass immer dann ein bestimmtes Neuron im Gehirn der Versuchsaffen aktiv ist, wenn sie Futter mit der Hand zum Mund führen. Das ist zunächst nicht erstaunlich, da jede körperliche Bewegung verbunden ist mit der Aktivität eines Neurons oder eines Neuronen-Ensembles. Doch die Forschenden staunen, dass dieses Neuron nicht aktiv ist, wenn ein anderer Gegenstand als Futter mit der gleichen Hand in ähnlicher Weise bewegt wird. Daraus schließen sie, dass nicht die Handbewegung per se mit dem Neuron verbunden ist, was einem mechanischen Prozess entspräche. Vielmehr besteht eine Kopplung mit der Intention der Handlung: das Futter-mit-der-Hand-zum-Mund-führen. Doch Intentionen sind nichts Materielles. Sie sind geistige Zustände, die wir nicht wiegen oder messen können. Noch staunend über die Kopplung zwischen einer Bewegung und einer geistigen Dimension, beobachten die Gehirnforschenden in Parma, dass dieses Neuron auch dann aktiv ist, wenn der Versuchsaffe den Vorgang des Futter-mit-der-Hand-zum-Mund-Führens bei einem anderen Affen lediglich sieht oder nur die damit verbundenen Geräusche hört. Das zugehörige Neuron feuert sogar, wenn der Vorgang für den Affen unvollständig wahrnehmbar ist, indem beispielsweise der Beginn der Handbewegung sichtbar und der Abschluss hinter einer Platte verdeckt geschieht. Selbst wenn ein menschlicher Betreuer - also kein Affe - diese Handlung ausführt oder andeutet, feuert das gleiche Neuron. Noch mehr

187 Obwohl mittlerweile verschiedene Theorien zur Wirkungsweise der Spiegelneuronen existieren, ist ihre Existenz und grundsätzliche Funktionsweise unbestritten.

Verwunderung entsteht darüber, dass die Aktivität des Neurons in jedem dieser Fälle die gleiche Intensität hat und sich so verhält, als würde der Versuchsaffe die Handlung selbst ausführen.

Aus vielen weiteren Untersuchungen folgern Rizzolatti und sein Team, dass das Neuron des Versuchsaffen mit den Neuronen anderer Affen über die Intention kommuniziert. Dabei wird die Intention - hier das Futter zum Mund zu führen - ohne eine äußerlich sichtbare Handlung kommuniziert. Rizzolatti formuliert konsequenter Weise die These eines „spiegelneuronalen Mechanismus der Kommunikation" und vermutet, dass diese auch bei Menschen aktiv ist: „In unserer täglichen Erfahrung passiert es dauernd, dass wir anderen mehr oder weniger ausdrückliche Überzeugungen, Wünsche, Erwartungen, Intentionen und dergleichen zuschreiben. Unser Sozialverhalten beruht weitgehend auf der Fähigkeit zu begreifen, was die anderen im Sinn haben und uns darauf einzustellen."[188]

Übersetze ich dies in ganz praktische Lebenssituationen, so unterhalten sich meine Neuronen mit den Neuronen anderer Menschen darüber, was ich im „Sinn habe", ohne dass auch nur ein Wort gesprochen oder eine Geste gezeigt werden. Meine Neuronen „sprechen" eine eigene, für unser Bewusstsein nicht wahrnehmbare, neuronale „Sprache". In diesem neuronal intuitiven Kommunikationsprozess verstehen wir die Intentionen und Motive der anderen, noch bevor eine offensichtliche Handlung stattfindet. Setzen wir dies in Beziehung zu Tomasellos Beobachtungen und Theorien, gelangen wir zu dem Schluss, dass die lautlose, neuronale Kommunikation vermutlich jenes Instrument ist, mit dem wir gemeinsame Kommunikationshintergründe entwickeln und mit dessen Hilfe wir uns in andere hineinversetzen können.

Um diese außergewöhnliche These besser nachzuvollziehen, mag folgendes Bild helfen: Die neuronale Schwingungsstruktur eines sendenden Neuronen-Ensembles, die eine bestimmte Intention, Erwartung oder Motivation einer Handlung repräsentiert, tritt in Resonanz mit den neuronalen Schwingungsstrukturen eines empfangenden Neuronen-Ensembles, noch bevor ein Wort ge-

188 Giacomo Rizzolatti, Empathie und Spiegelneurone. Die biologische Basis des Mitgefühls, S. 136

sprochen, eine Gestik oder Mimik ausgetauscht oder eine sonstige Handlung geschehen sind. Dies geschieht genauso immateriell wie bei einem Handy-Gespräch. Meine Spiegelneuronen plaudern kräftig und andauernd darüber, welche Vorstellungen oder Erwartungen, Motive oder Gefühle ich bezüglich einer Person, einer Gruppe, eines Gegenstandes oder eines Vorganges habe. Und senden dies hinaus in die Welt - ungefragt und unkontrolliert. Alle in meiner Umgebung „hören" zu, doch nur diejenigen, für die die Signale eine Bedeutung haben, beziehen daraus auch Informationen. Umgekehrt prasseln ständig spiegelneuronale Kommunikationsakte anderer auf mich ein. Wir befinden uns in einem riesigen Netzwerk neuronaler Kommunikation mit allen uns umgebenden Menschen[189]. Wir sind auf diese Weise alle miteinander verbunden. Das Internet ist ein kleiner Fischteich im Vergleich zu diesem riesigen Kommunikationsozean.

Doch wir trauen diesem Wissen über die Verbundenheit nicht, da das materialistisch-mechanistische Weltbild uns predigt, dass es eine materielle Basis für solche Kommunikation geben müsse. Neuronale Kommunikation wird allzu oft als esoterisch gegeißelt, so wie alles, was wir nicht direkt messen können[190]. Dabei brauchen wir nur unsere Antennen auszufahren, um die andauernde spiegelneuronale Kommunikation zu fühlen. Vertrauen wir wieder uns selbst und unserer Intuition, erlangen wir sehr weitreichende Informationen über die Motive, Wünsche und Ideen derjenigen, die uns umgeben und können uns in dieser Verbundenheit wohlig zu Hause fühlen. Angst ist in einer solchen Welt ein Fremdwort, weil ja immer alles kommuniziert wird.

Der evolutionäre Vorteil der neuronalen Kommunikation und damit die Begründung für ihren Erfolg ist leicht nachvollziehbar, wenn wir uns vergegenwärtigen, dass dadurch potenzielle Gefahrensituationen früher erahnt oder intuitiv gewusst werden können. Weit bevor eine Gefahr wie ein gefährliches Tier leibhaftig vor uns

189 Vermutlich existiert diese Art der Verbindung auch mit Tieren.

190 Hätte jemand im Mittelalter die Möglichkeit eines Handy-Gesprächs beschrieben, so wäre die Person mit Sicherheit als Hexer oder Hexe verbrannt worden, weil damals elektromagnetische Wellen nicht zum aktuellen Weltbild gehörten und nicht mit den fünf Sinnen wahrgenommen werden können.

auftaucht, werden wir von anderen über die Möglichkeit dieser Gefahr informiert, die diese aus ihrer Perspektive früher erkennen.

Dass dies nicht nur in frühen menschlichen Gesellschaften hilfreich war, sondern bis heute ein wichtiger Schutz für unser Lebens ist, zeigen Beobachtungen bei Kleinkindern: Unser Sohn David ließ sich im Alter von elf Monaten mehrere Tage stundenlang in seinem Kinderbett auf den Hintern fallen, anstatt zu schlafen. Zuerst dachten wir, er sei etwas verwirrt - was Eltern manchmal denken, wenn sie nur der gewohnten Logik und ihren Vorurteilen folgen und ihre Intuition vernachlässigen. Wenige Tage später begann David zu laufen. Nun verstanden wir sein seltsames Verhalten: Er hatte das Fallen gelernt und geübt, um sich bei den ersten Gehversuchen nicht zu verletzen. Geübtes Fallen ist eine Voraussetzung für schmerzfreies Gehen lernen. Doch woher wissen Kleinkinder, dass sie bei Gehversuchen fallen können? Sie haben doch keine eigenen Erfahrungen damit. Die Antwort ergibt sich aus dem Wissen über neuronale Kommunikation: Kleinkinder erhalten von Erwachsenen und älteren Kindern die Information, dass mit dem Gehen lernen Schmerzen verbunden sein können, wenn man fällt. Diese Information erreicht sie im Wesentlichen durch neuronale Kommunikation, denn kein Kleinkind, das schon laufen kann, erzählt verbal einem jüngeren Kind: „He, wenn du Gehen lernen willst, pass auf, dass du nicht fällst." Stattdessen wird dies subtil übermittelt, wobei die neuronale Kommunikation ebenso klar wie eindeutig ist, so dass jedes Kind, das noch nicht gehen kann, zum Schluss kommt: „Okay, wenn ich jetzt gehen lernen will, muss ich wohl damit rechnen, dass ich fallen werde. Damit ich mir nicht wehtue, übe ich besser das Fallen."

Die evolutionären und realen Vorteile der spiegelneuronalen Kommunikation sind in allen Lebenslagen beobachtbar - wenn wir sie denn als Interpretationsmuster für Wahrnehmungen in unserem Geist akzeptieren. Beispielsweise können wir Minuten vorher fühlen, ob der oder die Geliebte bald den Raum betreten oder in der Nähe sein wird. Ein klarer Vorteil für die Partnersuche. Tomasello weist denn auch darauf hin, dass „die menschliche Kooperation durch etwas strukturiert wird, was einige zeitgenössische Handlungstheoretiker geteilte Intentionalität oder die Wir-Intentionalität nennen. Im Allgemeinen ist die geteilte Intentionalität für die Beteiligung an spezifisch menschlichen Formen von Zusammenarbeit notwendig, bei denen ein Subjekt im Plural, im Wir auftritt: gemeinsame Ziele, gemeinsame Absichten, wechselseitiges Wissen, geteilte Überzeugungen - und dies alles im Kontext diverser Kooperationsmotive",[191] die durch intuitive, neuronale Kommunikation erlangt werden.

Die unbewusste und doch wirksame neuronale Kommunikation findet auch während unserer täglichen Arbeit statt. Sie bestimmt in wesentlichen Bereichen den Erfolg der Arbeit, eines Projektes und sogar den Erfolg von Unternehmen. Hierzu ein typisches Ereignis, wie es vermutlich jeden Tag stattfindet:

Eine Mitarbeiterin empfindet aufgrund diverser Umstände nur wenig Respekt für die Mitarbeitenden einer benachbarten Abteilung. Dennoch wird sie von ihrer Vorgesetzten gebeten, dort eine Präsentation zu halten - freundlich, effektiv und bestimmt - um die Unterstützung dieser Abteilung für ein Projekt zu gewinnen. Also springt sie über ihren Schatten, lächelt während der Projekt-Präsentation, arbeitet sich mit großer Überzeugungskraft durch die Argumente, lässt ihren ganzen Charme zur Wirkung kommen. Und trotzdem: Die anschließende Diskussion ist kritisch und verworren. Es wird kein gutes Haar an ihren Argumenten gelassen, Informationen werden angezweifelt. Die Ursache sucht die Mitarbeiterin anschließend vergeblich im Inhalt ihrer Präsentation. Doch die Aversion bleibt ihr ein Rätsel. Sie zweifelt an sich selbst. Mit dem Wissen über die sprechenden Neuronen klärt sich die Verwirrung schnell auf: Der fehlende Respekt gegenüber den Mitarbeitenden der anderen Abteilung wurde von ihren Neuronen während ihrer Präsentation munter ausgeplaudert. Die Zuhörenden hörten nicht nur ihre Worte, sondern nahmen die Haltung der Vortragenden auf der neuronalen Ebene wahr. Und sie reagierten entsprechend: mit Respektlosigkeit und Ablehnung. Auch wenn wir nach außen ein fast perfektes Schauspiel inszenieren - die realen Beziehungen zu anderen werden stets authentisch spiegelneuronal kommuniziert. Es gibt keine Geheimnisse zwischen Men-

191 Michael Tomasello, Ursprünge der menschlichen Kommunikation , S 17

schen. Und entsprechend der Qualität der Botschaften sind die Reaktionen: Respekt wird mit Respekt, Ablehnung wird mit Ablehnung, Vertrauen mit Vertrauen beantwortet. Wir hören immer das Echo unserer Haltungen.

In einem Gespräch erläutert eine Supervisorin diese Zusammenhänge einem Geschäftsführer. Er reagiert spontan: „Oh nein! Dann wissen die Mitglieder im Aufsichtsrat ja, was ich wirklich für sie empfinde? Das ist ja furchtbar!“ Sein Erschrecken ist groß. Mit der Erkenntnis darüber, dass sich die eigene authentische Haltung anderen Menschen gegenüber nicht verbergen lässt, scheitern die üblichen Rituale einer scheinbar vertrauten Gruppe. Wenn hinter der Fassade einer vermeintlich gut zusammen arbeitenden Gruppe tatsächlich Misstrauen oder Kampf um Vorherrschaft toben, ist das Echo entsprechend. Alle in funktionalen Gruppen, von Aufsichtsräten bis Arbeitsgruppen, spüren unbewusste Konflikte und trauern hiernach um die verlorene, weil unproduktive Lebenszeit.

Nutzen wir daher das Wissen über die plaudernden Spiegelneuronen für die Einsicht, dass Ideen und Konzepte nur dann erfolgreich vermittelt werden können, wenn wir die anderen authentisch und ehrlich wertschätzen und ihnen vertrauen. Dann jedoch werden selbst große Berge leicht überwunden, was vermutlich der tiefere Sinn des Sprichwortes ist: „Glaube versetzt Berge.“ Dieses Vertrauen bedarf einer tiefen inneren Überzeugung und Haltung. Denn jedes vorgegaukelte Schauspiel einer Nähe wird als solche auf der spiegelneuronalen Kommunikationsebene sofort entlarvt - und lässt mich alleine im Regen stehen.

Wertschätzung und Vertrauen – Grundlagen für jeden Erfolg

Die subtile, intuitive Kommunikation mit Hilfe des spiegelneuronalen Systems ist äußerst wirksam. Es scheint eine Analogie zu physikalischen Kräften zu geben: Je subtiler die Energien, desto größer ihre Wirksamkeit. Die subtilen Kräfte zwischen den Atomen sind sogar explosiv, wenn sie freigesetzt werden und wesentlich größer als jede mechanische, direkt sichtbare Kraft. Doch weil wir die neuronalen Kommunikationswege kaum wahrnehmen und physikalisch nicht messen können, unterschätzen oder negieren wir sie. Die Wirkung der neuronalen Kommunikation habe ich, rückblickend mit einem durch Meditation geschärften Geist, in meinem ganzen Berufsleben erlebt. Positiv wie negativ. Dazu möchte ich Ihnen zwei Geschichten[192] erzählen:

(I) 1991 beginne ich die Tätigkeit als Abfallbeauftragter der 3M Unternehmensgruppe in Deutschland.[193] Meine Aufgabe besteht darin, zusammen mit den fünf Produktionsstandorten die Abfallmenge zu reduzieren und die unvermeidbaren Abfälle zu verwerten. 3M hat in dieser Zeit ein sogenanntes 3P-Programm installiert: „Pollution Prevention Pays."[194] Es steht unter der Schirmherrschaft des jeweiligen CEO, um dem Anspruch des Umweltschutzes im Unternehmen Gewicht zu verleihen. Das wiederum war Ergebnis eines schmerzhaften Prozesses, in dem 3M lernen musste, dass unachtsame Entscheidungen sehr teuer werden: Anfang der 1970er Jahre wird 3M in den USA aufgrund einer weitreichenden Grundwasserverschmutzung gerichtlich verpflichtet, die Wasser-

192 Ich erzähle Ihnen die Geschichten aus meinem Berufsleben nicht mit der Motivation, mich als etwas Besonders präsentieren zu wollen. Dafür ist dies schon längst Vergangenheit und nicht mehr Teil meines aktuellen Lebens. Aber wie jede Theorie sich an den Erscheinungen des Lebens messen lassen muss, so will ich die hier vorgestellten Gedanken an realen Erfahrungen beleuchten und erläutern.

193 Ich habe meine Erfahrungen aus der Zeit bei 3M soweit verallgemeinert, dass diese in jedem anderen Unternehmen stattgefunden haben könnten. Ich schätze 3M und die gemachten Erfahrungen sehr, vor allem auch aufgrund der vielen freundlichen Menschen, denen ich dort begegnen durfte.

194 dt.: Umweltschutz zahlt sich aus

versorgung für mehrere tausend Menschen für zwanzig Jahre zu bezahlen. Dieser Fall löste unter anderem Änderungen von Umweltgesetzen in den USA aus, die den Umgang mit toxischen Stoffen regulieren. 1991 treffe ich bei 3M daher auf eine für den Umweltschutz sensible Unternehmenskultur. Ich soll und darf mich kreativ austoben.

Nach den ersten Besuchen in den Produktionsstandorten zeigt sich ein Muster: Durch die separate Erfassung von leicht recycelbaren Materialien wie Papier und Kartons, Holz und Metallen, Kunststofffässern sowie sortenreinen Kunststoffabfällen und Lösemitteln sind sofortige Erfolge leicht möglich. Ich wundere mich bis heute, warum so viele Unternehmen diese einfachen Maßnahmen nicht unaufgefordert ergreifen und immer noch externe Beratung dafür suchen. Solche Schritte sind doch leicht zu verwirklichen und kostensparend. Zudem erhöht ein aktiver Umweltschutz die Motivation der Mitarbeitenden, die gerne in Unternehmen mit hoher Wertschätzung für Umwelt- und Arbeitsschutz arbeiten.

Ich vermute daher schon bald, dass ich nicht eingestellt worden bin, um eine so banale Aufgabe zu bearbeiten, die schnell erledigt ist. Also konzentriere ich mich darauf, die Verwertung komplexer Materialien wie Schleifmittel, Harze, Klebstoffe, Folien-Papiergemische, elektronische Bauteile, gemischte Kunststoffe, Videokassetten, Datenspeicherprodukte und vieles mehr zu ermöglichen. Da die Verwertung solcher Stoffe damals nicht zum Stand der Technik gehört, muss vorhandenes Wissen neu kombiniert werden. Das wiederum erfordert die Vernetzung mit Menschen sowohl innerhalb als auch außerhalb des Unternehmens sowie intensives Nachdenken über mögliche Zusammenhänge. Denn mein begrenzter Geist und mein begrenztes Wissen können nicht alle Erkenntnisse alleine erfassen und neu kombinieren, um alleine neue Wege der Verwertung zu entdecken. Eine simple Einsicht, die für jede technische Weiterentwicklung gültig ist.

Also beginne ich in vielen Gespräche zu verstehen, wie und warum Abfälle in der Produktion entstehen. In der dem Umweltschutz zugewandten Unternehmenskultur, die dem von Tomasello beschriebenen Kommunikationshintergrund entspricht, treffe ich auf interessierte Ingenieure und Ingenieurinnen, die mit großem Engagement Umweltschutzprojekte im Rahmen des 3P Programm entwickeln und umsetzen. Bei vielen spüre ich Begeisterung für die Idee, die scheinbaren Widersprüche zwischen Ökonomie und Ökologie endlich zu überwinden. Das Thema wird in den 1990er Jahren in Deutschland breit und kontrovers diskutiert. Aufgrund der Gespräche entstehen Wertschätzung und Vertrauen zwischen mir und den Kollegen und Kolleginnen in Produktion, Verfahrenstechnik und Produktentwicklung.

Doch parallel dazu begegnet mir auch Misstrauen. Die in den Standorten verantwortlichen Umweltschutzbeauftragten beäugen mich kritisch. Sie können sich nicht vorstellen, dass ein Neuer, ein Newcomer, etwas an der Abfallmenge und den damit verbundenen Kosten ändern kann, während sie selbst sich schon seit Jahren damit abmühen. Und auch die Werksleiter - damals tatsächlich ausschließlich Männer -, die verantwortlich sind für den Umweltschutz des jeweiligen Werkes, sind skeptisch. Sie fürchten Eingriffe zugunsten des Umweltschutzes und zu Lasten der Produktivität, ihrer obersten Priorität. Ihr Credo lautet: „Never change a running system!“[195] Dem einflussreichen Werksleiter des größten Standortes ist der ganze grüne Spuk eh zuwider. Sein Werk beteiligt sich am 3P Programm nur, weil es unter der Schirmherrschaft des CEO steht. Am liebsten würde er diesen „Ökotrip“ verhindern. Für ihn ist „Umweltschutz eine Hysterie“. Den „Club of Rome“ hält er für eine „Ansammlung Durchgeknallter“ und die interne Umweltschutzabteilung für überflüssigen Ballast. Die Konfliktlinien zwischen der Mehrzahl der Werksleiter und den ihnen unterstellten Umweltschutzbeauftragten einerseits und den hoch motivierten Produkt- und Produktionsentwickelnden und mir andererseits sind daher schon vorgezeichnet, bevor sie zu Tage treten werden.

Damals ist mir noch nicht bewusst, dass sich hinter jeder technischen Aufgabe die Veränderung der Beziehungsstrukturen beteiligter Menschen verbirgt. Voller Naivität verharre ich auf technischen Argumentationen, zeige auf, wie die Ziele eines produktiven Umweltschutzes erreicht werden könnten. Ich rechne in allen Varianten Einsparpotenziale vor, führe das Motiv der der Wirtschaft-

195 Verändere nie ein eingefahrenes System.

lichkeit ins Feld, um auch die Werks- und Produktionsleiter zu überzeugen. Doch in den Besprechungen werde ich immer öfter in die Ecke gedrängt. Selbst sechsstellige Einsparpotenziale wirken auf die Verantwortlichen kaum mehr motivierend. Ich empfinde die Haltung der Werksleiter als ideologisch verblendet und die ihrer Umweltschutzbeauftragten als opportunistisch. Und meine Spiegelneuronen plaudern munter über diese Abwertungen. Ich stelle mich über die anderen und agiere besserwisserisch.

Eine solche Situation kann nur eskalieren. In einem Konflikt mit einem der Umweltschutzbeauftragten kommt es daher zum Showdown. Es knallt! Wir schreien uns an! Wären wir nicht zivilisierte Menschen, hätten wir uns vermutlich geprügelt. Danach aber ist klar: Ich werde in den Werken keinen Fuß mehr auf den Boden bekommen, wenn ich nicht etwas Grundlegendes ändere. Ich ziehe mich zurück und denke über die Ursachen und meine Gefühle intensiv nach. Heute würde ich das Meditation nennen. Nach zwei Tagen rufe ich den Kollegen an und bedauere meine Entgleisung. Ich führe keine weiteren Gründe für mein Verhalten an, beschönige nichts und werfe ihm auch nicht seine Lautstärke vor. Ich betone und formuliere lediglich in mehreren Gesprächslinien, dass ich die Eskalation zutiefst bedauere.[196]

Diese Offenheit verblüfft. Schon am nächsten Tag ruft er mich zurück und erklärt mir, dass er ein so offenes und ehrliches Bedauern noch nicht erlebt habe. Er habe den Eindruck, dass ich tatsächlich nur an Verbesserungen interessiert sei. Wir treffen uns und beginnen zu reden. Mein Groll verfliegt und auch der Kollege öffnet sich. Die Grenzen zwischen uns lösen sich langsam auf. Ich höre zu und lerne, dass die Werke und stellvertretend die Umweltschutzbeauftragten Angst davor haben, von einer Zentrale „vorgeführt zu werden", dass sich ein „akademisches Grüppchen auf Kosten der Arbeit vor Ort profiliert". Ängste, denen ich in den nachfolgenden Jahrzehnten noch oft begegnen werde. Stabs- oder Zentralabteilungen werden von lokalen Organisationen in aller Regelmäßigkeit aus genau diesem Grunde abgelehnt. Denn schmerzhafte

196 Dieses Beispiel verdeutlicht, wie sehr die Aggression eines Vorgesetzten gegen bestimmte Personen oder Sachfragen sich auf Mitarbeitende überträgt, die dann stellvertretend für ihren Chef oder ihrer Chefin die Auseinandersetzung zu ihrer eigenen machen.

Erfahrungen mit der Selbstprofilierung der Zentralen oder externer Beratenden sind in allen Unternehmen genügend vorhanden. Zwar wird das Fachwissen der lokalen Organisationen meist gelobt, doch die Kompetenzen der Menschen in den operativen Einheiten werden im Rahmen der viel zu vielen Untersuchungen regelmäßig in Frage gestellt. Dadurch geht Vertrauen verloren, was meist mit Abgrenzung beantwortet wird. In mehreren Gesprächen mit dem Kollegen lerne ich die zersetzenden Herrschaftsstrukturen einer großen Organisation kennen, in denen Führer zu oft ihre Herrschaftsspiele[197] betreiben. Und verstehe allmählich, wie die einzelnen versuchen, sich vor Abwertung zu schützen. Ein zuweilen verzweifelter Kampf.

Als Neuling bin ich einigermaßen geschockt über die Verbitterung der Kolleginnen und Kollegen in den Standorten und über die offensichtlichen Gewaltstrukturen. Doch ohne rational darüber nachzudenken, ziehe ich intuitiv eine einfache, wichtige Konsequenz: Statt mich in die ewigen Lager bugsieren zu lassen, initiiere ich Teamprozesse - innerhalb der Werke und auch werksübergreifend. Langsam wird mir bewusst, dass die technischen Lösungen, die wir immer so hübsch in Tabellen aufschreiben, nicht entscheidend sind für einen Erfolg oder Misserfolg. Vielmehr sind wechselseitige Wertschätzung und Vertrauen der Menschen, die gemeinsam an einer Aufgabe arbeiten, die Basis für jede erfolgreiche Tätigkeit. Als „Stabs- oder Zentralabteilung" kann ICH nicht mal ein Kilogramm Abfall vermeiden oder verwerten. Das ist nur in einem Teamprozess möglich, in dem sich alle Beteiligten als weitgehend gleichwertig wahrnehmen. In den neu gegründeten Teams kommen die lokalen Umweltschutzbeauftragten, Verfahrenstechnikerinnen, Produktionsplanenden und Maschinenführenden als gleichwertige zusammen. Alle Fähigkeiten und Potenziale werden gebündelt, wobei alle Teammitglieder sich ernst genommen fühlen und so auch neues, externes Wissen annehmen können. Dass dies innerhalb des Unternehmens damals möglich war, weist auf die innovativen Kräfte hin, die trotz aller widrigen Umstände in den meisten Organisationen schlummern. Nur wenn dies gezielt

197 Ich benutze bewusst den Begriff Herrschaftsspiele, weil in einer solchen Situation Macht im Sinne Hannah Arendts nicht existieren kann.

behindert wird, ist eine Besserung zum gegebenen Zeitpunkt noch nicht möglich.

Mit den Teamprozessen verändert sich auch meine Rolle: Von einem technischen Umweltspezialisten mutiere ich zu jemandem, der Teams initiiert und koordiniert, externes Wissen aus Recyclingunternehmen oder Universitäten sucht und in das Netzwerk der internen Fachkräfte einspeist. Jemand, der den Fortgang der Arbeiten analysiert und dokumentiert, immer wieder ansporn, neue Wege zu denken, über die Kommunikation mit der Geschäftsleitung und anderen Abteilungen dafür sorgt, dass genügend Ressourcen vorhanden sind und sicherstellt, dass Anerkennung von oben nach unten fließt. Ich werde zu einem Netzwerk-Manager von fast einhundert Menschen - ohne direkte Personalverantwortung und ohne hierarchische Disziplinierungs- oder Belobigungsinstrumente, von denen Vorgesetzte zu oft glauben, dass diese für ihre Aufgaben notwendig seien. Ich arbeite als „Ermöglicher", der mit Hilfe intuitiver Kommunikation ein Netzwerk vieler Geister und ihrer Ideen knüpft und dabei hilft, dass sich die neubildenden Beziehungsstrukturen der Beteiligten produktiv zu einem neuen Potenzial entfalten können.

Nach der umfassenden Analyse der jeweiligen Produktionssituationen, aus denen WIR - entstanden aus den vielen beteiligten ICH - die Ursachen der Abfälle verstehen, entwickeln Produktionsingenieurinnen und Produktionsingenieure Änderungen in den Abläufen. So werden – um nur ein Beispiel zu nennen - Schnitt- oder Konfektionierungsabfälle um bis zu 80 Prozent reduziert. UNS allen wird in dieser Zeit bewusst: Jedes Kilogramm Abfall ist ein Kilogramm bearbeiteter Werkstoff und immer noch potenzielles Produkt. WIR können durch die Vermeidung von Abfällen die Produktivität erhöhen. WIR können die vielen eingefahrenen Gewohnheiten überdenken und verändern. Schließlich lassen WIR eine Software entwickeln, mit der alle Informationen über die an jeder Maschine anfallenden Abfälle – Menge, Zeitpunkt, Art – gesammelt werden. Zwar nennen sich schon damals solche Softwarepakete „Managementprogramme". Doch Management findet nicht in Tabellen und Kalkulationen statt, sondern durch intuitive und schöpferische Kommunikation der Beteiligten. Mit Hilfe der Software können die Produktionsplanenden zwar fast online ableiten, wann warum welcher Abfall in welcher Menge entsteht und entsprechende Gegenmaßnahmen entwickeln. Die Interpretation der Daten aber bleibt eine kontinuierliche Aufgabe der Teams. In einem lebendigen Prozess wächst ein lernendes System, das niemand mehr von oben lenkt, in dem jeder und jede aktives und passives Mitglied gleichzeitig ist. WIR fühlen in dieser Arbeit, dass Management jenem Prozess des Lebens entspricht, der in der buddhistischen Sprache als „abhängiges Entstehen" bezeichnet wird. WIR, das sind die Ingenieurinnen und Spezialisten, die Maschinenführenden und alle anderen Mitarbeitenden.

Die Ergebnisse dieses gemeinsamen Handelns sind herausragend: WIR reduzieren über 80 Prozent der Abfälle; die Abfallbeseitigungskosten sinken innerhalb von zwei Jahren um fast 90 Prozent; die Materialproduktivität steigt gleichzeitig an, weil jedes Kilogramm Abfall zuvor ein verlorenes Kilogramm Produkt war. Die Teammitglieder freuen sich. Und sogar die Werksleiter sind zufrieden, da ihre heilige Kuh, die Produktivität, ebenfalls steigt. In meiner neuen Managementrolle als „Ermöglicher" halte ich mich weitgehend im Hintergrund, freue mich still über die Erfolge und darüber, dass dem Unternehmen mehrere Millionen D-Mark jährlich zufließen. Die Teams werden schließlich für 3M-interne und externe Auszeichnungen vorgeschlagen und gewinnen viele davon. Die Erfolge beeindrucken sowohl innerhalb als auch außerhalb des Konzerns.

Einige Jahre später, 1997, schlägt mein Vorgesetzter mich für den „3M Chairmans Environmental Leadership Award" vor, den das Unternehmen seit 1995 vergibt. Ich freue mich darüber umso mehr, als ich diesen als erste Einzelperson tatsächlich gewinne. Im Dezember 1997 fliege ich nach St. Paul, Minnesota, zur Preisverleihung. Ich treffe den CEO und viele andere mutmaßlich wichtige Manager, fühle mich wohl und glaube an das berüchtigte „Es-geschafft-zu-haben". Doch mit dieser Naivität und Unbekümmertheit nehme ich nicht wahr, dass dies nur der Anfang vom Ende war. Denn die Auszeichnung bestätigt die immer noch schwelenden Vorurteile der Werke gegenüber einer angeblich absahnenden Zentralabteilung. Die Beziehung zu den Werksleitern kühlt fast unmittelbar danach drastisch ab. Mitte 1998 wird der anti-ökologische Werksleiter zum Bereichsleiter für die Produktion in Deutschland befördert. Er beendet zielstrebig den aus seiner Sicht grünen Spuk. Mein Chef verlässt das Unternehmen im Herbst 1998, ich im Frühjahr 1999. Die Zentralabteilung für Arbeits- und Umweltschutz der 3M in Deutschland ist seither aufgelöst.

Die Beendigung meiner Arbeit bei 3M war zunächst ein persönlicher Schock, denn unser Sohn David war damals erst drei Jahre alt und ich ohne Anstellung. Doch aus der heutigen Perspektive war dies ein Glücksfall. Der neue Bereichsleiter hätte meine Arbeit im Umweltschutz nur als Last betrachtet. Es war ihm nicht möglich, mein umweltschutzorientiertes Denken und Handeln wertzuschätzen und er hatte Angst davor, dass dieser Virus weitere Mitarbeitende anstecken würde. Deshalb wäre meine Arbeit als Umweltschutz-Manager unter diesen Bedingungen zur Qual geworden, worüber ich frustriert und vermutlich verbittert geworden wäre. Missachtet ein Unternehmen oder eine leitende Person die Fähigkeit von Mitarbeitenden oder einer Abteilung, dann ist es vergeblich und sinnlos, ihm oder ihr diese Arbeit anzubieten. „Dann werden Perlen vor die Säue geworfen."[198] In einer solchen Situation ist es für alle Beteiligten besser, unterschiedliche Wege zu gehen. Ob dabei Manager ausgetauscht werden oder Mitarbeitende eine Organisation verlassen, entscheidet sich aufgrund der innovativen Fähigkeiten einer Organisation. Für mich war der weitere Weg eine große Bereicherung meines Lebens, denn ich durfte viele Menschen, Länder und ihre Kulturen erleben und neue Freundschaften wuchsen. Und ich habe viel lernen dürfen darüber, wie Menschen sich organisieren. Das Festhalten-Wollen an Bekanntem und Gewohntem verhindert Entwicklungen und damit Leben, das in ständiger Veränderung ist, vor dem wir uns nicht zu fürchten brauchen.

An der Person jenes Bereichsleiters zeigt sich eines der grundlegenden Problem vieler Unternehmen: Das Regiment einer ein-

---

198 In der Lutherbibel heißt es: „Ihr sollt das Heilige nicht den Hunden geben und eure Perlen sollt ihr nicht vor die Säue werfen, damit die sie nicht zertreten mit ihren Füßen und sich umwenden und euch zerreißen." (Matthäus 7,6 LUT). Hierdurch wurde die Redewendung allgemein bekannt.

zelnen Person im oberen Teil des hierarchischen Dreiecks einer Organisation behindert oft kreative und produktive Kräfte oder beißt diese weg. Unternehmen verlieren dadurch die wichtigste Ressource, die es überhaupt gibt: innovative Mitarbeitende. Ulrich Jordan, damals Personal-Manager bei 3M und zuletzt im Vorstand der Targo-Bank, berichtet 2013 in einem Artikel: „Zwischenmenschliche Konflikte tragen dazu bei, dass Manager scheitern. Ich erinnere mich da an den Chef einer Organisation, mit dem ich über das ruppige Verhalten eines seiner Führungskräfte sprach. Auf meine Frage, ob er mit dieser Führungskraft über sein Verhalten gesprochen habe, bekam ich die verblüffende Antwort: >Ich kann meinen Leuten, die auf dieser Top-Ebene arbeiten, doch nicht sagen, dass sie etwas anders machen sollen. Das würde sie frustrieren.<"[199]

Mir ist nicht bekannt, ob Ulrich Jordan eine der vielen gewalttätigen Situationen mit jenem Werksleiter in diesem Statement anspricht. Wäre dem so, dann hat vermutlich der damalige Geschäftsführer der 3M in Deutschland der Härte eines Werks- und späteren Bereichsleiters nichts entgegengesetzt und damit in Kauf genommen, dass eine vielfach von Kunden anerkannte Arbeits- und Umweltschutzabteilung aufgelöst wurde. Eine Situation, die in vielen Unternehmen beobachtbar ist, wie auch die Berichte über das Organisationschaos am neuen Berliner Flughafen BER zeigen: Der neue Vorstandsvorsitzende macht offensichtlich in lehrbuchartiger Weise alle gewalttätigen Managementfehler, die man nur machen kann, in dem er hochqualifizierte Mitarbeitende daran hindert, in einem produktiven Prozess existierende Fehler zu benennen und zu beheben. Stattdessen entlässt er einen Fachmann und eine Fachfrau nach der anderen, glaubt unerfahrenen, externen Beratenden und lebt vermutlich in der Illusion, das Unternehmen alleine führen zu können.[200] An diesen und vielen anderen Beispielen wird sichtbar, dass zu viele Unternehmen immer noch in mittelalterlich-autokratischer Weise organisiert sind, in der ein „Fürst" einen Organisationsbereich alleine beherrscht und über Wohl und Wehe seiner „Untertanen" entscheidet. Ulrich

199 Ulrich Jordan, Einsam an der Spitze, in: DIE ZEIT, Nr. 36, 29.08.2013, S. 31

200 Kerstin Kohlenberg und Claas Tatje, Berlin Delayed, in: DIE ZEIT, Nr. 16, 10.04.2014, S.26

Jordan berichtet in einem anderen Fall über einen Vorgesetzten, der sich nur mit Vertrauten umgeben hatte, keinen Widerspruch duldete und alle seine Mitarbeitenden kontrollierte. „Wir mussten den Manager rausnehmen, sonst hätten wir die ganze Organisation verloren. Als der Chef schließlich ging, knallten bei den Mitarbeitenden die Korken."[201] Die Ankunft von Unternehmen und anderen Organisationen im demokratischen 21. Jahrhundert ist eine wesentliche Bedingung für ihren Erfolg, weil sie erst aufgrund des Zusammenkommens von Mitarbeitern und Mitarbeiterinnen aller Ebenen unter einem gemeinsamen Ziel beginnen, mit dem Markt in Austausch zu treten.

(II) Obwohl mir Mitte der 1990er Jahre noch nicht bewusst ist, dass Wertschätzung und Vertrauen die Grundlagen für jede Kooperation und Kommunikation und damit die Grundlagen für den Erfolg und die produktive Macht von Organisationen sind, erlebte ich in vielen Arbeitssituationen die Bedeutung der sogenannten nicht-technischen Aspekte, die viel zu oft als „soft-factors" deklassiert werden. Lernen durfte ich dies in einem weiteren Arbeitsfeld während meiner acht guten Jahre bei 3M.

Neben der Koordination der Werke erhielt ich schon bald die Aufgabe, Strategien zur Rücknahme von Verpackungen und Produkten zu entwickeln. Kurz nach meinem Einstieg 1991 kommt mein Chef Herbert Feucht zu mir und sagt: „Schauen Sie sich das einmal an. Da wird im Sommer eine neue Verpackungsverordnung verabschiedet. Schreiben Sie mir alles Wichtige zusammen und machen Sie einen Vorschlag zur Strategie. Und in zwei Wochen haben Sie einen Termin bei einem Verlagshaus in Hamburg, wo Sie unser Vorgehen bezüglich Verpackungen für Druckchemikalien vorstellen." Ups! Ich hatte zwar von der Verpackungsverordnung in Zeitungen gelesen, aber mich nie im Detail damit beschäftigt. Also lese ich den Verordnungsentwurf, sammle Informationen außerhalb wie innerhalb des Unternehmens, spreche mit den Leitern der Verpackungs- und Rechtsabteilung sowie einigen Marketingbereichen und schreibe meine Ideen auf acht Seiten zusammen. Nachdem mein Chef die Ausführungen gelesen und mit

201 Kerstin Bund und Marcus Rohwetter, So wollen wir arbeiten, in: DIE ZEIT, Nr. 15, 03.04.2014, S. 24

mir diskutiert hat, sagt er: „Gut, es sieht so aus, als hätten wir einen ersten Strategieentwurf. Jetzt verkürzen Sie das Ganze auf drei Seiten, denn niemand hat Zeit, acht Seiten zu lesen." Nach zwei weiteren Tagen ist auch dies erledigt. Schließlich fordert er mich auf, die Ideen auf eine Seite und fünf Präsentationsfolien zu verdichten. Ich hing so sehr an meinen doch so gut gewählten Worten, dass es mich schmerzte, so viele davon zu streichen. Erst am Abend vor dem für mich unkalkulierbaren Termin in jenem großen Verlag nördlich von Hamburg war die Präsentation fertig. Meine erste Präsentation überhaupt.

In den Jahren bei 3M habe ich viel über Präsentationen gelernt. Damals galt die interne Regel, dass alle Mitarbeitenden mindestens eine, maximal fünf Folien zu einer Besprechung mitbringen, an der mehr als vier Personen teilnehmen. Eine gute Regel, die hilft, Besprechungen sinnvoll zu strukturieren, weil alle Teilnehmenden vor der Besprechung darüber nachdenken müssen, was sie beitragen wollen. Niemand sitzt einfach nur in einer Besprechung herum und verschwendet wertvolle Lebenszeit. Die Präsentationsfolien setzen den Rahmen des Themas, das die oder der Vortragende behandeln möchte. Die Begrenzung der Folienanzahl verhindert weit ausschweifende Erzählungen, die selten auf den Punkt kommen. Die Situation sowie die Hauptargumente werden auf den Folien kurz beschrieben, Szenarien der nächsten Schritte aufgezeigt. Ist die neuronal-kommunikative Situation positiv aktiviert und existieren authentische Wertschätzung und Vertrauen bei allen Teilnehmenden, entstehen schnell und effektiv neue Ideen und Strategien zu deren Umsetzung. Aufgrund der vermutlich tausenden von Präsentationen, die ich in den letzten Jahrzehnten auch im Rahmen von größeren Konferenzen gesehen und gehört habe, können meines Erachtens vier grundsätzliche Präsentationstypen unterschieden werden:

Präsentation eines Selbstprofilierenden:

In diesem Fall stellt sich die vortragende Person gezielt in den Mittelpunkt einer bühnenreifen Show, die die Zuhörenden beeindrucken soll. Erleben durfte ich dies bei der Präsentation des früheren US-Vizepräsidenten Al Gore über den Klimawandel vor etwa tausend Managern in Lissabon. Alle Zuhörenden waren wie paralysiert von seiner Show. Jedes Wort, jedes Bild, jedes Diagramm waren perfekt. Es war wie im Film. Doch leider stand Al Gore und nicht das Klima im Mittelpunkt der Veranstaltung, weshalb kaum jemand seine guten Argumente aufnehmen konnte. Jede selbstprofilierende Präsentation ist wie fernsehen - und hat daher nur eine geringe intellektuelle und emotionale Wirkung auf die Zuhörenden. Die neuronale Kommunikation der Vortragenden ruft währenddessen in den Saal: „Ich bin der Größte!" Das vernebelt die empfangsbereiten Neuronen der Anwesenden. Die Show wird von ihnen zwar freudig konsumiert, aber ohne dass sie den Argumenten folgen oder diese in ihren Geist aufnehmen und verarbeiten können. Ein nettes Erlebnis mit Wow-Effekt.

Die opportunistische Präsentation:

Bei vielen Fachkonferenzen tragen Personen vor, die eher ängstlich und unsicher sind. Der oder die Vortragende liest oft von den Folien ab, wodurch die Zuhörenden fast einschlafen. Die Geschichten sind fast durchgängig langweilig, weil keine neuen Gedanken oder Ideen, sondern nur Bekanntes vorgestellt wird, was meist zuvor schon besser in Fachaufsätzen beschrieben wurde. Denn eine ängstliche Person versucht sich anpassen, will niemanden durch neue Ideen aufwecken, weil sie nicht sicher ist, ob die eigenen Argumente wirklich tragfähig sind. Immerhin kann das Ergebnis dieser Präsentationsart intellektuell etwas wirksamer sein als die des Selbstprofilierenden, weil die neuronale Kommunikation die zweifelnde Frage stellt: „Ist die dargestellte Strategie wirklich richtig?" Am Thema Interessierte finden bei einer solchen Präsentation zumindest genügend Raum zum eigenen nachdenken und können so auch neue Erkenntnisse gewinnen.

Die provozierende Präsentation:

Ein guter Freund liebt provokante Präsentationen, die manches Mal in einem Eklat endeten. Bei einer solchen Präsentation demonstriert die vortragende Person ein starkes Selbstbewusstsein. Nicht die Show, sondern provokante Thesen sind die Mittel, um Gedankengänge gegen den Strich zu zeichnen, die Zuhörenden aufzurütteln und aufzufordern, quer und Neues zu denken. Die Präsentation ist in diesem Sinne geistig anregend - solange sich die provozierenden Fragen dem Thema gut annähern. Schießen die Provokationen aber über das Ziel hinaus, was leider oft passiert, ist die Ablehnung der Zuhörenden sicher. Die neuronale Kommunikation ist zwar auch hier positiv auf ein grundsätzliches Hinterfragen gerichtet. Doch gleichzeitig schreien die Neuronen des oder der Vortragenden ins Publikum: „Ihr seid doch alles Opportunisten! Ihr langweilt mich!" Das schreckt die meisten Zuhörenden ab, erzeugt Widerstand statt Unterstützung.

Die kooperierende Präsentation:

Bei dieser idealen Art der Präsentation erzählt die vortragende Person eine kurze prägnante Geschichte, die die meisten Zuhörenden anspricht. Die Technik ist ebenso perfekt wie bei einer selbstprofilierenden Präsentation. Opportunistisches wird vermieden, viele Ansätze der Mainstream-Denkweisen werden ebenso hinterfragt wie grundsätzliche Verhaltensmuster. Jedoch nur soweit, dass die Zuhörenden noch folgen können. Die Ziele der Präsentation sind, Lösungswege für Probleme aufzuzeigen - produktiv und kreativ - und gleichzeitig die geistigen Potenziale der Zuhörenden zu wecken und eine gemeinsame Macht im Sinne von Hannah Arendt zu erzeugen. Fast immer ergeben sich hieraus angeregte Diskussionen - ob im Plenum oder in Einzelgesprächen. Die neuronale Kommunikation der Vortragenden fordert: „Mischt Euch ein! Euer Wissen und Engagement sind gefragt!"

Meine erste Präsentation ist noch weit weg von irgendeinem dieser Stile, die auch in unterschiedlichen Mischformen auftreten. Die Diskussion mit dem Umweltschutzbeauftragten des Verlages läuft dennoch gut. Die Präsentation hat den Gesprächsrahmen gesetzt und ich kann auf jede Frage detailliert antworten, weil die Gedanken aus der Arbeit an den ursprünglich acht Seiten noch frisch sind. Auch die Einkaufenden des Verlages sind erfreut, vor allem weil wir die Verantwortung eines Herstellenden nicht wegdefinieren und uns nicht der geplanten gesetzlichen Verpflichtung für die Rücknahme und Verwertung der Verpackungen entziehen wollen, wie es viele Unternehmen in dieser Anfangsphase leider versucht haben. Unsere gesamte neuronale Kommunikation ist während der Besprechung darauf ausgerichtet, eine gemeinsame

Lösungsstrategie zu finden, die keine Seite bevorteilen oder benachteiligen will. Wir vermitteln, dass wir den Verlag als Partner und nicht als Gegner betrachten, vor dem wir uns schützen müssten.[202] Wir vereinbaren, dass die Druckereien die Kanister der Druckchemikalien auf Paletten bereitstellen und wir diese auf unsere Kosten abholen und verwerten lassen. Eigentlich eine Selbstverständlichkeit - und doch 1991 in der Druckindustrie ein Novum.

Einige Wochen später und noch vor der Verabschiedung der Verpackungs-Verordnung steht die operative Rücknahme und Verwertung der Druckchemikalienbehälter. Die Marketingleiterin ist begeistert, weil das Verlagshaus sich über mehrere Kanäle über unsere Kompetenz, die Qualität des von uns beauftragten Dienstleisters und das wechselseitige Vertrauen bedankt hat. Sie regt daher an, die Strategie bundesweit umzusetzen und sichert die Finanzierung der zugehörigen Kosten aus ihrem Budget. Wenige Wochen später haben wir als erstes Unternehmen ein bundesweites Rücknahme-System für Druckchemikalien-Verpackungen aufgebaut und präsentieren dies im Frühjahr 1992 auf der Druck- und Papiermesse in Düsseldorf. Alle Kunden sind begeistert. Die Nebenwirkungen für 3M sind: steigender Umsatz, steigende Gewinne und ein steigendes Ansehen im Markt.

Dies strahlt auch auf weitere 3M Märkte aus, denn andere Marketingabteilungen im Unternehmen hören von den neuen Möglichkeiten und wollen diese zur Verbesserung ihrer Kundenbeziehung anbieten. Intern nennen WIR das Projekt von da an „Product Recovery Services". In den folgenden Jahren werden WIR, die vielen Kolleginnen und Kollegen aus diversen Abteilungen, noch weit über zwanzig Produkt- und Verpackungsrücknahme Programme, hauptsächlich im industriellen Bereich, umsetzen. Dass WIR dies nur in Teams verwirklichen können, ergibt sich aus den Aufgaben, die ineinander verwoben sind: Kommunikation und

202 Produzierende Unternehmen erfahren meist dann wirtschaftliche Schwierigkeiten, wenn sie und ihre Mitarbeitenden ihre Kunden - beispielsweise Handelsunternehmen - als Gegner betrachten. Der langsame Untergang der meisten früheren Markenunternehmen ist auf diese Einstellung zurückzuführen. Beispielsweise formulierten vor weit über zehn Jahren Mitarbeitende eines Elektronikkonzerns, dass Händler ihre Gegner seien. Schon damals antwortete ich mit der einfachen Frage: „Wie will ein Produzent auch nur ein Produkt verkaufen, wenn nicht in Partnerschaft mit einem Händler? Heute ist dieser Hersteller kurz vor der Auflösung.

Beziehung zu den Kunden sind Aufgaben von Marketing und Verkauf; die Rechtsabteilung prüft und genehmigt die Verträge, die der Einkauf abschließt; und als Umweltschutzabteilung[203] identifiziere und kontrolliere ich die Logistik und die Verwertungstechnik. Wesentlich für die Zusammenarbeit der vielen sind die intuitiven, neuronalen Kommunikationsprozesse und der jeweilige Wille, etwas für die Menschen im Markt - unseren Kunden - positiv zu gestalten. Existiert im Team ein gemeinsamer Kommunikationshintergrund, ist die Abstimmung über Details produktiv, einfach und zügig. Ist dies aber nicht der Fall, verkommen die Besprechungen schon frühzeitig zu Revierkämpfen, die letztlich nur auf die Rivalitäten höherer Managementebenen zurückzuführen sind. In diesen Fällen habe ich mich nach ersten Erfahrungen meist zurückgezogen, weil derartige Besprechungen unerfreulich und sinnlos sind.

Wie sensibel die Balance von Zusammenarbeit und intuitiver Kommunikation zwischen den verschiedenen Abteilungen ist, zeigt sich an folgender Episode: In einem Fall glaubte ein Einkaufsmanager, entgegen allen Absprachen, ein günstigeres Verwertungsangebot eines Abfallunternehmens nutzen zu müssen. Er wolle ein paar Mark sparen, erklärt er später. Aber vermutlich wollte er sich nur positiv präsentieren. Das jedoch ging gründlich schief, weil ihm der Verwertungsmarkt unbekannt war. Am Ende verursachte seine Aktion nur unnütze Kosten: Dass durch ihn beauftragte Unternehmen ging in die Insolvenz, ohne die überlassenen Materialien zu verwerten, so dass wir auf Drängen einer Umweltbehörde in Bayern die bereits angelieferten Reststoffe korrekterweise wieder zurückholen mussten. Drei Tage stand ich kurz nach Silvester bei Schnee in Oberfranken auf einem Gelände, identifizierte unsere Abfälle aus einem unübersichtlichen Sammelsurium und organisierte den umweltgerechten Abtransport.

Wie überall gilt auch hier wieder ein einfaches, leider derbes amerikanisches Sprichwort: „Shit in, shit out." Oder netter formuliert: Die Qualität der Ursache entspricht immer der Qualität

203 Viele Unternehmen haben diese spezifische Aufgabe in die Einkaufsabteilungen integriert, was meiner Erfahrung nach insofern ein Fehler ist, als dadurch das Bestreben, preiswert einzukaufen, auch auf einen Bereich ausstrahlt, in dem man unmittelbar die negativen Folgen erfährt, da die Verschmutzung der Umwelt heute ein öffentliches Thema ist.

der Wirkung. Kauf ich billig, bekomme ich billig. Kaufe ich Qualität, bekomme ich Qualität. Das ist nicht schwer zu verstehen und wird doch von vielen Einkaufsabteilungen weltweit fast täglich ignoriert. Sie versuchen mit allen Mitteln Gewinnerwartungen zu realisieren, die von Finanzabteilungen formuliert werden, die die Menschen des Marktes kaum kennen und insofern von der Wirklichkeit entfremdet sind. Mit dieser Motivation drücken Einkaufsabteilungen Preise. Mit diesem Selbstverständnis als „Preisdrücker" aber sinkt unmittelbar die Qualität von Produkten oder Dienstleistungen.[204] Bis die Menschen im Markt dies registrieren und sich zurückziehen. Hieraus entstehen die üblichen Unternehmenskrisen, die fast durchgängig durch das Ignorieren der Bedürfnisse der Menschen des Marktes entstehen. Insofern sind Insolvenzen in vielen Fällen heilsame Prozesse zur Reinigung von Unternehmen und Märkten von schlechter Qualität und schlechtem Management.[205]

1995 sammeln WIR erste Erfahrungen mit einem sogenannten Disketten-Rücknahme-Programm. Ich hatte bei einem mittelständigen Betrieb eher zufällig eine Recyclingmöglichkeit für Materialien aus Disketten entdeckt und geprüft und dem zuständigen Bereichsleiter für Datenspeicherprodukte davon beiläufig während eines Mittagessens in der Kantine erzählt. Dabei vermittele ich ihm meine Begeisterung via neuronaler Kommunikation wohl so intensiv, dass er schon am nächsten Tag ein Projekt-Team einsetzt. In den folgenden Wochen entwickeln WIR die Idee eines umfassenden Data-Care-Services, der auch die Wiederherstellung von Daten auf beschädigten Disketten und anderen Speichermedien vorsieht.

Dies ist eines der ersten Rücknahmeprojekte für ein Produkt, das damals von vielen Millionen Menschen genutzt wurde. Die

---

204 Das ist eine der wesentlichen Ursachen für die scheinbar nicht mehr enden wollenden Rückrufaktionen der Automobilindustrie weltweit, in der das Preisdrücken des Einkaufs zur kurzfristigen Gewinnstrategie gehört, seit jener Herr Lopez dies bei VW in den 1990er Jahren eingeführt hat.

205 Die sinkende Qualität von vielen Produkten und Dienstleistungen entsteht auch dadurch, dass Finanzfonds Unternehmen aufkaufen und nachfolgend die Qualität der Rohprodukte (Zukäufe) wie auch die Qualifikation der Mitarbeitenden (geringere Löhne) zugunsten hoher Gewinnmargen verringern. Das ist integraler Bestandteil ihres Geschäftsmodells, das so lange funktioniert, wie wir minderwertige Produkte und Dienstleistungen kaufen.

Vielzahl der Nutzenden erhöht sowohl den Aufwand zur Vermittlung der Dienstleistung und deren Prozesse als auch die praktische Rückführlogistik. Nur die Verwertungstechnik selbst bleibt meist von dieser Komplexität unberührt. Deshalb liegt der Schwerpunkt unserer Arbeit in diesem Projekt in der Etablierung einer für den Markt angemessenen und einfachen Logistik unter Einbindung unserer Handelspartner sowie in der Entwicklung neuer Service-Kommunikationswege, um die Nutzenden der Datenspeichermedien optimal zu erreichen und zur Teilnahme zu motivieren – und dies ohne ein Internet, das heute vieles vereinfacht. Damals entstehen Ideen, die Unternehmen der IT-Branche für verschiedene Rücknahmeprogramme noch heute nutzen.

Für den Geschäftsbereich Datenspeicherprodukte bei 3M wird das Projekt zu einem großen Erfolg: Bürofachhändler können sich mit einem neuen Serviceangebot von anderen Anbietern unterscheiden und ihren Kunden hilfreiche Dienste anbieten. Wir erleben und lernen, dass eine gesetzliche Verpflichtung beziehungsweise deren Ankündigung – in dieser Zeit wird eine Verordnung zur Rücknahme von elektronischen Produkten diskutiert - wirtschaftlich zu einem Erfolg geführt werden kann. Denn der Erfolg eines Unternehmens oder eines Produktbereiches hängt im Wesentlichen nicht von den viel gescholtenen Kosten ab. Vielmehr bestimmen Qualität und Intensität der Kundenbeziehungen den unternehmerischen Erfolg. Obwohl alle unsere „Product-Recovery-Services" damals Geld kosten, sind die Programme wirtschaftlich erfolgreich, weil mit ihnen, ganz im Sinne Hannah Arendts, die Wertschätzung und das Vertrauen zwischen 3M und ihren Kunden wachsen. Aufgrund der kommunikativen Kooperation mit Kundinnen und Kunden und deren Zufriedenheit erweitert sich die Einflusssphäre des Unternehmens und damit dessen produktive Macht. Kosten sind damals wie heute nur von marginaler Bedeutung.

Die Zufriedenheit der Kunden und Kundinnen sowie der Marketingabteilungen hat mir in diesen Jahren Freude an produktiver Arbeit beschert. Solche Freude ist Teil jenes von Gardner identifizierten „Engagements", das grundsätzlich dem Wunsch entspringt, etwas so verändern und gestalten zu wollen, dass andere - einzelne oder die Gesellschaft - eine für sie positive Wirkung erleben können. In der buddhistischen Sprache Asangas wird dies als „Tatkraft" bezeichnet, die auf der Ausrichtung des Geistes auf Heilsames basiert und in diesem Sinne immer altruistisch motiviert ist. Die dabei stattfindende neuronale Kommunikation ermöglicht uns, Mitmenschen empathisch und nicht ausschließlich kognitiv zu verstehen und sie vor allem nicht zu instrumentalisieren, so dass die evolutionär erfolgreichen Handlungsmöglichkeiten der kommunikativen Kooperation möglich werden. Dann erklingt sie wieder, die „Symphonie des wechselseitigen Austauschs", in ihren schönsten Klangfarben - und wir genießen das sich entwickelnde Glück selbst in einer geschäftigen Welt.

Leben transformiert Beziehungsenergien in Potenziale

Empathie und kommunikative Kooperation sowie die sich daraus ergebenden altruistischen Handlungen bestimmen seit Jahrtausenden die Evolution der Menschheit. Sie sind die Grundlage für jenes erfolgreiche Handlungskonzept, das uns zum weisen Menschen hat werden lassen. Dieser Erfolg ist auch in unseren biologischen Strukturen verankert.

Wie die moderne Genetik uns lehrt, werden wiederkehrende erfolgreiche Handlungsmuster als Informationen in den Genen abgebildet. Gerald Hüther, Neurobiologe und Hirnforscher an der Universität Göttingen, fasst dies treffend zusammen: „Jedes Leben ist ein erkenntnisgewinnender Prozess, in dessen Verlauf Erfahrungen auf unterschiedliche und artspezifische Weise in Strukturen verwandelt werden. Diese Erfahrungen werden schließlich als spezifische genetische Anlagen in Form bestimmter DNS-Sequenzen im Genom verankert."[206] Dies bedeutet: Nicht ein Gen verursacht eine bestimmte Handlung, sondern über lange Zeiträume erfolgreiche Handlungsmuster manifestieren sich als Gene, werden dadurch gewissermaßen automatisiert, um Abweichungen vom Erfolgsrezept zu vermeiden.

„Es ist kein Zufall, dass auf diese Weise über kurz oder lang genetische Anlagen entstanden sind, die die Herausbildung eines Gehirns ermöglichten."[207] Das Gehirn ist aus dieser Perspektive materialisierter Ausdruck von Erfahrungen und Handlungen, von Informationen, die rein immaterieller und geistiger Art sind. Das Gehirn ist demnach einerseits Wirkung unseres Verhaltens wie es auch andererseits unsere Handlungen auslöst. Nicht ein - wie auch immer gelagertes - ontologisch-materielles Sein prägt das Bewusstsein. Diese Dogmen des Materialismus - ob nun in seiner

206 Gerald Hüther, Wolfgang Roth, Michael von Brück, Damit das Denken einen Sinn bekommt, S. 27

207 Gerald Hüther, Wolfgang Roth, Michael von Brück, Damit das Denken einen Sinn bekommt, S. 28

marxistischen, kapitalistischen oder so erfolgreichen wissenschaftlichen Ausprägung – sowie der spekulativen Philosophien Heideggers und anderer sind definitiv falsch. Vielmehr ist sicher: Der Geist prägt das Leben in existenzieller Weise. Unser Körper, die Orte, an denen wir geboren werden und aufwachsen, die Art und Weisen, wie wir leben und sterben, sind Ergebnisse geistiger Ursachen und Bedingungen. Oder in Umkehrung des berühmten Satzes Marx': Das Bewusstsein bestimmt das Sein!

Diese metaphysische (jenseits der körperlichen Natur) Sichtweise auf die Wirkungskreise des Lebens fällt uns im Westen schwer. Wird doch der Glaube an die Dominanz des Materiellen in fast allen Lebensbereichen und Wissensgebieten gepredigt. Bei Krankheiten beispielsweise sind wir durchgehend auf der Suche nach äußeren Ursachen: Gifte und Strahlung, Viren und Bakterien, körperliche Überforderungen und vieles mehr. Analysieren wir aber das Entstehen viraler oder bakterieller Krankheiten aus der Perspektive des „abhängigen Entstehens", ist unverkennbar, dass es immer eines immateriellen Geschehens wie emotionalen Missklängen, Unzufriedenheit und anderer geistiger Störungen bedarf, um den Körper so stark zu schwächen, dass physische Faktoren wie Bakterien erfolgreich in die Abläufe des Körpers eingreifen können. Wie sonst wäre zu erklären, dass so viele Helfende in Krankenhäusern nicht erkranken? Würden Krankheiten ausschließlich aufgrund von Bakterien ausgelöst, müssten wir alle ständig krank sein, denn wir leben mit krankmachenden Keimen ständig und überall.

An solchen einfachen Beispielen können wir uns vergegenwärtigen, dass Geist und Materie in einer wechselseitig abhängigen Beziehung stehen. Eines existiert nur aufgrund des anderen und umgekehrt. Mit Nagarjunas Worten können wir auch sagen: Geist und Materie sind Ursache und Nicht-Ursache für das jeweils andere. Die Materie ist äußere Hülle und Träger für den Geist, den dieser braucht, um sichtbar werden zu können. Der Geist ist Bedingung für das Entstehen des Körpers und dessen vielfältigen Veränderungen im Laufe des Lebens. Geist und Körper sind verschieden und dennoch während des Lebens vereint. Erst wenn die vier Lebensenergien des Körpers nicht mehr für seine weitere Existenz ausreichen, stirbt der Körper. Dann trennt sich der Geist vom Körper und sucht sich ein neues Zuhause.

Hüther formuliert pointiert eine wichtige Konsequenz aus der Wechselwirkung zwischen Geist und Materie: „Leben ist nicht nur ein erkenntnisgewinnender, sondern immer auch ein Erfahrung in Struktur verwandelnder Prozess. Weil ein Lebewesen immer dann und nur dann neue Erfahrungen machen kann, wenn es mit etwas in Beziehung tritt, lässt sich diese Aussage noch weiter präzisieren:

Leben ist ein Beziehungserfahrungen in Beziehungsstrukturen verwandelnder Prozess." [208]

Genießen wir für einen Moment diese schöne Umschreibung: Mein Leben wird dadurch lebendig, dass sich die vielen schönen und manchmal auch weniger schönen „Beziehungserfahrungen" – also geistige Aspekte – in „Beziehungsstrukturen" geistiger wie materieller Art transformieren. Solche Strukturen sind sowohl biologischer Art, wie unsere Gene und andere körperliche Ausdrucksformen, als auch sozialer Art, wie unser Verhalten in Familien oder Gruppen, in Unternehmen oder Gesellschaften. Erfahrungen wie Liebe und Mitgefühl unserer Eltern und Geschwister, nachfolgend die Zuwendung von Freundinnen und Lebenspartnern, Nachbarn und Vereinsmitgliedern, Menschen, mit denen wir arbeiten und handeln und die Welt gestalten, kurz: Heilsame Beziehungen, die immer geistiger Natur sind, verwandeln sich über kurz oder lang in vielfältige neue „Beziehungsstrukturen", die wir dann in Form eines gesunden Lebens auch körperlich erfahren. Biologisch verankert werden die über Tausende von Generationen wiederholten heilsamen Erfahrungen und Handlungen von Liebe und Mitgefühl in biologischen Strukturen, die auch das Wissen der Ahnen transportieren: sichtbar an den Fähigkeiten zur neuronalen Kommunikation, zur Empathie, zur Sprache und vieles mehr. Hätten wir andere geistige Erfahrungen und Handlungen in der Vergangenheit erlebt, wären wir als Affe oder als eins der vielen anderen Lebewesen geboren worden. Der Geist bestimmt die Formen des Leben.

---

208 Gerald Hüther, Wolfgang Roth, Michael von Brück, Damit das Denken einen Sinn bekommt, S. 28

Unbestreitbar erleben wir auch schädigende Beziehungen. Die historischen Daten weisen darauf hin, dass wir seit ungefähr 6000 Jahren unter gewalttätigen Gesellschaftsstrukturen leiden. Das damit verbundene Leid drückt sich aus in gewaltsamen Verhaltensweisen Einzelner, Gruppen oder Gesellschaften. Würden wir diesen Trend weitere hunderttausend Jahre fortsetzen, könnten sich diese leidvollen „Beziehungserfahrungen" auch in neuen biologischen Strukturen widerspiegeln. Daraus entstünden, wie schon oft in Fantasie-Geschichten erzählt, Lebewesen, die nicht mehr weise, also keine „homines sapientes" mehr sind, sondern lediglich als Kriegsmaschinen die Welt zerstören. Doch trotz aller Traurigkeit über die realen Aggressionen, sind solche Veränderung kaum zu erwarten: Denn auf Gewalt und Kampf ausgerichtete Menschen und Gesellschaften werden - wie wir aus der Geschichte lernen - von der Evolution mit allen Konsequenzen aussortiert. Wären Raubritter evolutionär erfolgreich, müssten das Römische Reich und das Britische Empire noch immer existieren. Die Hoffnung auf einen „Ewigen Frieden", den Kant erträumte, nährt sich aus dem einfachen Umstand, dass 6000 Jahre Gewalt im Vergleich zu eineinhalb Millionen Jahren gewaltfreier Kooperation nur ein kleines Augenzwinkern in der Menschheitsgeschichte sind. Es liegt in unserer Hand, uns zu besinnen und heilsame „Beziehungserfahrungen" wieder in heilsame Potenziale zu verwandeln.

Doch wie transformieren sich Informationen in Strukturen? Betrachten wir hierzu die Prozesse, wie Informationen in unseren Geist gelangen: Eine Erfahrungstatsache ist, dass wir immer und in jeder Sekunde mit der Welt verbunden sind - verbal oder nonverbal, mittels Spiegelneuronen, Mimik und Gestik sowie über unsere fünf Sinne; ganz im Sinne von Paul Watzlawik, dass „wir nicht nicht kommunizieren" können.[209] Aus der neuronalen Verarbeitungsgeschwindigkeit unserer Sensoren - Augen, Nase, Ohren, Mund sowie die Haut - errechnen Neurologen, dass wir die Welt etwa 65 Mal pro Sekunde oder schätzungsweise vier Millionen

209 Siehe hierzu die verschiedenen Bücher von Paul Watzlawik wie: Die Anleitung zum Unglücklichsein.

Mal pro Tag[210] wahrnehmen. Bei jeder dieser Sinneseindrücke entsteht eine neue Information wie eine Video- oder Tonbandaufnahme. Im Bild einer Computer-Festplatte gesprochen: Bei jeder der mindestens 65 Wahrnehmungen pro Sekunde entsteht ein neuer Datensatz in meinem Geist. Doch so wie die Festplatte des Computers nicht identisch ist mit den gespeicherten Informationen, ist das Gehirn nicht identisch mit dem Geist als Ansammlung jener Informationen, die durch Sinneseindrücke erzeugt wurden. „Der Irrtum [der westlichen Denkweise] beruht auf einer beinahe selbstverständlichen Gleichsetzung des Geistes mit dem Gehirn."[211]

Die stetig in den Geist einfließenden Informationen[212] können wir als Geistes- oder Bewusstseinsmomente bezeichnen, die rund 65 Mal pro Sekunde den Zustand unseres Geistes verändern. Wiederholen sich bestimmte Datensätze - beispielsweise diejenigen, die entstehen, wenn wir als Kleinkind das Fallen lernen, indem wir dies mit gut gepolstertem Hintern üben - entstehen aus der Zusammenschau der verschiedenen Datensätze Erfahrungsmuster, die Handlungen in der Zukunft prägen. So lernen Babys zu gehen, ohne sich ständig zu verletzen. Auch die von Psychologen vielfach berichteten Fälle, dass immer mehr Jugendliche einem inneren Perfektionsdrang erliegen, sich in der Schule überfordern und in Folge dessen depressiv werden, sind mit dieser Idee plausibel erklärbar: Ursache für das teilweise selbstzerstörerische Verhalten von Kindern und Jugendlichen ist der Umstand, dass sie bei ihren Eltern ein weitgehend auf Leistung und Erfolg orientiertes - ökonomisiertes - Verhalten beobachten. Hierdurch entstehen in ihrem Geist Informationen für eine entsprechende Selbstregulation - was wir gemeinhin als Lernen durch Beobachten bezeichnen. Das Kind entwickelt jenen inneren Zwang, den Freud dem Über-ICH zuschreibt, und will die Schule den Vorbildern folgend ebenfalls höchst effizient meistern. Gelingt dies nicht oder nur mit immensem Energieauf-

210 Dies bezieht sich auf einen wachen Zustand, also ca. 16 Stunden pro Tag, womit sich mindestens 3,7 Millionen Wahrnehmungen pro Tag ergeben. Da der Körper im Schlaf ebenfalls die Außenwelt wahrnimmt, allerdings in verringertem Umfang, können wir von ca. 4 Millionen Wahrnehmungen pro Tag ausgehen.

211 Hannah Arendt, Vom Leben des Geistes, S. 291

212 Wenn wir etwas als Information bezeichnen, so impliziert dies immer einen Austausch mit etwas anderem und damit eine Wirksamkeit. Denn etwas, dass nicht mit anderem ausgetauscht werden kann, ist keine Information und auch nicht wirksam.

wand, entstehen körperliche und geistige - nicht unbedingt kognitive - Überforderungen. Um die Enttäuschung nicht mehr fühlen zu müssen, innere oder äußere Erwartungen nicht erfüllt zu haben, spaltet das Kind den Schmerz ab. Es entwickelt eine Depression, oft gepaart mit aggressiven Ausbrüchen. Dass Depressionen in Familien gehäuft auftreten, basiert also nicht auf genetischen Defekten, die eine Fehlsteuerung von Botenstoffen auslösen, wie die vereinfachende, naturwissenschaftlich orientierte Psychiatrie glaubt. Ursache sind vielmehr geistige Erfahrungen, die sich auf der Basis von Wahrnehmungen und Handlungen in Mustern und damit auch in biologischen Strukturen manifestieren, die sich in einer messbaren, veränderten Physiologie widerspiegeln. Wie so oft verwechselt die „Life-Science" Ursache und Wirkung.

Doch nicht nur passive Sinneseindrücke prägen unseren Geist. Durch jede aktive Handlung (Sanskrit: Karma), die ich mit Körper, Rede oder Geist ausführe, entstehen in meinem Geist ebenfalls neue Datensätze. Jede Handlung erzeugt auf der Festplatte des Lebens einen Informationsstrom, der die vielfältigen vergangenen Beziehungen zur Außenwelt widerspiegelt und meine beziehungsmäßige Zukunft prägt. Jeder Satz, den ich denke, jedes Wort, das ich spreche, jede Handbewegung, jeder Gesichtsausdruck, jede Körperhaltung erzeugen und hinterlassen Spurrillen im Geist, die zukünftige Erlebnisse potenziell ermöglichen. Hätte ich in der Vergangenheit niemals wütend gehandelt, würde ich heute keine Wut erleben. Der Geist ist insofern nichts Statisches, kein virtuelles Denkmal und auch kein Kirschkern einer Seele, der durch das Universum jagt, sondern ein sich ständig verändernder Strom aus unzählbaren Informationen, die durch Wahrnehmungen und Handlungen erzeugt werden und die das Leben aktuell und zukünftig gestalten.

Schauen wir genau hin, wird das Phänomen, das in der buddhistischen Terminologie Karma[213] genannt wird, beispielhaft an unserer Sprache sichtbar: Rede ich aggressiv, werde ich mich in der Zukunft in vielfältigen Formen aggressiv verhalten. Indem ich ständig wütend schreie und mich aufrege, erzeuge ich zukünftige Lebenssituationen, die von Wut und Aufregung geprägt sein wer-

---

213 Siehe zum Thema Karma auch: Geshe Pema Samten, Karma, edition blumenau, 2011.

den. Die durch meine aktuelle Form der Sprache erzeugten neuen Spurrillen in meinem Geist haben eine Wirkung auf mein zukünftiges Verhalten und damit auf zukünftige Erfahrungen. Verharre ich in der Sprache der Wut, werde ich die Welt nur aus der Perspektive eines Kampfes wahrnehmen und damit Aspekte von Liebe und Mitgefühl kaum mehr fühlen. So entstehen jene ungeprüften Theorien und Weltauffassungen, die Sokrates und Einstein als Bedingungen für die Interpretation der Welt identifizieren, mit der ich in den nächsten Tag gehe und mit der ich alle Beobachtungen bewerte. Mit einem wütenden Karma werde ich in der Zukunft hauptsächlich Lebenssituationen erleben, die der Qualität der Wut entsprechen.

In einer vereinfachenden Beschreibung ist Karma jenes Potenzial, das ich durch Handlungen in meinem Geist erzeuge. Bildlich gesprochen: Schlage ich jemanden, so erzeuge ich das Potenzial, dass ich selbst geschlagen werde. Vielleicht von demjenigen, den ich gerade geschlagen habe. Vielleicht aber auch von jemand anderem in ferner Zukunft, da derjenige, den ich geschlagen habe, aktuell zu viel Angst vor mir hat. Aus der Perspektive der Gegenwart mit Blick auf die Zukunft folgt: Selbst die hochgezogene Augenbraue, mit der ich eine abwertende Haltung einem anderen gegenüber zum Ausdruck bringe, erzeugt bereits eine kleine karmische Spurrille mit dem Potenzial, sich irgendwann, wenn viele Umstände im Einklang sind, in eine herabsetzende Wirkung mir gegenüber zu entfalten. Die Qualität der Wirkung entspricht der Qualität der verursachenden Handlung. Das ist ein Naturgesetz.

Aus den täglich vier Millionen Wahrnehmungen sowie den hinzutretenden Handlungen entspringt ein ständiger, nicht nachlassender Bewusstseinsstrom, der meine potenziellen Lebenssituationen gestaltet. Diese „karmischen Keime“ oder „karmischen Samen“ können schon im nächsten Moment oder viele Jahre später zur Ursache für ein kommendes Geschehen werden. Anders formuliert: Karma beschreibt, dass ich immer das Echo meiner vergangenen Handlungen höre. Aus der Perspektive der Gegenwart mit Blick auf die Vergangenheit folgt entsprechend: Meine aktuellen Erfahrungen und Handlungen werden von vergangenen Erfahrungen und Handlungen bestimmt. Erlebe ich aktuell eine Abwertung, habe ich die Ursache durch eine entsprechende Handlung in der Vergangenheit erzeugt. Ganz im Sinne des quantenmechanischen „Prinzips der Diskontinuität" ist aber eine Eins-zu-Eins Aussage über eine Ursache-Wirkung-Relation nicht möglich.[214]

Trotz aller Schwierigkeiten, Karma im Detail verstehen zu können, sind folgende Grundsätze überdeutlich erkennbar:

i) Der Geist ist in ständiger Veränderung. Ihm kann kein fixes, eigenständiges Selbst zugeschrieben werden. Er ist leer davon, aus sich heraus, unabhängig von der Welt zu existieren. Der Geist entspricht eher einem langsam dahinfließenden Fluss des Lebens, mit ruhigen, aber auch wilden Abschnitten, der in jedem Moment, gerade jetzt, ein neues Flussbett bewässert, neue Wege und Windungen sucht, die sich aus früheren Handlungen und vielen Umständen ergeben.

ii) Ich erlebe immer irgendwann die Wirkungen meiner Handlungen. In diesem Sinne liegt mein Glück oder mein Leid in meinen Händen. Doch dies ist nur die halbe Wahrheit, denn das Karma der vielen anderen ist ebenso tätig und trifft sich mit meinem Karma. Stehen alle Ursachen und Umstände in einem Moment im Einklang, entsteht Resonanz - und wir erleben Glück oder Leid.

iii) Die Wirkungen der karmischen Handlungen können nach vielen möglichen Qualitätskriterien unterschieden werden. Mit Blick auf das angestrebte Glück ergibt sich eine recht einfache Unterscheidung:

- Entweder ist eine Handlung heilsam und glücklich machend
- Oder eine Handlung ist schädigend und unglücklich machend
- Oder sie hat eine neutrale Wirkung.

Jede Handlung, die ich mit Körper, Rede oder Geist ausführe, hat eine heilsame, schädigende oder neutrale karmische Wirkung. Immer und in jedem Moment. Wir können uns diesem karmischen

---

214 Grundsätzlich besteht zwar die Möglichkeit, karmische Ursachennetzwerke zu erkennen, in denen nicht nur das eigene Karma wirksam ist, sondern auch das Karma vieler anderer Menschen und Lebewesen. Diese Fähigkeit gründet sich auf einem ein sehr hohen Maß an Konzentration und eine umfassende Weisheit über die Tiefen des Geistes, was eine außerordentliche Übung in der Meditation erfordert.

Prozess nicht entziehen und er ist so allgemeingültig, wie der Apfel vom Baum fällt.

(iv) An den Extremen der schädigenden und heilsamen Beziehungserfahrungen wird ein wichtiger Aspekt des Geistes sichtbar: Die immer schon im Geist vorhandene Ambivalenz. Weil ich einerseits in der Vergangenheit heilsame Erfahrungen erlebt oder heilsam gehandelt habe, existieren in meinem Geist karmische Samen, die Grundlagen für neue zukünftig heilsame Erfahrungen und Handlungen sind. Erfahre ich Liebe, dann entstehen in meinem Geist Samen, die mich befähigen, andere in Zukunft zu lieben. Liebe ich andere, erfahre ich zukünftig Liebe und Glück, denn meine liebevollen Handlungen säen neue heilsame Samen in den Boden meines Geistes aus. So entsteht ein sich selbst verstärkender Kreislauf liebevoller Güte.

Doch andererseits erleben wir, mindestens seit 6000 Jahren, auch gewaltsame Erfahrungen. Habe ich in der Vergangenheit schädigend gehandelt - andere angeschrien, gekränkt, geschlagen, verletzt, entwürdigt oder sogar getötet - existieren in meinem Geist karmische Samen für zukünftig schädigende Handlungen. Erfahre ich Gewalt, entsteht in meinem Geist ein Keim, der mich in der Zukunft gewalttätig werden lässt. Handele ich gewalttätig, entstehen neue gewaltsame Datensätze, die mein Leid in einer Abwärtsspirale beständig vergrößern.

Diese zwei Extreme, schädigende und heilsame Samen, die in meinem Geist aufgrund entsprechender Erfahrungen und Handlungen existieren, bewirken, dass Menschen lieben oder hassen. Oft staunen wir über die fürsorgliche Liebe grausamer Massenmörder zu ihren Kindern. Die Ambivalenz, also die Potenziale für beide Handlungsweisen, sind in jedem Geist vorhanden. Dies zu ignorieren oder zu negieren wäre fatal, weil schädigende karmische Samen auch unbewusst wirken. Ich kann mein negatives, vielleicht sogar zerstörerisches Verhalten anderen gegenüber - beispielsweise durch Herabwürdigungen und Abwertungen in beruflichen Situationen - nur dadurch beenden, dass ich mir der zugehörigen karmischen Samen in meinen Geist bewusst werde und die Zusammenhänge zwischen meinen Handlungen und Lebenserfahrungen verstehe. Dies aber erfordert, dass ich meinen Geist, ganz im Sinne Sokrates, durch intensives Beobachten untersuche. Das ist im Wesentlichen das Ziel aller buddhistischer Meditationen: Gelange ich durch langjährige Meditationsübungen in einen Konzentrationsflow, währenddessen ich das Draußen kaum mehr wahrnehme, und dadurch in ein tiefgründiges Zwiegespräch mit mir selbst, werde ich auf der Reise durch meinen Geist neben den heilsamen Aspekten auch die vielen Abgründe in mir erkennen. Und doch: Die schrecklichen Potenziale zu erkennen, reicht alleine noch nicht aus. Ich muss auch angemessene Mittel finden, um die schädigenden karmischen Samen aus meinem Geist zu entfernen. Erst wenn mir das gelingt, wird langwährendes Glück möglich!

Obwohl diese Ambivalenz uns oft verzweifeln lässt, trägt sie bereits die Aussicht auf Heilung in sich: Werde ich mir bewusst, dass die Ursachen für einen wütenden wie auch liebenden Menschen in mir vorhanden sind, kann ich mich, selbst in einem Moment der Rage, gegen eine gewalttätige Handlung entscheiden. Für viele klingt dies nach Kontrolle. Aber es entspricht mehr einem gelassenen Wissen um die Tiefen des eigenen Geistes. Fokussiere ich meine Geistesübungen zu diesem Zweck darauf, die heilsamen Potenziale meines Geistes zu erkennen und zu stärken, kann ich zwischen den beiden Handlungsoptionen entscheiden. Ich entscheide, welchem Potenzial, welcher Spurrille, welchem Datensatz ich Vorrang geben möchte. Will ich den Marsch der Zerstörung oder die Symphonie der Liebe hören? Mit jeder Meditation über meine beiden Charaktere - Mr. Jekyll und Dr. Hyde - wächst die Fähigkeit zur Entscheidung: Pflege ich die heilsamen Aspekte, kann ich in einer akuten Situation gegen die Wut entscheiden und ruhig bleiben. Je mehr ich mein Mitgefühl fördere, desto häufiger und intensiver kann ich dies selbst für eine Person empfinden, deren Handlung mich in der Vergangenheit wütend gemacht hat. Durch die Gewöhnung an Heilsames betrete ich neue Wege hin zu einem glücklicheren Leben.

Diese Sicht auf die karmischen Umstände des Lebens begründen das, was ich die „relative Willensfreiheit" nennen möchte. Die relative Freiheit jeder Entscheidung besteht darin, dass ich die beiden, in meinem Geist historisch-karmisch angelegten Charaktere studieren und analysieren kann, um letztlich meinen Geist mit Hilfe des Willens auf Heilsames auszurichten. Verharre ich nur auf dem Status quo ohne Veränderung meines Geistes, was einer geistigen Umnachtung gleich kommt, bleibe ich auf den ausgetretenen Pfaden der Gewalt, des Auge-um-Auge und dadurch in einer bewusstlosen Situation gefangen. Gäbe es eine karmische Zwangsläufigkeit, dass wir aufgrund widriger Umstände in der Kindheit oder in früheren Leben immer nur als Schädigende handeln könnte, wäre eine Verbesserung - durch welche Methoden auch immer - unmöglich: Mörder blieben Mörder, Diebe blieben Diebe, Lügner blieben Lügner. In einer deterministischen Welt gibt es kein Veränderungspotenzial - weder zum Guten, noch zum Schlechten. Gemeinschaften, Gesellschaften und Staaten, in denen sich die Bürgerinnen und Bürger die Gesetze selbst geben, denen sie sich unterwerfen wollen, wären unmöglich. Könige blieben Könige, Arme blieben Arme. Wir alle würden nur unseren scheinbar programmierten Rollen folgen. Patriarchen würden ewig über Frauen bestimmen. Frauen würden auf immer ausschließlich als Sexualobjekte oder Fortpflanzungsmaschinen betrachtet. Niemand wäre verantwortlich für sein oder ihr Handeln. Und am Ende gäbe es auch keine Menschheit mehr, da rein instinktiv handelnde Menschen sich ohne schlechtes Gewissen, weil ja nur ihrer vermeintlichen Vorherbestimmung folgend, gegenseitig umbringen. In einer deterministischen Welt stünden Vergewaltigung und Herrschaft auf der Tagesordnung. Zu Wohlstand und Glück kämen nur die wenigen, für die ein solches Programm vorgesehen wäre. In einer solchen Welt könnten wir uns gleich einen Strick nehmen.

Doch keine Angst. Die Welt ist - zum Glück - in ständiger Veränderung. Vergleichen wir die Lebenssituationen der Menschen in Europa heute mit der vor kaum mehr als hundert Jahren, stellen wir bereits eine signifikante Verbesserung fest: Die Sklaverei ist - wenn auch nicht vollständig - in Europa abgeschafft; Frauen und Männer sind in weiten Teilen der Gesellschaft gleichberechtigt; die Gewalttätigkeit aufgrund brutal autoritärer Strukturen hat deutlich abgenommen. Trotz aller noch immer existierenden Unvollständigkeiten und Ungerechtigkeiten sind viele heilsame Veränderungen verwirklicht worden. Sie zu verstärken, ist das Gebot der Stunde! Der Lauf der Welt ist nicht vorherbestimmt! Ein deterministische Verständnis von Karma ist eine der vielen Fehlinterpretationen derjenigen, die die buddhistischen Schriften nur unzureichend studiert und vor allem nicht meditiert haben. Ohne eine Unterweisung in die durchaus ungewohnten Denkweisen der buddhistischen Schulen und anschließende Meditationen, ist ein Verstehen kaum möglich.[215] Leider wird der vermeintlich karmische Determinismus von manchen Gruppen sogar zur Sicherung von Herrschaft und eigenen Kasten missbraucht. Doch es ist sicher, dass Determinismus nicht im Einklang mit den Gedanken Buddhas steht.

Nehmen wir also unsere Ambivalenz zunächst erst einmal bewusst an. Beginnen wir dann die vielfältigen karmischen Anlagen im Geist durch Meditation und ähnliche Methoden zu analysieren, um schließlich zu dem einen, für das Glück so wesentlichen Entschluss zu gelangen: „Ich will mitfühlend handeln!"

„It's up to you!", sagt eine amerikanische Redensart. Oder: „Jeder und jede ist selbst seines beziehungsweise ihres Glückes Schmied." Das Glück liegt in Ihrer Hand! Doch das Glück schmieden wir nicht mit egozentrischen Mitteln, sondern ausschließlich durch altruistische Handlungen. Wenn Sie die Brille der kommunikativen Kooperation aufsetzen, Ihre Erlebnisse mit den Gedanken über die „Transformation von Beziehungserfahrungen in Beziehungsstrukturen" und den Erkenntnissen über die karmische Wirksamkeit jeder Handlung betrachten, fühlen Sie die positive Dimension des Lebens. Dies erzeugt jene Freude, die Motiv ist für zukünftiges heilsames und glückliches Leben.

215 Dies ist eine der wichtigsten Ursachen, warum so viele hervorragende westliche Philosophen und Philosophinnen so viele Fehlinterpretationen und Missverständnisse über den Buddhismus publizieren. Dass dies sogar großen Geistern wie Karl Jaspers so erging, belegen zahlreiche Bücher.

Karma prägt unser Berufsleben

Es mag Ihnen fremd vorkommen, Ihr Berufsleben unter dem Aspekt von Karma zu betrachten. Doch wenn Sie in sich hineinhorchen und die Theorie des Karmas als Interpretationsmöglichkeit Ihres bereits gelebten Lebens anwenden, finden Sie einen roten Faden, der die scheinbar theoretischen Betrachtungen über Karma konkret beobachtbar werden lässt. Solche rote Fäden des Lebens sind Belege dafür, dass bestimmte Handlungen bestimmte Wirkungen in der Zukunft erzeugen und dass jede und jeder einzelne in einer relativen Freiheit den Geist auf heilsame Aspekte des Lebens lenken kann, um glückerzeugende Entscheidungen zu treffen. Achten Sie daher besonders auf den roten Faden in Ihrem Leben und suchen Sie in Ihrem Geist nach den heilsamen karmischen Samen, die sie durch bestimmte Entschlüsse wässern und gedeihen lassen können. Zur Verdeutlichung möchte ich Ihnen eine weitere Geschichte aus meinem Berufsleben erzählen, woran der roten Faden meines beruflichen Wirkens offenbar wird:

(III) Ab 1992 findet in Deutschland die Diskussion über die Rücknahme und Verwertung gebrauchter Elektrogeräte statt. Obwohl 3M nur wenige Elektrogeräte vertreibt, interessiert mich diese Entwicklung, weil sie Neuland in der Rücknahme von Produkten aus vielen Haushalten betritt. Mein Chef Herbert Feucht unterstützt mein Engagement und begründet dies innerhalb der Organisation mit dem Argument, dass das Unternehmen durch die Teilnahme an diesem Prozess Erkenntnisse über langfristige Bedürfnisse und Trends der Verbrauchenden erhalten kann, die durch keine Marktforschungsstudie beschafft werden können. Da schimmert jenes altruistische unternehmerische Denken durch, das über den Tellerrand der Quartalsergebnisse hinaus auf die Interessen der Gesellschaft schauen will und viel zu oft von Kampf-Ideologen verachtet wird.

Im Oktober 1992 legt das Bundesumweltministerium (BMU) einen ersten Referentenentwurf für eine „Elektroaltgeräte-Verordnung“ vor. Im Fachverband IT[216] findet daraufhin eine intensive Diskussion statt. Zunächst sind alle entsetzt, weil der Entwurf aus unserer Sicht mit maximaler Oberflächlichkeit erarbeitet wurde. Im Text der Verpackungs-Verordnung ist das Wort „Verpackung“ im Grunde nur durch den Begriff „Elektroaltgeräte“ ersetzt worden. Der Entwurf dokumentiert aus unserer Perspektive die hoffnungslose Unwissenheit des zuständigen Referenten über den Elektrogerätemarkt; signalisiert aber gleichzeitig den starken Willen, die vorhersehbare Abfalllawine aus Elektroaltgeräten umweltgerecht handhaben zu wollen. Das erste Gespräch mit dem Unterabteilungsleiter Dr. Schnurer und seinem Referenten im BMU ist daher eher konfrontativ. Jede Seite beharrt auf ihrer Position. Eine wenig hilfreiche Gesprächssituation.

Kurz danach versuchen wir intern in einem Rollenspiel die Denkweise des Ministeriums zu begreifen. Wir schlüpfen abwechselnd in die Rollen des Ministeriums und der Unternehmen und durchleben dadurch die jeweiligen Argumente und Gedankenstrukturen. Rückblickend machen wir damals - ohne es zu wissen - eine Systemaufstellung[217], in der wir stellvertretend die Sichtweisen, Motive und Gedanken der Mitarbeitenden des Ministeriums nachempfinden. Nach meiner heutigen Einschätzung können durch Systemaufstellungen neuronal vermittelte und andere unbewusste Informationen, die in den Tiefen des Geistes schlummern, zur Oberfläche des Geistes und damit wieder ins Bewusstsein gelangen. Die im ersten Gespräch damals neuronal kommunizierten Ziele und Problemlagen der Kollegen und Kolleginnen des Ministeriums gelangen dadurch in unser damaliges Bewusstsein und eröffnen uns neue Sichtweisen auf Zusammenhänge. Auf dieser Basis entwickeln wir Argumentationslinien, die wir mit unseren Kollegen und Kolleginnen im Verband teilen und bitten schließlich um ein weiteres Gespräch im BMU.

In diesem zweiten Gespräch ist schon nach wenigen Minuten die Gesprächsatmosphäre positiv und produktiv. Werden wir mit

---

216 Fachverband der Informations- und Kommunikationstechnologie im VDMA, später überführt in den heute eigenständigen Bundesverband der IT- und Telekommunikationsindustrie (BITKOM).

217 Zur Familien- und Systemaufstellung siehe auch: Deutsche Gesellschaft für Systemaufstellung, Praxis der Systemaufstellung (Quartalshefte)

einem für uns bislang unverständlichen Argument konfrontiert, wechseln wir innerlich in den Verstehensmodus, den wir im Rollenspiel geübt haben. Unsere neuronale Kommunikation plaudert fleißig darüber: „Das ist ein kompliziertes Argument. Ich verstehe es nicht genau, möchte aber mehr darüber erfahren." Wechselseitiges Zuhören und das Nachdenken über das jeweilige Argument stehen jetzt im Mittelpunkt. Statt der üblichen destruktiven Herrschaftsspiele zwischen Ministerium und Industrie-Vertretern erleben wir die gemeinsame Fähigkeit zur Kooperation. Über Stunden sitzen wir beisammen, diskutieren und beleuchten, analysieren und lernen wechselseitig die jeweils andere Welt kennen. Es sind spannende Stunden, die wir in einem mehrmonatigen Diskurs erleben dürfen, wofür ich Herrn Dr. Schnurer und allen an diesem Prozess Beteiligten[218] bis heute dankbar bin. In dieser Zeit entstehen fast freundschaftliche Beziehungen, weil wir ahnen, dass wir gemeinsam viel bewegen können.

Parallel lernen wir in dieser Zeit als herstellende Unternehmen viel über die technischen Möglichkeiten der sich entwickelnden Logistik- und Verwertungsindustrie für Elektroaltgeräte in Deutschland. Die Kollegen des Unternehmens Nixdorf richten 1994 ein umfassendes Rücknahmeprogramm für gewerblich genutzte IT-Geräte ein. Sie nutzen ihre Auslieferungslogistik für Rücktransporte und wir studieren die vielen logistischen Aspekte mit mehreren Forschungseinrichtungen. Die Nixdorf-Kollegen erlauben uns auch viele praktische Einblicke in die Verwertungstechnik: In ihrem Rückbauzentrum in Paderborn gewinnen sie Bauteile aus recht gut erhaltenen Altgeräten und verwenden sie nach Qualitätsprüfungen als Ersatzteile. Da absehbar ist, dass Kunststoffe in der Zukunft Elektrogeräte wesentlich prägen werden, hat die Erforschung der Kunststofferkennung schon frühzeitig eine hohe Priorität. Zusammen mit ihrem Kunststofflieferanten Bayer testet und installiert Nixdorf erstmalig neue Techniken zur automatisierten Identifizierung von Kunststoffbauteilen. Schon bald werden Rezyklate

218 Nennen möchte ich stellvertretend Frau Renate Augustynak (Sony) sowie die beiden Kollegen Peter Cossè (Toshiba) und Franz-Josef Kossendey (Canon), die an den ersten Diskussionen im BMU teilnahmen. Viele weitere Kollegen und Kolleginnen der AG CYCLE will ich aber hier mit einschließen, denn es war ein gemeinsamer Prozess aller teilnehmenden Personen und Unternehmen.

in einer Qualität produziert, so dass sie in die hiesigen Kunststoff-Produktionsprozesse zurückfließen konnten[219]. Zusammenfassend suchen wir in dieser frühen Phase gemeinsam die materialspezifischen Werte gebrauchter Elektrogeräte, um die in jener Zeit noch sehr hohen Verwertungskosten deutlich zu verringern.[220]

Bei Nixdorf allerdings wurde das kreative Programm schon bald aus anderen Gründen eingestellt: Japanische Computerunternehmen drängen damals auf den deutschen Markt. Zunächst wird Siemens die Computersparte von Nixdorf übernehmen, bis Fujitsu die Mehrheit übernimmt und die Produktion nach Asien verlegt. Die in Deutschland gewonnenen Kunststoff-Rezyklate konnten daher aus logistischen Gründen nicht mehr verwendet werden, denn Produktion und Verwertung lagen örtlich zu weit auseinander. Dennoch: Die bei Nixdorf und einigen anderen Unternehmen[221] gemachten Lernerfahrungen haben wesentliche Impulse - im buddhistischen Sinne karmische Samen - für die Verwertung von Elektroaltgeräten in Europa gesetzt und damit nachhaltig die Verwertungsindustrie in Europa geprägt.

Aufgrund der Gespräche im Umweltministerium sowie der technischen Komplexität kristallisiert sich im Fachverband IT schon früh die Auffassung heraus, dass eine gesetzliche Regelung besser ist als eine „freiwillige Vereinbarung der Industrie"[222], die andere Industrieverbände anstrebten. Aus unserer damaligen

---

219 Da die auf Elektrogeräten angebrachten Etiketten immer wieder ein Hindernis für die Nutzung von Rezyklaten waren, regte ich bei 3M die Entwicklung neuer recyclingfreundlicher Etiketten an, was nach wenigen Monaten auch gelang und später besonders den stark wachsenden asiatischen Markt der Elektronikindustrie beeinflusste. So hat unsere Teilnahme an diesem Prozess als Nebenprodukt auch neue Geschäftsfelder für 3M erschlossen.

220 Mitte der 1990er Jahre kostete die Verwertung von Elektro-Altgeräten zwischen 2000 - 4000 € pro Tonne. Seit die Werte der Materialien in den Altgeräten zugänglich sind, finanzieren sich die Verwertungstechniken und Betriebe aus diesen Einnahmen. Heute werden mit fast allen Elektroaltgeräten gute Einnahmen erzielt, wodurch die Verwertungsquote praktisch auf über 90% gestiegen ist, auch wenn dies nicht in den offiziellen Statistiken abgebildet wird. Denn wer lässt Geld einfach herum liegen?

221 Erwähnen möchte ich besonders die Pionierarbeiten von HP, IBM, Canon und Toshiba, die ohne gesetzliche Vorgaben Strategien entwickelten und umsetzten.

222 Rückblickend auf die letzten zwanzig Jahre ist aus meiner Erfahrung noch jede freiwillige Vereinbarung einer Industriebranche mit einer Regierung gescheitert, weil es das Ziel der jeweiligen Industrieverbände ist, Zeit zu gewinnen, um denStatus quo zu erhalten. In diesem Sinne behindern freiwillige Vereinbarungen innovative gesellschaftliche Entwicklungen und sollten als politische Instrumente gänzlich aufgegeben werden.

Sicht sollte eine Elektroaltgeräte-Verordnung grundlegende Entwicklungen einer zukünftigen Verwertungsindustrie stimulieren:

(i) Ausgangspunkt unserer Überlegungen war, dass eine Verordnung Gerätehersteller motivieren sollte, Elektrogeräte so zu konstruieren, dass sie umweltgerecht und kostengünstig verwertet werden können. Die unternehmerische Entscheidung über die Konstruktion eines Gerätes sollte sich - heute würde ich zufügen karmisch - in den zukünftigen Verwertungskosten widerspiegeln. Aus diesem Ansatz ergeben sich folgende Konsequenzen: Investiert ein Unternehmen in eine verwertungsfreundliche Bauweise, sinken die späteren Rücknahmekosten zu dessen Vorteil; berücksichtigt ein Unternehmen diesen Aspekt nicht, entstehen ihm aufgrund zukünftig höherer Verwertungskosten finanzielle Nachteile. Als Reaktion auf die Verknüpfung von Design und Verwertungskosten produzieren Hersteller Geräte demontagefreundlich und aus leicht verwertbaren Materialien. Im Ergebnis sinken die Verwertungskosten, die weder für Verbrauchende noch für Unternehmen eine Belastung darstellen.

(ii) Diesem Gedanken folgend kamen wir zu dem Schluss, dass ein zukünftiger Verwertungs-Markt für Altgeräte durch eine Verordnung stimuliert werden sollte. Unsere These war: Eine kostenlose Verwertung umweltgerecht konstruierter Geräte wird möglich, wenn in den Geräten genügend verwertbare Werte vorhanden sind, die unternehmerisch gehoben werden können. Für diese These sind wir von vielen angefeindet worden. Vor allem von denjenigen, die mit den damals noch hohen Kosten der Verwertung eine Verordnung politisch verhindern wollten und das übliche Spiel ihrer Lobby spielten: „Wenn ihr eine Verordnung macht, müssen wir Menschen entlassen." Das aber ist eine unproduktive und positivistische Argumentationsweise, die keine Gesellschaft je weiter gebracht hat.[223]

223 Dramatisch wird dieses Spiel aktuell durch die großen energieerzeugenden Unternehmen betrieben. Da sie die Veränderung hin zu regenerativen Energiequellen weitestgehend verschlafen haben und ihnen erhebliche Verluste bis hin zur Insolvenz drohen, lassen sie die Ketten klirren und drohen mit der Entlassung von tausenden Angestellten, was die politischen Entscheidungstragenden offensichtlich stark beeindruckt. Vergessen wird, dass mit der Schaffung dezentraler regenerativer Energiequellen hunderttausende neuer Arbeitsplätze bereits entstanden sind und noch entstehen werden. Wie immer ist die positivistische Denkweise innovationsfeindlich und unproduktiv, will sie nur am Bestehenden verzweifelt festhalten will, was aber zum Glück nie gelingt.

(iii) Unsere dritte These lautete: Mit dem Entstehen von möglichst vielen Rücknahme- und Verwertungssystemen können die materiellen Werte der Altgeräte wesentlich besser genutzt werden, da die in einem produktiven Wettbewerb stehenden Rücknahme- und Verwertungsunternehmen einen maximalen Materialwert erzielen wollen. Zugleich würde durch diesen Markteffekt die Verwertung auf einem hohen Umweltniveau stattfinden. Praktisch bedeutete dies die Verhinderung einer monopolistischen Verwertungsorganisation nach dem Vorbild des Dualen Systems Deutschland. Denn schon nach wenigen Jahren Erfahrung mit dem Grünen Punkt war uns klar, dass Monopolgesellschaften nur eine unnötige Steigerung der Verwertungskosten bewirken, ohne eine produktive Verwertung zu fördern. Ursache dafür ist der einfache Umstand, dass Monopole sich stets auf allzu bequeme Subventionen - ob steuerlich oder durch Gebühren finanziert - zurückziehen.[224]

(iv) Um zu verhindern, dass ein neuer Verwertungsmarkt durch Billigangebote unterlaufen würde, entwickelten wir bereits 1994 den Gedanken, dass die Qualität der Verwertung durch entsprechende Zertifizierungen von Unternehmen sowie dem Verbot des Exports von Altgeräten außerhalb Europas sichergestellt werden muss. Denn Billigangebote, die auf Umweltverschmutzung oder Billiglöhnen hier oder in anderen Teilen der Welt basieren, machen sowohl die Umwelt als auch die Arbeitenden in diesen Ländern krank.

(v) Um diese Ziele zu verwirklichen, erkannten wir die Notwendigkeit, dass alle Akteure im Elektroaltgerätemarkt - ob herstellende Unternehmen, vertreibender Handel, nutzende Verbrauchende, einsammelnde Kommunen, verwertende Recyclingunternehmen - eine spezifische und eigenständige Verantwortung per Verordnung auferlegt bekommen müssten. Denn die sogenannte Freiheit des Marktes ist unwirksam, wenn einzelne Marktteilnehmende andere dominieren oder zu bestimmten Handlungen zwingen können. Des Weiteren sollte die Kooperati-

224 Dass diese These richtig war, zeigen ebenfalls die historischen Entwicklungen: Seit das DSD Ende der 1990er Jahre einem zunehmenden produktiven Wettbewerb ausgesetzt wurde, ist die Qualität aller Dienstleistungen gestiegen und sind die Kosten deutlich gesunken.

on aller Beteiligten durch die Schaffung eindeutiger Schnittstellen ermöglicht werden.

Die Mitarbeitenden im Umweltministerium - aber auch in anderen Verbänden - wunderten sich in dieser Zeit des Öfteren über unsere Denkweisen. Sie argumentierten, dass doch letztlich die Verbrauchenden alle Kosten der Rücknahme und Verwertung zahlen würden und Unternehmen die Gebühren von Monopolgesellschaften lediglich in ihre Preise einzukalkulieren bräuchten. Daher sei ein Anreiz für die Konstruktion verwertungsfreundlicher Geräte oder die Verhinderung von Monopolen nicht erforderlich und außerdem viel zu kompliziert. Wären damals die Vorstellungen der führenden Mitgliedsfirmen des ZVEI[225] verwirklicht worden, hätten wir heute in Europa vorwiegend Verwertungsmonopole wie in der Schweiz, die erhebliche gesellschaftliche Kosten erzeugen. Die Verwertungskosten eines identischen Gerätes sind in Ländern mit Monopolgesellschaften im Durchschnitt fünfmal so teuer wie in Ländern ohne Monopole, obwohl die gleichen Verwertungstechniken angewendet werden. Schätzungen gehen davon aus, dass durch die Vermeidung von Monopolen in den Ländern der EU den Bürgerinnen und Bürgern ein hoher dreistelliger Millionenbetrag an unnützen Kosten erspart worden ist.

Stattdessen versuchten wir die Aufgabe aus der gesamtgesellschaftlichen und volkswirtschaftlichen Perspektive zu betrachten. Unsere Vision damals hieß: Umweltschutz zahlt sich aus - für die Umwelt, die Verbraucher und Verbraucherinnen, die Regierungen und für Unternehmen. Es müssen nur die richtigen Rahmenbedingungen gesetzlich verankert werden, so dass alle Marktteilnehmenden die gleichen Bedingungen vorfinden und sich dann in diesem neuen Markt - einem öffentlichen Raum - bewegen.

Nach vielen Analysen, Diskussionen und Gesprächen überzeugen wir 1994 den Vorstand des Fachverbandes IT, in dem sich fünfzehn Geschäftsführer der größten IT-Hersteller trafen, von den neuen Ideen einer kooperativen Lösung und gründen die „Ar-

225 Zentralverband der Elektroindustrie, im Wesentlichen beeinflusst durch deutsche Elektrogeräte-Hersteller.

beitsgemeinschaft CYCLE im VDMA".[226] Es entsteht damals erstmals ein Raum, in dem Unternehmen in der Frage der Produktverwertung zusammen arbeiten können und in dem evolutionäre Innovationen auf der Basis kommunikativer Kooperation möglich werden. Über vierzig Unternehmen beteiligen sich im Laufe der Jahre daran. Teilweise besuchten uns Delegationen asiatischer Unternehmen, um die außergewöhnliche Vorgehensweise zu verstehen. Denn die AG CYCLE war keine typische Anti- oder Klientel-Lobby-Gruppe, sondern wollte etwas für die gesamte Gesellschaft erreichen. Ohne dass wir damals wussten, dass Gesetze einen „öffentlichen Raum" konstituieren, indem „Menschen durch die Vermittlung einer gemeinsamen Ding-Welt von anderen zugleich getrennt und mit ihnen verbunden sind,"[227] beginnen wir 1994 mit verschiedenen Verbänden und Interessensgruppen einen breit angelegten Diskussions- und Abstimmungsprozess, der eine gesamtgesellschaftliche Dynamik auslöst, der wir uns damals kaum bewusst waren.

Im Sommer 1995 laden wir die gesamte deutschsprachige Recyclingindustrie zu einem Forum ein. Fast 400 Unternehmen diskutieren über Technik und Standards. Sie sind überrascht und freuen sich über unsere progressiven Vorstellungen. Manche sagen, Greenpeace hätte keine schärferen Bedingungen formulieren können. Wir werten dies als Kompliment und Bestätigung unserer Arbeit. Später dienen die technischen Vorschläge der AG CYCLE als Grundlage für eine Technische Anleitung der Länderarbeitsgemeinschaft Abfall (LAGA) für die Verwertung von Elektroaltgeräten, die bis heute gültig ist.

Zwecks Erarbeitung einer Verordnung schreiben wir ab 1995 zusammen mit den Kollegen und Kolleginnen vom BMU an Entwürfen. Es ist ein verschwiegener Prozess. Im Gegensatz zu vielen anderen Lobbygruppen versuchen wir, bei allen Formulierungen die Interessen aller gesellschaftlicher Gruppen und der Umwelt im Blick zu behalten. Es ist die Fortsetzung jenes Kommunikationsprozesses mit dem BMU, der auf Wertschätzung, wechselseitigem

---

226 VDMA = Verband Deutscher Maschinen- und Anlagenbau. Später ging die AG CYCLE über in den BITKOM

227 Hannah Arendt, Vita Activa, S. 73

Vertrauen und dem Sich-hinein-versetzen-in-den-jeweils-anderen basiert. Manchmal argumentieren wir eher wie Umweltverbände, worüber sich die Mitarbeitenden im Ministerium wundern. Dann fühlen wir, dass wir auf dem richtigen Weg sind, weil wir offensichtlich mehr als nur die partikularen Interessen unserer Unternehmen vertreten.

Intensiv sprechen wir auch mit den kommunalen Spitzenverbänden, versetzen uns immer wieder in deren Rolle, um ihre Sichtweise zu verstehen. Das war das schwerste Stück Arbeit, bei der selbst unsere Freunde aus dem BMU über unsere Geduld staunten. Doch immer wieder finden wir gemeinsame Lösungsansätze. Die gesamte neuronale Kommunikation ist darauf ausgerichtet, eine praktische Lösung für alle zu finden und die individuelle Verantwortung aller Handelnden zu fördern.

Aufgrund dieser Kooperation geraten wir manchmal aber auch in die seltsame Rolle, Gespräche zwischen Bund und Ländern zu vermitteln und zu moderieren. Unsere Lösungsvorschläge finden zwar bei allen Teilnehmenden positive Resonanz, aber oft profilieren sich politische Streithähne lieber, als dass sie auf dem Tisch liegende Lösungen annehmen wollen. Dann sind Einzelgespräche notwendig, so dass jede Seite ihr Gesicht wahren kann. Anfangs sind diese inoffiziellen Bund-Länder-Gespräche daher mehr ein Schaulaufen. Erst nach Wochen der Gespräche und unserem Insistieren auf mehr Kooperation gelingen gemeinsame Ergebnisse, die oft in Hinterzimmern deutscher Bahnhöfe ausgehandelt werden.[228] Rückblickend war es unser gemeinsames Karma, das uns zu derartigen kooperativen Lösungen befähigte.

---

228 Das ist ein wesentlicher Unterschied zu vielen anderen Lobbyprozessen. Während beispielsweise die sogenannte große Steuerreform von 2002, wodurch Unternehmen seither Beteiligungen an anderen Unternehmen steuerfrei verkaufen können, in weiten Teilen in den Büros deutscher Banken in Frankfurt geschrieben wurde und diese offensichtlich nicht die Gesamtinteressen des Landes berücksichtigt haben - denn warum soll der Verkauf eines Unternehmens anders betrachtet werden als der Verkauf irgendeines Produktes - versuchten wir die Interessen aller an der Rücknahme und Verwertung Beteiligten zu berücksichtigen und in einen kooperativen Modus zu gießen. Meines Erachtens sollte in so grundsätzlichen Fragen wie der Steuergesetzgebung eine Lobbyarbeit nicht erlaubt sein, da dies alle Menschen einer Gesellschaft betrifft und nicht nur wenige potente Akteure. In solchen Fällen kann nur ein Parlament oder das Volk direkt entscheiden.

Nach drei Jahren Kommunikations- und Kooperationsarbeit gelingt die Einigung aller Gruppen und Interessen auf einen Entwurf einer IT-Altgeräte-Verordnung. Diese musste zwar noch den formalen Weg der Anhörung gehen, was jedoch angesichts des vorherigen Kommunikationsprozesses zu keinen wesentlichen Änderungen mehr führte. 1997 wird der Entwurf der Verordnung im Bundestag mit nur wenigen Änderungen verabschiedet.[229] Doch wenige Tage vor dem erwarteten positiven Bundesratsbeschluss veröffentlicht die EU-Kommission einen ersten Entwurf für eine europäische Richtlinie zur Rücknahme und Verwertung von Elektroaltgeräten (WEEE Richtlinie). Das wirkte wie eine Vollbremsung, denn die europäischen Spielregeln schreiben vor, dass die nationale Gesetzgebung immer dann anzuhalten ist, wenn ein europäischer Vorschlag veröffentlicht wird. Zwar wollte sich die Bundesregierung angesichts des bereits vorhandenen Bundestagsbeschlusses noch darüber hinwegsetzen. Doch der Bundesrat, gefangen in der Instrumentalisierung für den bevorstehenden Bundestagswahlkampf, traf keinen Beschluss mehr. Wir alle waren enttäuscht. Sieben weitere Jahre werden in Deutschland vergehen, bis eine gesetzliche Verpflichtung der Unternehmen zur Organisation und Finanzierung der Rücknahme und Verwertung gebrauchter Elektrogeräte in Kraft treten wird - vierzehn Jahre nach den ersten Gesprächen im Bundesumweltministerium.

Auch wenn die Kooperation der vielen Akteure zunächst nicht zu einem Erfolg geführt hat, wurden damals karmisch die Grundlagen für die erfolgreiche Umsetzung der späteren europäischen Richtlinie zur Rücknahme und Verwertung aller Elektroaltgeräte gelegt. Mit unserem unbedingten Willen, eine produktive Lösung für die gesamte Gesellschaft zu schaffen, haben wir karmisch damals Strukturen von heute vorbereitet:

Kommunen und Recyclingindustrie, Hersteller und andere Akteure kooperieren seither fast geräuschlos bei der Rücknahme und

229 Manche haben uns vorgehalten, mit unserer sehr intensiven Kommunikationsarbeit die parlamentarische Demokratie umgangen zu haben. Doch wenn die Verständigung zwischen allen wichtigen Gruppen - einschließlich der Verbrauchenden- und Umweltschutzverbände - bereits im Vorfeld eines parlamentarischen Prozesses geschieht, dann ist die Demokratie schon vor dem Eintreffen im Parlament in direkter Weise verwirklicht. Direkte Demokratie kann in diesem Sinne wesentlich wirksamer sein, um konkrete Problemlösungen zu finden.

Verwertung von Elektroaltgeräten. In Deutschland und einigen anderen Ländern wird die Koordination der Verantwortlichen durch Stiftungen geleistet, während die Verwertung in vielfältigen Formationen des Marktes erfolgt.

Die Bildung von Monopolen konnte in den meisten Ländern Europas verhindert werden. Zwar existierten diese noch bis 2010 in Belgien, den Niederlanden und der Schweiz. Doch angesichts sich selbsttragender Verwertungskosten führten sich die Monopole selbst ad absurdum, sodass heute statt 27 Monopolgesellschaften über 200 Rücknahmesysteme in Europa tätig sind. Die Vielfalt der Ideen und Organisationen hat sich verwirklicht.

Die Altgeräte sind zu einem Rohstoff geworden und unsere damals utopisch klingende Vision, dass die Werte der Abfälle einmal die Kosten der Prozesse finanzieren würden, ist Wirklichkeit geworden. Fast jedes ausgediente Elektrogerät erwirtschaftet heute so viel Materialwert, wie für die Logistik und Verwertung auf hohem umwelttechnischem Niveau notwendig ist.

Die Qualitätsstandards der Länder und Unternehmen sichern eine Verwertung auf einem hohen Umweltniveau und die Gewinnung von Rohstoffen, die wieder in den Kreislauf der Produktion zurückfließen; selbst nach China, wo heute fast alle IT- und Kommunikationsgeräte hergestellt werden.

Nur das Exportverbot von Altgeräten ist – entgegen unserer Forderung – immer noch nicht realisiert. Deshalb leiden immer noch zu viele Menschen in Afrika und Asien unter den Giftstoffen aus Elektroaltgeräten. Die EU hat sich auch 2009 im Prozess zur Reform der europäischen Gesetzgebung nicht getraut, unseren Vorschlag eines vollständigen Exportverbotes von Altgeräten aus Europa zu verwirklichen.[230] Dies bleibt eine weitere Aufgabe.

---

230 Als wir 2009 der EU-Kommission und den Abgeordneten des Europaparlamentes den Vorschlag für ein vollständiges Exportverbot machten, erhielten wir umfängliche Unterstützung von den meisten Mitgliedsstaaten, den Umwelt- und Verbraucherschutzverbänden sowie den Grünen. Doch die konservative Mehrheit in der Kommission sowie im Parlament sah die Freiheit des Marktes in Gefahr, obwohl sie genau wusste und es vielfach dokumentiert ist, wie sehr Menschen - besonders Kinder und Jugendliche - und die Umwelt unter diesem Export leiden. So richtet die Ideologie einer unabhängigen statt verbindenden Freiheit weiterhin Schaden an.

Zwar hat der Prozess zur Gestaltung der europäischen Gesetzgebung zur umweltgerechten Verwertung und Entsorgung von Elektroaltgeräten viel zu lange gedauert, doch heute ist nachvollziehbar, wie durch unsere Handlungen (Sanskrit: Karma) Mitte der 1990er Jahre die kommunikative Kooperation zwischen den Akteuren so weit entwickelt werden konnte, dass heute eine recht gute „Beziehungsstruktur" zwischen allen Handelnden existiert. Unsere kooperativen Ideen haben wir ab 1999 in andere Länder Europas exportiert, wo sie modifiziert und weiter entwickelt wurden. 2004 haben wir dann das erste europäische Unternehmen zur Rücknahme und Verwertung gebrauchter Elektroaltgeräte gegründet. Doch dazu mehr im zweiten Band.

Durch all diese Arbeiten wurden über die Jahre die Werte der Altgeräte erkennbar und für die Menschen Europas nutzbar. Und doch sind auch wieder neue Probleme entstanden: Seit Altgeräte einen durchaus respektablen Wert darstellen, sammeln arme Menschen - in Deutschland hauptsächlich Menschen aus Rumänien und Bulgarien, in Spanien und Portugal sind dies Menschen aus Nordafrika - diese am Straßenrand, bevor die offiziellen Sperrmüllsammlungen der Gemeinden erfolgen. Das ist insofern problematisch, weil viel zu häufig die in den Geräten enthaltenen umweltschädigenden Stoffe - wie etwa die in Kompressoren von Kühlschränken vorhandenen ozonschädigenden Kühlgase - unsachgemäß gehandhabt werden. Die Folge ist, dass die Gase in die Atmosphäre entweichen und das Klima schädigen. Dieses Fehlverhalten hebelt fast die gesamte positive Wirkung der Verwertung für die Umwelt aus. Die Situation erfordert heute neue Antworten und Strategien, die wiederum nur durch die Kooperation aller Akteure geschaffen werden können. Vorschläge, wie die Strafverfolgung der Sammelnden, die in den neuen Abfallgesetzen vorgesehen sind und nur dem Zweck dienen, die kommunalen Abfallsysteme zu subventionieren, sind jedenfalls gänzlich ungeeignet. Denn jeder würde in der Lebenssituation dieser Menschen ähnlich handeln und das auf der Straße liegende Geld für den Lebensunterhalt einsammeln. Die Einbindung der Sammelnden in eine Gesamtsystematik, die auch Wissen über einen adäquaten Umgang mit Gefahrenstoffen vermittelt, scheint mir da eine sinnvollere Vorgehensweise zu sein.

Gutes Leben braucht gleichwertige Achtung

Die anti-autoritäre Bewegung der 1968er will die Bevormundung durch scheinbar Bessere, Schlauere oder moralisch Geschultere beenden. Sie wirft die konservativen Moralvorstellungen von „Du sollst" oder „Du musst" über Bord, die fast ausschließlich der Rechtfertigung autoritärer Strukturen dienen. Es ist ein Aufstand gegen die verbliebenen feudalen Aspekte der sich entwickelnden demokratischen Gesellschaften Europas und Nordamerikas in der Mitte des 20. Jahrhunderts, die sich ausdrücken in der Unglaubwürdigkeit der Väter und Mütter, die Wasser predigen und Wein trinken: Freiheit ja - aber bitte nicht für Schwarze, Kommunisten und sonstige Andersdenkende. Kaiser und Nazi-Deutschland, Empire und Apartheid lassen grüßen.

Der Philosoph Ernst Tugendhat[231] entwickelt in den 1960er Jahren, basierend auf Kants Philosophie des Kategorischen Imperativs und der Praktischen Vernunft, die Grundlagen einer säkularen Moral, unabhängig von einem theistischen Konzept: „Die Analyse des Kategorischen Imperativs bringt eine uns bekannte und vertraute Formel zustande: >Handle so, dass du die Menschheit, sowohl in deiner eigenen Person als auch in der Person eines jeden anderen, jederzeit zugleich als Zweck, niemals bloß als Mittel brauchst.<"[232] Mit Kant erörtert Tugendhat die philosophische Grundlage der Gleichwertigkeit aller Lebewesen. „Man kann dieses Konzept auch als Moral der universellen und egalitären Achtung bezeichnen, denn nur diejenige Maxime ist moralisch erlaubt, die jederzeit aus dem Gesichtspunkt ihrer selbst, zugleich

231 Ernst Tugendhat, Professor für Philosophie, geboren 1930, von 1966 bis 1975 ordentlicher Professor für Philosophie an der Universität Heidelberg. Er arbeitete von 1975 bis 1980 mit Jürgen Habermas am Max-Planck-Institut zur Erforschung der Lebensbedingungen der wissenschaftlich-technischen Welt in Starnberg. Von 1980 bis 1992 lehrte er als Professor für Philosophie an der Freien Universität Berlin. In dieser Zeit lag einer seiner Arbeitsschwerpunkte im Bereich der Ethik.

232 Ernst Tugendhat, Vorlesungen über Ethik, S. 80

aber auch jedes anderen Wesens verstanden wird."[233] Diese säkulare Moral ist praktisch und führt zur einfachen Konsequenz:

„Handle so allen gegenüber,
wie du aus der Perspektive einer beliebigen Person wollen würdest,
dass alle handeln."[234]

Die „Moral der universellen und egalitären Achtung" erfordert keine höhere theologische Begründung mehr, „weil es - wie Kant es bezeichnet - ein gemeines moralisches Bewusstsein gibt: Es ist dasjenige Verständnis von Gut, das, wenn man überhaupt ein moralisches Bewusstsein haben will, übrig bleibt, wenn alle transzendentalen Prämissen entfallen sind und man gleichwohl am Begriff des Guten und allem, was damit zusammenhängt, festhalten will."[235]

Hannah Arendt weist in ihrem letzten Werk „Vom Leben des Geistes" darauf hin, dass der Kant'sche Kategorische Imperativ auf der Aussage Sokrates' basiert: „Es ist besser Unrecht zu leiden, als Unrecht zu tun."[236] Als Begründung dieser zutiefst altruistischen Haltung führt Sokrates an, dass das Denken[237] immer ein Zwiegespräch mit sich selbst ist und der oder die Denkende in jeder Lebenslage daher immer mit sich selbst konfrontiert ist. Angesichts dieser einfachen Tatsache fragt Sokrates: „Wer möchte schon Freund eines Mörders sein und mit ihm zusammen leben müssen? Nicht einmal ein anderer Mörder."[238] Deshalb, so Sokrates weiter, möchte man lieber „Freund mit einem Leidenden sein als mit einem Mörder". Ein Mörder leidet unter seiner Handlung ein Leben lang, weil er nach der Tat alleine mit sich selbst weiter unter einem Dach wohnen muss. Sokrates argumentiert in dieser Hinsicht wie Buddha wenige Jahrhunderte zuvor, der unterstrich, dass Täter unter ihren schädigenden Handlungen leiden.[239]

---

233 Ernst Tugendhat, Vorlesungen über Ethik, S. 81

234 Ernst Tugendhat, Vorlesungen über Ethik, S. 82

235 Ernst Tugendhat, Vorlesungen über Ethik, S. 83

236 Sokrates in Gorgias, zitiert nach: Hannah Arendt, Vom Leben des Geistes, S. 180

237 Im zweiten Band wird Sokrates Verständnis vom Denken noch intensiver beschrieben. Es ist viel weitgehender als das, was wir üblicherweise als rationales Denken bezeichnen, denn es umfasst auch Gefühle, Intuitionen und nicht-begriffliche Vorstellungen.

238 Hannah Arendt, Vom Leben des Geistes, S. 186

239 Es scheint manchmal, als habe Buddhas Geist bis nach Griechenland gewirkt. Siehe hierzu auch die Anmerkungen von Lutz Geldsetzer in: Nagarjuna - Die Lehre von der Mitte, 2010

Die Universalität dieser Sichtweise, die auf jeden Menschen zutrifft, ergibt sich, wie Hannah Arendt aufzeigt, aus der Tatsache, dass das „Kriterium für das geistige Zwiegespräch" des denkenden Ich „nicht die Wahrheit", sondern „die Übereinstimmung mit sich selbst ist." Denn, wenn „man mit sich selbst im Widerspruch liegt, bedeutet [dies], sein eigener Gegner [zu] werden."[240]

Alle Menschen haben daher als denkende Wesen ein ihnen innewohnendes und universelles „moralisches Bewusstsein". Denn beim Denkvorgang sind wir dauernd mit uns selbst im Dialog. Anders formuliert: Aufgrund unseres Denkens wissen wir intuitiv, dass wir unabhängig von Hautfarbe, Religion, Geschlecht, Nationalität oder sonstigen Merkmalen alle die gleichen Bedürfnisse haben. Dieses Wissen basiert nicht auf kognitivem Denken, das nur auf die Fortführung bereits vorhandener (Vor)Urteile und auf Ergebnisse ausgerichtet ist. Das Denken im Zwiegespräch mit mir selbst, das Platon als die Haupttätigkeit des Geistes bezeichnet hat, ist immer stumm, intuitiv, nicht-begrifflich und meist stringent. Von Sokrates wird berichtet, dass er sich während intensiver Denkphasen so stark von der Außenwelt zurückzog, dass er Stunden und Tage in einer Haltung verweilte. Fehlt aber solch intensives Denken, drohen der Wahn der schädigenden Handlungen und ihre karmischen Samen die Oberhand zu gewinnen.

Die „universelle Moral der gleichwertigen Achtung" ist eine unmittelbare Folge unseres – nicht notwendigerweise rationalen – Denkens. Sie ist entstanden über Jahrtausende aufgrund der Erfahrungen, die die kommunikative und kreative Kooperation allen Lebens ermöglicht haben. Die universelle Moral der gleichwertigen Achtung und die kommunikative Kooperation sind zwei Seiten derselben Medaille des Lebens und unwiderruflich miteinander verwoben. Erst aufgrund dieses universellen Verständnisses der gleichwertigen Achtung werden wir zu weisen Menschen.

Diese Einsichten finden ihren Ausdruck auch in Sprichworten, die altes, über viele Generationen tradiertes Wissen zusammenfassen. Sie sind sozusagen basisdemokratisch legitimierte Weisheiten der Menschheit, an deren Entwicklung viele Millionen Menschen

240 Hannah Arendt, Vom Leben des Geistes, S. 185

über viele Jahrhunderte teilgenommen haben, denn „offensichtlich hat die Umgangssprache eine Struktur, die es tatsächlich erlaubt, im dialogischen Verhältnis Individuelles durch allgemeine Kategorien verständlich zu machen."[241] Eine dieser Volksweisheiten lautet:

„Was du nicht willst, das man dir tu,
das füg' auch keinem anderen zu!"

Offenbar haben wir Menschen seit vielen Jahrtausenden die Erfahrung gemacht, dass wir bestimmte Handlungen für uns selbst und anderen gegenüber ablehnen, weil jeder und jede einzelne vermeiden möchten, dementsprechend behandelt zu werden. Wenn ich mir vorstelle, ich würde getötet, dann entsteht intuitiv und spontan in mir die Reaktion, dass ich nicht getötet werden will. Dies erlebe ich aber nicht nur als einen individuellen Wunsch. Ohne Verzögerung taucht in mir die generelle Perspektive mit der Schlussfolgerung auf: „Niemand will getötet werden! Ich möchte, dass alle Menschen glücklich leben!" Diese universelle Moral der gleichwertigen Achtung drückt sich in vielfach erprobten Volksweisheiten aus.

Es bedarf also keines Moses, Gottes oder sonstiger höherer Autoritäten zur Ableitung der Zehn Gebote. Es reicht die einfache Methode, sich selbst zu fragen, wie man in einer bestimmten Situation behandelt werden möchte. Wir wissen immer schon intuitiv, dass jeder und jede von uns genauso bedürftig ist, wie alle anderen auch. Wir wissen aus uns heraus um die Gleichwertigkeit aller, wenn es um das Vermeiden von Schaden und das Erfahren von Glück geht. Denn das Überleben in den Savannen der Vorzeit war nur durch das WIR möglich. Diese Erfahrung ist tief in unserem Geist verankert und Teil unseres Menschseins. Doch weil wir uns durch die tägliche Kopflosigkeit und Geschäftigkeit selbst nicht mehr wahrnehmen, sind wir uns selbst viel zu oft fremd geworden und haben stattdessen einen Gott oder andere Heilige erschaffen, die uns an die Gleichwertigkeit aller Lebewesen erinnern mögen. Darin liegt wohl der eigentliche Sinn der Religionen.

241 Jürgen Habermas, Erkenntnis und Interesse, S. 206

Aufgrund des intuitiven Wissens über die Gleichwertigkeit aller bin ich fähig, die Ängste und Befürchtungen anderer nachzuempfinden, zu verstehen und als Schutzmechanismus für das eigene Überleben sowie das meiner Sippe zu verwenden. Empathie ist also kein Luxus und keine Ideologie, sondern bietet den wesentlichen evolutionären Vorteil eines intuitiven Verstehens derjenigen, die mit mir in einer Gruppe leben. Dadurch werden Gefahren vorbewusst neuronal in wenigen Millisekunden kommuniziert, so dass sie vermieden werden können. Menschen ohne Empathie bezeichnet die Psychiatrie dementsprechend als Psychopathen, weil sie unfähig sind, sich in Beziehung zu anderen wahrzunehmen. Wären wir als Menschen nur auf Kampf programmierte Söldner, wären wir als Psychopathen längst ausgestorben.

Doch zum Glück sind wir von Natur aus mitfühlende Wesen. Aufgrund dieser Fähigkeit lernt der Geist mit fortschreitender Kooperation die Konsequenzen jeder Handlung unter dem Aspekt zu bewerten, ob sie gut oder schlecht ist. Die Universalität der auf Gleichwertigkeit bedachten Achtung ergibt sich aus dem einfachen Umstand, dass jeder Mensch den Wunsch hat, dass seine oder ihre Würde geachtet wird. Oder kennen Sie jemanden, der sagt: „Ja, ich möchte getötet werden?" Nur wenn wir den Geist in rauschartigen Zuständen weitgehend ausschalten - mit Hilfe von Drogen, durch Beneblung im Massenwahn, durch den Rausch eines Erfolgs, eines Orgasmus oder eines religiösen Wahns - vergessen oder verdrängen wir unser Menschsein und landen im Modus destruktiver Handlungen.

Die universelle Moral der gleichwertigen Achtung ist keine theoretische, von einem transzendenten Gott oder Propheten und seinen männlichen Stellvertretern auf Erden gegebene Moral, sondern eine praktische, die vom alltäglichen Erleben und Handeln bestimmt wird. Sie basiert auf zwei einfachen und immer relevanten Fragen:

„Würde ich die Wirkung meiner Handlung selbst erleben wollen?" Diese Frage betrachtet Wirkung und Folge einer Handlung aus der ICH-Perspektive. Sie bewertet die Wirkung und das Ergebnis jeder Handlung zur Vermeidung von eigenem Leid.

Die zweite wichtige Frage lautet: „Erzeugt meine Handlung einen Schaden für andere?" Diese WIR-Perspektive erweitert die

Sicht auf die Wirkung der eigenen Handlung und will Schaden auch für andere vermeiden.

Um Glück zu erfahren ist es notwendig, sich ständig und in jeder Lebenslage diese beiden Fragen zu stellen und zu beantworten - bei jeder Handlung und jeder Entscheidung. Die situationsspezifischen Fragen hängen selbstverständlich ab von den jeweiligen Perspektiven - die des ICH und die der anderen. Doch die übliche, egozentrische Fokussierung des Blicks auf das ICH erzeugt fast immer unmittelbaren Schaden - für mich wie für die anderen. Erst wenn wir alle Standpunkte einnehmen, können wir zu Handlungen gelangen, die niemandem mehr schaden. Dies sind Handlungsoptionen aus der Perspektive des WIR, die schon immer das Überleben gesichert haben. In einer solchen Lage fühlen wir Heimat und Wohlbefinden und simples Glück. Wenn wir so vorgehen, finden wir spezifische, situationsbedingte und individuelle Kriterien dafür, ob eine geplante Handlung, ein Satz oder ein Gedanke, eine Geste oder eine körperliche Aktion, eine organisatorische Entscheidung oder die Herstellung eines Produktes, eine öffentliche Entscheidung oder die Beziehung zu einer anderen Person oder Gemeinschaft heilsam oder schädigend sind.

Meiner Erfahrung nach sind die buddhistische Philosophie und die daraus resultierenden Analysen und Meditationen sehr wirksame Methoden, um möglichst viele Perspektiven einnehmen zu können. Diese Methoden geben uns sogar die Möglichkeit, die Welt aus den Perspektiven von sieben Milliarden Menschen und letztlich aller Lebewesen zu betrachten. Erreichen wir irgendwann einmal diese Fähigkeit und können wir die Sichtweisen aller Lebewesen gleichzeitig in unserem Geist wahrnehmen, dann haben wir den Geisteszustand eines Buddha erreicht und werden das Karma aller Wesen erkennen können. Das ist meiner Auffassung nach eine der tieferen Bedeutungen der oft zitierten Aussage:

„Jede und jeder trägt die Buddha-Natur in sich."

Wir alle haben als denkende Wesen das Potenzial, die vielen Perspektiven von unzähligen Menschen oder anderen fühlenden Wesen einzunehmen, weil wir wissen, dass wir mit jedem Schaden, den wir anderen fühlenden Wesen zufügen, sei es bewusst oder unbewusst, das eigene Leid verstärken. Diese Fähigkeit ebnet den Weg zum Glück. Mit jeder liebevollen Rücksichtnahme für andere legen wir heilsame karmische Samen in unserem Geist und auch in denen der anderen aus und nähern uns dem eigenen Glück weiter an. Die herausragende Bedeutung dieser Vorgehensweise beschreibt der Psychoanalytiker Erich Fromm mit folgenden Worten: „Der Mensch ist ohne seinen Willen in diese Welt geworfen und wird ohne seinen Willen wieder aus ihr genommen. Der Mensch muss sein Leben leben, er wird nicht davon gelebt. Er ist in der Natur und geht doch über sie hinaus; er ist sich seiner selbst bewusst, und dieses Bewusstsein seiner selbst als Einzelwesen bewirkt, dass er sich unerträglich einsam, verloren und machtlos fühlt. Im Augenblick der Geburt stellt das Leben dem Menschen eine Frage, die er in jedem Augenblick seines Lebens beantworten muss: Wie können wir das Leiden und das Eingekerkertsein überwinden, die das Empfinden der Einsamkeit bedeutet? Wie können wir zu einer Harmonie mit uns selbst, mit unseren Mitmenschen und mit der Natur gelangen? Der Mensch muss diese Fragen irgendwie beantworten."[242] Der Dalai Lama rät deshalb in seinen öffentlichen Vorträgen – immer auch mit einem verschmitzten Lachen: „Der wirkliche Egoist ist derjenige, der sich für andere einsetzt und Schaden von anderen fernhält. Als Wirkung seiner Handlung hört er das Echo des Glücks."[243]

Tugendhats Kritik richtet sich konsequenterweise gegen die hauptsächlich im angelsächsischen Lebensraum propagierten philosophischen Strömungen des Kontraktualismus[244], Utilitarismus[245], Pragmatismus und Relativismus[246]. Diese geistigen Strömungen leiten Moral aus den römischen Sitten, den „mores", ab, die lediglich Produkte von Vereinbarungen zwischen scheinbar freien Menschen in der jeweiligen Zeit darstellen - mal nützlich für die Mehrzahl einer Gruppe, mal nützlich für kleine Eliten. „Der Utilitarist gibt zwar zu, dass seine Theorie nicht mit Gerech-

242 Erich Fromm, Zen-Buddhismus und Psychoanalyse, S. 113

243 Dalai Lama anlässlich seines Besuchs in Frankfurt im August 2009

244 Alles ist frei verhandelbar.

245 Jede Handlung wird an ihrem Nutzen für die Gesamtgesellschaft gemessen

246 Jede Handlung ist relativ.

tigkeitsgefühlen übereinstimmt, behauptet aber, die Gerechtigkeitsvorstellungen des gemeinen Verstandes und naturrechtliche Vorstellungen hätten nur eine untergeordnete Bedeutung als abgeleitete Regeln."[247] Die Lebensgrundsätze sind in diesen Weltbildern nur eine verhandelbare Ware: „Es sind genau dieselben Regeln, die der Kontraktualist und Kant einzuhalten gebieten; der Kontraktualist jedoch nur instrumentell, Kant hingegen schlechthin, weil es gut ist."[248] Auch wenn Kontraktualist und Utilitarist vielleicht zu der Erkenntnis gelangen, dass Töten eine schädigende Handlung ist, bleibt ihre Begründung rein instrumentell: „Ich halte die Regel nur ein, damit die anderen sie mir gegenüber ebenfalls einhalten." Diese Weltbilder entstammen der Ideologie des Kampfes, verklausulieren nur netter den körperlichen und vielleicht unmittelbar tödlichen Kampf durch eine vermeintlich geschickte Verhandlungsführung.

Die kontraktualistischen und utilitaristischen Lebenshaltungen sind zu unser aller Leid weitgehende Grundlage der heutigen westlichen Gesellschaften geworden. Sie erzeugen Leid, weil geflissentlich übersehen wird, dass in einem Kontraktsystem jede Handlung frei vereinbart werden kann. Auch solche wie: dunkelhäutige Menschen als Sklaven zu halten; jüdische Menschen als Ungeziefer zu töten; Einwanderinnen als Prostituierte zu verkaufen; Kinder als Objekte der Lust zu quälen; demokratische Freiheitskämpfer als Verräter zu denunzieren; Arbeitskräfte zu einem Hungerlohn unter menschenunwürdigen Bedingungen schuften zu lassen; Kolonien als Bestätigung der eigenen Dominanz zu betreiben; andere Gesellschaften auszuspionieren. Die Vorstellung einer absoluten Freiheit der Vereinbarung impliziert sogar die Freiheit zur Vereinbarung von Mord.

Die genannten philosophischen Strömungen kennen daher keine Argumente zur Verhinderung dieser und anderer Verbrechen, weshalb Guantanamo und andere Gulags, Entführungen und Folter, Bandenkriege und Korruption, jede Form zerstörender und verletzender Gewalt gegen Lebewesen zum Alltag utilita-

247 John Rawls, Eine Theorie der Gerechtigkeit, S. 46

248 Ernst Tugendhat, Vorlesungen über Ethik, S. 82

ristischer Gesellschaften[249] gehören. Die Würde des Menschen verkommt darin zur Sentimentalität und es entstehen, wie schon im antiken Rom, partikuläre Moralvorstellungen, die nur die eigene Verhandlungsposition gelten lassen. Ob als Glaube an das Kapital, als Glaube an eine Weltmachtstellung, als Glaube an die Vorherrschaft der eigenen Rasse oder als Glaube an einen autoritären Gottesstaat. Die kontraktualistische Lebenshaltung hebt die evolutionären Vorteile der kommunikativen Kooperation und Gleichwertigkeit aller auf, macht Leben zu einer Handelsware. Die Gewalt des stärkeren Verhandlungspartners setzt sich in liberaler Manier zur Maximierung eines nur individuellen Vorteils durch. Doch lebt ein Mensch in Armut, sind seine Verhandlungspositionen per se gering. Deshalb kann er von Herrschenden als Arbeitssklave oder Sexobjekt zu jedem Preis ausgebeutet werden. „Sorry, that's your own fault." oder auch „Selbst schuld!" lautet die lapidare Bemerkung über die damit verbundenen Entwürdigungen. Die „Freiheit der Vereinbarkeit" rechtfertigt in abstrusen Gedankenkonstruktionen die Verletzung der Würde jedes Menschen. Menschenrechte sind dort nur insofern gültig, als der Stärkere der vermeintlich Bessere für die Gesellschaft ist. Das ist auch die geistige Ursache dafür, dass die Regierungen in den USA, Russland und China bis heute den Internationalen Strafgerichtshof zur Ahndung von Verbrechen gegen die Menschheit nicht anerkennen. Denn sie glauben immer noch, dass sie in einer stärkeren Verhandlungsposition sind als der Rest der Welt und sie sich jedes Unrecht global herausnehmen könnten, wie es ihnen beliebt.

Die schreienden Ungerechtigkeiten des Genozids an den Ureinwohnenden Nordamerikas[250] und der nachfolgenden Sklaverei in Nordamerika, des Holocausts des Nazi-Regimes in Deutschland, des Gulags und der politischen „Säuberungen" in Russland bis heute, der Kulturrevolutionen und Hinrichtungen in China, der Apartheid in Südafrika und Australien sowie aller anderen Taten zur Entwürdigung von Menschen weltweit gründen auf der

249 Die Begründungen für den Irak-Krieg durch die USA wie auch für die Annektierung der Krim durch Russland basieren im Wesentlichen auf utilitaristischen Überlegungen.

250 Der Begriff Indianer impliziert bereits ein koloniales und rassistisches Denken und ist m.E. daher zu vermeiden.

utilitaristischen Illusion, dass jede Handlung zulässig ist, solange sie nur der jeweiligen Mehrheit oder ihren Eliten dient. So glaubten sich die Baumwollplantagenbesitzer der Südstaaten im Recht, Menschen aus Afrika versklaven zu können, damit diese auf ihren Feldern die Rohstoffe zur Mehrung ihres Wohlstandes ernteten. Denn dieser Wohlstand würde in ihrem Weltbild wieder der Gesellschaft zugutekommen, weshalb sie auch keinen Widerspruch zum Gebot der christlichen Nächstenliebe sahen, als sie Afrikaner auspeitschten oder Afrikanerinnen vergewaltigten. Deshalb glauben viele der amerikanischen konservativen und immer noch weißen Elite selbst heute noch daran, dass die Folterpraktiken des CIA in Afghanistan oder dem Irak dem Schutz vor Anschlägen im eigenen Land dienen - so wie deutsche Unternehmen und Beamte und der damals untergehende Landadel 1933 daran glaubten, dass Juden keine Menschen sind und folgerichtig mindestens verjagt, besser noch getötet werden müssten und dennoch sonntäglich der christlichen Nächstenliebe huldigten.

Noch heute glauben liberale Marktideologen daran, dass Reichtum für Wenige wichtig sei für die Entwicklung der Gesellschaften, weil dadurch Arbeitsplätze geschaffen würden. Ausgeblendet wird aber die Tatsache, dass die aktuelle Überschuldung der Staaten auch dadurch entstanden ist, dass viele Unternehmen ihre steuerlichen Hauptquartiere in Steueroasen verschoben haben. So haben beispielsweise die fünf größten Unternehmen Portugals ihre Steuerbeiträge an die portugiesische Gesellschaft via niederländischer und britischer Steueroasen soweit gesenkt, dass sie über viele Jahre fast keine Steuern zahlten. Die griechischen Reeder und andere Millionäre haben sich gleich ihre Abgeordneten und Minister gekauft und sich bis heute fast vollständig von jeder Steuerlast befreit. Wie aber sollen Staaten Infrastrukturen wie Schulen und Krankenhäuser, Straßen und Flughäfen, Kläranlagen und Müllbeseitigungsanlagen finanzieren, wenn Unternehmen weniger als 15 Prozent Steuern zahlen? Die utilitaristisch begründete instrumentelle Lebenshaltung der Eliten fast aller Staaten zerstört die Grundlagen des Zusammenlebens und löst Gesellschaften in den Fliehkräften des Individualismus auf. Alle diese Ideologien missachten die Würde des Menschen - und heben damit die Weisheit des Menschseins zumindest zeitweise auf.

Der Verlust der Wahrnehmung von Gleichwertigkeit und Würde des Menschen wird möglich durch die rauschartigen Verblendungen des Stolzes, die im Wesentlichen auf dem Weltbild des Überlebenskampfes basieren. Als vermeintlich „Beste" glauben viele über anderen zu stehen. Dieser Stolz verblendet die Geister zu vieler Menschen seit mehreren Jahrhunderten und verhindert glückliches Leben. Erst mit einem wieder gewonnenen Blick auf die schädigenden Wirkungen der instrumentellen Ideologien auf das fast unerträgliche Leid nähern wir uns wieder dem „allgemeinen moralischen Bewusstsein" an, das Philosophen von Sokrates bis Tugendhat als Grundlage des Menschseins identifiziert haben.

Das Vermeiden schädigender Handlungen gegen andere und die universelle Moral der gleichwertigen Achtung sind zum Glück auch in dem schon erwähnten, aber immer denkwürdigen Satz ausgedrückt, der mit Artikel 1 die „Europäische Charta der Menschenrechte" einleitet:

„Die Würde jedes Menschen ist unantastbar!
Sie ist zu achten und zu schützen."[251]

Sich diese einfache Erkenntnis in jeder Lebenslage zu vergegenwärtigen, ist von entscheidender Bedeutung für das eigene Glück wie für die Zukunft der Menschheit insgesamt. Selbst wenn ich einmal in Wut entgleist bin, hilft mir dieses Bewusstsein, weil es mich wieder auf die Schienen setzen kann, die mich vom Leid wegführen können. Nach den vielen Jahrhunderten despotischer Monarchien und anderer feudaler Gesellschaften, nach dem globalen europäischen Kolonialismus, nach der Tyrannei des Faschismus in Europa und dem Holocaust des Nazi-Regimes ist dieses individuelle Recht ein Meilenstein auf dem Weg zu einer Gesellschaft, die Glück ermöglichen will. Alle Bürger und alle Bürgerinnen können dieses individuelle Recht seit dem Inkrafttreten des Vertrags von Lissabon 2005 vor dem Europäischen Gerichtshof für Menschenrechte einklagen. Für alle Unternehmen und Organisationen wäre es heilsam und produktiv, diese Maxime zu ihrer Leitidee des Handelns zu erheben und für alle sichtbar in ihren Eingangshallen zu kommunizieren.

251 http://eur-lex.europa.eu (Dokument 2010/C 83/02)

Das Streben nach der Verwirklichung dieses Ziels, dessen Bedeutung und Richtigkeit wir alle intuitiv kennen, hat historisch die entscheidenden Energien freigesetzt, durch die die feudalen, patriarchalen und autoritären Gesellschaften in Europa und Nordamerika hinweggefegt wurden. Dies führte zum Aufbegehren der Bauern und Handwerker im Mittelalter gegen Kirche und Könige; ermöglichte die Unabhängigkeitserklärung der dreizehn Kolonien und deren Loslösung vom Britischen Empire am 4. Juli 1776; blies zum Sturm auf die Bastille am 14. Juli 1789; bewegte die Studentinnen und Studenten der 1848er Jahre ebenso wie jene der 1968er Jahre in ihrem Protest gegen Kolonialismus und Imperialismus der Großmächte, ob in Paris oder Prag, Washington oder Berlin. Und es ist Motiv für die vielen heilsamen sozialen Umbrüche der westlichen Gesellschaften seither: In der Frauenbewegung zur Anerkennung der Gleichwertigkeit von Männern und Frauen[252]; in der Umweltschutzbewegung zum Schutz aller Lebewesen vor jeder Instrumentalisierung; in der Friedensbewegung zum Schutz des Planeten vor einem atomaren Holocaust; in der Menschenrechtsbewegung zum Schutz aller Menschen vor den Kerkern dieser Welt.

In diesen Bewegungen bahnen sich der natürliche Lebensdrang zur „kommunikativen Kooperation" und die „Moral der egalitären Achtung" ihre Wege ans Tageslicht der Öffentlichkeit. Mit dem Bewusstsein über die Gleichwertigkeit und Würde aller verabschieden wir uns von der falschen Ideologie des brutalen Wettbewerbs, von der versklavenden Beherrschung durch das Römische Reich, der todbringenden Ideologie des Britischen Empires, dem menschenverachtenden Wahnsinn der Nazi-Ideologie und der instrumentalisierenden Verachtung der Chicago-School of Economy.[253] Diese Ideologien verwirren seit mehreren Jahrhunderten den Geist vieler Millionen Menschen und treiben sie an,

252 Es ist unvorstellbar und trotzdem wahr: bis 1977 konnten Frauen in Deutschland ohne die Unterschrift ihres Ehemannes keine Waschmaschine, keinen Fernseher, kein Auto und keine andere größere Anschaffung tätigen; sie konnten ohne die Zustimmung des Ehemannes keine Erwerbsarbeit annehmen und auch keine Ausbildung beginnen. Ähnliche Ungleichheit existierten in vielen Ländern Europas. Siehe hierzu: Florence Hervé, Elly Steinmann, Renate Wurms, Das Weiberlexikon, S. 421

253 Das ist die von Milton Friedman in Chicago entwickelte Ideologie der Deregulierung aller Märkte.

andere zu schädigen. Erst wenn wir diese falsche Ideologie des Egomanen, der alleine durch die Savanne streift und Beute macht, endgültig ablegen, leben wir wieder als Menschen unter Menschen – und erleben Glück.

Dann wachsen Mitgefühl und Liebe, die uns letztlich befähigen, neue Organisationsformen für das Zusammenleben zu entwickeln. Erfolgreiches und nachhaltiges Management basiert auf kommunikativer Kooperation und der gleichwertigen Achtung durch das Vermeiden schädigender Handlungen: Oder hat ein Manager jemals alleine eine Produktionsanlage betrieben oder eine Produkteinführung realisiert? Hat ein Vorstandvorsitzender jemals auch nur eine Palette an Kunden ausgeliefert oder auch nur ein Produkt entworfen? Hat ein Bürgermeister jemals auch nur einen Pass oder einen Gewerbeschein ausgestellt? Die Illusion heutiger Führungspersonen, alleine für was auch immer verantwortlich zu sein, steht in krassem Widerspruch zur Wirklichkeit der Kooperation. Ja, Manager sind in Organisationen notwendig, doch nur als Ermöglichende und nicht als Führer oder Führerinnen.

Indem wir uns wieder unserem altruistischen Verlangen nach Teilen und Mitfühlen zuwenden, gehen wir den wichtigen Schritt, um die eigentliche Realität und die Wurzeln unseres Menschseins wieder zu entdecken. Wir erkennen in der Folge die heilsame Kraft jener Faktoren, die uns zur kommunikativen und kreativen Kooperation befähigen, die seit unserer Menschwerdung als Erfahrung karmisch in uns verankert sind. Wir entdecken aufs Neue alte Wege wie eine verschüttete Goldader, die wir wieder freilegen. Wenn wir zerstörerisches Tun vermeiden, wässern wir das heilsame Samenkorn in unserem Geist, das im blutgetränkten Boden des Kampfes vegetiert. So viele Metaphern und Bilder wir auch dafür nennen, kommunikative Kooperation, Gleichwertigkeit und Würde, Mitgefühl und Liebe: Sie sind die Stützpfeiler einer lebensbejahenden Gesellschaft mit uneigennützigen Unternehmen und Organisationen.

Wie genau diese neuen Organisationen aussehen werden, ist eine Herausforderung für uns alle. Kein Gott, kein Guru, kein Professor, keine Lehrinstitution können uns hier Vorgaben machen. Es ist eine Wanderung zwischen den Perspektiven der verschiedenen Welten des Ich, des Du und des Wir, die uns ständig und überall begegnen. Es klingt wie eine Utopie, aber es sind die ganz realen Möglichkeiten des Alltäglichen, des Lebens der Menschen miteinander. Sie beginnen mit dem täglichen Vermeiden schädigender Tätigkeiten. Trauen wir uns und beginnen wir, unsere Menschwerdung zu vollenden! Verbinden wir die Zukunft mit der Vergangenheit und gelangen so zu einer heilsamen Gegenwart! Als Lohn erhalten wir wirkliches Glück, das nicht mehr dem Lustprinzip eines Rausches[254] oder kurzer Orgasmen entspringt. Dann dürfen wir wieder leben!

254 Mittlerweile gibt es sogar in buddhistisch-westlichen Gruppen sogenannte Gurus, die verkünden, dass eine Erleuchtungserfahrung im Rausch eines Fallschirmsprungs oder einer 250 km/h schnellen Motorradfahrt möglich sei. An diesem Unsinn wird deutlich, wie stark das hedonistische Denken in den westlichen Gesellschaften verankert ist und Schaden verursacht.

Schädigungen anderer vermeiden

Um das eigene Handeln heilsam zu verändern, ist es sinnlos, sich an vorgegebenen Regeln zu orientieren, weil diese in der Regel von uns fremden Autoritäten stammen. Zudem sind die realen Umstände heute gänzlich anders als beispielsweise zu Zeiten Jesus' in Palästina oder Buddhas in Indien. Übernehme ich blind die Moralvorstellung von großen Gelehrten, so gut sie auch sein mögen, die aber weit weg sind von meinem aktuellen, konkreten Erleben, erliege ich fast unmittelbar autoritärem und damit schädigendem Denken. Deshalb hat Buddha Sakyamuni empfohlen, an seine Lehre nicht aus Ehrfurcht vor seiner Autorität zu glauben, sondern seine Worte „wie Gold zu prüfen". Er wusste, dass durch blinden Glauben an seine Worte oder die anderer Autoritäten das Vertrauen in die eigenen, angeborenen Kenntnisse über heilsame oder schädigende Handlungen verloren gehen kann.

Autoritär begründete Moralvorstellungen führen insofern regelmäßig zu unmoralischen Handlungen und enden viel zu oft in Kreuzzügen aller Art. Daher erklärt der Dalai Lama beharrlich: „Wir als Buddhisten sollten nicht versuchen, unsere Tradition zu propagieren. Ich erläutere den Buddhismus schon seit vielen Jahren in nicht-buddhistischen Ländern und betone immer: Bleiben Sie bei Ihrer Tradition. Es ist nicht gut, die Religion zu wechseln. Der Buddha richtet sich in seinen Erläuterungen an ganz unterschiedliche Menschen. Die entscheidende Frage ist immer: Wie helfen wir ihnen, mehr menschliche, mitfühlende Wesen zu werden? Die Menschen in nicht-buddhistischen Ländern können auch Nicht-Gläubige bleiben und sich gegen Religion aussprechen. Das ist überhaupt kein Problem, solange sie sich mitfühlend verhalten."[255] In einem anderen Kontext formulierte er einmal: „Mitgefühl ist meine Religion!" Darin zeigt sich die schier unendliche liebende Güte dieses besonders weisen Menschen, der seine

255 Dalai Lama, Ethik ist nicht alleine Sache der Religion, Ansprache auf der 2. Europäischen Konferenz tibetischer Buddhisten am 12. April 2013 in Fribourg. In: Tibet und Buddhismus, Nr. 107, 4/2013, S. 6

religiöse Tradition hinten anstellt, um anderen auf ihrem Weg zu einem glücklicheren, mitfühlenden Leben zu helfen.

Die Suche nach Antworten auf die beiden im vorigen Kapitel genannten einfachen Fragen nach mitfühlendem Handeln stimuliert das schöpferische Denken und Fühlen, so dass gewohnte Sichtweisen überwunden werden können. In den Antworten erfahre ich mich als gleichwertig mit jenen, die die Wirkungen meiner Handlungen erleben werden. In diesem Prozess keimt in mir die Erinnerung daran auf, dass kein fühlendes Wesen Schaden erleiden möchte. Im Hinblick auf konkrete Verhaltensweisen ergeben sich daraus Antworten, die die Menschheit schon seit vielen tausend Jahren kennt. Sie sind bedeutsam für fast alle Lebens- und Arbeitssituationen und so universell, dass sie als „Zehn Gebote" des Christentums oder als das „Vermeiden der Zehn Schädigenden Handlungen" im Buddhismus bezeichnet werden.

Und doch vergessen wir nur all zu oft die damit verbundenen kurzen und einfachen Antworten auf die wesentlichen Fragen des Lebens. Die Antworten werden selten Teil unseres gewohnten Denkens und Fühlens, weil wir sie nur als Norm oder Vorgabe äußerer Autoritäten verstehen, wovon sich emanzipierte Menschen Mitteleuropas wie selbstverständlich absetzen. Weil wir die Handlungsempfehlungen einer Autorität ablehnen, können wir die kurzen und prägnanten Antworten in jeweils aktuellen Lebenswirklichkeiten kaum anwenden. Hängen wir andererseits - autoritär gefangen - zu sehr an einzelnen Worten einer Autorität und geht uns dadurch die eigentliche Bedeutung zwischen den Worten verloren, helfen solche Regeln auch nicht weiter. Deshalb ist es wichtig, moralische Grundsätze nicht als autoritäre Normen zu betrachten. Nicht Gehorsam, sondern das eigene Nachdenken über die Folgen schädigender Handlungen sind die Mittel, um neue einfühlsame Wege wieder zu entdecken. „Denn alle Wesen gleichen sich in dem natürlichen Wunsch, Leid zu vermeiden und es gibt daher keinen Grund dafür, Unterschiede zwischen ihnen und uns zu machen."[256] In diesem Sinne sind die nachfolgenden Fragen

256 Dalai Lama, Path to Bliss, S. 162 (eigene Übersetzung)

und Antworten nur Beispiele. Sie benennen kein apodiktisches „Du musst", das Liebe und Mitgefühl nur behindert.

Deshalb auch folgender Hinweis: Sollte eines dieser Beispiele Ihre Empörung erregen, bedauere ich dies aus tiefstem Herzen und bitte Sie, zunächst nicht mehr weiter zu lesen. Ich habe versucht, meine Worte so vorsichtig wie möglich zu wählen. Das Schreiben über schädigende Handlungen ist sehr sensibel, weil wir alle Opfer und Täter sind. Ich hoffe aber, dass Sie zu einem späteren Zeitpunkt noch einmal in Ruhe über diese Aspekte nachdenken können. Oder, wenn Sie es wünschen, treten Sie mit mir in Kontakt[257] und wir versuchen gemeinsam, eine heilsame Sicht auf eine bestimmte Lebensfrage zu finden:

1. Frage: Will ich getötet werden?

Die klare Antwort lautet: Nein! Die Konsequenz ist: Ich vermeide andere zu töten, denn sie mögen genauso wenig getötet werden wie ich.

Töten bedeutet, dass ich einem anderen Lebewesen das Leben raube. Ganz gleich, um welches Lebewesen - Mensch oder Tier, groß oder klein - es sich dabei handelt. In jedem Fall erleidet ein fühlendes Wesen den dramatischen Verlust des Lebens. Einen anderen Menschen zu töten ist eine der furchtbarsten Handlungen, denn sie zerstört Opfer wie Täter. Deshalb ist es sinnvoll und notwendig, jede Form des Tötens zu vermeiden, niemandem zum Töten anzuleiten und auch alle Bedingungen, die das Töten fördern könnten, zu beseitigen. Die einfache Konsequenz daraus ist, dass ich mit dabei helfe, alle Waffen auf dieser Welt abzuschaffen, und sei es nur durch die Unterstützung einer Petition. Denn Waffen sind mehr als eindeutige Instrumente des Tötens. „Schwerter zu Pflugscharen" zu schmieden, bleibt eine heilende Aufgabe.

Kompliziert scheint die Suche nach heilsamen Handlungsoptionen, wenn mehrere Personen an einem möglichen Konflikt beteiligt sind: In den 1980er Jahren haben die sogenannten Kommissionen zur Bewertung von Wehrdienstverweigerern die Antragstellenden vor folgendes Problem gestellt: „Stellen Sie sich vor, Sie ge-

257 Siehe unter www.dharma-university-press.org

hen mit Ihrer Freundin durch einen dunklen Wald. Plötzlich steht ein Verbrecher mit einer Waffe vor Ihnen und will Ihre Freundin vergewaltigen. Auch Sie haben eine Pistole. Wie reagieren Sie?" Alle gesunden jungen Menschen würden sagen, dass sie ihre Freundin, die sie lieben, beschützen wollen. Das ist Ausdruck ihres Mitgefühls und ihrer Liebe. Die auf Kampf gedrillte Ideologie einer Armee erwartete damals aber, dass der junge Mann den bösen Verbrecher sofort erschießen würde, um so seine pazifistische Haltung als Illusion zu entlarven. Dabei haben die Mitglieder der Kommissionen leider übersehen, dass der junge Mann in dem Fall, dass er den Angreifenden tatsächlich tötet, selbst einen kaum zu überwindenden seelischen Schaden davontragen würde. Denn einen Menschen zu töten, verletzt den eigenen Geist schwer - selbst wenn dies in Notwehr geschieht.

Doch welche alternativen Handlungsoptionen kann es in einer solchen Situation überhaupt geben? Vielleicht könnte ich durch intensives und mitfühlendes Zureden auf den offensichtlich verwirrten Angreifenden die Gewalttat noch verhindern? Vielleicht gelänge es mir, einen uneinsichtigen Angreifenden nur so stark zu verletzen, dass er kampfunfähig würde? Vielleicht wäre es sogar besser, mich selbst töten zu lassen, was einen Schock für den Täter auslösen könnte, wodurch dieser von seinem Vorhaben der Vergewaltigung ablassen würde? Es gibt immer verschiedene Handlungsoptionen, die jedoch nicht theoretisch diskutiert werden können, weil sie von fast unzähligen Faktoren abhängen, wie von so banalen Dingen wie dem Wetter: Wäre es an dem Tag einer potenziellen Handlung sonnig gewesen, ließe sich ein verwirrter Mensch vermutlich leichter durch Worte von seinem Plan abbringen? In jedem Fall ist es sinnvoller, den Angreifenden nicht zu töten, weil ich ansonsten aufgrund des negativen Karma „nicht mehr mit mir unter einem Dach leben kann", was einer fast unendlichen Höllenqual auf Erden gleicht.

Es gibt viele Lebenssituationen, in denen wir uns angegriffen fühlen und oft glauben, wir müssten zurück schlagen. Mit dem ganzen Herzen zu verstehen, dass eine Revanche nur einem selbst schadet, erfordert besonders Geduld. „Ein wahrhaftig geduldiger Geist wird keinen Angriff mehr als persönliche Verletzung verstehen. Daraus folgt unmittelbar, dass er auch keine verletzende Antwort mehr geben muss. Wenn wir wirklich geduldig sind, können andere uns nicht mehr schaden und auch wir werden anderen keinen Schaden mehr zufügen."[258]

Doch es gibt auch sehr schwierige Lebenssituationen, in denen die Frage nach Leben und Tod nur sehr schwer zu beantworten ist. Wenn beispielsweise eine Frau nach einer Vergewaltigung schwanger wird, erlebt sie ein fast unüberwindbarer Dilemma. Das Leid in einer solchen Lebenssituation ist unermesslich und es ist unerträglich, in einer solchen Lage von einer normativen „Dumusst-Moral" bestimmt zu werden. Sich hier zu entscheiden und für sich eine richtige Entscheidung zu finden bedarf intensiver Gespräche und Gefühle über die Zukunft des eigenen Lebens. Den meist jungen Frauen in diesem Prozess zu helfen ist wesentlicher als jede moralische Norm.

Mit Blick auf nicht-menschliche Lebewesen ist es schon wesentlich schwieriger, nicht zu töten. Bei jeder Autofahrt töten wir viele Lebewesen wie Insekten oder Käfer, aber auch Hasen und andere größere Tiere. Versetzen Sie sich für einen Moment in die Perspektive eines angefahrenen Hasen und fühlen Sie sich in dessen Situation hinein. Getötet zu werden ist grausam, egal ob dafür Waffen, Chemikalien, Fahrzeuge oder andere Gegenstände verwendet werden. Als Menschen können wir das kaum vermeiden. Dies berührt auch die vielschichtige Kontroverse um den Verzehr von Fleisch. Mit dem Ziel, Lebewesen nicht zu töten, ist es richtig, kein Fleisch zu konsumieren. Andererseits benötigen manche Menschen Fleisch als Nahrung, weil sie - wie Eskimos - anderes kaum zur Verfügung haben, so dass das Töten für sie eine notwendige Handlung ist. Für unser Leben in einer Überflussgesellschaft aber ist es das Mindeste, Tiere so zu töten, dass sie möglichst keine Schmerzen dabei erleiden. Dies wird aber in den ökonomisch geführten Massenschlachtereien zur Produktion von billigem Fleisch ignoriert, weshalb wir uns bemühen sollten, den Fleischkonsum zu minimieren. Denn es entsteht schon dann eine kleine heilsame

258 Geshe Pema Samten, Karma, S. 103

karmische Spurrille, wenn ich bei jeder Handlung meine Achtsamkeit darauf ausrichte, so wenige Lebewesen wie möglich zu töten.

2. Frage: Will ich bestohlen werden?

Auch hier lautet die einfache Antwort jedes Menschen: Nein! Die Konsequenz ist: Ich vermeide zu stehlen, denn andere mögen genauso wenig bestohlen werden wie ich.

Diebstahl bedeutet, dass ich einen Gegenstand, der sich nicht in meinem Besitz befindet, ohne Einverständnis des Besitzenden an mich nehme. Diebstahl ist eine weit verbreitete Handlung, die sich in sehr banalen Lebenssituationen zeigt: „Sicher denken wir alle von uns, dass wir auf keinen Fall Diebe seien. Aber haben wir wirklich immer nur das genommen, was uns freiwillig gegeben wurde? Viele haben aus dem Büro schon einmal einen Bleistift mitgenommen oder sie gaben das Wechselgeld nicht zurück, obwohl sie sofort gemerkt hatten, dass ihnen zu viel ausgehändigt wurde."[259] Diebstahl findet auch statt, wenn wir durch Steuervermeidung oder durch das Erschleichen von Sozialleistungen der Gemeinschaft eines Landes finanzielle Ressourcen entwenden, die für die Ausgestaltung des gemeinsamen Lebens erforderlich sind.

Manche Form des Diebstahls ist sehr subtil, also nicht sofort einsichtig. Hierzu zählen etwa Patente: Wenn ich etwas erfinde, dann ist die Grundlage dafür eine Fähigkeit, die ich nur durch Erziehung und Bildung erlangt habe, die mir wiederum die Gemeinschaft geschenkt hat. Kein Erfinder hätte je etwas erfunden, wenn vor ihm die Gemeinschaft nicht die entsprechenden wissenschaftlichen und sonstigen Umstände geschaffen hätte. Sowohl Bildung als auch Forschung werden von der Gesellschaft mit dem Ziel finanziert, gemeinsames Wohl für alle zu ermöglichen. Mit einem Patent im Sinne des heutigen Patentrechts aber, erhält eine einzelne Person das alleinige Nutzungsrecht an einer Idee, die aber immer nur als Produkt eines Gemeinschaftsprozesses betrachtet werden kann. Insofern enthält das aktuelle Patentrecht der Gemeinschaft den gemeinsamen freien Nutzen einer Erfindung vor, was einem Diebstahl gleich kommt, da auch hier der Gesellschaft

259 Geshe Pema Samten, Karma, S. 66

eine Ressource vorenthalten wird und ihr schadet. Zur Verdeutlichung ein einfaches Beispiel: Stellen Sie sich vor, jemand erfände heute das Rad, würde darauf ein Patent erhalten und dies über Lizenzen wirtschaftlich ausnutzen. Der Menschheit würde dadurch ein großer Schaden entstehen, weil niemand ohne Lizenzgebühr zu bezahlen ein Rad nutzen könnte. Ähnlich absurd ist der Patentstreit zwischen Samsung und Apple über die Fähigkeit eines Gerätes, mit einer Streichbewegung der Hand eine neue Seite aufzublättern. Dies ist so allgemeingültig, dass niemand ein Patent darauf besitzen kann. Deshalb ist im indischen Patentrecht die sinnvolle Einschränkung eingefügt worden, dass kein Patent erteilt werden darf, wenn dadurch den Menschen in Indien ein erheblicher Schaden zugefügt wird. Auf dieser Basis werden vielen europäischen und nordamerikanischen Pharmaunternehmen Patente verweigert, wenn zu befürchten ist, dass patentierte Medikamente für weite Teil der armen Bevölkerung zu teuer werden.

Heute ist subtiler Diebstahl leider an fast allen Forschungseinrichtungen Alltag: Während Professoren und ihre Mitarbeitenden sowie erforderliche Laboreinrichtungen und Messgeräte von der Gesellschaft finanziert werden, halten Professoren und höhere Assistenten die Patente vieler Forschungsergebnisse, womit sie teilweise einen erheblichen persönlichen Reichtum erlangen. Das ist zwar gesellschaftlich durch das Recht sanktioniert, also legal, bleibt aber dennoch subtiler Diebstahl, weil die Ergebnisse mit den Ressourcen der Gemeinschaft erdacht und erarbeitet worden sind. Noch eindeutiger wird der Diebstahl, wenn die an den Universitäten erzielten Forschungsergebnisse in von Professoren gegründeten Unternehmen ausgelagert werden. Sinnvoller wäre es, wenn Universitäten als öffentliche Einrichtungen solche Patente besäßen und die daraus entstehenden Einnahmen wieder in Bildung und Forschung investieren würden. Ein so ausgestaltetes Patentrecht würde die Bedeutung der Gemeinschaft bei der Ermöglichung von Forschung angemessen berücksichtigen. Das dies umsetzbar ist zeigen bekannte Beispiele: Bei der berühmten Forschungs- und Technologieschmiede „Massachusetts Institut of Technology (MIT)" in Boston bleiben alle Forschungsergebnisse, auch die, für die Unternehmen einen Auftrag erteilt haben, Eigentum der MIT Foundation und nicht der Professoren oder Institute. Man kann sicherlich darüber streiten, ob die MIT Foundation als private Eliteuniversität eine Einrichtung der Gesellschaft ist. Da die Stiftung aber auch viele nicht-wohlhabende Studierende mit Stipendien unterstützt und aus den Einnahmen wirtschaftlich nicht verwertbare Forschung finanziert, ist der Charakter einer gemeinnützigen Gemeinschaft durchaus gegeben. Als Anerkennung ihrer herausragenden Leistung erhalten die Forschenden am MIT einen angemessenen Bonus. Oder sie freuen sich einfach darüber, dass sie der Menschheit einen Teil ihres Wissens schenken konnten. Jedenfalls bleibt das Wissen Gemeinschaftseigentum und finanziert neue Studien und Stipendien.

Ähnlich problematisch ist auch das Copyright: Ohne die mir von der Gemeinschaft geschenkte Ausbildung wäre ich kaum in der Lage, ein Buch zu schreiben, weil ich nicht einmal lesen könnte. Andererseits ist es notwendig, dass Autorinnen und Autoren von ihren Produkten leben können, sie also mit Büchern und Texten Geld verdienen als Anerkennung für ihre kreativen Gedanken, die die Gesellschaft fördern. Daher wäre es sinnvoller, das Copyright ausschließlich den Autoren und Autorinnen zuzugestehen, dies jedoch auf die gewerbliche Weiterverbreitung ihrer Texte zu beschränken. Denn wie kann ein Buch, das immer auf die Erfahrung und Ressourcen von Gesellschaften basiert, einem Verlag gehören? Noch absurder wird es, wenn Texte von Geistesgrößen wie Kant oder Goethe, Buddha oder anderen Meistern der Vergangenheit unter das Copyright eines Verlages gestellt werden. Der Autor Paulo Coelho erzählte in einem Interview 2012: „Als ich einmal in Lima war, habe ich alle meine Bücher in Piraterie-Editionen entdeckt. Ich war glücklich und wollte mit dem Jungen sprechen, der sie verkaufte. Aber als ich ihm sagte, dass ich der Autor sei, ist er weggelaufen. Er glaubte, ich würde mich fürchterlich beschweren. Aber ich wollte mich nicht beschweren. Ich wollte ihm danken."[260] Deshalb stelle ich dieses Buch für die nicht-gewerbliche Nutzung zur freien Verfügung und freue mich darüber, wenn es so oft wie möglich vervielfältigt und gelesen wird.

260 Twittern ist Kunst, Interview mit Paul Coelho, in DIE ZEIT, Nr. 27, 6.7.2012

3. Frage: Möchte ich, dass jemand meine Beziehung zu einem anderen Menschen zerstört?

Die Antwort lautet einfach: Nein! Die Konsequenz ist: Ich vermeide eine Beziehung anderer zu zerstören, denn andere mögen genauso wenig dieses Leid erfahren wie ich.

Diese Frage ist brisant besonders in den Fällen, in denen die Beziehung zweier Menschen durch ein meist nur oberflächliches sexuelles Verlangens zerstört wird, was wir als Seitensprung verniedlichen. Dabei stehen in der Regel nicht die scheinbar attraktive neue Partnerin oder der besonders erfolgreiche neue Partner im Interesse des Abenteuers, sondern der narzisstische Wunsch eines oder einer Sehnsüchtigen, nach einem neuen, vermeintlich flirrenden sexuellen Erlebnis. Für wenige Minuten eines orgiastischen Momentes oder wenigen Stunden sentimentaler Träume werden Lebensläufe ignoriert, Menschen verletzt und lediglich als Objekte einer Begierde behandelt. Doch wie kann aus solchem narzisstischen Verlangen je Liebe entstehen, wo Liebe doch der Wunsch ist, dass andere Glück erleben mögen? Die schädigende Wirkung entsteht nicht durch die Sexualität als solche, weshalb auch die Rede von einer Sexualmoral unsinnig ist, sondern durch den einfachen Umstand, dass mit einer sexuellen Affäre Vertrauen beschädigt oder zerstört wird und die verlassene Person sich minderwertig fühlt.

Die Motive für solche Handlungen sind so vielfältig wie Beziehungen zwischen Menschen eben sind. Oft fühlt sich ein Partner oder eine Partnerin in einer Beziehung einsam oder verletzt, woraus der berechtigte Wunsch entsteht, doch endlich einmal von einem anderen Menschen geliebt zu werden. Ist die Beziehung mit dem oder der anderen nur noch Gewohnheit und leiden keine Kinder unter einer Trennung, dann ist an einem Wechsel des Partners oder der Partnerin auch nichts zu kritisieren. Denn eine Partnerschaft ist kein heiliges Versprechen. Im Gegenteil, dann ist die Trennung ein möglicher Weg, eine neue heilsame Beziehung mit einem anderen Menschen zu finden. Sind Kinder jedoch davon mitbetroffen, ist das Potenzial für Leid besonders groß und daher besondere Vorsicht geboten. Denn Kinder leiden immer unter der Trennung ihrer Eltern, weil sie dadurch die Sicherheit ihres Nestes, die jedes Wesen braucht, verlieren. Heilsamer wäre es in einer solchen Lebenssituation zu überprüfen, ob die gefährdete Beziehung noch durch eine Paartherapie oder ähnliche Maßnahmen gerettet werden kann. Ist dies aber aussichtslos, dann ist wohl eine Trennung erforderlich, um zunächst alleine oder mit den Kindern neu zu beginnen. Bei solchen Trennungsprozessen ist jedoch eine besondere Achtsamkeit erforderlich: Denn alle Beteiligten sind in hohem Maße verletzbar.

Die Beziehung zwischen Menschen zu lädieren, scheint das Ziel auch so mancher Manager zu sein, die mit den Gefühlen ihrer Mitarbeitenden spielen, wenn sie diese zum Kampf und zur Beschädigung verschiedener anderer Beziehungen anstacheln oder sie in einen destruktiven Wettbewerb treiben in dem Glauben, durch Kampf eine hohe Produktivität erzielen zu können. Doch dies ist, wie wir an dem Argument von Hannah Arendt über die produktive Macht von Organisationen ablesen können, ein großer Trugschluss. Die vermeintlich Besiegten erleben Enttäuschung und Wut und ziehen sich zurück. Die sogenannten Sieger erleben eine nicht enden wollende Einsamkeit, weil - wie bei den Schimpansen - niemand mehr mit einem solchen Sieger zusammen arbeiten möchte. Die Abteilung oder das Unternehmen verlieren durch Kämpfe und Intrigen die Zustimmung und die potenzielle Identifikation der Mitarbeitenden - und damit ihre Einflusssphären.

4. Frage: Möchte ich belogen werden?

Wieder ist die klare Antwort: Nein! Die Konsequenz ist: Ich vermeide zu lügen, denn andere mögen genauso wenig belogen werden wie ich.

Lügen bedeutet allgemein, dass ich die Absicht habe, die Wahrnehmung anderer zu täuschen, indem ich Dinge verzerrt darstelle. Selbst auf die einfache Frage, wie es ihnen geht, antworten die meisten mit einer beschönigenden Lüge, um die Wahrnehmung anderer von der eigenen realen Situation abzulenken. Die Schwierigkeit, Lügen oft nicht vermeiden zu können, dient so manchem Zeitgenossen gar als Vorwand für weiteres Lügen, das aufgrund der vorgegaukelten Illusion durchaus als angenehm empfunden werden kann. Manche betrachten die Manipulation anderer durch Lügen gar als besondere Stärke und Durchsetzungsfähigkeit.

Doch die Wirklichkeit sieht wie so oft anders aus, als wir uns dies mit der individuellen selektiven Wahrnehmung und den inneren Konstruktionen vorstellen. Wie oft erzählen wir Geschichten, die kaum etwas mit dem realen Geschehen gemein haben? Wie oft reden wir uns Dinge schön oder schlecht, manipulieren und biegen die Wirklichkeit so lange zurecht, bis sie uns passt? Das Motiv hierzu ist fast durchgängig das gleiche: Ich möchte die Wirklichkeit verdrängen, weil sie mich schmerzt. Ich möchte mich selbst positiv sehen, weil ich meine schlechten Seiten nicht ertragen kann. Insofern sind Lügen zwar verständlich, aber trotzdem schädigend: Denn auch wenn ich neben einem von mir erbauten explodierten Atomkraftwerk den Kopf in den Sand stecke, bleibt die Radioaktivität für mich und andere tödlich. Sich diese tödlichen Belastungen durch Windmessungen, Wasserverteilungen und anderen technischen Argumenten schön zu lügen, kann nicht von der Tatsache ablenken, dass Menschen, Tiere und Pflanzen durch Radioaktivität elendig sterben und ich als beteiligter Erbauer Spurrillen in meinem Geist erzeuge, wodurch ich zukünftig Leid erfahren werde. Ähnliches gilt für so viele Bereiche unseres Alltags: Wenn alleine in Deutschland jährlich um die 40.000 Menschen durch Krankenhauskeime sterben und etwa 190.000 Menschen durch ärztliche Fehler Leid erfahren, dann nützt keine Beschönigung mehr für das Versagen vieler Krankenhäuser, mit welchen Studien und Zahlen auch immer. Angemessen wäre, dass alle an diesem System Beteiligten - Ärzte, Pflegende, Organisierende, Versicherungen und politisch Verantwortliche - sich gemeinsam das Versagen eingestehen und beginnen nach Wegen zu suchen, um dieses Leid zukünftig zu vermeiden.

Die Wirkung des Nicht-mehr-Lügens ist immer positiv, weil die Verzerrung der Wirklichkeit aufgehoben wird. Wahrheiten werden sichtbar, die oft auch schmerzen. Das konstruierte Zerrbild der eigenen Person, anderer Personen oder ganzer Organisationen zerfällt und damit auch eine Schutzwand vor möglicherweise unangenehmen Wahrheiten. Doch bei allen Schmerzen durch Wahrheit und Veränderung ermöglichen diese letztlich, Leid zu vermeiden. Nicht zu lügen ist ein hoher Anspruch und erfordert auch eine große innere Anstrengung. Doch es lohnt sich!

5. Frage: Möchte ich, dass jemand schlecht und abfällig über mich redet?

Die Antwort ist auch hier wieder ein unüberhörbares Nein! Die Konsequenz: Ich vermeide schlecht und grob über andere zu sprechen, denn niemand mag solches Leid erfahren.

Grobe Rede bedeutet, dass ich aus einer schädigenden Motivation heraus etwas über andere sage. Die Herabwürdigung schädigt andere Menschen in erheblichen Maße. Das Ziel ist, sich selbst zu erhöhen, wodurch das ICH sich so wunderbar in der Illusion der besonderen Stärke, Schönheit, Intelligenz oder anderer, gerade in einer Gruppe wichtigen Merkmale, suhlen kann.

Die verbale Missachtung wird auch als Mittel im Kampf gegen andere eingesetzt, die zumindest kampfunfähig geredet werden sollen, um Kontrolle zu ermöglichen. Worte können genauso tödlich sein wie echte Waffen. Leider habe ich dieses Kampfmittel in zu vielen Gesprächen und Verhandlungen früher selbst verwendet. Heute weiß ich, dass dies ein gravierender Fehler in meinem Leben war, für den ich mein tiefstes Bedauern zum Ausdruck bringe.

Die grobe Rede bis hin zur bewussten Verleumdung ist leider auch die Geschäftsgrundlage der Boulevard Presse und vieler anderer Medien. Beschimpfungen sind im Internet mittlerweile die Regel. Personen werden um der Schlagzeile willen zugrunde gerichtet: Prominente, heute noch hoch gelobt, können morgen schon von den Medien verrissen werden. Wer so etwas erlebt, schottet sich ab, wird einsam, erfindet Geschichten über sich und lügt zum eigenen und zum Schutz der Familie. Die Wirklichkeitsverzerrungen sind in der Folge häufig so intensiv, dass sie Depressionen auslösen. Süchte, wie hoher Alkoholkonsum, sind in dieser Lebenssituation noch das kleinere Übel. Der Dalai Lama findet daher für die grobe Rede sehr drastische Worte: „Wenn wir andere durch grobe Rede abwerten und verletzen, verhalten wir uns, als würden wir uns selbst Kot in den Mund schieben!“[261] Enthalten wir uns deshalb der groben Rede und wüster Beschimpfungen

261 Dalai Lama, Der Schlüssel zum Mittleren Weg, S. 85

und vermeiden wir, mit dem Finger auf andere zu zeigen! Denn Kot schmeckt wirklich schlecht.

6. Frage: Möchte ich, dass jemand Zwietracht oder Streit zwischen mir und anderen sät?

Auch diese Antwort ist wieder eindeutig: Nein! Die Konsequenz: Ich säe keine Zwietracht, denn andere mögen genauso wenig Streitigkeiten wie ich.

Aufgrund der folgenschweren Ideologie, Kampf sei der Grundmodus des Lebens, kämpfen in vielen Unternehmen einzelne um eine kurzweilige Vorherrschaft. Angestachelt durch ihre Manager oder auch aus eigenem Glauben an den vermeintlichen „Kampf der Besten", meinen viel zu viele, sich auf Kosten anderer profilieren zu müssen. Die Intrige ist in vielen großen Organisationen zu einem leider weit verbreiteten Instrument zur Vereinzelung von Mitarbeitenden geworden, die dadurch teilweise gefügig gehalten werden.

Dabei vergessen die Manager, dass sie durch solche Umtriebe die kreative Macht einer Organisation zerstören, die erst in der Zusammenarbeit aller Mitarbeitenden mit Blick auf die Bedürfnisse der Kunden und Klientinnen entsteht. Ohne Pflegerinnen und Pfleger würde ein Altenheim nicht existieren, wäre nur eine Wohnhaus. Die Intrige beschädigt nicht nur Beziehungen untereinander und das Vertrauen zu den Menschen im sogenannten Markt, sondern sie löst meist weitere Aggressionen aus. Projektteams, Abteilungen oder Unternehmen degenerieren zu Schauplätzen streitender Egomanen - wir könnten auch sagen Schimpansen, die sich um die Beute streiten. Ohne die Packerinnen und Packer, ohne die Programmierenden der Abläufe, würde der Internethandel nicht existieren, Versandunternehmen wären nur eine Ansammlung von Lagerhallen. Die eigentlichen Ziele und Aufgaben eines Unternehmens oder jeder anderen Organisation werden erst durch die Zusammenarbeit von vielen produktiv verwirklicht. Nach meiner Erfahrung gehen weit über 30 Prozent der Arbeitszeiten in Organisationen mit mehr als 100 Menschen mit sogenannten internen Firmen-Politiken verloren, die nichts weiter sind als Schimpansen-Kämpfe. Ursachen sind fast durchgehend Intrigen verschiedener Art. Die viel beschworene „corporate identity" geht dadurch weitgehend verloren, wird zu einer bröckelnden Fassade ohne Gebäude und Substanz dahinter.

7. Möchte ich zum Objekt sinnloser Rede werden?

Die Antwort ist wieder eindeutig: Nein! Die Konsequenz ist: Ich vermeide sinnloses Geschwätz, denn andere mögen dieses Leid genauso wenig erfahren wie ich.

In der sinnlosen Rede schwätze ich mit anderen über Unnützes. Ich erzähle belanglose Geschichten, die keinerlei Wert für irgendjemanden haben. Selbst ohne Bewertungen ist dieses Geschwätz schädlich, weil ich damit sowohl meine als auch die kurze und wertvolle Lebenszeit anderer verschwende.

Sinnloses Geschwätz ist leider das zweite Standbein der Medienwelt. Über irgendwen und irgendwas wird immer geschwätzt und getratscht. Viele tausend Menschen produzieren und lesen täglich Unsinniges und verlieren damit wertvolle Lebenszeit. Wie viel Schönes und Freudiges könnten wir alle stattdessen tun und erleben?!

8. Möchte ich, dass mich jemand als Objekt der Begierde benutzt?

Die Antwort ist wieder ein entschiedenes: Nein! Niemand möchte als Objekt der Begierde benutzt werden. Die Konsequenz ist: Ich vermeide andere zu begehren, denn niemand möchte Objekt einer Begierde sein.

Die schädigende Wirkung der Begierde zu begreifen, ist für uns sehr schwierig, weil sie neben der Aggression zum Kult der westlichen Gesellschaft gehört. Die landläufige These lautet: Nur wer begehrenswert ist, lebt erfolgreich. Wer nicht begehrenswert ist, lebt am Leben vorbei. Hieraus entwickelt sich leicht das Motto „Arbeit macht frei!", das am Eingang der meisten Konzentrationsläger stand, und so viele bis heute in den diversen Hamsterrädern gefangen hält. Der Unsinn dieser These kann leicht bewiesen werden. Ich brauche mir nur vorzustellen, ich sei ein Objekt der Begierde, so wie die vielen Millionen Prostituierten - ob männlich oder weiblich - die täglich Objekte sexueller Begierden von Millionen Männern und auch manchen Frauen[262] sind. Legal sind in Deutschland ca. 400.000

262 Über den Sextourismus auch bei westlichen, relativ wohlhabende Frauen berichteten: Anita Blasberg und Miriam Blasberg, Du bist so schön, DIE ZEIT Nr. 18, 24.4.2014

Prostituierte tätig, die im Durchschnitt zehn Männer pro Tag bedienen. Ergo gehen ca. 4 Millionen Männer täglich zu einer Prostituierten. Geschätzt wird, dass im Durchschnitt die zu Prostituierten gehenden Männer alle sieben bis zehn Tage dort hingehen. Ergo erleben eine halbe Millionen Frauen und etwa 50% aller Männer in Deutschland das damit verbundene Leid. Sie werden für die kurzen Sekunden einer Ejakulation oder eines Orgasmus benutzt wie eine Toilette und anschließend weggespült. Aber auch die Männer und Frauen, die solche Dienste nutzen, leiden, weil sie nach jedem Besuch fühlen, dass sie sich von ihrem Wunsch nach Liebe und Geborgenheit wieder ein Stück weiter entfernt haben. Fühle ich mich in diese Lebensumstände ein, kann ich die schädigende Wirkung der Begierde fast hautnah erleben.

Die Begierde nimmt der begehrten Person, dem Objekt der Begierde, die Integrität und beschädigt ihre Würde. Aus einem Subjekt wird ein Objekt, das aus der Perspektive der begehrten Person seine Gleichwertigkeit verliert, während die begehrende Person in einem narzisstischen Akt sich weitgehend isoliert - von jeder Beziehung und Empfindung. In diesem Zustand zählen nur die Sicht und das Weltbild der Begehrenden. Die begehrte Person spielt überhaupt keine Rolle mehr, ist nur ein Schattenbild wie in Platons Höhle. Zu viele Frauen und Männer leiden unter dieser Täuschung der Begierde und wünschen sich doch einfach nur, geliebt zu werden. Niemand möchte das Leid erleben, das Begierde mit sich bringt. Niemand will seine oder ihre Integrität verlieren. Für jedes Glück, das eigene wie das der anderen, ist wesentlich, niemanden als Objekte einer Begierde zu missbrauchen.

9. Möchte ich, dass jemand anderes mich hasst?

„Nein!", ist auch hier wieder die klare Antwort. Die Konsequenz ist: Ich vermeide andere zu hassen, denn andere mögen genauso wenig gehasst werden wie ich.

Mit Hass und Aggression ist die Absicht verbunden, eine andere Peron zu verletzten oder gar zu vernichten. Die sozialdarwinistischen Ideologen verkaufen uns Aggression gar als Erfolgsrezept. Die intuitive Erkenntnis über die schädigende Wirkung der Aggression wird von einem trügerischen gesellschaftlichen Sinn der Aggression überdeckt. Aryadeva schreibt hierüber im 3. Jahrhundert:

„Niemand hat einen Vorteil aus der Beschädigung anderer.
Die Bewunderung für eine aggressive Person
verstärkt nur deren schädigende Handlungen.
Hass im Besonderen richtet sich nie gegen Mächtige.
Aber warum bewunderst du jemanden, der andere unterdrückt?"[263]

Niemand fühlt sich in einer Wut glücklich. Weder der oder die Schreiende noch der oder die Angeschriene. Denn niemand möchte geschlagen oder sonst wie aggressiv behandelt werden. Dass weder ich noch andere dies erleben möchten, ist unmittelbar einsichtig und braucht nicht weiter erläutert zu werden. Daher ist das Anpreisen von Aggression als Faktor zur Leistungssteigerung purer Blödsinn.

Trotzdem sind wir oft auf andere wütend, selbst in so schlichten Lebenssituationen wie in einem Stau oder einer Warteschlange. Die Aggression als Ursache von Leid zu erkennen und dann zu vermeiden, ist eine besondere Herausforderung für unser Leben. Das zu analysieren bedarf einer tieferen Betrachtung unseres Geistes - eines der Themen, die wir mit Hilfe von Asanga im zweiten Band näher erörtern.

10. Frage: Möchte ich von einem narzisstischen Menschen herabgewürdigt oder als nicht gleichwertig behandelt werden?

Auch hier ist die Antwort eindeutig: Nein! Die Konsequenz ist: Ich vermeide, mein narzisstisches ICH zu füttern und andere darunter leiden zu lassen.

Die egozentrischen Interessen und der beständige narzisstische Blick durch die eigene Brille auf alle Gegebenheiten und Situationen des Lebens sind wesentliche Ursachen dafür, dass andere durch mich Leid erleben. So einfach sich die obigen Fragen auch formulieren lassen, so schwierig sind die Antworten zu leben, vor allem wenn viele Menschen in einem Netzwerk zusammen leben.

263 Aryadeva's Catuhsataka (400 Verse), published and translated by Karen Lang, Vers 145 und 147, S. 69 (eigene Übersetzung)

Oftmals scheint es, als müssten unterschiedliche Werte abgewogen werden. Doch bei aller Komplexität vieler Lebenssituationen versuchen wir durch das Argument der Abwägung meist nur die eigenen Interessen geschickt durchzusetzen.

Vor allem in der Zusammenarbeit und im Zusammenleben mit anderen, verdrängen wir viel zu schnell, dass wir in einem globalen Geflecht mit unzählbaren Menschen leben und arbeiten. Wir achten vielfach nur auf die eigenen Interessen und glauben, diese durchsetzen zu müssen, um nicht unterzugehen. Doch wären die Methoden zur Willensdurchsetzung förderlich für das eigene Glück, müssten wir alle sehr glücklich sein, da wir dies fast ständig praktizieren. Es besteht also ein eindeutiger Widerspruch zwischen der These, ich muss mich durchsetzen, um glücklich zu sein, und der Wirklichkeit. Die Ursache dafür ist, dass unser Geist viel zu oft durch das scheinbar einzigartige, schöne, wichtige, wesentliche, intelligente, über allem stehende ICH verwirrt wird. Eigentlich könnten wir auch sagen „verblendet". Denn im Rausch des egozentrischen Handelns halten wir uns für unbesiegbar. Das überhöhte, narzisstische ICH hindert uns, ehrlich die wichtigen Fragen des Lebens zu stellen und zu beantworten. Um Glück zu erfahren, ist es erforderlich den Geist zu befähigen, zwischen meinen Interessen einerseits und einer ehrlichen Antwort auf alle diese zehn Fragen andererseits zu unterscheiden. Gelingt mir dies, erlebe ich ein „Ich im Wir" mit dem Potenzial, alle Perspektiven der anderen zu verstehen. Dadurch wird Glück zu einem realen Dauerzustand.

Wie bei allen Veränderungen ist bei der Entwicklung des Geistes behutsames Vorgehen erforderlich, weil jeder Schaden zu vermeiden ist - auch der eigene. Irgendwann aber erleben wir Situationen, in denen wir uns der Realität des Lebens stellen müssen. Das sind in der Regel Momente während einer schweren Krankheit oder die Monate und Jahre vor dem Sterben. Leider versuchen selbst dann noch viele sich etwas vorzulügen, glauben an die Unendlichkeit ihres Lebens, an eine noch eintretende Heilung. Die schädigenden Handlungen der Vergangenheit werden weiter verdrängt und schön geredet, was den Schmerz des unausweichlichen Todes nur intensiviert. So verrinnt die Zeit, ohne reinen Tisch zu machen, um noch etwas positiv zu verändern. Deshalb fällt so vielen Menschen am Ende ihres Lebens das Sterben so schwer. Denn ein verwüstetes Feld zu hinterlassen, ist viel schwieriger, als einen schön gepflegten Geist mitzunehmen.

In den existenziellen Momenten des Lebens lässt sich der Geist nicht beirren, von welchen Theorien und Weltbildern auch immer, und weiß um die schädigenden Wirkungen vergangener Handlungen, die anderen Leid zugefügt haben. Daher ist es sinnvoll sich regelmäßig, auch in jungen Jahren, der Wirklichkeit der eigenen falschen, weil schädigenden Handlungen zu stellen. Wir sind alle ohne Ausnahme Menschen, die Fehler begehen. Die Frage ist nur, wie wir damit umgehen. Gestehe ich mir regelmäßig ein, dass ich die beschriebenen zehn schädigenden Handlungen heute, gestern, in der vergangenen Woche, im vergangenen Monat oder Jahr getan habe, und nehme ich mir vor, aus diesen Fehlern zu lernen und diese zukünftig zu vermeiden, dann wird mein Leben leichter und glücklicher werden. Ist das Eingestehen oder Bekennen vor mir selbst, beispielsweise während einer Meditation, begleitet von tiefem Bedauern über den angerichteten Schaden, entsteht jene Energie, die mir hilft, schädigende Handlungen in der Zukunft tatsächlich zu vermeiden. Hierbei sind drei Aspekte besonders zu bedenken:

i) Keine verletzende Tat kann je rückgängig gemacht werden. Gelebt ist gelebt und kann mit keiner Maßnahme zurückgeholt und verändert werden. „Das Vergangene ist vergangen. Das Wichtige ist die Zukunft. Die Zukunft hängt ganz vom Heute ab. In der Vergangenheit war ich sehr dumm und selbstsüchtig; das ist bedauerlich - aber es ist vergangen. Wir können die Vergangenheit nicht mehr ändern. Die Zukunft aber liegt in meiner eigenen Hand. Von jetzt an will ich ein mitfühlender Mensch sein."[264] Es existiert also keine Zwangsläufigkeit, aufgrund derer falsche Handlungen wiederholt werden müssen. Durch ernsthaftes Bedauern über schädigende Wirkungen, dass dieses oder jenes Tun andere verletzt hat, kann aus dem Negativem die heilsame Kraft zur zukünftigen mitfühlenden Gestaltung des Lebens entstehen. Fehler sind insofern wichtige Wegweiser auf dem Weg zu einem

264 Dalai Lama, Yoga des Geistes, S. 72

glücklichen Leben, die wir aber nur dann als solche erkennen können, wenn wir sie uns eingestehen und ehrlich bedauern.

ii) Eine Bereinigung von Fehlern ist nur möglich, wenn dabei Schuldgefühle vermieden werden. Im Tibetischen gibt es deshalb keinen Begriff für Schuld, weil die Vorstellung von Schuld immer impliziert, dass ich mich vor jemand Höherem, spätestens vor einem strafenden Gott, rechtfertigen soll. Erstens wissen wir, dass Liebe, auch die eines angenommenen Gottes, nicht durch Strafe verwirklicht werden kann. Zweitens wird durch das Schuldgefühl die Verantwortung für die fehlerhaften Handlungen auch noch auf jene Autorität projiziert, vor der ich mich rechtfertige und deren Strafe ich erwarte. Dadurch aber ist sicher, dass ich die gleichen Fehler wieder machen werden, weil ich sie nicht als eigene Fehler betrachte. Fehler verlieren durch Schuldgefühle das Potenzial zur heilsamen Veränderung. Schuld treibt das Rad des Leids weiter an. Aus diesem Grunde vermeide ich auch den Begriff Reue, der in den deutschen Übersetzungen tibetischer Texte oft verwendet wird, weil er meines Erachtens zu sehr mit dem Konzept der Schuld verbunden ist.

iii) Trotz aller Anstrengungen und Bereinigungen werden wir schädigende Handlungen vermutlich noch oft wiederholen. Denn wir sind Menschen und (noch) keine Heiligen. Selbstkasteiung und Selbstverachtung wegen begangener Fehler helfen nicht weiter. Vielmehr treiben Sie uns in weiteres Leid, da der Perfektionsdrang, schon Morgen wie Buddha ausschließlich heilsam zu handeln, unrealistisch ist und lediglich dem eigenen autoritären Charakter entspringt. Wie immer gilt es, mit sich selbst achtsam, geduldig und liebevoll zu sein. Selbst bei täglicher Meditation werden wir noch viele achtsame Leben benötigen, bevor wir tatsächlich einen geistigen Zustand erreichen, der jede schädigende Handlung vermeidet. Doch der Weg ist das Ziel.

Um sich dieser - für theistische Kulturen fremden - Sichtweise anzunähern, mag Ihnen folgendes Gedankenexperiment helfen: Stellen Sie sich vor, Sie lebten vor ihrem heutigen Leben in einem anderen Land und waren Mutter oder Vater von zwei Kindern. Aus einem bestimmten Grunde - Details sind in dem Zusammenhang nicht wichtig – haben Sie ihre Kinder verlassen. Sie sind fortgegangen, um einfach anders zu leben. Ihre Kinder haben also Sie als Mutter oder Vater verloren. Das hat den Geist ihrer Kinder damals schwer verletzt. Durch diese Verletzung haben die Kinder im Laufe ihres Lebens viele ernsthafte Schwierigkeiten erlitten. Kurze Zeit nach Ihrem Fortgang sind Sie gestorben und elf Monate später als die Person geboren worden, die Sie heute sind. Wegen der schädigenden Handlung damals an Ihren Kindern haben Sie in Ihrem neuen, aktuellen Leben bestimmte leidvolle Lebenssituationen erlebt.

Nun stellen Sie sich vor, Sie hätten die Möglichkeit, diese Zusammenhänge in Ihrem Geist klar zu erkennen. Was wären die möglichen Konsequenzen? Eine mögliche Reaktion wäre, dass Sie geschockt sind und sich schuldig fühlen. Sie würden sich wünschen, dass Sie damals ihre Kinder nicht verlassen hätten. Das ist zwar ein löblicher Wunsch, bedeutet aber, dass Sie Ihr jetziges Leben und die Person, die Sie heute sind, verabscheuen und in den Abgrund stürzen. Sie würden Wut und Aggression auf Ihr heutiges Leben entwickeln, weil dessen Basis eine vergangene schädigende Handlung war. Dies ist aber offensichtlich kein heilsames Handlungskonzept. Denn die Vergangenheit können Sie nicht mehr zurückdrehen, und Ihr heutiges Leben zu verachten, würde Sie und die Menschen in Ihrem heutigen Umfeld nur erneut verletzen. Am Ende würden Sie in eine tiefe Depression fallen.

Bei der Suche nach einer anderen Sichtweise sind drei einfache Tatsachen zu berücksichtigen. Erstens: Es war falsch, dass Sie ihre Kinder verlassen haben. Zweitens: Vergangenes bleibt vergangen, ist immer abgeschlossen. Drittens: Jedes Handeln heute ist nur auf die Zukunft ausgerichtet und kann die Vergangenheit nicht ändern. Tun Sie also alles, um in der Zukunft Ihre heutigen Kinder zu beschützen. Helfen Sie ihnen, ob als Mutter oder Vater, mitfühlende Menschen mit möglichst geringen Tendenzen zu gewalttätigem Verhalten zu werden. Dafür sind Liebe und Mitgefühl, Bildung und Wissen, Vertrauen und Wertschätzung die richtigen Mittel. Wenn Sie es schaffen, diese heilsamen Mittel praktisch einzusetzen, dann haben Sie aus den Fehlern der Vergangenheit tatsächlich gelernt und sie wirksam bereinigt. Etwas Schöneres und Besseres können Sie gar nicht tun!

Das Wesen aller schädigenden Handlungen besteht darin, andere für egoistische Zwecke zu instrumentalisieren. Wenn ich meine Kinder - aus welchen Gründen auch immer – verlasse oder sie abgebe, fröne ich ausschließlich meinem Ego. Immer wenn ich lüge, betrüge, stehle, schlecht über jemanden rede, Zwietracht säe, intrigiere, aggressiv bin, etwas begehre oder mich überhöhe, unternehme ich den Versuch, andere für meine Zwecke einzuspannen, um meine Interessen durchzusetzen. Doch stellen wir uns wieder die einfache Frage, „Möchte ich gerne instrumentalisiert werden?" Wieder lautet die Antwort klar und einfach: Nein! Niemand möchte instrumentalisiert werden. Die Konsequenzen aus diesen Überlegungen haben viele Philosophen immer wieder aufs Neue formuliert. Tugendhat verwendet hierfür nur zwei Worte:

„Instrumentalisiere Niemanden!"

Da es schwer ist, eine Negation wie „Instrumentalisiere Niemanden!" zu verinnerlichen, weil ein Nein kaum gefühlt werden kann, formuliert er auch die positive Alternative:

„Handle so, dass du immer jemandem anderen hilfreich sein kannst."

Indem ich mir also täglich vornehme, durch mein Handeln anderen zu helfen, sei es meinen Kindern, meiner Frau oder meinem Mann, sei es den Menschen in einer Wohngemeinschaft oder einem Verein, sei es den Kolleginnen und Kollegen im Unternehmen oder in anderen Organisationen, gelingt die tägliche Arbeit fast mühelos. In dem Bewusstsein, für andere da zu sein, wird selbst die größte Anstrengung zur puren Freude. Dazu bedarf es keiner großen Hilfsaktionen oder Kampagnen. Alle Menschen können dies in den vielen kleinen und alltäglichen Lebenssituationen leben und erleben: Indem ich freudig das Geschirr spüle, obwohl ich doch ständig spüle; indem ich freudig das Lebensnotwendige erwirtschafte, obwohl ich der oder die einzige bin; indem ich freudig jede Aufgabe übernehme, die ich bewältigen kann und die mir und anderen nicht schadet; indem ich anderen die Vorfahrt lasse, obwohl ich an der Reihe bin; indem ich freudig Steuern bezahle, obwohl so viele andere sich darum drücken. Die Liste der frohmachenden Tätigkeiten ist so lang und so vielfältig wie das Leben. Mit dem bewussten Helfen in jeder Lebenssituation wiederbelebe ich in mir die urmenschliche kommunikative Kooperation, erlebe und lebe ich die Gleichwertigkeit und Würde aller. Als - nicht instrumentellen - Dank erlebe ich dann das Echo meiner heilsamen Taten: Vertrauen. Wertschätzung. Freude. Glück. Liebe.

Doch schon ertönt die gebetsmühlenartige Stimme des Wettbewerbs, die sagt: Ich bin doch gar nicht dran! Ich bin doch nicht blöd, denen zu helfen! Ich lasse mich doch nicht ausbeuten! Die Steuern werden eh falsch ausgegeben! Stellen Sie sich für einen Moment vor, niemand würde Steuern zahlen, niemand würde je irgendjemandem helfen. Es gäbe keine Gemeinschaftseinrichtungen wie Straßen und Schulen, Krankenhäuser und Kläranlagen. Es würde nichts produziert, nichts erwirtschaftet, nichts erforscht. Kurz, die menschliche Gesellschaft wäre zum Untergang verurteilt. Egomanische Einzelgänger würden durch die kaum noch erkennbaren Straßen ziehen, alle niederschlagen, die ihnen begegnen, um noch die letzten Lebensmittel zu ergattern, bis auch sie sterben, alleine, verstört. Wir alle würden verhungern und verdursten, verblöden und verrecken. Die Evolution sortiert Egomanen unerbittlich aus. Deshalb ist jede illegale wie legale Steuervermeidung eine Handlung, die viele Menschen beschädigt. Ihr Echo lässt auch die Steuervermeidenden selbst leiden - nicht nur durch ein paar Jahre Gefängnis oder Strafzahlungen, sondern vermutlich durch größere Armut in späteren Leben. Deshalb ist jede Motivation, die nur auf den eigenen Vorteil bedacht ist, evolutionär nicht überlebensfähig.

Bei allem Wünschen über eine heilsame Veränderung droht uns noch eine weitere Gefahr. Wie Erich Fromm so klar formuliert, befinden wir uns in der Regel in einem Geisteszustand des Halbschlafs. Wir sind meist so schlaftrunken, dass wir gar nicht mehr mitbekommen, wann wir lügen oder intrigieren, begehren oder hassen, uns selbst überhöhen oder andere schädigen. Diese Geisteszustände können wir auch mit einer Sucht vergleichen, angetrieben von einem narzisstischen ICH. Das Lügen aufzugeben fällt so schwer wie das Rauchen. Das zerstörerische sexuelle Verlangen ist trotz der Gewissheit, dass eine Familie zerrissen wird, so groß wie bei einer Kokainsucht. Menschen, die andere Menschen quälen, schlagen, vergewaltigen oder gar töten, sind geistig so umnachtet wie in einem Heroinrausch. Sie haben das Zwiegespräch mit sich selbst aufgegeben, denken nicht mehr über das nach, was sie tun und welche Folgen dies für sie und andere hat. Unter diesem Aspekt können wir auch sagen, dass wir alle in unterschiedlichem Ausmaß am Geist erkrankt sind. Sich dies regelmäßig vor Augen zu führen, hilft, sich der Bedeutung der Aufgabe zur Heilung des eigenen Geistes bewusst zu werden. Wie bei jeder Krankheit ist Fürsorge und Liebe, die wir uns selbst und anderen schenken, die beste Medizin.

Im Angesicht des Todes, aber natürlich auch in jedem bewusst erlebten Alltag, ist der Blick auf die Zukunft entscheidend dafür, ob ich heilsam oder schädigend handle. Indem ich die Fehler bedauere, die in der Vergangenheit liegen und nicht korrigierbar sind, lerne ich aus ihnen und komme aus innerer Freude und heilender Überzeugung zu dem Entschluss, diese Fehler nicht zu wiederholen. Damit gehe ich einen ersten Schritt in Richtung eines glücklicheren Lebens. Wenn wir lernen, ohne Lügen und sonstige geistige Verwirrungen zu sprechen, zu schreiben, privat wie öffentlich zu kommunizieren, zu handeln und unsere Welt mit anderen zu gestalten, dann werden wir glücklich - ohne größere Anstrengungen. Wenn alle Verzerrungen und Illusionen der Vergangenheit angehören, erreichen wir einen geistigen Zustand, in dem wir ohne Reue und Schuldgefühle beruhigt das jetzige Leben loslassen können. Sokrates sagte daher im Angesicht des eigenen Todes im Athener Kerker zu seinen Freunden: „Alle die, welche sich mit der Liebe zur Weisheit - der Philosophie - richtig befassen, beschäftigen sich, ohne dass die anderen es merken, eigentlich mit nichts anderem als mit dem Sterben und mit dem Totsein. Ist dem nun so, dann wäre es doch widersinnig von ihnen, das ganze Leben hindurch kein anderes Ziel vor Augen zu haben, wenn es aber dann soweit ist, über das unwillig zu sein, worum sie sich bemüht haben."[265]

Ein wichtiges Heilmittel für unseren Geist ist es, das eigene Ich und seine Geschichte kennen zu lernen. Das ist nicht trivial, sondern für jeden und jede von uns eine große Herausforderung. Betrachten wir daher in den folgenden Kapiteln die verschiedenen Gedanken großer westlicher Denkenden über das Ich.

---

265 Phaidon 9 zitiert nach: Peter Sloterdijk, Scheintod im Denken, edition unseld, 2010, S. 99

Die Konstruktion des Ich

David Hume[266] (1711-1776) analysiert als einer der ersten westlichen Philosophen das Ich mit den Worten: „Aus empirischer Sicht ist die Vorstellung eines Körpers nichts als ein vom Geist geschaffenes Zusammen von Vorstellungen verschiedener, an sich selbstständiger Qualitäten. Nur die Einbildungskraft dichtet ein unbekanntes Etwas oder eine ursprüngliche Substanz oder Materie hinzu."[267] Hume zieht hieraus die Konsequenz: „Es gibt ursprünglich kein einheitliches, als solches erfassbares Ich. Denn das Ich ist zwar der Ort der Sinneseindrücke, selber aber kein Sinneseindruck."[268] Für ihn ist der Mensch „ein Bündel verschiedener Wahrnehmungen, die einander mit unbegreiflicher Schnelligkeit folgen und beständig in Fluss und Bewegung sind.... [Wenn ich mir das], was ich als >mich< bezeichne, so unmittelbar als irgend möglich vergegenwärtige, [kann ich] nicht umhin, jedes Mal über die eine oder andere Empfindung zu stolpern, die Empfindung der Wärme oder Kälte, des Lichts oder Schattens, der Liebe oder der Wut, der Lust oder Unlust. Niemals treffe ich mich ohne eine Empfindung."[269]

Damit betritt Hume im 18. Jahrhundert philosophisches Neuland - obwohl Empfindungen doch alltäglich und offensichtlich sind. Dass Selbstverständliches als Neues empfunden wird, weist auf den in Europa bis dahin schier übermächtigen Einfluss des Theismus hin, der alles Lebendige auf einen Gott transzendiert. Hume befreit das sich daraus ergebende, metaphysisch wahnhaft übersteigerte, scheinbar aus sich selbst heraus existierende ICH von den philosophischen Illusionen einer von Gott geschaffenen Welt. Er wirft uns zurück auf erlebbare Gefühle und Wahrnehmungen und setzt damit die Aufklärung fort, die mit Galilei

266 David Hume, schottischer Philosoph, gilt als Begründer des Empirismus und als Vertreter eines Skeptizismus gegenüber der Metaphysik. Dies wendet er besonders auf die Untersuchung des Ich und der Kausalität an, die er beide verneint.

267 David Hume, Traktat über die menschliche Natur, S. 288

268 Wilhelm Weischedel, Die philosophische Hintertreppe, S. 193; Weischedel (1905-1975) war Professor für Philosophie in Tübingen und Berlin.

269 David Hume, Traktat über die menschliche Natur, Band I, S. 326

in Bewegung kam. Erst nach seinem Tod werden seine Gedanken zur Befreiung des Ich vom Ballast eines nicht nachweisbaren Gottes von Fichte und Schiller, Hegel und anderen fortgeführt, die schließlich eine neue Philosophie des Geistes entwickeln. Doch allzu oft dient uns heute die neue Philosophie des Geistes nur zur Rechtfertigung des Individualismus, der andere kaum mehr respektiert und sich in den Spekulationen von Dichtung und Philosophie verliert, besonders sichtbar an jener Romantik, die die Liebe überhöht und doch nur ein narzisstisches ICH meint.

Georg Wilhelm Friedrich Hegel[270] (1770 - 1831) vervollständigt die philosophische Suche Europas nach dem Ich mit einer „Phänomenologie des Geistes". Er denkt intensiv über die Existenzweise des Ich nach, fast möchte man sagen, er meditiert. Sein Werk ist ein hoch komplexer Vorgang: „Die Frage nach dem Wesen der Liebe [ist der] Ausgangspunkt des Hegelschen Denkens. Denn in der Liebe begegnet Hegel zum ersten Mal einem Moment, das er in der ganzen Wirklichkeit findet: der Dialektik."[271] In dieser Hinsicht ähnelt er dem ersten christlichen Philosophen Augustinus (354 - 430), der die Liebe als das eigentliche Wesen des Willens betrachtet.[272] Die Liebe ist für Augustinus wie für Hegel der unmittelbare Ausdruck der Existenz und den sich daraus ergebenden Abhängigkeiten.

So unfassbar zunächst Hegels Sprung von der Liebe zur Dialektik erscheint, so schwierig ist seine Sprache, als fehlten ihm die rechten Worte. „Mit Hilfe seiner phänomenologischen Methode [will er] beweisen, dass ein Subjekt zu einem Bewusstsein seines eigenen Selbst nur dann gelangen kann, wenn es mit einem anderen Subjekt in ein Verhältnis der Anerkennung" tritt. Denn „das Subjekt [kann] sich selbst als Quelle seines Wissens von der Welt nur in der Beziehung zu anderen erfahren."[273] Erst aus der Beziehung zu anderen und den damit einhergehenden Gefühlen und

270 Georg Wilhelm Friedrich Hegel, der bedeutendste Philosoph seiner Zeit, Begründer der Dialektik, der sein Philosophieren als ein Lebendiges verstehen will, das aus den konkreten Fragen des Daseins entspringt.

271 Wilhelm Weischedel, Die philosophische Hintertreppe, S. 234

272 Hannah Arendt, Vom Leben des Geistes, S. 319 ff

273 Axel Honneth, Das Ich im Wir, S. 15-16

Intuitionen erlangen wir ein Bewusstsein über uns selbst. Hegel geht damit weit über die Empfindungen, die Hume noch als Ursache eines Ich verortete, hinaus und weist auf einen entscheidenden Denkfehler hin: „Was immer das Ich an Wahrheit über die Wirklichkeit in Erfahrung bringen kann, verdankt sich nicht einer passiven Registrierung [von Gefühlen], sondern einer aktiven Bewusstseinsleistung, die den vermeintlichen Gegenstand vorgängig konstituiert."[274]

Hegels zentrale These lautet daher zunächst: „Das Subjekt beginnt die Welt als abhängig von der eigenen Erkenntnis zu deuten,"[275] interpretiert die über die Sinne und den Geist einlaufenden Informationen aus Wahrnehmungen und Handlungen mit Hilfe von Ideen und Modellen und erschafft seine individuelle Welt. „Die Wirklichkeit im Ganzen mit Hilfe des Verstandes als Leben zu verstehen, heißt nicht nur, den zusammenhanglosen Elementen der Wahrnehmung ein einheitliches Prinzip zu unterstellen, sondern vor allem auch, die synthetisierende Fähigkeit des eigenen Bewusstseins bei dieser neuen Sorte von Wissen begreifen zu lernen."[276] Die Welt ist abhängig vom Ich. Jeder und jede von uns „synthetisiert" mit dem Geist eine Wirklichkeit, in der er oder sie gerade lebt. Hegel steht in diesem Sinne ganz in der Tradition Platons, ist Idealist. Mit der Konsequenz: Nicht durch Wahrnehmung – ob mit den Sinnen oder unter Zuhilfenahme von Instrumenten – nähere ich mich der Welt. Selbst-Reflexion, die Betrachtung meiner Ideen und die Analyse meines Geistes sind die Mittel der Wahl zur Erforschung der von meinem Geist konstruierten Welt. Hegel erkennt die ungeheure Kraft des sich selbst beobachtenden Ich als Instrument zur Analyse der Welt und legt damit die philosophische Grundlage für Freuds spätere Psychoanalyse. „Das Selbst ist mithin das rationale Individuum, das um seine konstitutiven, welterzeugenden Erkenntnisleistungen bereits abstrakt weiß."[277]

Allerdings weiß Hegel auch, dass das „Bewusstsein davon, dass alle Wirklichkeit letztlich Gehalt meines mentalen Zustandes ist,

274 Axel Honneth, Das Ich im Wir, S. 17

275 Axel Honneth, Das Ich im Wir, S. 19

276 G.W.F. Hegel, Phänomenologie des Geistes, zitiert nach: Axel Honneth, Das Ich im Wir, S. 19

277 G.W.F. Hegel, Phänomenologie des Geistes, zitiert nach: Axel Honneth, Das Ich im Wir, S. 19

nicht ausreicht, um mich wirklich meiner synthetisierenden und bestimmenden Aktivität zu versichern."[278] Dieser Mangel ist uns vertraut im täglichen Erleben, mit all seinen offenen Fragen, wenn wir glauben zu wissen, dass ICH sei besonders gut oder schlecht, schön oder hässlich, glücklich oder leidend und aus lauter Verblendung über das eigene ICH nicht mehr wahrnehmen können, dass alle diese Eindrücke Konstruktionen sind. Stattdessen glauben wir ständig daran, dass unsere Wahrnehmungen unumstößliche Tatsachen seien.

Um mit diesem Mangel produktiv umgehen zu können, gibt Hegel erste Hinweise: „Indem das Selbstbewusstsein sich als sich selbst von sich unterscheidet, entsteht in ihm Selbstbewusstsein."[279] Hier schimmert das Zwiegespräch Sokrates' durch, jenes weisen Menschen, das so oft als Argument des Individualismus missverstanden wird, dass ICH sei der Nabel der Welt. Dabei weist Hegel uns nur korrekter Weise darauf hin, dass die Beobachtung des Geistes durch den Geist jene entscheidende Fähigkeit des Menschen ist, die uns zur Philosophie, der Liebe zur Wahrheit, befähigt und uns wieder zur uralten Meditation und Kontemplation führt. Nur aus der Selbstreflexion mit Hilfe des Geistes, dem Zwiegespräch mit mir selbst, kann Selbst-Bewusstsein als ein Bewusstsein über mich selbst und vor allem über meine Beziehungen zur Welt und den abgeleiteten Konstrukten entstehen. Gelingt uns diese Selbstreflexion, treten wir in einen produktiven Austausch mit der Welt. Erst indem ich mich im Gespräch mit mir selbst aus der Welt zumindest für eine Weile zurückziehe, kann Ich meine Verwobenheit mit dem Draußen in einem dialektischen Prozess erkennen.

Doch Hegel wäre kein bedeutender Philosoph, wenn er bei dieser simplen Erkenntnis stehen geblieben wäre. Schon stellt er die nächste Frage: Was ist das Ich? Existiert das Ich unabhängig von der Welt? Wenn das Ich die Welt konstruiert, ist es dann dominant vor der Welt bereits existent? Hier zeigt sich der scheinbare ewige Disput zwischen Materialismus und Idealismus. Die Analy-

278 Axel Honneth, Das Ich im Wir, S. 2

279 G.W.F. Hegel, Phänomenologie des Geistes, zitiert nach: Axel Honneth, Das Ich im Wir, S. 20

se führt Hegel intuitiv weiter zu seiner Antithese: Das Ich „lernt, dass sein Selbst nicht ort-loses, punktuelles Bewusstsein ist, sondern sich praktisch handelnd auf die Wirklichkeit bezieht.... Was das Selbstbewusstsein als seiend von sich unterscheidet, hat auch insofern, als es seiend gesetzt ist, nicht bloß die Weise der sinnlichen Gewissheit und Wahrnehmung, sondern es ist in sich reflektiertes Sein."[280] Das Ich konstituiert sich aus der Wechselbeziehung mit anderen, entpuppt sich wie ein Falter aus der Spiegelung der Welt auf der Oberfläche seines Bewusstseins; ist also - den Gedanken Nagarjunas folgend - sowohl Konstrukteur als auch gleichzeitig Produkt der Welt, in diesem Sinne weder Ursache noch Nicht-Ursache. Schon treiben die Gedankenflüsse Hegel weiter zu der Erkenntnis, dass Handlungen das wesentliche Medium des Austausches zwischen Geist und Materie sind. „Der Geist handelt wesentlich, er macht sich zu dem, was er an sich ist, zu seiner Tat, zu seinem Werk.... Er hat es in dieser Lust der Tätigkeit nur mit sich zu tun."[281] Wieder ist er mit Nagarjuna auf gleichem Pfad: Die Handlung (Sanskrit: Karma) ist Ursache und Nicht-Ursache für jenes, was wir erleben und erleben werden.

Hegel schließt aus seinen Meditationen, so wie viele buddhistische Meister Jahrhunderte zuvor, „dass das Geistige allein das Wirkliche ist und dass nur die Tatbestände, mit denen man sich im Denken beschäftigt, wirklich bestehen."[282] Hätte Hegel bereits Zugang zu Schriften des indischen Philosophen Nagarjuna gehabt, wären seine Gedanken vermutlich noch klarer und schöner geworden und vor allem zu dem weiteren Schluss gekommen, dass auch der Geist leer davon ist, aus sich heraus zu bestehen und insofern auch nicht „das Wirkliche" sein kann. Doch diese Denkweise ist im Europa des 19. Jahrhundert noch nicht möglich. Daher mündet Hegels Beschreibung des abhängigen Entstehens wenige Jahre später in das Extrem des Nihilismus, jener Denkweise, die bis heute als nihilistischer Materialismus in den Naturwissenschaften wirksam ist.

---

280 G.W.F. Hegel, Phänomenologie des Geistes, zitiert nach: Axel Honneth, Das Ich im Wir, S. 20

281 G.W.F. Hegel, Philosophie der Geschichte, zitiert nach: Hannah Arendt, Vom Leben des Geistes, S. 95

282 Hannah Arendt, Vom Leben des Geistes, S. 96

Vergegenwärtigen wir uns diese philosophische Erkenntnis über das Leben in Ruhe: Die Welt und das Ich existieren in einer wechselseitig abhängigen Beziehung. Wie die Quantenmechanik zeigt, ist es nicht möglich herauszufinden, ob die Welt oder das Ich dominant oder primär sind, ob eines stärker als das andere ist oder welches zuerst existiert. Einerseits konstruiert das Ich seine Welt, deutet diese mit seinen - meist ungeprüften - Theorien und Annahmen und erschafft durch seine Handlungen eine individuelle Welt. Andererseits spiegelt sich die Welt auf der Oberfläche des Geistes, dem Bewusstsein, hinterlässt dort seine Spurrillen und formt das Ich. Das Eine existiert nicht ohne das Andere. Welt und Ich sind vollständig voneinander abhängige Erscheinungen, in dessen Wechselspiel Wahrnehmungen und Handlungen die Botenstoffe zwischen mir und der Welt sind.

Die Analyse führt Hegel immer weiter fort und er erkennt, dass das Ich mit Hilfe der Begierde, einem Aspekt des Geistes, den Austausch zwischen sich und der Welt stets vergrößern will. „Es [das Individuum] stellt fest, dass die von ihm selbst konstruierte Welt ein sich durch permanenten Wandel erhaltendes Ganzes ist, nämlich eine Totalität von Gattungen, bei denen sich die generischen Eigenschaften durch den Lebenszyklus der Einzelglieder hindurch stets reproduziert: Dieser ganz Kreislauf macht das Leben aus."[283] Die Begierde ist das Mittel der Wahl, mit dem das ICH die Welt erzeugt und damit auch alle anderen Wesen dominieren will. Hegel liefert hier die philosophische Grundlage für jenes Phänomen, das die Psychoanalyse hundert Jahre später als klinischen Narzissmus diagnostizieren wird.

Doch „kaum hat Hegel dargestellt, worin die wesentliche Bedeutung der Begierde für das Selbstbewusstsein besteht, geht er schon dazu über, die Gründe für das Scheitern der damit verbundenen Erfahrung zu umreißen: Das Subjekt täuscht sich über sich selbst mit falschen Vorstellungen über seine Beziehung zur Welt, wenn es glaubt, in der Bedürfnisbefriedigung, der Sättigung seiner Begierde, den Gegenstand [seiner Wahrnehmung] vernichten zu können,... [denn] das Subjekt kann sich im Rahmen seiner Be-

283 Axel Honneth, Das Ich im Wir, S. 21

gierde weder in seiner wirklichkeitserzeugenden Aktivität noch in seinem Gattungscharakter real begreifen."[284] Damit ist Hegel sogar in unserer Zukunft angekommen, nimmt vorweg, was wir aktuell in unserer Welt der Begierde erleben und erleiden: Die Begierde des narzisstischen ICH ist für das Leben nicht tragfähig - weder als ständiges Wirtschaftswachstum, noch als Rausch instrumenteller Beziehungen, noch als Überhöhung des Menschen zur Krone der Schöpfung.

Doch Hegel ist immer noch nicht zufrieden mit seiner Analyse der Wechselwirkungen zwischen Geist und Welt, in dessen Verlauf die Begierde als zweifacher Wunsch auf die Bühne des Lebens tritt: Einerseits will das ICH noch mehr mit der Welt in Kontakt treten, sie aufsaugen und schließlich einverleiben, um sich selbst zu erhöhen. Andererseits will das sich selbst erstarkende ICH noch mehr Welt gestalten und erschaffen und glaubt in einem Anfall des Wahns, dass nur und ausschließlich die vom ICH geschaffene Welt existiert. In der Begierde übersteigert sich das ICH und nimmt sich als ein „omnipotentes Wesen" wahr. „I'm the champion!", schreit das ICH im Zustand der umnachtenden Begierde laut in die Welt hinaus. In der Wahnvorstellung der Begierde meint das narzisstische ICH, die Welt in ihrer Gänze erschaffen zu können - und verdrängt, dass es selbst erst durch diese Welt erschaffen wird.

Diese Begierde, so Hegel, muss scheitern, weil mit der Allmachtsphantasie eines übersteigerten, narzisstischen ICH die Wechselwirkung mit der Welt - und damit die Welt insgesamt - vernichtet wird. Hegel benennt philosophisch das Phänomen des Narzissmus als Ursache für den Zerstörungswillen des Menschen. „Es [das ICH] begreift sich als ein naturhaftes, organisches Selbst, das sich auf dem Weg der Befriedigung seiner Bedürfnisse die Gewissheit verschafft, den Rest der Natur als sein eigenes Produkt vernichten zu können."[285] Das überhöhte ICH löst mit der Gier nach der Macht über die Welt die reale Welt, das Draußen, auf. Das ICH, der Mensch, wünscht sich eine Welt nur aus seiner sin-

284 Axel Honneth, Das Ich im Wir, S. 26

285 Axel Honneth, Das Ich im Wir, S. 26

gulären Perspektive. Das narzisstische ICH, bekannt als übersteigerter Egoismus, zerstört Regenwälder und Meere, Pflanzen und Tiere bis hin zum Klima - um sich am Ende selbst zu zerstören. Die Psychiatrie definiert die Steigerungsform des klinischen Narzissmus als Schizophrenie, in der das ICH sich selbst nicht mehr aushält und letztlich Aspekte von sich selbst abspaltet. Das ICH beginnt sich aufzulösen und vernichtet schließlich das Gehirn als seinen biologischen Träger, um in der Dunkelheit der Demenz zu enden.

Hegel meditiert in seinen Worten über dieses Wechselspiel und erkennt die Dialektik als Grundprinzip allen Seins: Weil das ICH glaubt, Amme und Herrscher der Welt zu sein, zerstört die egozentrische Begierde die selbst erschaffene Welt - und damit sich selbst. Nach der Zerstörung der Welt durch das wahnhafte ICH existiert nichts mehr, das sich im Bewusstsein des Geistes noch spiegeln kann. Das ICH verliert seine Basis, ist nicht mehr lebensfähig, tot.

Doch Hegel wäre nicht Hegel, wenn er in einer Synthese nicht nach einem Ausweg aus der Spannung zwischen dem übersteigerten ICH und der Welt suchen würde: „Um der Selbstständigkeit des Gegenstandes willen kann es [das ICH] daher nur zur Befriedigung gelangen, indem dieser an [sich selbst] die Negation vollzieht, denn er ist an sich das Negative und muss für das andere das sein, was er ist."[286] Ein verworrener Satz, dessen Interpretation in der Philosophie bis heute unterschiedliche Richtungen nimmt. Was bedeutet „Negation an sich selbst zu vollziehen"? Nach der Interpretation des Philosophen Axel Honneth zeigt die Formulierung, „dass das Subjekt [das beobachtende ICH] auf ein anderes Subjekt", seinem Alter Ego (lat.: anderes Ich) trifft, „denn der einzige Gegenstand, der dazu in der Lage ist, von sich aus eine Negation zu leisten, ist ein ebenfalls mit Bewusstsein ausgestattetes Wesen."[287] Dieses andere Subjekt vollzieht „an sich selbst eine Negation", indem es seine egoistischen Interessen zurückstellt.

286 G.W. Friedrich Hegel, Phänomenologie des Geistes, zitiert nach Axel Honneth, Das Ich im Wir, S. 28

287 Axel Honneth, Das Ich im Wir, S. 29

Folgen wir diesem Gedanken, klärt sich das Bild: Das sich selbst beobachtende ICH trifft auf eine zweite Person - vielleicht eine reale oder sein Alter Ego - und gelangt „zur Befriedigung", indem diese zweite Person ihre eigensüchtigen Interessen zurücknimmt. Denn würde das Alter Ego sich selbst nicht beschränken, entstünde ein zerstörerischer Kampf. „Dem Subjekt [ICH begegnet dabei] im anderen ein Wesen, das ihm durch den Akt der Selbstbeschränkung seine [eigene] ontologische Abhängigkeit"[288] verdeutlicht. Hierdurch erlangt das ICH vollständiges Bewusstsein über sich selbst - Selbstbewusstsein. Doch dies ist nur die eine Seite der Medaille: Nicht nur die zweite Person „vollzieht eine Selbstbeschränkung, sondern in eins damit auch jenes ICH, dessen Erfolgsgeschichte hier beschrieben wird. Wenn das zweite Subjekt nur deshalb eine Negation an sich selbst leistet, weil es im ersten Subjekt einem Wesen gleicher Art begegnet, dann muss auch dieses [erste Subjekt] eine derartige Selbstnegation vollziehen, sobald es jenes Artgenossen ansichtig wird."[289] Nur so kann das ICH dem Wahnsinn entkommen.

Es lohnt sich, hierüber intensiv nachzudenken und die Bedeutung zu verstehen: Erst die „wechselseitige Beschränkung der selbstsüchtigen Begierde"[290] sich treffender Personen ermöglicht ihnen, ihr Selbst zu erkennen und damit Selbst-Bewusstsein zu erlangen. Die Überwindung des übersteigerten, narzisstischen ICH, dessen Überführung in ein mitfühlendes Wesen, ist der Schlüssel zum jedem Selbstbewusstsein und damit zu einem glücklichen Leben. Diese „wechselseitige Beschränkung der selbstsüchtigen Begierde" nennt Hegel „Anerkennung", in der sich zwei Personen „ohne die Absicht bloßer Konsumtion" und damit ohne die Absicht der wechselseitigen Vernichtung begegnen. Die anerkennende Begegnung - frei von selbstsüchtigen Begierden - ist Voraussetzung für eine nicht-instrumentelle Beziehung, in der sich das Subjekt endlich „als lebendiges Glied der menschlichen Gattung begreifen"[291] kann.

---

288 Axel Honneth, Das Ich im Wir, S. 30

289 Axel Honneth, Das Ich im Wir, S. 30

290 Axel Honneth, Das Ich im Wir, S. 32

291 Axel Honneth, Das Ich im Wir, S. 32

Honneth schlägt von hier aus die Brücke zurück zu Kant und Tugendhat: Das „Subjekt gelangt zu Selbst-Bewusstsein nur mit Hilfe einer Erfahrung, die in einem elementaren Sinn bereits moralischen Charakter besitzt“[292], in der wir jene Handlungen vermeiden, unter denen wir selbst nicht leiden möchten. Diese „Protomoral“ der egalitären Achtung ist immer schon in uns verankerte Intuition darüber, dass wir uns selbst nur in der Anerkennung des jeweils anderen finden können. Denn während die Begierde des ICH die Welt und damit sich selbst zerstört, ermöglichen Anerkennung und Mitgefühl den Kontakt eines natürlichen und nicht übersteigerten Ich mit dem qualitativ gleichwertigen anderen. Hegel beschreibt daher abstrakt und analytisch exakt, aber leider sprachlich komplex, was wir Liebe nennen: Ich lebe in ganzem Umfang erst durch die Beschränkung meiner selbstsüchtigen Begierden und dem sich daraus ergebenden Wunsch, dass andere glücklich und frei von Leid sein mögen. Wahre Liebe ist nie instrumentell, immer bedingungslos auf das Glück der geliebten Personen ausgerichtet. Erst indem ich das Glück der anderen anstrebe, liebe ich und lebe ich. Ich liebe, also bin ich.

Diese Erkenntnis ist grundlegend und zeigt klar, dass das klassisch-westliche Weltbild eines „Kampfes ums Überleben“ als auch die trieborientierte Vorstellung von einer „Lust am Kampf“ Glück und Liebe verhindern. Um dies zu verinnerlichen, brauchen wir uns nur eine einfache Frage zu stellen: Wenn die „Lust am Kampf“ heilsam wäre, würde ich dann die Wirkung meiner ach so lustvollen Aggression erleben wollen? Möchte ich angeschrien, geschlagen, getreten, vergewaltigt, ausgegrenzt, gemobbt, betrogen, belogen oder sonst wie durch Kampf und Aggression beschädigt werden? Die Antwort ist wie immer ein klares: „Nein!“ Niemand möchte Aggression erfahren. Die „Lust am Kampf“ oder die Verherrlichung einer „natürlichen Aggression“ ist purer Unsinn, bietet keinerlei evolutionäre Vorteile und zerstört die Grundlage jeden Lebens. Sie verhindert Glück und Liebe und dient hauptsächlich zur Rechtfertigung eines nur scheinbar unvermeidbaren aggressiven Verhaltens des Menschen.

---

292 Axel Honneth, Das Ich im Wir, S. 30

Fast genau einhundert Jahre später setzt Jean Paul Sartre den Gedankenfluss Hegels fort: „Solange wir das Für-sich in seinem Alleinsein betrachten, konnten wir behaupten, dass das unreflektierte Bewusstsein nicht durch ein Ich bewohnt"[293] ist. Ganz in der Hegelschen Tradition ist für Sartre das Ich im Zustand des Allein-Seins nicht existent, weil sich die Welt in Form anderer Personen nicht im Bewusstsein eines ICH spiegeln kann. Sartre erkennt wie Hegel, dass eine andere Person notwendig ist für die Existenz des Ich und damit für jedes Selbstbewusstsein. Ohne Andere bin ICH nur ein leeres Wort. „Aber jetzt ist das Ich dabei, das unreflektierte Bewusstsein heimzusuchen.... die Person ist dem Bewusstsein gegenwärtig, insofern als sie Objekt für Andere ist.... [Dies] bedeutet, dass Ich mit einem Schlag Bewusstsein von mir selbst erlange, insofern Ich meinen Grund außerhalb von mir habe. Ich bin für mich nur als reine Verweisung auf andere."[294] Sartre beschreibt mit anderen Worten und dem fast gleichen Gedankengang, dass das Ich nur in der Bezogenheit zur Welt existiert und nur hieraus ein Selbstbewusstsein möglich ist. Das bloße Ich ist abhängig von allen anderen und nur Verweis auf diese.

Das abhängige Bestehen des Ich in der Wechselwirkung mit der Außenwelt hat zur Folge, dass das bloße Ich sich ständig verändert. Schon im nächsten Moment bin Ich jemand anders, weil das Draußen sich rasend schnell ändert. Das bloße Ich befindet sich in einer kontinuierlichen Metamorphose. Lebt in stetigem Fluss. Ist reiner Moment. Das bloße Ich ist Wirkungsfaktor für die Prägung der Welt und wird gleichzeitig geprägt durch die Wechselwirkung mit der Welt. Die äußeren Phänomene existieren nur in Abhängigkeit von mir und „in dem Maß, wie ich mein Draußen-Sein für den Dritten grundsätzlich übernehme.... Was ich übernehme, ist die Äquivalenzgemeinschaft, durch die ich - in einer Gestalt engagiert - existiere, die ich wieder andere zu konstituieren beitrage."[295] Für meine Mitmenschen nehme ich also die gleiche konstituierende Rolle ein. Wir Menschen sind mitgestaltende Faktoren der Welt, woraus sich die besondere Verantwortung jedes Einzelnen ergibt:

293 Jean-Paul Sartre, Das Sein und das Nichts, S. 469

294 Jean-Paul Sartre, Das Sein und das Nichts, S. 470

295 Jean-Paul Sartre, Das Sein und das Nichts, S. 727

„Die grundlegende Übernahme dieses Engagements, das Ich vor mir hertragend, ohne es [als inhärent] zu erfassen, diese freie Anerkennung der Verantwortung meiner Verantwortlichkeit, insofern sie die Verantwortlichkeit der anderen einschließt, ist die Erfahrung des WIR."[296]

Hegel wie Sartre gelangen zur selben Weisheit wie einst Buddha: Ich existiere nicht aus mir heraus. Ich bin leer davon, aus mir heraus zu existieren. Der Zen-Buddhist Daisetz Suzuki beschreibt dies mit den schönen Worten: „Im Reich absoluter Subjektivität also befindet sich das Ich. Sich befinden stimmt hier nicht ganz, weil dies nur auf den statischen Aspekt des Ich hindeutet. Das Ich ist in ständiger Bewegung, im Werden. Es ist Null, das heißt statisch, und gleichzeitig unendlich, was darauf hindeutet, dass es die ganze Zeit in Bewegung ist. Das Ich ist dynamisch."[297] Nagarjuna beschrieb dies vor 1800 Jahren mit den Worten:

„Was immer abhängig von anderem entsteht,
ist weder identisch noch verschieden von diesem.
Deshalb ist es weder Nichts noch ewig."[298]

Stellen wir uns dies noch einmal in Ruhe vor: Mit der Befruchtung beginnt meine Wechselwirkung mit der Welt. Das Draußen dringt schon im Mutterleib mit den ersten Sinneseindrücken in meinen Geist. Die Welt spiegelt sich so in meinem Geist und konstituiert mein erstes Ich. Wachse ich als Embryo in einer wütenden Umgebung, entsteht Wut in meinem Geist. Wachse ich als Embryo in einer liebevollen Umgebung, entsteht Liebe in mir. Nach der Geburt ist die Symbiose mit meiner Mutter zwangsläufig nicht zu halten. Aus der ursprünglichen Zweisamkeit entspinnt sich mit den Jahren ein riesiges Netzwerk von Beziehungen. Mit jeder neuen Beziehung entsteht ein neues, bloßes Ich. Mit jeder Wahrnehmung und jeder Handlung wird ein neuer Faden meines Lebensnetzes gesponnen. Mein Ich als einmonatiges Baby ist ein anderes als das mit zwölf Monaten, zwei Jahren, zwanzig, fünfzig oder gar

---

296 Jean-Paul Sartre, Das Sein und das Nichts, S. 728

297 Daisetz Suzuki, Über Zen-Buddhismus (1957), in: Fromm, Suzuki, de Martino, Zen-Buddhismus und Psychoanalyse, S. 39

298 David Kalupahana, Nagarjuna - The Philosophy of the Middle Way, Vers 18.10, S. 273 (eigene Übersetzung)

einhundert Jahren. Mein Ich durchlebt durch die Wechselwirkung mit der Welt viele verschiedene Phasen des Seins. Aus der aktuellen Perspektive sind diese vergangenen Ich längst Geschichte, wir könnten auch sagen „verstorben“. Das bloße Ich ist dynamisches, momentanes Ergebnis einer sich ständig verändernden Welt.

Spätestens in der Pubertät aber beginnt die Verwirrung, die meist zur Verblendung heranwächst. Die Dimension der Konstruktion MEINER Welt wird so groß, dass ICH nur noch MEINE Welt sehen kann. Statt das WIR zu begreifen, gaukelt mir das ICH Unabhängigkeit und Freiheit vor, glaubt sich alleine stark. Die Allmachtsphantasie des heranwachsenden ICH übernimmt vorläufig die Regie des Lebens, verliert den Charakter des bloßen Seins. Die vielfältigen Abhängigkeiten werden verdrängt. Ewigkeit scheint möglich. Das ICH träumt sich unbesiegbar. Bleibt das ICH in diesen pubertären Phantasien stecken, prägt dies das weitere Leben, gefangen von der Illusion eines unabhängigen, eigenständigen und aus sich heraus existierenden ICH. Verstärkt wird diese surreale, ungesunde Sichtweise durch die Ideologie einer absoluten Freiheit und eines absoluten, freien Willens. Das ICH übersteigert sich mit Hilfe dieses Weltbildes mit den Jahren immer mehr, wird narzisstisch getrieben von der Illusion nach Autonomie und grenzenloser Freiheit, glaubt sich frei in allen Entscheidungen - und endet am Ende eines langen, schmerzhaften Weges in Schizophrenie und Demenz.

Die von Hegel beschriebene „Omnipotenz“, die Illusion des pubertären ICH, unabhängiger Herrscher einer selbst konstruierten Welt zu sein, ist uns allen wohl bekannt. Sie drückt sich aus in den vielfältigen Facetten der Trunkenheit der Begierde. ICH gestalte durch MEINE Handlungen die Welt: durch den Bau MEINER Brücke oder die Konstruktion MEINES Gerätes; durch MEINE Erforschung unbekannter Welten, seien sie Nanometer klein oder Lichtjahre groß; ICH bestimme durch MEINE Rede die Welt; ICH setze MEINEN Willen durch im Unternehmen und anderen beruflichen Umständen; ICH bestimme den Abschluss MEINES Geschäftes zu MEINEN Bedingungen; ICH bestimme die Regeln MEINER Familie zur Erziehung MEINER Kinder nach MEINEN Vorstellungen; mit jedem Satz oder Buch bestimme ICH durch MEINE Worte die

Denkweise MEINER Welt. Diese Omnipotenz ist Ursache für jeden Fanatismus, der selbst die Explosion von Atomkraftwerken als Gefahr ignoriert oder einen atomaren Erstschlag als realistische Strategie denken will, weil das überhöhte ICH unfähig ist, die Wirklichkeit zu erkennen. In diesem Zustand ist jede Wahrnehmung verzerrt, weil das ICH die Welt nur aus der eigenen Perspektive betrachtet. Es lebt die scheinbare Freude des Erfolgsrausches an der Herrschaft und Unabhängigkeit, die alle Manager oder Regierungschefs kennen. Das Leben wird zum reinen ICH-Rausch, mit welcher Geschwindigkeit oder Droge auch immer. ICH erschaffe MEINE Welt! Der Sprung aus dem Weltall zurück zur Erde symbolisiert den vorläufigen Höhepunkt: ICH bin Gott! ICH steige aus dem Himmel zur Erde! ICH! ICH! ICH!

Mit der Sucht nach Schneller, Höher, Weiter, mit dem Rausch eines angeblich grenzenlosen Konsums, mit dem Streben nach einem effektiven, einflussreichen, wohlhabenden, alternativ mit dem Streben nach einem besonders intelligenten, einfühlsamen und progressiven Leben, verzehre ICH die Welt. Wie eine Pizza. Mit jedem Bissen vernichte ICH die Welt - und damit mein Leben. Während das ICH die Welt konsumiert, zerstört es sich selbst. Mit jedem Bissen wird das ICH einsamer, wie der „lone some cowboy" oder die „Königin vor dem Spieglein an der Wand". Gefangen in den Sehnsüchten der Selbst-Profilierung im Cyberspace.

Doch selbstsüchtiges Leben ist öde, langweilig, sinnlos. Noch mehr Konsum. Noch mehr Arbeit. Noch mehr Drogen müssen her. Bis das ICH nichts mehr fühlt. „Der Durchschnittsmensch befindet sich in Wahrheit in einem Halbschlaf, während er glaubt wach zu sein. Mit Halbschlaf meine ich, dass er die Wirklichkeit nur teilweise wahrnimmt; das meiste von dem, was er für Wirklichkeit hält, ist eine Reihe von Fiktionen, die sein Geist erfindet. Er ist sich der Wirklichkeit nur soweit bewusst, wie es sein soziales Leben notwendig macht. Er ist sich seiner Mitmenschen nur in dem Grade bewusst, als er mit ihnen zusammenarbeiten muss."[299] Wenn ich als junger Mann oder junge Frau glaube, ich wüsste alles und könnte alle Dinge und Menschen in MEINEM Sinne bewegen,

299 Erich Fromm, Zen Buddhismus und Psychoanalyse, S. 138

wenn ich als alternde Frau oder alternder Mann glaube, dass ICH noch besonders attraktiv und für Jüngere begehrenswert sei, wenn ICH als Manager glaube, ohne MICH würde im Unternehmen, in der Verwaltung oder Universität alles falsch und schlecht laufen, dann befinde ICH mich genau in dem Halbschlaf des sich selbst überhöhenden ICH, das die Welt nur noch in Trance wahrnimmt.

Solcher Halbschlaf kann kaum ausgehalten werden. Und es beginnt der Teufelskreis der Einsamkeit. Nach der Übersteigerung auf dem Olymp des ICH folgen unweigerlich Depression oder Burn-Out. Die um sich selbst kreisende Person - ob egomanischer Mann oder egozentrische Frau, ob Patriarch oder Weibchen, ob Starke oder Schwache - dreht sich in nahezu vollständiger Einsamkeit um sich selbst und zieht scheinbar unendliche Bahnen im Universum. Wie ein Komet zwischen den Galaxien. Vollkommener Ausdruck der Dialektik der Begierde: Je mehr ICH haben will, desto weiter entferne ICH mich vom Leben.

Die Dialektik der Begierde ist für Hegel Grundprinzip allen Lebens und hat viele Ausdrucksformen: Das ICH konstituiert sich in jungen Jahren aus dem Wechselspiel mit der Welt, schießt förmlich empor, handelt, gestaltet, macht. „ Aah - ICH!" Das ICH liebt sich. Narzisstisch. Jung. Dynamisch. Ewig. Kennt kein Alter. Doch schon nach wenigen Jahren versteht das ICH die Welt nicht mehr, die es selbst erschaffen hat. Es ist genervt von jedem neuen Tick und jeder neuen Mode, entfremdet sich. Am Ende einer unaufhaltsamen Alterung steht zwangsläufig die vollständige Trennung von der Welt. „Bis das der Tod uns scheidet." Die widersprüchlichen Antworten auf die Begierde lehren: Je mehr ICH eine Person oder ein Objekt begehre, desto größer wird die Distanz zum Leben. Begierde hindert Leben. Begierde hindert Liebe.

Doch es gibt Hoffnung. Denn selbst in der Omnipotenz und dem damit verbundenen narzisstischen ICH sehnen wir uns nach Nähe und Geborgenheit. Das überhöhte ICH spürt intuitiv, dass es nicht aus sich heraus existieren kann. Selbst der größte Egomane hat Sehnsucht nach Geborgenheit, kann ohne das WIR, ohne die anderen nicht glücklich werden, fühlt sich erst geborgen, wenn er oder sie bedingungslos angenommen wird. Leben erblüht mit der Verwirklichung der universellen Moral der auf Gleichwertigkeit bedachten Achtung sowie der kreativen und kommunikativen Kooperation mit anderen, mit der Verwirklichung von Anerkennung, Liebe und Mitgefühl, um in liebevoller Güte mitgestaltender Akteur dieser Welt zu sein.

Hoffnung ist daher selbst in der Dialektik der Begierde begründet. Denn je größer meine Einsamkeit durch meine steigende Begierde wird, desto intensiver nimmt das absurde ICH sich selbst als solches wahr, kann sich als Phantasma oder Absurdistan entlarven. Es ist wie mit den Fehlern, die notwendig sind, damit wir heilsames Handeln lernen können. Ohne die Einsamkeit des narzisstischen ICH zu erleben, bleibe ich im Morast des gleichen allübermächtigen ICH stecken, merke nicht einmal, dass ich auf verlorenem Weg bin. Doch damit ich diese Chance nutzen kann, ist meditatives „Denken, jenes Zwiegespräch" erforderlich, das mir Orientierung in diesem Vexierbild des ICH gibt. Wer schon einmal einen tibetisch-buddhistischen Tempel betreten hat, wird unmittelbar überwältigt von der Buntheit und der vielen Figuren, Farben und Bilder. Meines Erachtens hat sich die Tradition auch deshalb so bunt entwickelt, weil sich an jeder Figur, an jedem Bild eine spezifische Facette meines Geistes reflektiert. Die Tempel sind so bunt wie unser Geist und oft auch ähnlich verrückt. Untersuchen wir daher die weiteren Facetten des Geistes.

Ich und ES – auf dem Weg zum Selbst-Bewusstsein

Die Untersuchung des Ich ist Motiv für Philosophie und Religion seit jeher, denn das Verstehen des Ich ist – wie Hegel und Sartre, Fromm und viele andere aufzeigen - der Schlüssel zum Verständnis der uns umgebenden Welt. Auf der Basis der Philosophie des Geistes wächst zum Ende des 19. Jahrhunderts eine für die westliche Welt neue und herausragende Erkenntnis über das Ich heran. Von Hegel zu Freud ist es nur noch ein kleiner Schritt mit großer Wirkung.

Durch seine eher intuitive Interpretation psychischer Beobachtungen entwickelt Sigmund Freud (1856 – 1939) zum Ende des 19. Jahrhunderts eine Beschreibung der „Psyche", die er - noch ganz gefangen im mechanistisch-theistischen Zeitgeist seiner Zeit - zunächst „Seele" nennt: „Was der seelische Apparat ist, wird bald klar werden.... Wir werden den stofflichen Aspekt überhaupt beiseitelassen.... Wir stellen uns den unbekannten Apparat nämlich wie ein Instrument vor, aus mehreren Teilen aufgebaut – die wir Instanzen heißen – die eine jede mit einer besonderen Funktion versehen ist."[300] Obwohl von der Ausbildung her Physiologe traut er sich - mutig für seine Zeit - das Materielle zu ignorieren, stellt sich „auf den Boden der Alltagsweisheit und sieht im Menschen eine seelische Organisation, die zwischen seinen Sinnesreizen und den Wahrnehmungen einerseits, seinen motorischen Akten andererseits eingeschaltet ist und in bestimmter Weise vermittelt. Wir heißen diese Organisation sein Ich."[301]

Freud untersucht beständig diesen „Apparat" mit seiner Intuition und gelangt zu einem ersten Wissen über das „Unbewusste", in dem alle Wahrnehmungen und Erfahrungen abgespeichert werden. „Außer diesem Ich erkennen wir ein anderes seelisches Gebiet, umfangreicher, großartiger als das Ich, und dies heißen wir

300 Sigmund Freud, Die Frage der Laienanalyse (1926), in: dergl. Darstellung der Psychoanalyse, S. 150

301 Sigmund Freud, Darstellung der Psychoanalyse, S. 151

das ES." Ganz im Sinne der Philosophie Hegels und auch im Geiste Humes ist das Ich für Freud die Kontaktfläche des unbewussten ES mit der Außenwelt. „Wenn ich das Verhältnis zwischen Ich und ES deutlich machen will, so bitte ich Sie sich vorzustellen, das Ich sei eine Art Fassade des ES, ein Vordergrund, gleichsam eine äußerliche Rinde.... So stellen wir uns vor, das Ich sei die durch den Einfluss der Außenwelt, der Realität, modifizierte Schicht des seelischen Apparates, des ES.... Das Ich ist uns wirklich das Oberflächliche, das ES das Tiefere. Das Ich liegt zwischen der [äußeren] Realität und dem ES, dem eigentlichen Seelischen."[302]

Betrachten wir in Ruhe dieses einfache und doch wunderschöne Bild: In einem nicht-materiellen, konzeptlosen Raum – den Hegel Geist und Freud das unbewusste ES nennen - werden alle unzählbaren Wahrnehmungen, Eindrücke und Empfindungen sowie die Wirkungen aller Handlungen auf den Geist in ihrer Essenz aufbewahrt. Heute könnten wir dies kühl eine Datenbank nennen, in der unzählige Informationen, generiert durch alle Wahrnehmungen und Handlungen, abgespeichert sind. Die „Fassade" dieses Raums ist das momentane Ich, die Kontaktfläche des ES mit der Außenwelt. Doch diese Fassade - und damit das Ich - verändert sich ständig mit den aus der Welt stetig neu einfließenden Daten. Mit jeder Wahrnehmung und jeder Handlung gelangen neue Eindrücke in das unbewusste ES, werden neue Datenspuren erzeugt. Manche Informationen gelangen unmittelbar zur Kontaktfläche mit dem Draußen – dem Ich - andere bleiben für viele Jahre tief im ES vergraben. Das Ich ist in diesem Wechselspiel weder unabhängig noch substanziell eigenständig. Das Ich unterliegt einer nicht enden wollenden Metamorphose aufgrund der ständig neuen Beziehungserfahrungen zwischen Geist und Welt.

Viele Erfahrungen und Daten sind im unbewussten ES vergraben. Sie werden dorthin verdrängt, weil sie schmerzen, Unerlaubtes benennen oder weil Erlebnisse aus anderen Gründen bewusst nicht ertragen werden können. Meist ist uns nur ein kleiner Ausschnitt des ES bewusst, der die Fassade des Ich formt. Freud hebt die herausragende Bedeutung des Unbewussten für unser Leben hervor und kritisiert schon damals die positivistische Haltung der

302 Sigmund Freud, Darstellung der Psychoanalyse S. 152

landläufigen „Schulpsychologie, [die] sich den Zugang zum Gebiet des ES versperrt, indem sie an der Voraussetzung festhält, dass alle seelischen Akte uns bewusst sind, und [davon ausgeht], dass, wenn es nicht bewusste Vorgänge gibt, diese nicht den Namen seelische Akte verdienen."[303]

Freud argumentiert, dass wir ohne den Zugang zum unbewussten ES kein tieferes Verständnis über Wahrnehmungen und Verhaltensweisen, Wohlbefinden und Gesundheit erhalten können. Erst wenn die im ES eingelagerten Erlebnisse und Empfindungen wieder an das Licht des Bewusstseins gelangen, wird Gesundheit möglich, können auch schwere körperliche Erkrankungen geheilt werden. „Ich und ES gehören zusammen und sind im Falle der Gesundheit praktisch nicht voneinander zu unterscheiden."[304] Kenne ich vollständig meinen Geist, bin ich gesund.

Gesundheit, Ausgangspunkt für den Mediziner und Menschenfreund Freud, ist identisch mit dem vollständigen Wissen über alle Anteile des Unbewussten. Dies kann mit Hilfe der Psychoanalyse, Selbstanalyse, Kunst- oder Musiktherapie und ähnlicher Methoden erreicht werden. Freud, Fromm und andere folgern: Krankheit entsteht durch die Disharmonie zwischen Ich und ES. „Da das Bewusstsein nur den kleinen Sektor sozial vorgezeichneter Empfindungen und das Unbewusste den Reichtum und die Tiefe des ganzen Menschen verkörpern, führt die Verdrängung dazu, dass Ich, der zufällige, soziale Mensch, von mir, dem ganzen Menschen, getrennt bin. Ich bin mir selbst ein Fremder."[305] Das ist die tiefere Bedeutung des psychoanalytischen Begriffs Entfremdung.

Das Verdrängte kann jedoch durch Erinnerungsarbeit ins Bewusstsein gehoben werden. Dieser Arbeit stehen nach Freuds Erfahrungen aber die „infantile Amnesie" und andere „Widerstände" im Wege. „Wenn das Ich an das Verdrängte herangehen soll, so besteht Angst und äußert sich als Widerstand. Das könnte man den Widerstand des ES nennen. Der Kampf gegen diese Widerstände ist also unsere Hauptarbeit und durch die Überwindung der Widerstände

303 Sigmund Freud, Darstellung der Psychoanalyse S. 152

304 Sigmund Freud, Darstellung der Psychoanalyse , S. 157

305 Erich Fromm, Zen Buddhismus und Psychoanalyse, S. 139

wird das Ich des Kranken gestärkt."[306] Die Psychoanalyse eröffnet intuitive Kommunikationswege über die im ES gelagerten Informationen. Verdrängtes wird dabei in eine für uns wieder verständliche Sprache übersetzt. Vieles von dem, was im ES an Unbewusstem aufgrund von Angst und Schmerz versteckt wurde, gelangt wieder ins Bewusstsein. Der Mensch sieht sich hierdurch selbst umfassender als je zuvor. „Da diese Verdrängungen sehr frühen Kinderjahren angehören, führt uns die analytische Arbeit in diese Lebenszeit zurück. Den Weg zu den meist vergessenen Konfliktsituationen weisen uns die Symptome, Träume und freien Einfälle des Kranken, die wir allerdings übersetzen müssen."[307] Fast alle Menschen erinnern sich kaum an Geschehnisse aus ihrer Kindheit, die im ES eingelagert sind, so dass die vergessenen Verletzungen und Schmerzen Krankheiten und krankhafte Verhaltensweisen auslösen.

Die Ursachen für die Widerstände sind zweifach: Erstens sind die Anzahl der Erlebnisse und Wahrnehmungen in jungen Jahren extrem hoch. Es ist die Zeit des Lernens überhaupt. Es gibt fast nichts, was wir als Kinder oder Jugendliche nicht lernen wollen. Schon mit der Geburt beginnt die spannende Reise in die Welt. Wir nehmen alles auf, was sich unseren Sinnen in den Weg stellt. Wir erschaffen unsere Welt. Nur die äußeren Bedingungen - Eltern, Erziehende, Lehrende, materielle oder seelische Not - können den Wissensdrang behindern, pressen uns in Vorgaben und Strukturen, Anpassung und Bewertungen. Es ist schier unbegreiflich, dass in deutschen Grundschulen der Unterricht nur 4-5 Stunden pro Tag dauert und in den sogenannten offenen Ganztagsschulen nachmittags ein unsäglich langweiliges Beaufsichtigungsprogramm abläuft, weil wir als Gesellschaft nicht die notwendigen Ressourcen - genügend und besser qualifizierte Lehrende - bereitstellen. So wird die fast wichtigste Lernphase des Lebens vergeudet und stattdessen müssen Lernende sich später durch höhere Klassen quälen. Die meisten Kinder lernen trotz und nicht wegen der unsäglichen Zustände in Kindergärten und Schulen.

Kinder können selbst abstrakte Strukturen ohne äußere Hilfe erlernen, wie Forscher des Massachusetts Institut of Technology

306 Sigmund Freud, Darstellung der Psychoanalyse, S. 161
307 Sigmund Freud, Darstellung der Psychoanalyse, S. 160

(MIT) nachgewiesen haben: Sie gaben zwanzig Kindern, die ohne Kontakt zur westlichen Zivilisation in einer kaum besiedelten Gegend Äthiopiens leben, mit Informationen und Software vollgepackte Tablet-PCs - ohne Einweisung für den Umgang mit Geräten oder Programmen. Obwohl diese Kinder weder lesen noch schreiben konnten, lernten sie durch kooperatives und intuitives Probieren schon nach wenigen Wochen die Tablet-PCs zu bedienen. Bald konnten sie ihre heimatliche Schriftsprache lesen. Kurze Zeit später entdeckten sie ein Englisch-Sprach-Programm, erlernten Englisch in wenigen Monaten, um sich schließlich wie alle Kinder und Jugendlichen im World Wide Web zu bewegen. Sie umgingen mit gemeinsamer Anstrengung und Kreativität sogar eine Sicherheitssperre der Computer, um die Geräte besser nutzen zu können. Am Lernen gehindert wurden sie nur von den Erwachsenen ihres Stammes, denen das Unbekannte ungeheuerlich war, weil es nicht in die bekannten Interpretationsmuster ihrer Welt passte.[308] In der Kinder- und Jugendzeit werden wesentlich mehr Informationen im ES abgelagert, als in irgendeiner späteren Phase des Lebens.

Zweitens wollen wir uns an manches nicht erinnern, weil wir die damit verbundenen Schmerzen fürchten. Den Schmerz der Trennung von der Mutter oder anderen Bezugspersonen; den Schmerz des Ausgegrenzt-Seins in Kindergarten, Schule und anderen Gruppen; den Schmerz der verlorenen ersten Kindergartenliebe oder der Zurückweisung durch die erste Jugendliebe; den Schmerz des Geworfen-Seins in diese Welt; den Schmerz der Einsamkeit. Wir alle erleben diese und viele weitere Verletzungen in den ersten zwanzig Jahren - und wollen uns nicht daran erinnern. Wir wollen Wahrnehmungen und Empfindungen im ES verborgen halten und fürchten, dass die Betrachtung der vergangenen Verletzungen die Schmerzen aktualisieren könnten.

Dort, wo die Widerstände gegen Erinnerungen aufgegeben werden, beginnt der heilsame Weg. „Die Angst vor dem Neuen, vor dem, was man nicht gewöhnt ist, was nicht sicher ist, weil man es noch nicht erfahren hat - diese Angst drückt sich in Widerständen aus, in den verschiedenen Manövern, mit denen man sich daran hin-

308 Jedem Kind seinen eigenen Laptop, Interview mit Nicolas Negroponte, MIT, Zeit-online, Oktober 2007; siehe auch: One-Laptop-per Child Initiative unter one.laptop.org

dern will, sich vorwärts zu bewegen und etwas Gewagtes zu tun. Sie ist sozusagen eine Flucht vor der Freiheit und vor dem Risiko."[309] Die Psychoanalyse ist im Kern eine Methode der Erinnerungsarbeit, wobei die intuitiv genannten Äußerungen durch den Analytiker oder die Analytikerin übersetzt werden. Fromm beschreibt dies sehr praktisch: „Was wir hier tun, ist folgendes: Sie teilen mir mit, was Ihnen in den Sinn kommt. Dies ist nicht immer einfach, und manchmal möchten Sie mir auch nicht immer alles sagen.... Ich wäre dennoch froh, wenn Sie mir sagen würden, dass Sie etwas auslassen.... Ich höre Ihnen also zu. Und während ich Ihnen zuhöre, nehme ich in mir Resonanzen wahr, die die Resonanzen eines geübten Instruments sind. Diese wahrzunehmen, habe ich gelernt. Was Sie mir also sagen, macht mich bestimmte Dinge hören, und ich werde Ihnen mitteilen, was ich höre. Das, was ich höre, ist ziemlich verschieden von dem, was Sie mir erzählen. Und dann erzählen Sie mir, was sie aufgrund meiner mitgeteilten Wahrnehmungen wahrnehmen. Auf diese Weise kommunizieren wir. Ich antworte auf Sie, Sie antworten auf meine Antworten.... Ich deute nicht. Ich sage nur, was ich höre."[310]

Solche Analysen sind möglich in verschiedenen Formen des Zwiegesprächs - ob in formaler Psychoanalyse, in einsamen Wochen auf See oder im Wald oder während intensiver Meditationsklausuren - und ermöglichen Befreiung. Überwinden wir die Widerstände gegen die Erinnerung - durch Psychoanalyse oder durch ein Vertrauen in den eigenen Geist während einer Meditation - gelangen immer mehr Teilinformationen aus den Tiefen des ES an die Oberfläche des Bewusstseins. „Wenn das Unbewusste bewusst wird, verwandelt sich die bloße Idee der Universalität des Menschen in die lebendige Erfahrung seiner Universalität; es ist die empirische Verwirklichung der Menschlichkeit."[311] Erinnerungsarbeit - auch unter Tränen - ist immer heilsam.

In den Meditationen der letzten Jahrzehnte habe ich mich auf diese Entdeckungsreise in mein Innerstes, dem ES, wie es die Psychologie nennt, oder in den Geist, wie es die Philosophie nennt, begeben. Dies begann mit einer intuitiv geplanten Wanderung als

309 Erich Fromm, Die Kunst des Zuhörens, S. 132
310 Erich Fromm, Die Kunst des Zuhörens, S. 111
311 Erich Fromm, Zen Buddhismus und Psychoanalyse, S. 137

zwanzigjähriger Student alleine durch Alaska. In den Wochen der Einsamkeit lernte ich viel über meine existenziellen Ängste und begann auch meine Kindheit zu erinnern. Nach vielen Jahren der Geschäftigkeit im Beruf fand ich über das körperliche Yoga zurück zur buddhistischen Form der Meditation, die ich seit sieben Jahren täglich praktiziere. Mittlerweile kann ich mein Leben mit vielen Details zurückverfolgen bis zur Geburt. Der Schlüssel zur Erinnerung sind Gefühle. Sie sind spontaner Ausdruck von im ES oder im Geist eingelagerten Eindrücken, die sich über die Gefühle ihren Weg zur Oberfläche bahnen. Gefühle anzuschauen und sie bewusst zu interpretieren, ähnelt dem Ergreifen eines Seilendes, das in eine Höhle führt. Folge ich dem Seil voller Vertrauen in die Tiefen des ES oder des Geistes, kann ich die dahinter liegenden, noch unbewussten Erfahrungen und Erlebnisse an die Oberfläche meines Bewusstseins befördern und anschauen. Plötzlich werden lange verschollene Erfahrungen wieder sichtbar. Sind diese gar mit anderen aktuellen Erlebnissen verbunden, werden Strukturen des Erfahrenen freigelegt, die eine Sicht auf Lebensmuster und Erklärungen freigeben, warum wir uns wie in welchen Situationen in bestimmter Weise verhalten und warum uns welche Erfahrungen immer wieder begegnen. Der Prozess ähnelt sehr einer archäologischen Expedition - und braucht wie diese vor allem Geduld.

Spezifische Methoden der buddhistischen Meditation trainieren die Konzentration des Geistes in besonderem Maße, so dass das Eintauchen in die Höhle des ES ohne Gefahren und Verwirrungen möglich wird. Mit jeder Übung fällt das Abtauchen leichter und schmerzhafte Erfahrungen der Vergangenheit werden ans Licht des Bewusstseins geholt. Mit jedem Blick auf vergangene Schmerzen entsteht auch eine Trauer über das eigene wie das von anderen erlittene Leid. Tränen fließen, denn Leid ist niemals etwas Angenehmes. Wahrnehmen und Erinnern des vergangenen Leids sind Bedingungen für zukünftiges Glück, wie die Fehler, aus denen wir lernen. Durch „diese hohle Gasse" müssen wir gehen. Dabei handelt es sich jedoch zunächst um ein emotionales Wahrnehmen. „Das Objekt ist kein Objekt mehr; es steht nicht mehr mir gegenüber, sondern ist bei mir. Die Rose, die ich sehe, ist kein Objekt meines Denkens, so wie wir sagen >Ich sehe eine Rose< und damit nur festzustellen, dass das Objekt eine Rose ist... [Vielmehr fühle ich die] Bedeutung: Eine Rose ist eine Rose ist eine Rose"[312]- in stets neuen, abhängig entstandenen Zuständen.

Sobald das rationale Denken im Prozess des Erinnerns die Regie übernimmt, bleiben die vergangenen Erfahrungen aufgrund von Rationalisierungen verdrängt. Das rationale Denken hält den Widerstand gegen das Hervorholen des Unbewussten an die Oberfläche des Geistes aufrecht. Halte ich mir jedoch vor Augen, dass der Mensch von damals, der das Leid erlitten hat, heute nicht mehr existiert, brauche ich den Schmerz nicht zu fürchten und kann auf Rationalisierungen verzichten. Denn Schmerz ist immer nur Erinnerung, nie aktuell. Die Angst vor dem Schmerz rührt daher, dass wir glauben, das ICH von damals sei identisch mit dem ICH von heute. Das aber ist eine Illusion, die aus der Überhöhung des ICH entspringt. Und dennoch: Der Schmerz von damals ist auch heute wirksam, egal ob ich mir die schmerzhaften Erlebnisse anschaue oder nicht. Indem ich das erfahrene Leid aus den Höhlen des ES wieder an die Oberfläche des Bewusstseins ziehe, entsteht das Potenzial, die Einflussnahme des Leids zu beenden.

Mit Hilfe besonders der Mantra-Meditation kann ein Geisteszustand erreicht werden, der die Voraussetzung schafft, um selbst viele Jahrzehnte zurückliegende Ereignisse und Erfahrungen zu erinnern. Es gibt kaum schönere Worte eines modernen Denkers, als die von Erich Fromm, um das zu beschreiben: „Sich des Unbewussten bewusst zu werden heißt, die Verdrängungen und Entfremdungen von mir zu überwinden. Es bedeutet aufzuwachen, Illusionen, Fiktionen und Lügen abzuschütteln und die Wirklichkeit so zu sehen, wie sie ist. Der Mensch, der erwacht, ist der befreite Mensch, dessen Freiheit weder von ihm noch von anderen eingeschränkt werden kann. Der Vorgang, dass man sich dessen bewusst wird, wessen man sich zuvor nicht bewusst war, bildet die innere Revolution des Menschen. Es ist das wahre Erwachen, das an der Wurzel sowohl des schöpferisch intellektuellen Denkens als auch des intuitiven, unmittelbaren Erfassens liegt. Lügen kann man allein nur im Zustand der Entfremdung, wo man die Wirklichkeit nur als einen Gedanken empfindet. Wenn man erwacht, ist

312 Erich Fromm, Zen Buddhismus und Psychoanalyse, S. 149

Lügen unmöglich."[313] Gelingt es, die Erinnerung selbst auf vergangene Leben auszudehnen, wird Glück ein langandauernder Geisteszustand. Mit dem dann zugänglichen intuitiven Wissen wächst ein Selbstbewusstsein und damit eine wunderbare, schier unendliche Lebensfreude: Denn „der [vormalige] Widerstand braucht eine Menge Energie. Diese Energie wird abgezogen und wird nutzlos verbraucht. Erst wenn die Verdrängung aufgehoben wird und der Widerstand nicht mehr gefüttert werden muss, steht uns diese Energie wieder für das Leben zur Verfügung. Die Folge ist ein Wachstum an Freiheit, Tugend und Lebensfreude."[314]

Mit der Erinnerungsarbeit in der Meditation lernen wir einen bislang unbekannten Aspekt des Ich kennen. Es wird sichtbar, dass sich das Ich aufgrund der unzählbaren Wahrnehmungen, Empfindungen, Eindrücke und Handlungen ständig verändert. Geist und Körper leben in aktueller Einheit und bedingen sich wechselseitig in Verbindung mit der sich dauernd verändernden Umwelt. Die Schönheit dieser Veränderung beschrieb der Siebte Dalai Lama (1708-1757) in einer Meditation über die Unbeständigkeit:

„Wenn du genau hinschaust und darüber nachdenkst,
erkennst du, dass die Menschen und Dinge,
die um dir herum erscheinen,
sich in ständiger Veränderung befinden.
Alles ist insofern für uns ein Lehrer der Unbeständigkeit.
Ich erinnere meinen Körper, als ich noch ein Kind war,
und wie er langsam in der Jugend seine Formen veränderte.
Heute ist jeder Arm und jedes Bein verdreht und verbraucht.
Ja, es ist mein Körper, aber er gibt selbst meinen Augen
nicht mehr genug Kraft zum Sehen.
So auch mein Geist: Er ist unbeständig,
oszilliert ständig zwischen Gefühlen der Freude,
des Schmerzes oder der Gleichgültigkeit,
den Früchten des heilsamen, schädigenden und neutralen Karma."[315]

313 Erich Fromm, Zen Buddhismus und Psychoanalyse, S. 165

314 Erich Fromm, Von der Kunst des Zuhörens, S. 105

315 Der Siebte Dalai Lama, Meditation über die Unbeständigkeit, Vers 18-20, in: Glenn Mullin: Meditations to transform the Mind, S. 120 (eigene Übersetzung)

Indem ich die unbewussten Informationen aus dem ES ins Bewusstsein hole und in Kontakt mit mir und der Welt bringe, stärke ich meine Lebenskraft, erhelle ich meine Gemütsverfassung, heile Körper und Geist - und erlebe Glück. Doch um dies tun zu können, „ist es wichtig zu sehen, dass ein Patient sein [bzw. eine Patientin ihr] eigenes Verantwortungsgefühl und Tätigsein mobilisiert. So wie niemand im alltäglichen Leben durch Reden glücklich wird, so auch nicht in der Psychoanalyse. Niemand wird aufgrund seines Sprechens glücklich. Um wirklich eine Veränderung zu erreichen, muss ein Patient [bzw. eine Patientin] einen starken Willen und den Impuls haben, sich zu ändern."[316] Wir brauchen also den tiefen inneren Wunsch, uns endlich aus leidvollen Lebenssituationen befreien zu wollen. Wie bei Süchtigen ist die beste Therapie wirkungslos, wenn ich nicht den Wunsch zur Heilung in mir empfinde und meinen Geist ganz intensiv auf dieses Ziel ausrichte, um selbst aktiv zu werden. Denn niemand, kein Gott und kein Buddha, kein Papst und kein Guru kann mir meine Schritte auf dem Weg zur Heilung abnehmen. Sie können mir nur Hinweisschilder und Impulse für heilsame Richtungen schenken. Aber leben, muss ich schon selbst.

Haben wir diesen Prozess einmal begonnen, dauert dieser bis zum Lebensende. Fromm berichtet: „Aus meiner eigenen Erfahrung mit der Selbstanalyse, die ich in den letzten vierzig Jahren täglich praktiziert habe, kann ich sagen, dass es bis jetzt nie vorkam, dass ich nicht etwas Neues entdeckt hätte oder Bekanntes nicht hätte vertiefen können."[317] Gleiches kann ich aus den vergangenen sieben Jahren intensiver Meditation berichten. Jeder Tag, jede Meditation bringt wunderbare Einsichten und ich nähere mich täglich einem glücklicheren Leben. Würden wir den Dalai Lama befragen, würde er wohl zustimmen.

Fromm begründet dies, wie ich finde, mit weiteren wunderbaren Worten: Denn „was weiß ich schon von mir, wenn ich nicht weiß, dass das Bild, das ich von mir selbst habe, zum größten Teil ein künstliches Produkt ist und dass die meisten Menschen - ich

316 Erich Fromm, Von der Kunst des Zuhörens, S. 84

317 Erich Fromm, Vom Haben zum Sein, S. 91

schließe mich nicht aus - lügen, ohne es zu wissen? Was weiß ich schon, solange ich nicht weiß, dass Verteidigung Krieg bedeutet, Pflicht Unterwerfung, Tugend Gehorsam und Sünde Ungehorsam? Was weiß ich, solange ich nicht weiß, dass die Vorstellung, dass Eltern ihre Kinder instinktiv lieben, ein Mythos ist? Dass Ruhm sich nur selten auf bewundernswerte menschliche Qualitäten und häufig nicht auf echte Leistungen gründet?... Dass Liebe das Gegenteil von heftiger Sehnsucht und Gier ist? Was weiß ich schon von mir, wenn ich nicht weiß, dass jeder versucht, schlechte Absichten und Handlungen zu rationalisieren, um sie edel und wohltätig erscheinen zu lassen?... Dass das Streben nach Herrschaft bedeutet, Wahrheit, Gerechtigkeit und Liebe mit Füßen zu treten?... Wenn ich nicht fähig bin, die unbewussten Aspekte der Gesellschaft, in der ich lebe, zu analysieren, kann ich nicht wissen, wer ich bin, weil ich nicht weiß, in welcher Hinsicht ich nicht ich bin."[318]

318 Erich Fromm, Vom Haben zum Sein, S. 103

Geist und Krankheit

Um das Denken zu verstehen, untersuchen Hirnforschung und Neurobiologie seit vielen Jahrzehnten die Funktionsweise des Gehirns. Sie konzentrieren sich dabei auf das Materielle, das Gehirn und das Nervensystem, weil dem naturwissenschaftlichen Dogma folgend nur Materie einer vermeintlich objektiven Betrachtung zugänglich ist. Die Gehirnforschung versucht mit Hilfe der Magnet Resonanz Tomographie (MRT)[319] und der Messung von Gehirnströmen (EEG) Aktivitäten der verschiedenen Gehirnareale zu beobachten, während sich die Probanden auf bestimmte Gedanken oder Bilder konzentrieren oder anderen äußeren Reizen ausgesetzt sind. Anhand solcher Versuche entstehen Theorien über mögliche Aktivitätsfelder und Strukturen des Gehirns, die uns folgende Geschichten erzählen:

Das Gehirn ist in zwei Hälfen unterteilt. Die linke Gehirnhälfte beherbergt Neuronen, die mehr dem rationalen Bereich zugeordnet werden. Dort werden Informationen akribisch und schematisch erfasst, logisch behandelt und strukturiert. Die rechte Gehirnhälfte hingegen ist hauptsächlich darauf trainiert, Stimmungen zu erfassen, assoziativ, intuitiv, neugierig und offen für das große Ganze. „Allerdings ist die Arbeitsteilung zwischen den Hirnhemisphären nicht ganz so scharf, wie man früher vermutet hat. Es handelt sich eher um die Herangehensweise, so als ob die beiden Gehirnhälften unterschiedliche Charaktere hätten", erläutert der Gehirnforscher McGilchrist. „Die linke Hälfte ist eher die kühl Kalkulierende, die rechte gleicht einem neugierigen Kind. Ein Kalkulierender ist sich sicher. Das Kind staunt, fragt und zweifelt. Ihre volle Stärke gewinnen beide Weltsichten, wenn man sie kombiniert. Gemeinsam sorgen die beiden Hirnhälften dafür, dass Men-

319 Ein Gehirn-MRT misst die Blutflussaktivitäten, basierend auf der einfachen Annahme, dass in den aktiven Regionen des Gehirns der Blutfluss erhöht ist. Die so gewonnenen Daten sind sicherlich interessant, dürfen aber nicht mit der Wirklichkeit verwechselt werden, da erst die mathematischen Konstrukteure Bilder ermöglichen.

schen gegenüber der Welt die richtige Distanz behalten. Nicht zu weit weg (rechts), nicht zu nah dran (links).“ [320]

Bei der Wahrnehmung der äußeren Welt mit Hilfe des Sehens beginnt der Prozess damit, dass „die zweidimensionale Helligkeitsverteilung des Netzhautbildes über eine Kaskade von Retinazellen“ zu elektrischen Signalen umgewandelt wird, die „über den Sehnerv zu Umschaltstationen im Zwischenhirn und schließlich zur primären Sehrinde im Okzipitalhirn [Hinterhauptslappen]“ geleitet werden, erklärt Wolf Singer, viele Jahre Direktor des Max-Planck-Instituts für Hirnforschung in Frankfurt. „Die primäre Sehrinde verteilt ihre Verarbeitungsergebnisse parallel an eine Vielzahl eng miteinander vernetzter Hirnrindenregionen. Jedes dieser Areale ist für einen Teilaspekt der visuellen Signale zuständig. Einige Areale befassen sich vorwiegend mit der Analyse von Bewegungsinformationen, andere mit der Farbe oder mit figürlichen Aspekten. Sie treten miteinander in Wechselwirkung, tauschen Verarbeitungsergebnisse aus und senden die Resultate wiederum an eine Vielzahl weiterer Hirnrindenareale.“[321] Ähnliches geschieht bei allen sensorischen Kontakten mit der Welt.

Eine schier unüberschaubare Informationsmenge strömt ungefähr 65 Mal pro Sekunde von allen Sensoren des Körpers - Augen, Ohren, Haut, Nase, Lippen-Zunge - auf das Gehirn ein. Um diese gewaltige Datenmenge überhaupt aufnehmen, sie interpretieren und daraus sinnvolle Handlungen generieren zu können, wären nach Auffassung Singers und anderer Hirnforschenden mehr Neuronen erforderlich, als wir besitzen. Um den scheinbaren Mangel an Neuronen auszugleichen, sind im Gehirn „dynamische Gruppierungsmechanismen [etabliert], die eine flexible Rekombination von neuronalen Antworten ermöglichen und die Voraussetzungen dafür schaffen, dass ganz unterschiedliche Konstellationen im gleichen Netzwerk fest verdrahteter Neuronen nacheinander analysiert und repräsentiert werden können. Nicht die Antworten einzelner Neuronen, sondern die Gesamtheit der verteilten Antworten spezieller, ad hoc formierter Neuronengruppen, signalisieren

320 Zitiert nach: Tobias Hürter, Ich bin zwei, in DIE ZEIT, Nr. 25, 13.6.2013, S. 36

321 Wolf Singer, Der Beobachter im Gehirn, S. 204

das Vorhandensein eines bestimmten Wahrnehmungsobjektes. Weil ein Neuron zu verschiedenen Zeitpunkten unterschiedlichen Gruppierungen zugehören kann, vermag es sich an der Repräsentation vieler verschiedener Merkmalkonstellationen zu beteiligen. Auf diese Weise können mit einer begrenzten Zahl von Nervenzellen nahezu beliebig viele Objekte abgebildet werden."[322]

Die im „Gehirnkonzept von Descartes" noch angenommene „hierarchische Organisationsstruktur" mit einem „Konvergenzzentrum, in dem die Ergebnisse dieser vielfältigen, parallel ablaufenden Analyseprozesse zusammengefasst und interpretiert werden könnten, existiert nicht.... [Vielmehr liegt] eine Netzwerkstruktur vor, in der Parallelität als Organisationsprinzip vorherrscht und Konvergenzzentren fehlen."[323] Denn die zu verarbeitende Informationsmenge ist viel zu groß, als dass hierarchische Strukturen diese zu Entscheidungen verarbeiten könnten. „Wenn man derartige Systeme durch Top-down-Anweisungen stabilisieren wollte, müsste an der Spitze der Pyramide ein Koordinator agieren, der mit Metaintelligenz ausgestattet ist; die koordinierende Instanz müsste intelligenter sein als die jeweiligen Komponenten."[324]

Diese Erkenntnis ist für alle Organisationen, die letztlich aus Netzwerken von Menschen bestehen, von entscheidender Bedeutung: In Unternehmen, Verwaltungen und anderen Organisationsformen unseres Lebens erliegen wir fast durchgängig der Illusion, dass die an der Spitze stehenden Personen - ob Vorstandsvorsitzende oder Sachgebietsleitungen, Regierungschefin oder Oberbürgermeister, Geschäftsführung eines Vereins oder Familienoberhaupt - mit einer Metaintelligenz ausgestattet seien, die sie befähigten, im Zweifel eine richtige Entscheidung für alle treffen zu können - andere führen zu können. Aus der Gehirnforschung lernen wir aber, dass hierarchische Organisationen unflexibel und für die Komplexität des Lebens weitgehend ungeeignet sind zur Steuerung eines hochkomplexen Netzwerkes. „Diesem genialen Trick [der Nicht-Hierarchie] ist es zu verdanken, dass sich derart komplexe Strukturen wie das Gehirn überhaupt entwickeln

322 Wolf Singer, Der Beobachter im Gehirn, S. 206
323 Wolf Singer, Der Beobachter im Gehirn, S. 204
324 Wolf Singer, Der Beobachter im Gehirn, S. 201

[konnten]. Das sich entwickelnde Gehirn nutzt seine verteilte Intelligenz, um sich selbst zu strukturieren. Wenn ich >verteilte Intelligenz< sage, so tue ich dies in voller Absicht. Denn es gibt keinen Ort im Gehirn, wo Intelligenz konzentriert wäre. Sie residiert nur in der funktionellen Architektur, ist eine emergente[325] Eigenschaft des Ensembles selektiv gekoppelter Komponenten."[326] Wir können hieraus etwas salopp den Schluss ziehen: Hierarchische Organisationen bleiben dumm.

Das Gehirn als Ganzes ist mehr als die Summe seiner Teile. Es existieren keine Orte, die eine bestimmte Fähigkeit hervorbringen, sondern „die Prozesse, die die Architektur des Nervensystems [und damit seiner Intelligenz] während seiner Entwicklung formen, werden wie das Lernen durch Bewertungssysteme" gesteuert, die sich aus dem Erfolg oder Misserfolg einer Aktivität ergeben. Entscheidend für die Entwicklung des Gehirns ist, „was für das Gehirn [und den Organismus] als Ganzes [in seinem Eingebunden-Sein in die Welt] gut oder schlecht ist. Tatsächlich gibt es keinen Plan [für ein vollentwickeltes Gehirn], weder in den Genen noch sonst wo."[327] Intelligenz ist also nicht in einem Gen lokalisiert, sondern entwickelt sich aus dem Wechselspiel des sich ständig weiter entwickelnden Gehirns mit der sich unaufhaltbar verändernden Welt – jenem ständigen Wechsel zwischen Ich und Welt, das Hegel beschreibt. Wird dieser Austausch behindert oder unterdrückt, werden Menschen im ursprünglichen Sinne des Wortes dumm, wie dies viele grausame Menschenversuche gezeigt haben. Das Draußen im Sinne Hegels und Sartres ist Wirkung und Ursache von Intelligenz. Gleichzeitig ist Intelligenz Ursache und Wirkung des sich verändernden Draußen. Weder Welt noch Intelligenz existieren unabhängig voneinander oder gar aus sich heraus - sie sind Ursachen und Nicht-Ursachen im Sinne Nagarjunas.

Unser Gehirn schläft nie. Ständig „generiert es hoch komplexe Erregungsmuster, auch wenn äußere Reize fehlen. In der Vergan-

---

325 Emergente Eigenschaften treten neu hervor aus dem Zusammenspiel von verschiedenen einzelnen Komponenten, die einzeln nicht die Eigenschaft besitzen. So ist die Mobilität eines Fahrzeugs eine emergente Eigenschaft, da kein Bauteil eines Automobils alleine die Eigenschaft Mobilität hat.

326 Wolf Singer, Der Beobachter im Gehirn, S. 209

327 Wolf Singer, Der Beobachter im Gehirn, S. 210

genheit wurden diese Ruheaktivitäten von der Gehirnforschung als unsystematisches Rauschen betrachtet. Es gibt neue Hinweise dafür, dass diese Aktivitäten jedoch in hohem Maße strukturiert sind. Domänen der Großhirnrinde, die gruppierbare Merkmale repräsentieren, scheinen auch ohne Reizung zu Schwingungen fähig. Dies bedeutet, dass sich das Wissen im raum-zeitlichen Muster kohärenter schwingender Neuronen widerspiegelt.... Vermittels spontanen Austauschs von Aktivitäten zwischen den gekoppelten Neuronen wird Wissen in dynamische, raumzeitlich hochkomplexen und vermutlich sehr spezifischen Schwingungsmustern umgesetzt."[328] Es sind also Neuronen-Ensembles, die wie Netze im Gehirn kaum messbare Schwingungen erzeugen, welche gespeichertes Wissen repräsentieren, das als Grundlage zur Bewertung aktueller Wahrnehmungen genutzt wird. Insofern ist kaum verwunderlich, dass das Gehirn ein sehr formbares Organ ist, dessen „Plastizität" während des ganzen Lebens erhalten bleibt. Lernen und Veränderung ist zu jeder Zeit des Lebens möglich.

Das Bild der Schwingung von Neuronen-Ensembles ist kompatibel mit unserer Alltagserfahrung: Wir fühlen die Ausstrahlung eines aggressiven Menschen und nehmen dabei seine oder ihre Schwingungen durch unser eigenes Schwingungssystem wahr. Wir interpretieren diese Information dann aufgrund gespeicherter früherer Erfahrungen als bedrohlich. Eine Empfindung und die damit verbundenen Erfahrungen, die als Schwingungen abgespeichert sind, bilden die Grundlage für die Interpretation von Wahrnehmungen. „Wahrnehmung ist die Überprüfung von Hypothesen", fasst Singer zusammen, wobei nicht einmal gewiss ist, ob eine Hypothese richtig oder falsch ist. Letztlich kann diese Bewertung nur anhand des Kriteriums erfolgen, ob das, was ich wahrnehme und erlebe, für mich heilsam und glücklich machend oder schädigend und Leid erzeugend ist.

Während wir oftmals nur das grobe Äußerliche einer Personen oder Situation wahrnehmen, bezeichnen wir Menschen mit einer hohen Sensibilität, etwa für die Zwischentöne eines Satzes oder der damit verbundenen Mimik, als weitsichtig oder gar als hell-

328 Wolf Singer, Der Beobachter im Gehirn, S. 109

seherisch. Mit zunehmender Sensibilität für solche Schwingungen steigert sich die Wahrnehmungsfähigkeit. Eine ausgeprägte Sensibilität für die geistigen Zustände von Patienten ist für die Heilung von Krankheiten erforderlich. Homöopathinnen und Akupunkteure, Psychoanalytiker und Heilende verschiedener Kulturen sind Menschen, die eine hohe spezifische Sensibilität für die geistigen und körperlichen Situationen von Kranken haben. Fromm bezeichnet sich selbst als ein Instrument, das geübt ist, die Schwingungen des Analysanden bzw. der Analysandin aufzunehmen.

Ein guter Homöopath bzw. eine gute Homöopathin sind in der Lage, den Geist einer Person aufgrund von körperlichen, sprachlichen und sonstigen Mitteilungen zu erfassen und diese Wahrnehmungen in Beziehung zu einem Heilmittel zu stellen. Rajan Sankaran, indischer Homöopath, nennt die „Gemütsverfassung" die Leitursache für Krankheiten aller Art: „Die Energien und Empfindungen im inneren Kernbereich des Organismus liegen immer unter jeder Emotion und jeder körperlichen Erfahrung. Das ist die innere Welt des Patienten [bzw. der Patientin], die Welt des Un-Sinns, seine [bzw. ihre] innere Wahrheit, die Störung seiner [bzw. ihrer] Lebenskraft.... Diese Welt bleibt gut verborgen unter dem Gewand von Intellekt, Vernunft, Logik und oft auch Sozialem und Kulturellem. Sie ist so geheim, dass sie, wenn sie enthüllt wird, den Patienten [bzw. die Patientin] erstaunt.... Nur die Bewusstwerdung der Wahnidee kann diese zum Verschwinden bringen. Krankheit verschwindet mit Bewusstwerdung. Das homöopathische Heilmittel bewirkt ein Erkennen der Wahnidee, in dem es die Person mit der ursprünglichen Situation, aus der die Wahnidee stammt, in Berührung bringt."[329] Die Analogie zu Freuds Bild, dass Gesundheit erst in der Harmonie von Ich und ES möglich ist, ist überdeutlich.

Samuel Hahnemann, Begründer der Homöopathie, schrieb vor 200 Jahren zwar barock, aber ähnlich: „(§ 9) Im gesunden Zustand des Menschen waltet die geistartige, als Dynamis den materiellen Körper belebende Lebenskraft unumschränkt und hält alle seine Teile in bewundernswürdig harmonischem Lebensgange, so

329 Rajan Sankaran, Die Empfindung in der Homöopathie, S. 34-38

dass unser innewohnender Geist sich dieses lebendigen, gesunden Werkzeugs frei zu dem höheren Zwecke unseres Daseins bedienen kann.... (§ 11) Wenn der Mensch erkrankt, so ist ursprünglich nur diese geistartige, in seinem Organismus überall anwesende, selbsttätige Lebenskraft verstimmt."[330] Auch Hahnemann verwendet das Bild der Schwingung, deren Frequenz durch geistige oder äußere Einflüsse „verstimmt" sein kann wie ein Saiteninstrument. In ihrer Arbeit ermitteln die Homöopathen und Homöopathinnen die Gemütsverfassung oder den Geisteszustand des Patienten bzw. der Patientin und setzen diese in Beziehung zu den körperlichen Leiden sowie einem entsprechenden Heilmittel. Eine radikale Sichtweise, wogegen wir uns oft wehren, weil wir an der Illusion hängen, dass nur äußere Krankheitsursachen wirksam sein können. Vermutlich hängen wir aus lauter Angst vor uns selbst so sehr an dem Glauben der Medizin, dass Heilung ohne Wissen über den eigenen Geist möglich sei.

Wie umfassend die „Gemütsverfassung", also der Geist, körperliche Krankheiten auslösen und ebenso heilen kann, zeigen die Erfahrungen der Psychoanalyse. Freud kritisiert bereits um 1900, dass „die moderne Medizin Anlass genug hat, den unleugbar vorhandenen Zusammenhang zwischen Körperlichem und Seelischem zu studieren, aber dann niemals versäumt, das Seelische als bestimmt durch das Körperliche und abhängig von diesem darzustellen."[331] Sigmund Freud und C.G. Jung (1875 - 1961) stellen in ihren Untersuchungen fest, dass ein erkrankter Geist körperliche Leiden auslöst, die durch die Erinnerungsarbeit in einer Psychoanalyse geheilt werden, so bald traumatische Ereignisse nicht mehr verdrängt werden, und stellen die verdrehte Welt wieder auf die richtigen Füße.

In seinen frühen Werken berichtet Freud detailliert über körperlich schwer erkrankte Patientinnen und Patienten und deren Heilung durch die Psychoanalyse; Krankheiten, wie wir sie uns selbst heute kaum vorstellen können und immer noch staunend vor diesen Geschichten stehen: „Eine junge Frau hatte eine steife Läh-

330 Samuel Hahnemann, Organon der Heilkunst, S. 68

331 Sigmund Freud, Psychische Behandlung (1905) in: Darstellung der Psychoanalyse, S. 15

mung in beiden Seiten der Extremitäten mit Unempfindlichkeiten derselben, zeitweise dieselben Affektionen an den Gliedern der linken Körperseite, Störung der Augenbewegungen und mannigfaltige Beeinträchtigung des Sehvermögens, Schwierigkeiten der Kopfhaltung, eine Herabsetzung des Sprechvermögens, bis hin zum Verlust der Fähigkeit, ihre Muttersprache zu sprechen oder zu verstehen.“ Die Ärzte konnten keine organischen Veränderungen bei der Patientin feststellen. In ihrer Hilflosigkeit bezeichneten sie sie als „hysterisch, da sie eine ganze Anzahl von Bildern ernsthafter Erkrankungen vorzutäuschen vermag.“ Geschult, durch seinen neuen psychologischen Blick, Krankheiten als Ausdruck geistiger Verwirrung zu erkennen, heilte Freud die scheinbar unheilbare Patientin mit Hilfe der Psychoanalyse: „Hatte sie eine Anzahl solcher Phantasien erzählt, so war sie befreit und ins normale seelische Leben zurück geführt.... Die Patientin selbst, die um diese Zeit ihres Krankseins merkwürdigerweise nur Englisch sprach und verstand, gab dieser neuen Behandlung den Namen >talking cure< oder bezeichnete sie scherzhaft als >chimney sweeping<.“[332] Die Psychoanalyse hat seither in Millionen Fällen die Kraft des Geistes zur Heilung genutzt und bewiesen.

Das Verstehen der Beziehung zwischen Geist und Krankheit ist von großer Bedeutung für die meisten körperlichen und psychischen Leiden. „Deshalb ist die erste und wichtigste Aufgabe der Psychoanalyse, dem Patienten [bzw. der Patientin] eher dabei zu helfen, sein [bzw. ihr] Leid zu erleben, als ihm [bzw. ihr] Mut zuzusprechen. In Wirklichkeit gibt es keinerlei Grund für eine Ermutigung, mit der man das Leiden zu lindern und zu mildern versucht; im Gegenteil, dies ist definitiv schlecht für den weiteren Fortgang der Analyse.... Wer sich seines Leidens nicht bewusst ist und nur fernsieht oder mit sonst etwas sich die Zeit vertreibt, der ist weder hier noch dort.“[333] Die Heilung körperlicher Krankheiten durch den Blick auf den Geist erfordert, dass ich mir das gesamte Leid meines Lebens, mit allen Schmerzen und Verletzungen, de-

332 chimney sweeping = Kaminfegen; Sigmund Freud, Über Psychoanalyse. Fünf Vorlesungen. (1909) in: Darstellung der Psychoanalyse, S. 51-53

333 Erich Fromm, Von der Kunst des Zuhörens, S. 37

tailliert anschaue. Sonst bleibe ich auf einem Niveau, das Fromm eine „nette psychologische Unterhaltung" nennt.

Der „entscheidende Punkt bei der psychoanalytischen Behandlung ist für mich der Konflikt, der sich im Patienten aufgrund der Konfrontation [zwischen dem aktuellen Bewusstsein und dem Verdrängten] zuspitzt."[334] Um das Unbewusste bewusst werden zu lassen, helfen keine begrifflichen Konzepte: „Das Unbewusste ist etwas, das man fühlt, und zwar nicht im gewöhnlichen Sinne, sondern was ich den elementarsten Sinn nennen möchte."[335] Werde ich mir meines Unbewussten in vollem Umfang bewusst, dann werde ich mir meiner „eigenen Wirklichkeit und der Wirklichkeit der Welt in voller Tiefe und ohne Schleier bewusst." Es entstehen unmittelbare Wahrnehmungen über die eigene Vergangenheit, die Schmerzen und auch Fehler und die kaum (er)zählbaren Erlebnisse und Eindrücke. Diesen Schleier der Unwissenheit zu lüpfen, ihn zu beseitigen und unmittelbare, nicht-begriffliche Erfahrungen über mich selbst und meine Welt wahrzunehmen, ist der Weg der Heilung - der Vereinigung von Ich und ES.

Daraus leitet sich eine wesentliche „Bedingung für eine wirksame Psychoanalyse [ab]: Der Patient [bzw. die Patientin] muss eine Vorstellung von dem haben, was sein [bzw. ihr] Leben sein sollte oder sein könnte; er [bzw. sie] muss eine Vision dessen haben, was er mit seinem [bzw. sie mit ihrem] Leben will."[336] Fromm formuliert eine radikal heilsame Haltung zum Leben, die er „Biophilie" nennt. Er fordert, dass ich ein klares Bewusstsein darüber brauche, was ich mit dem Wertvollsten, das ich besitze, meinem Leben, tun und erreichen will. Finde Ich keinen Sinn für dieses Leben, erkranke Ich oder bleibe krank.

Trotz eindeutiger Erfolge der Heilmethoden, die den Geist als Ursache von Erkrankungen erkennen, scheuen wir uns zu sagen, dass wir bei fast allen Krankheiten - ob Erkältung oder Bluthochdruck, Rückenschmerz oder Herzinfarkt, Bauchschmerz oder Krebs - am Geist erkrankt sind. Denn diese Worte sind durch

334 Erich Fromm, Von der Kunst des Zuhörens, S. 33

335 Erich Fromm, Zen Buddhismus und Psychoanalyse, S. 166

336 Erich Fromm, Von der Kunst des Zuhörens, S. 38

die medizinisch-pharmakologisch ausgerichtete Psychiatrie negativ besetzt. Irrenanstalt und Einzelhaft sind die Assoziationen, wenn wir über „Geisteskrankheit" sprechen. Wie groß wäre doch die Entlastung, wenn wir die Wahrheit frei formulieren könnten, beispielsweise bei einer Migräne mit den Worten: „Mein Geist ist aus der Balance, verhakt und krank, weshalb ich Krämpfe im Kopf erlebe." Sprechen Sie diesen einfachen Umstand in Zukunft aus, wenn sie Kopfschmerzen erleben. „Wer Kopfweh hat, kann sich immer fragen: >Auf wen bin ich ärgerlich?< Und gewöhnlich verschwinden die Kopfschmerzen, wenn man herausfindet, wer oder was einen ärgert. Migräne ist Ausdruck eines andauernd verdrängten Ärgers und eines anhaltenden Vorwurfs."[337] Wenn Sie unter Rückenschmerzen oder steifen Gelenken, Traurigkeit oder Atemnot, Nierenkoliken oder Bluthochdruck leiden, sagen Sie laut und deutlich: „Mein Geist ist erkrankt!" oder „Mein Gemüt ist aus der Balance gekommen!" Fühlen Sie dabei intuitiv in sich hinein, wo die Unwucht besteht. Lassen Sie die Gefühle über einen längst vergangenen Schmerz wieder zu. Worte reichen hierfür oftmals nicht aus. Musik- , Kunst- oder Bewegungstherapien sind hilfreiche Methoden, mit denen wir an das ins Unbewusste Verdrängte über andere unmittelbare Wahrnehmungen gelangen können. Oder eben durch Meditationen, wie sie seit vielen Tausend Jahren von den buddhistischen Mönchen und Nonnen praktiziert und gelehrt werden. Mit diesem Mitteln können Sie die Ursachen Ihres aktuellen Geisteszustandes untersuchen und beginnen, die Verbindungen zwischen Geist und Körper zu verstehen.

Die Illusionen der westlichen Medizin, die im Glauben an die Dominanz des Materiellen und des naturwissenschaftlich Messbaren[338] gründen, behindern den Blick auf die Erkrankung des Geistes und damit eine nachhaltige Heilung des Körpers. Wie viel Leid könnte durch die breite Nutzung einer auf den ganzen Menschen

---

337 Erich Fromm, Von der Kunst des Zuhörens, S. 223

338 Die Absurdität mancher wissenschaftlichen Methoden und Veröffentlichungen karikiert folgender Wissenschaftswitz: „Wissenschaftler studieren einen Frosch. Sie schneiden ihm die Beine ab und befehlen ihm: >Spring!<. Doch der Frosch springt nicht. Hieraus ziehen die Wissenschaftler den Schluss: Wenn man einem Frosch die Beine abschneidet, wird er taub." (eigene Übersetzung; Original Text in Englisch siehe hierzu: http://9gag.com/gag/aG9N6vZ?ref=fbp)

ausgerichteten Heilkunst vermieden werden, die alle Möglichkeiten aller Heilkünste nutzt - der allopathischen materiellen Medizin, wie aber auch der Homöopathie, der Akupunktur und Kräutermedizin, der Psychoanalyse und Meditation? Die Vielfalt der Methoden und der damit verbundenen Weltbilder ist ein unerschöpflicher Schatz der Menschheit, der das Leid vieler Millionen Menschen verringern kann und den es zu schützen und liebevoll zu nützen gilt.

Den Zugang zum eigenen Geist ermöglicht die Introspektion, die subjektive Betrachtung meines Geistes. Das ist eine der entscheidenden Fähigkeiten des Menschen, die unser Leben so wertvoll macht, weil wir damit Qualitäten des Geistes erkennen und auch verändern können. Doch diese Gabe wird von den westlichen Wissenschaften nicht ernst genommen und als nicht verifizierbar abgelehnt. Die naturwissenschaftlich ausgerichtete westliche Medizin erhebt gegen Homöopathie, Psychoanalyse, Meditation und andere Heilmethoden des Geistes, deren Grundlage immer die Introspektion ist, den Vorwurf, sie seien „subjektivistisch" und ihre Wirksamkeit könnte „in keiner objektiven Studie" bewiesen werden. Vielmehr handele es sich bei den beobachteten Heilungen vornehmlich um Placebo-Effekte oder Selbstsuggestionen. Hirnforschung, Psychiatrie und Psychologie könnten nur durch Experimente versuchen, den Geist mit naturwissenschaftlicher Präzision zu beschreiben. Im Raum jedoch steht unausgesprochen: „Und wenn wir den Geist nicht messen können, existiert er auch nicht!" Schauen wir uns diese Argumente im Detail in Ruhe an:

(i) Zunächst können wir einfach feststellen, dass die Methoden erfolgreich sind, die heilen. Mit oder ohne „objektiver Studie". Eine Heilung kann leicht durch das Verschwinden des behandelten Leidens klar und eindeutig festgestellt werden. Wie oft haben Eva und ich und viele Freunde - gewissermaßen intersubjektiv - bei unserem Sohn David als Baby beobachten können, dass seine Ohrenschmerzen, Zahnschmerzen, Bauchschmerzen oder andere Beschwerden durch die Gabe eines homöopathischen Mittels fast spontan verschwanden. Seine Mittelohrentzündungen konnten trotz dreimaliger Therapien mit Antibiotika nicht geheilt werden. Erst durch die einmalige Gabe eines homöopathischen Heilmittels verschwanden sie in wenigen Tagen und traten nie mehr auf, während andere Kinder mit der klassischen Therapie oft eine Ohroperation über sich ergehen lassen mussten. Zudem: Ein Baby denkt nicht in den Kategorien von Placebo oder Suggestion.

Als Eva vor einigen Jahren eine Entzündung aller Nebenhöhlen des Kopfes erlebte, heilte diese selbst nach mehrwöchiger Antibiotikum-Gabe nicht. Die Ärzte wollten sie operieren und die Höhlen mechanisch reinigen. Dies barg jedoch die Gefahr, dass sich immer wieder aufs Neue Keime in die geöffneten Höhlen einschleichen würden. Aus Sorge vor einer lebenslangen Nebenhöhlenentzündung ging sie gesenkten Hauptes wieder zu unserem Homöopathen. Die Gabe weniger Globuli bewirkte, dass schon nach drei Tagen die Entzündungen drastisch zurückgingen. Eine Woche später war sie geheilt und hat nie mehr eine Entzündung der Kopfhöhlen erlebt, weil das Heilmittel sie mit einer „Disharmonie in ihrem Geist in Berührung" gebracht hatte. Viele Millionen Menschen erleben täglich Heilung durch die vermeintlich subjektivistischen und unüberprüfbaren Heilmethoden. Dies als Placebo-Effekt zu diskreditieren zeugt nur von der Angst konservativer Schulmediziner und Medizinerinnen vor dem Unbekannten. Diese durchaus verständliche Angst aber lässt das Intuitive verdorren, vielleicht nur um Recht zu haben und oftmals auch bloß, um Medikamente verkaufen zu können.

(ii) Betrachten wir das Argument der Objektivität näher und analysieren wir die naturwissenschaftliche Vorgehensweise aus einer generellen Perspektive: Weil ein externes materielles Objekt nur aufgrund einer immer schon im Geist des Beobachtenden vorliegenden „Theorie" während des Vorganges der Beobachtung interpretiert werden kann, wird bei jedem naturwissenschaftlichen Experiment immer nur etwas subjektiv beobachtet und interpretiert. Einstein benennt klar, dass alle wissenschaftlichen Beschreibungen - ob sie von Galilei, Darwin, Humboldt oder Hawkins stammen - grundsätzlich nur subjektive Beschreibungen sind. Auch Gehirnforscher wie Singer bestätigen, dass die im Geist des Beobachtenden vorhandenen subjektiven Vorstellungen als Hypothesen unmittelbar dessen Beobachtung prägt und die Interpretation des sensorisch Wahrgenommenen auf einen Vergleich mit diesen Hypothesen hinausläuft. Die absolute Objektivität naturwissenschaftlicher Prägung ist reine Fiktion.

Eines der Hauptargumente der Naturwissenschaften zur Begründung ihrer Annahme von Objektivität ist die Reproduzierbarkeit von Experimenten. Nur wenn Experimente von verschiedenen Ausführenden wiederholt und zu den gleichen Ergebnissen führen, könne eine objektive Beobachtung festgestellt werden. Doch diese Forderung ist spätestens mit der Quantenmechanik in den Mülleimer der Illusionen gelandet. Bei der Verifikation einer Beobachtung durch mehrere Experimente und Experimentatoren handelt es sich immer nur um verschiedene einmalige, subjektive Beobachtungen mehrerer Personen nacheinander, weil jede Beobachtung vom momentanen Geisteszustand des Beobachtenden und des einzigartigen Moments der Beobachtung abhängig ist. Dies ist eine der herausragenden philosophischen Erkenntnis der Quantentheorie: Keine Beobachtung existiert aus sich heraus und ist immer von der beobachtenden Person und vielen anderen Umständen abhängig. Eine Wahrnehmung und die nachfolgende Beschreibung hängen ursächlich von den Möglichkeiten des Geistes ab, basierend auf vorherigen Erfahrungen und den Sinneskräften des Beobachtenden. Menschen aus Afrika, Asien und Europa beispielsweise nehmen den gleichen Himmel (und jedes andere Objekt) unterschiedlich wahr und beschreiben diesen so unterschiedlich, dass ein Lesender der Beschreibungen glauben würde, drei verschiedene Himmelsformationen wären beschrieben worden. Die Verifikation durch mehrere Experimente entspricht somit maximal einer „intersubjektiven Beschreibung" eines Objektes. Mehrere Personen verständigen sich dabei mittels Begriffe über ihre Wahrnehmungen, ohne je etwas Identisches wahrgenommen zu haben, weil eine „identische Wahrnehmung" prinzipiell unmöglich ist.

Bestätigt wird dies auch von der neueren Chaostheorie, die die nicht-linearen Beziehungen zwischen Ursachen und Wirkungen beschreibt. Betrachten wir eine bestimmte Ursache als Ausgangspunkt eines Geschehens, dann sind von diesem Startpunkt aus verschiedene Wirkungslinien möglich. Es gibt keine zwingende identische Wiederholung eines Ereignisses aufgrund einer vermeintlich objektiven Ursache, weil jede verursachende Aktivität einzigartig ist und sich nie mehr exakt so wiederholt. Graphisch wird dies als abweichende Kurven beschrieben, die wir als Bilder der Mandelmännchen und ähnlich schöner Computeranimationen der nicht-linearen Gleichungen kennen. Die Abweichungen können groß oder klein sein. Sie treten selbst beim Fallen eines Gegenstandes auf: Niemals fällt ein Ding in gleicher Weise jemals wieder zur Erde, weil es nie mehr an genau dem gleichen Ort unter den gleichen Bedingungen sein kann, nachdem es zuvor einmal heruntergefallen ist. Auch nicht im besten und präzisesten Experiment. Newtons Gravitationsgesetz ist daher im besten Fall eine mathematische Idealisierung eines einmaligen Vorgangs. Das einzige, was wir feststellen können, ist ein sogenannter Wahrscheinlichkeitsraum. Beispielsweise der, dass ein Apfel durch die Gravitation tatsächlich zur Erde fällt. Die Wege dazwischen, die Konditionen in der Zwischenzeit und viele andere Parameter jedoch sind alle einmalig und individuell für ein in einem Moment und damit einmaliges Experiment.

Aber selbst die Naturwissenschaftler und Naturwissenschaftlerinnen weichen durchgängig von ihren eigenen theoretischen Ansprüchen der Reproduzierbarkeit ab. Das standardisierte Weltbild des Positivismus ist ja auch pure Naivität. Die im Teilchenbeschleuniger CERN durchgeführten Experimente sind so aufwändig und einmalig, dass sie nie wiederholt werden können, selbst wenn jemand dies wollte. Diese Großmaschine existiert nur einmal und ist so komplex, dass sie kaum jemand noch versteht, geschweige denn in gleicher Weise noch einmal aufbauen könnte. Und sogar „gleiche" Experimente, die unter vermeintlich „gleichen" Bedingungen dort durchgeführt werden, sind niemals gleich, weil es unmöglich ist, alle Parameter vollständig zu wiederholen. Insofern ist also die Forderung nach „objektiven Studien" zur Überprüfung alternativer Heilmethoden systematischer Unsinn, der sich - wie so oft - aus Ängsten und Interessen speist.

Aus dieser kurzen Beschreibung der vermeintlich objektiven wissenschaftlichen Methode können wir gleichzeitig die Stärke der subjektiven Introspektion für die Erforschung des Geistes ableiten, wobei der schöne Satz der 1848er Demokraten das Motto vorgibt: „Die Gedanken sind frei!"

(i) Der Geist ist ausschließlich der jeweiligen Person - also streng subjektiv - zugänglich. Keine andere Person kann - zum Glück - meinen Geist beobachten, geschweige denn verstehen. Psychologen und andere können im besten Fall äußere Wirkungen meiner geistigen Aktivitäten wahrnehmen und mir Interpretationsvorschläge anbieten, wie Erich Fromm dies mit dem Bild einer Resonanz beschreibt, die er fühlt, wenn er den Ausführungen seiner Patienten und Patientinnen zuhört. Doch ist die Interpretation durch eine zweite Person nur eine Annäherung, die umso besser gelingt, je intensiver und intuitiver die Kommunikation zwischen den beiden Personen der Therapie stattfindet. Psychoanalyse ist daher im eigentliche Sinne eine Selbstanalyse, die durch die Interpretationshilfe eines damit erfahrenen Menschen gefördert wird. Ein wesentlicher Grund, warum Psychoanalysen und andere Wege zur Heilung mit Hilfe des Geistes viel Zeit benötigen. Kein Psychoanalytiker und keine Psychoanalytikerin kann meinen Geist verstehen. Sogenannte „psychologische Testverfahren", die im wesentlichen auf statistischen Methoden beruhen, sind noch ungeeigneter, ein Wissen über den Geist eines anderen Menschen zu generieren. IQ-Tests beispielsweise können kaum etwas über die Intelligenz eines Menschen aussagen. Sie geben nur indirekt Hinweise auf die Wirkung des beobachteten Geistes in der Bandbreite eines Wahrscheinlichkeitsraumes, der sogar weitgehend aktuellen Moden und Interessen folgt, die sich mit der Zeit verändern.

(ii) Wenn mehrerer Personen über ihre eigenen subjektiven Beobachtungen berichten, die sie in einer Introspektion über ihren Geist gemacht haben und sich dabei der Subjektivität ihrer Beobachtungen vollständig bewusst sind, diese also nicht künstlich unterdrücken oder verschleiern, können sie sich auf einer begrifflichen Ebene über eine Interpretation des subjektiv Erfahrenen verständigen. Jede Meditationserfahrung ist insofern eine gültige und gleichwertige Erfahrung. Hieraus können intersubjektive Vorstellungen und Theorien über den Geist erarbeitet werden. Das ist die geniale Vorgehensweise der großen buddhistischen Schulen, in denen Tausende Meditierende sich über ihre subjektiven Meditationserfahrungen seit Jahrhunderten verständigen. Die Schwierigkeit dieser Methode besteht auf einer anderen Ebene: Mit jeder Begriffsbildung geht ein Teil der subjektiven Erfahrung verloren, wird vielleicht sogar nur in Schablonen oder vorgefertigten Vokabeln fabuliert. Weil jeder Begriff „ein abstrakter Kodierungsvorgang zur symbolischen Kodierung von Relationen"[339] ist, können subjektive Erfahrungen durch Begriffe nur unvollständig abgebildet werden. Oftmals fehlen einem einfach die Worte, um das intuitiv oder unmittelbar Erfahrene vollständig in Worten auszudrücken, nach Draußen zu kommunizieren, weil in jedem Wort eine bestimmte Nuance mitschwingt - und eine andere nicht - und damit stets unsagbares mittransportiert oder behindert wird. Die Feinheiten einer Aussage gründen sich eben auf einer sehr individuellen Komponente - dem Geist. Der Geist aber ist ein Geist, ist ein Geist, ist ein Geist....Ein nicht enden wollendes, veränderliches Kontinuum.

Die besondere Stärke der Introspektion ist, dass sie unmittelbare Erfahrungen spürbar werden lässt; wie jene des Riechens von eine Billionen Düften, die wir nicht mit Worten beschreiben können. „In dem Maße, in dem das Bewusstsein geübt wird, verschwindet die Diskrepanz zwischen dem Bewussten und dem Unbewussten. Wenn der Unterschied zwischen Bewusstem und Unbewusstem vollständig verschwunden ist, ist das Empfinden direkt, unreflektiert, bewusst und das gleiche, wie wenn man es ohne Nachdenken hat. Dieses Wissen [wird möglich, indem] man direkt in das Objekt selbst eindringt und es sozusagen von innen her sieht; es ist die konative oder schöpferische Art, die Wirklichkeit zu sehen. Wenn der Mensch die Wirklichkeit unmittelbar und ohne [rationales] Nachdenken erfasst, wird er zum schöpferischen Künstler seines Lebens. Jede Handlung wird Ausdruck seiner Originalität und lebendigen Persönlichkeit."[340] Diese Art der „unmittelbaren Erfahrung" ist das Ziel und der Weg aller buddhistischer Meditationen.

Problematisch, auch bei Meditationen, ist die Verwendung von Begriffen und Begriffsbildern, die viel zu oft uns daran hindern, den eigenen Geist unmittelbar zu verstehen. Wenn manche Gurus von „transpersonalen Räumen", „kristallisierten Seelen" oder gar von „Seelenvölkern" fabulieren, die fast schon an andere ras-

339 Wolf Singer, Der Beobachter im Gehirn, S. 217

340 Erich Fromm, Zen Buddhismus und Psychoanalyse, S. 169

sistische Unterscheidungsmerkmale erinnern, dann behindern sie die freie Sicht auf den eigenen Geist mit Bildern und Begriffen. Deshalb sind viele tibetische Lehrende auch zurückhaltend mit ihren Erläuterungen und folgen lieber der Weisheit, dass ein Schüler oder eine Schülerin immer die richtigen Fragen finden wird, die zu stellen dem jeweiligen Geisteszustand entspricht. Wer keine Fragen stellt, erhält von vielen Tibetern auch keine Antwort.

Fromm hat die Erkenntnis über die Möglichkeit zu unmittelbaren Erfahrungen in seiner Praxis der Psychoanalyse kennengelernt. „Der Psychoanalytiker muss den Fehler vermeiden, dem Patienten Interpretationen und Erklärungen zu bieten, die diesen nur daran hindern, den Sprung vom Denken zum Empfinden zu machen. Er muss ihm im Gegenteil eine Rationalisierung nach der anderen wie eine Krücke wegnehmen, bis er die Wirklichkeit erlebt - das heißt sich dessen bewusst wird, wessen er sich zuvor nicht bewusst war." Sich des eigenen Geistes und Lebens unmittelbar und nicht-begrifflich „bewusst zu werden", bedeutet, dies tief zu empfinden und nicht in begrifflichen Schablonen zu formulieren: „In dem Ausmaß, in dem ich mich als ganzer Mensch empfinden kann, bin ich mit den tiefsten Quellen in meinem Inneren in Berührung. Wenn jede Verdrängung aufgehoben wurde, gibt es kein Unbewusstes im Gegensatz zum Bewussten mehr, sondern ein direktes, unmittelbares Erleben; im gleichen Ausmaß, in dem ich mir selbst nicht fremd bin, ist mir dann niemand und nichts mehr fremd."[341] Begriffe und Rationalisierungen als Krücken der Kommunikation werden überflüssig. Sie helfen zwar, Strukturen und Theorien zu beschreiben, doch letztlich bleiben alle Worte unvollständiger Ausdruck dessen, was ich wirklich erlebe und zum Ausdruck bringen kann.

Die Introspektion - ob in der Psychoanalyse, der Kunst-, Musik- oder Bewegungstherapie, der Supervision, der Systemaufstellung oder eben in der buddhistischen Meditation - ist der einzige Weg, wie wir uns dem Unbewussten in uns, wo alle Spurrillen, Datensätze oder karmische Samen aus vergangenen Erfahrungen und Handlungen wie potenzielle Energien lagern, annähern kön-

---

341 Erich Fromm, Zen-Buddhismus und Psychoanalyse, S. 161-162

nen. „Das Unbewusste ist zweifelslos etwas Geheimnisvolles, Unbekanntes und deshalb Unwissenschaftliches. Das heißt jedoch nicht, dass es außerhalb der Reichweite unseres Bewusstseins liegt und etwas sei, mit dem wir nichts zu tun hätten. Vielmehr ist es im Gegenteil das uns Vertrauteste, und gerade wegen dieser Vertrautheit lässt es sich so schwer ergreifen, wie das Auge sich nicht selbst sehen kann. Um sich des Unbewussten bewusst zu werden, muss das Bewusstsein besonders geübt werden."[342]

Unsere subjektive Wahrnehmung zu schärfen, birgt besondere Vorteile für den Erkenntnisprozess: „Der Mensch hat zwei Fähigkeiten, die Wirklichkeit wahrzunehmen. Zum einen kann er die Realität so beurteilen, wie sie gesehen werden muss, um in ihr leben zu können. Das Bedürfnis des Menschen zu überleben, zwingt ihn dazu." Das ist die funktionale oder rationale linke Seite unseres Gehirns, mit der wir unseren Alltag bewältigen können. „Der Mensch hat aber auch noch eine andere Fähigkeit: Statt die Wirklichkeit unter dem Gesichtspunkt zu erleben, was er mit ihr anfangen kann, kann er sie rein subjektiv erleben. So kann man einen Baum als etwas anschauen, das man sieht, weil man Augen hat, um zu sehen, und das man als etwas Wunderbares fühlt und spürt, weil man ein Gespür für Schönheit hat.... Wenn jemand einfach mit einem Menschen spricht, ihn mag oder auch nicht, ihn einfach anschaut, dann hat er [oder sie] keine Zwecksetzung, spürt eine große [nicht sexuelle] Lust dabei, ist hoffnungsvoll. Wer die Fähigkeit zu dieser Art der subjektiven [unmittelbaren] Wahrnehmung hat, der vermag den anderen in seinen tiefsten Wurzeln und in seinem ganzen Wesen zu erkennen"[343] - und fühlt die Intensität, mit der er oder sie mit der Welt verwoben ist. Nagarjuna hat diese Erfahrung wohl gekannt und formulierte:

„Bedingungslos in Beziehung mit allem,
ruhig, frei von jedem Konzeptualisieren in einer konzepthaften Welt,
ohne zu unterscheiden oder zu trennen.
Dies sind die Eigenschaften der Wirklichkeit."[344]

342 Daisetz Suzuki, Über Zen-Buddhismus (1957), in: Zen-Buddhismus und Psychoanalyse, S. 30

343 Erich Fromm, Von der Kunst des Zuhörens, S. 89

344 Kenneth Inada, Nagarjuna - A translation of his Mulamadhyamakakarika, Vers 18.9, S. 115, (eigene Übersetzung)

Mit der subjektiven Methode der Introspektion entwerfen die vielen hunderttausend buddhistischen Mönche und Nonnen seit Jahrhunderten eine Landkarte des Geistes, die weit über das westliche Wissen hinaus ragt. Die Methode dieses Erfolgs ist die Meditation, in der der Geist mit großer Konzentration erkundet wird. Asanga hat die Ergebnisse der ersten Landkarte bereits im 4. Jahrhundert n.Chr. aufgezeichnet, indem er den Geist und seine Geistesfaktoren[345] beschrieben hat. Was für ein Glück, dass wir dies heute noch lesen und lernen dürfen!

Die praktische Heilung durch Meditation habe ich in den vergangenen Jahren am eigenen Körper erlebt. Nach allen medizinstatistischen Erfahrungen hätte ich die schwere Verletzung meines Herzmuskels durch drei Infarkte, einer Lungenentzündung aufgrund eines Krankenhauskeims und eines Thrombus in der linken Herzkammer aufgrund fehlender Blutgerinnungsmedikamente nicht so lange überleben können. Mehrfach schienen die angeblich objektiven Daten zu sagen, dass ich sterben würde. Rückblickend ist mir klar, dass die zweijährige Übung der Meditation vor dem Infarkt eine unbewusste Vorbereitung auf das in dieser Zeit noch unbekannte zukünftige Ereignis des Infarkts gewesen ist. Denn die durch Übung ausgebildete Fähigkeit, spontan schon wenige Minuten nach dem Infarkt zu meditieren, ermöglichte mir, trotz extremer Schmerzen, den Geist ruhig zu halten, nicht in Panik oder Angst zu geraten und so dieses Ereignis lebend zu überstehen. Die Hälfte aller Herzinfarktpatienten sterben in den ersten Stunden an Angst- und Panikattacken, wodurch der Adrenalinspiegel steigt und der Körper das Signal erhält, er bräuchte mehr Blut für eine fälschlicherweise angenommene Flucht. Das Herz wird also angeregt, schneller zu pumpen, was es aber aufgrund der Schädigung des Muskels nicht mehr leisten. Kammerflimmern und Herzstillstand sind die Folgen.

Seit den Infarkten meditiere ich täglich mehrere Stunden. Meine intuitive rechte Gehirnhälfte ist dadurch trainiert worden, was einen heilsamen Effekt auch auf mein Herz in der linken Körperhälfte hat. Zwar kann der Herzmuskel durch Meditation nicht re-

345 Die Betrachtung dieser Landkarte bildet den Hauptteil des zweiten Bandes.

pariert werden, aber der Rhythmus des Herzens hat sich soweit stabilisiert, dass unter vollkommen stressfreien und gesunden Lebensumständen keine Rhythmusstörungen auftreten. Einen Herzschrittmacher oder einen Defibrillator konnte ich so vermeiden. Deshalb gehe ich jedem Stress, jeder schnellen Veränderung oder langanhaltenden körperlichen oder psychischen Belastung aus dem Weg. Mein Leben fließt heute langsam und ruhig wie ein wunderschöner Fluss. Schon hinter der nächsten Biegung darf ich Neues erleben, jedoch ohne die früher übliche Hektik und Anspannung, Erwartung oder Begierde. Bedingungslos. Konzeptlos.

Die Meditation war auch das Mittel, mit dem ich zur Überraschung meiner Ärzte das Blutgerinnsel in der linken Herzkammer aufgelöst habe. Sie hatten mir nach ein paar Monaten erklärt, dass der Thrombus durch Medikamente nicht mehr aufgelöst und ein ständiges Risiko bis zu meinem Tod bleiben würde. Als aber der Thrombus durch die Meditation nach einem Jahr verschwunden war, suchten sie fast eine Stunde mit Hilfe des MRT danach - und konnten ihn zu meiner großen Freude nicht mehr finden. Ein weiteres Indiz der schrittweisen Heilung durch Meditation ist, dass ich seither keine ernsthafte Erkältung, keine Rückenschmerzen und andere Krankheiten mehr erlebe. Während mich früher im Jahresrhythmus Hexenschuss und starke Grippen plagten, hat mit der fortschreitenden Heilung des Geistes durch die Meditation mein Körper langsam wieder zurück zu einer Balance gefunden, wenn auch aufgrund des stark beschädigten Herzmuskels auf einem deutlich niedrigeren Kraftlevel.

Mit Hilfe der Meditation habe ich gelernt, meinen Geist Schritt für Schritt in einer Art „Selbstanalyse" zu beobachten. Viele Erlebnisse, Erfahrungen und andere Informationen, die in meinem unbewussten ES gespeichert sind, wurden mir dadurch bewusst. Durch die klassisch-tibetischen Meditationsübungen habe ich meine Konzentrationsfähigkeit soweit gesteigert, dass ich heute viele der in der Vergangenheit entstandenen geistigen Ursachen für erlebtes Leid erkennen kann. Meine intuitiven Erinnerungen, die ich erst im zweiten oder dritten Schritt in Worte kleiden kann, zeigen mir Bilder einer langen Vergangenheit. Das ins Unbewusste Verdrängte gelangt wieder zur Oberfläche meines Geistes. Unterstützt und gefördert wird dieser Prozess durch homöopathische und tibetische Heilmittel, während die westlichen Medikamente dafür sorgen, dass Blutdruck und Herzfrequenz auf einem für die verbliebene geringe Kraft des Herzmuskels angemessenen Niveau bleiben.

Und trotzdem wird mein Körper sterben, denn seine Lebenskraft versiegt ganz natürlich und unausweichlich. Doch es ist nur ein Körper - ein hilfreiche Hülle, die definitiv vergehen und verrotten wird. Shantideva, ein buddhistischer Meister aus dem 8. Jahrhundert n.Chr. und bekannt für seine teilweise drastischen Worte, schreibt:

„Wieso, mein Geist, beschützt du diesen Körper, als wärest du er?
Da du und der Körper zweierlei sind, wie kann er dir je nützlich sein?
Beginne mit der Haut, trenne sie mit dem Bewusstsein
vom Netz der Muskeln und des Skeletts.

Mit dem Messer der Weisheit dringe in die Knochen ein,
spalte sie auf und schaue ins Knochenmark,
ob es dort eine Essenz des Selbst gibt.
Frage! „Wo ist das Ich an sich?“

Wenn du auf diese Weise sorgfältig suchst
und keinen Wesenskern findest,
wieso sorgst du dich trotzdem
um diesen Körper mit solcher Anhaftung?

Wir sollten in unserem Körper ein Schiff sehen,
das für alle Wesen, die kommen und gehen, ein Träger ist.
Um die Wünsche der verschiedenen Wesen zu erfüllen,
nutze deinen Körper wie ein wunscherfüllendes Juwel.

Nun, da ich diese geistige Freiheit erlebe,
werde ich andauernd lächeln,
von Wut gezeichnete Züge vermeiden
und mich der Welt als aufrichtiger Freund zeigen.“[346]

346 Shantideva, Anleitung auf dem Weg zur Glückseligkeit (Bodhicaryavatara), Kapitel 5, Verse 60-64, 70-71, S. 95-99

Das Über-Ich – die Wiege des autoritären Charakters

Die Analyse des ES reicht nach Freud nicht aus, um den „seelischen Apparat" zu beschreiben. Das „Über-Ich hat eine besondere Stellung zwischen dem Ich und dem ES. Es gehört dem Ich an, teilt dessen hohe psychologische Organisation, kann sich jedoch dem Ich entgegenstellen, es wie ein Objekt behandeln und behandelt es oft sehr hart. Beim Neurotiker steht sein Über-Ich dem Ich immer gegenüber wie der strenge Vater dem Kind, und seine Moralität bestätigt sich in primitiver Weise darin, dass sich das Ich vom Über-Ich bestrafen lässt. Die Krankheit wird zum Mittel der Selbstbestrafung erklärt, der Neurotiker muss sich so benehmen, als beherrschte ihn ein Schuldgefühl, welches zu seiner Befriedigung der Krankheit als Strafe bedarf."[347]

Das Über-Ich ist meist autoritär geprägt und bildet sich als Reaktion auf strenge Eltern oder andere Autoritäten wie Verwandte, Lehrende oder Priester, die das Kind mit Erwartungen unter Druck setzen oder gar körperlich quälen. Diesem Druck versucht das Kind auszuweichen, indem es die Anforderungen und Erwartungen der Autoritäten als eigene annimmt. Im Extremfall fragt ein autoritärer Vater oder Lehrender das Kind „Wie viele Schläge hast du denn aufgrund deiner Schuld wohl verdient?" und das Kind antwortet mit einer Anzahl, die hoch genug erscheint, um einer Strafe zu entsprechen. Dramatische Züge nimmt das Über-Ich an, wenn es durch den Druck sexuellen Missbrauchs entsteht, so, wie es einem Schulfreund erging: Er durfte als zehnjähriger Messdiener des Öfteren zum Kaplan nach Hause, worauf wir anderen Messdiener neidisch waren. Doch gleichzeitig wurde er immer stiller, was wir als Eingebildetheit interpretierten und glaubten, dass er sich von uns absetzten wollte. Keiner von uns ahnte, was geschah. Erst fast 50 Jahre später, als er selbst als Priester wegen sexuellem Missbrauch an Jungen verurteilt wurde, verstand ich sein damaliges Verhalten: Er war selbst Opfer sexueller Gewalt

347 Sigmund Freud, Darstellung der Psychoanalyse, S. 182

gewesen und hatte diese Verhaltensweise als Überlebensnorm in sein Über-Ich aufgenommen. Wir alle, Freunde, Eltern, Lehrende, Nachbarn, waren blind auf dem katholischen Auge, was nicht sehen kann, was nicht sein darf - und haben ihn alleine gelassen.

Aber auch andere, weit verbreitete Erwartungen vieler Eltern an ein perfektes Kind mit überragenden schulischen, sportlichen, künstlerischen oder sozialen Leistungen bauen jenen autoritären Druck auf, dem sich das Kind irgendwann beugt und den es in sich aufnimmt, um weiterhin geliebt zu werden. Es hat ja auch keine andere Chance. Denn ein Leben ohne Eltern ist kaum möglich. Was früher der Rohrstock war, ist heute der Erfolgsdruck, der bereits im Kindergarten beginnt - und damit der Prozess, die Gewalt äußerer Autoritäten in sich aufzunehmen. Im Geist des Kindes oder des bzw. der Jugendlichen entsteht jenes Über-Ich, das Fromm den „autoritären Charakter" nennt, weil alle autoritären und gewalttätigen Verhaltensweisen der Heranwachsenden sich daraus speisen. Der autoritäre Charakter entspricht einem von außen injizierten Fremdkörper, einem „Introjekt", so als hätte das Kind die Autorität und dessen Wirkung verschluckt. Mit diesem Fremdkörper im Geist verkümmert das Selbstvertrauen des noch jungen und schließlich erwachsenen Menschen, der selbst zum Täter wird.

Die Wirkung des „autoritären Charakters" entdeckt und beschreibt Fromm in vielen Untersuchungen. Das Kind fürchtet sich aufgrund der meist mit körperlicher oder psychischer Gewalt einhergehenden autoritären Erziehung, fühlt Angst vor Gewalt und Entwürdigungen aller Art, hat Angst zu versagen, nicht dazu zu gehören oder nicht geliebt zu werden. Das Kind erträgt dabei schwere Pein, ist oft verzweifelt. Doch die Eltern sind die einzige Lebensgrundlage des Kindes! Wo soll es denn auch hin? Trotz erlebter Gewalt und Entwürdigungen, trotz aller Ängste will es die Erwartungen des Vaters, der Mutter, der weiteren Familie erfüllen, gibt jeden Widerstand auf gegen die Herrschaft der Eltern oder Großeltern und deren ungerechte Behandlung. Es kann den Strafen und Gräueln nur durch Anpassung entkommen. Manche Kinder entwickeln dann beispielsweise den Ehrgeiz, mit einer besonderen Leistung die Liebe der Eltern zu erhaschen. Andere wenden das durch Angst erlernte autoritäre Verhalten in ihren Gruppen oder Banden an, werden zu Führern oder Geführten.

Und fast alle Kindern entwickeln Ängste, die sie ihr Leben lang begleiten werden: Ängste, die gottgläubige Menschen vor einem strafenden Gott oder Satan fühlen; die Frauen vor vermeintlich starken Männer erleben und sich deshalb selbst zu Weibchen degradieren; aufgrund dessen Mütter einen sexuellen Missbrauch oder Zwangsehen ihrer Töchter ebenso hinnehmen wie Vergewaltigungen und Prostitution; die Männer zu kleinen Jungs werden lässt, wenn eine vermeintliche Autoritätsperson den Raum betritt. Die Angst des autoritären Charakters herrscht, wenn Mitarbeitende sich wie Soldaten autoritären Führungspersonen unterwerfen oder in blindem Gehorsam dem neuesten Update eines Betriebsablaufprogramms folgen. Oder wenn sie ein die Gesundheit oder anderes schädigendes Produkt entwickeln und verkaufen, obwohl ihr Unbewusstes ihnen sagt, dass Leben dadurch gefährdet wird. Wenn Studierende sich vor dem vermeintlichen Wissen ihrer Dozenten selbst erniedrigen und akzeptieren, dass ihre geistigen Ergebnisse als die ihrer Dozenten verkauft werden. Der autoritäre Charakter ist die Grundlage für die Existenz von Armeen und Diktaturen genauso wie für die Befürwortung von Hierarchien und strafender Vorgesetzten. Fast alle Ängste dieser Welt, die uns so umfänglich leiden lassen, basieren auf dem autoritären Charakter, der den Wunsch nach gleichwertiger Achtung ausdauernd ignoriert.

Der autoritäre Charakter hinterfragt nicht die Ursachen des Leid – auch nicht die der eigenen schädigenden Handlungen, denn „die Inhalte des autoritären Gewissens werden aus Geboten und Tabus der Autorität abgeleitet. Seine Stärke wurzelt in Angstgefühlen der Autorität gegenüber und in Bewunderung für sie. Ein gutes Gewissen ist das Bewusstsein, der äußeren und internalisierten Autorität zu gefallen, ein schlechtes Gewissen, ihr zu missfallen." Deshalb identifizieren sich so viele Misshandelte oder Missbrauchte mit ihren Peinigern, wie jene Geiseln während eines Banküberfalls in Stockholm 1973, was in der Psychologie als Stockholm Syndrom bezeichnet wird. „Um diese Feststellung in ihrer ganzen Tragweite zu verstehen, müssen wir uns die Charakterstruktur des autoritären Menschen vergegenwärtigen. Innere Sicherheit findet er, indem er symbiotisch zum Teil einer Autorität wird, die er als größer und stärker empfindet als sich selbst. Solange er - auf Kosten der eigenen Integrität - ein Teil dieser Autorität ist", beispielsweise dadurch, selbst Priester zu werden, „glaubt er an ihrer Stärke teilzuhaben. Das Gefühl der Sicherheit und Identität hängt von dieser Symbiose ab. Es ist augenscheinlich, dass jede Übertretung einer von der Autorität gegebenen Vorschrift Ungehorsam und demzufolge auch Schuld bedeutet, ob diese Vorschriften nun gut oder schlecht sind."[348] Daher bezogen Millionen von Menschen in Deutschland aus der autoritären Gewalt der NSDAP das Selbstwertgefühl „Wir sind wieder wer!", identifizierten sich mit der Gewalt der mordenden SA-Truppen, der jenen gefährlichen Stolz förderte, der jeden „Volkdeutschen" zur Herrenrasse erhob.

Der autoritäre Charakter ist die Ursache für die blinde Erfüllung aller Erwartung - der eigenen wie der fremden: Das Töten vermeintlich minderwertiger Wesen im Auftrag eines Führers ist ebenso vom autoritären Charakter getrieben wie die eigene Erwartung, vierhundert E-Mails in zwei Stunden bearbeiten zu wollen oder jeden Sonntagabend den Wochenappell eines autokratischen Chefs per E-Mail zu beantworten. Das autoritäre Introjekt fordert die absolute Loyalität gegenüber einer Institution oder einer Person, der wir die Verantwortung für richtige oder falsche Handlungen übertragen, denn „die Vorschriften des autoritären Gewissens werden nicht durch eigene Werturteile bestimmt, sondern ausschließlich dadurch, dass seine Forderungen und Tabus durch die Autorität selbst ausgesprochen werden. Sind diese Vorschriften zufällig gut, so wird das Gewissen das Tun des Menschen zum Guten lenken. Diese Vorschriften wurden aber nicht deshalb zu Gewissensvorschriften, weil sie gut sind, sondern weil es Vorschriften sind, die von der Autorität gesetzt wurden. Sie würden auch dann vom Gewissen aufgenommen, wenn sie schlecht wären. Jemand, der beispielsweise an Hitler glaubte, bildete sich ein, nach seinem eigenen Gewissen zu handeln, selbst wenn er menschenunwürdige Taten beging."[349] Fromms Analyse des autoritären Charakters macht die für uns heute fast unverständliche Tatsache erklärbar, dass so viele durchschnittliche und auch liebens-

348 Erich Fromm, Den Menschen verstehen, S. 116/117

349 Erich Fromm, Den Menschen verstehen , S. 115

würdige Menschen in Nazi-Deutschland die Massenvernichtung in Konzentrationslagern organisierten oder die Massenerschießungen durchführten. Machen wir uns klar: Alleine die Gefangennahme und der Transport von sechs Millionen Menschen jüdischen Glaubens und Andersdenkenden erforderte die Beteiligung vieler hunderttausend Mitarbeitenden, die sich in autoritärem Glauben an einem „administrativen Massenmord" beteiligten. Ein Begriff, der von Hannah Arendt geprägt wurde und zum Ausdruck bringt, dass die gesamte deutsche Staatsverwaltung - von Einwohnermeldeämtern bis zum Ministerium für Staatssicherheit - sowie die Reichsbahn und andere Unternehmen zur logistischen Umsetzung an den Prozessabläufen zur Verwirklichung des Holocaust mit verwaltungstechnischer Genauigkeit beteiligt waren.

Die Aussagen des SS-Hauptsturmbannführers Konrad Morgen während des Gerichtsprozesses 1964, der als ein leitender Verwaltungsbeamter den Massenmord mitorganisierte, entlarven die zerstörerische Kraft des Glaubens an eine Autorität: „Nachdem ich diese Einrichtungen [im KZ Auschwitz] gesehen hatte, interessierte mich natürlich, nun einmal die SS-Leute zu sehen und kennenzulernen, die diesen ganzen Apparat verwalteten und in Betrieb hielten. Es wurde mir ein kurzer Blick in die Wachstube des Lagers Birkenau gestattet, und hier habe ich dann zum ersten Mal einen wirklichen Schock erlitten. Es war ein niedriger, etwas schummriger Raum, und da standen bunt zusammengewürfelt Couchen herum. Hierauf lagen einige SS-Leute und dösten mit glasigen Augen vor sich hin. Vier, fünf junge Mädchen buken Kartoffelpuffer. Es waren offensichtlich Jüdinnen, sehr schöne, orientalische Schönheiten. Die Mädchen trugen auch keine Häftlingskleider, sondern normales, ganz kokettes Zivil."[350] Der „Schock" des Herrn Morgen bezieht sich nicht - wie durchschnittlich mitfühlende Menschen erwarten würden - auf die millionenfache Vergasung von Menschen im KZ Ausschwitz. Denn dieses Morden war offensichtlich im Einklang mit seiner und der gesamtgesellschaftlichen „partikulären Moral in Nazi-Deutschland". Nein, seine Empörung bezieht sich auf das vermeintlich unmoralische, lotterhafte Verhalten der SS-Leute in ihrem Umgang mit jüdischen Frauen, was seiner autoritären Erwar-

350 Raphael Gross, Anständig geblieben, Nationalsozialistische Moral, S. 165

tung vom guten Deutsch-Sein und der deutschen Verwaltung widersprach. Sitte und Gewalt gehören in diesem Weltbild zusammen und haben noch viele Jahrzehnte - teilweise bis heute - nach dem Ende der Nazi-Zeit das Leben in Deutschland geprägt: Nichteheliche Kinder sind in dieser Ideologie ebenso eine Schande wie Homosexuelle. Der Mann als Autorität führt die Familie und entscheidet alleine, wie die Familienmitglieder zu leben haben. Frauen müssen gehorchen. Intelligenz ist, wenn nicht an die Rasse, so doch mindestens an die Klasse gebunden. Nicht anders ergeht es heute den Menschen in den vielen totalitären Gesellschaften.

Fromm unterscheidet zwischen einer sadistischen und einer masochistischen Facette des autoritären Charakters. Stellt das autoritäre Über-Ich unerfüllbare Erwartungen an das ICH, erlebt das ICH Angst vor der Nichterfüllbarkeit der Erwartungen. Diese Angst versucht das ICH durch Aggressionen unterschiedlichen Ausmaßes zu kompensieren, bis hin zum krankhaft-sadistischen Quälen und Zerstören anderer mit Wut und Hass. Oder durch Aggressionen gegen sich selbst. Denn fast gleichzeitig tobt der masochistische Wunsch des ICH, trotz Schmerzen und anderer Bedrohungen den unerfüllbaren Erwartungen der Autorität gerecht zu werden. Zwangsneurosen und Angstzustände sind die Folgen, die sich auch in autoaggressiven Krankheiten wie Asthma oder Neurodermitis, Multiple-Sklerose oder Alzheimer und vielen Krebsvarianten manifestieren können. Mit solchen Krankheiten züchtigt und bestraft sich das ICH dann in selbstzerstörender Weise - wie einst die Eltern und andere Autoritäten. Die Schuldgefühle einer Witwe nach dem Tod ihres Mannes manifestieren sich sodann in schwerwiegenden Krankheiten wie Polyarthritis, Lungen- oder Bluterkrankungen.

Nach jahrzehntelanger Gewöhnung an den autoritären Charakter bedarf es nicht einmal mehr einer realen äußeren Person, die eine Peitsche schwingt, um die Herrschaft einer Autorität aufrechtzuerhalten. Es reicht schon ein Betriebsablauf-Programm, das Vorgaben macht für Produktion oder Logistik, dem auf jeden Fall zu folgen ist. Mitarbeitende, die den Programmen blind gehorchen, leiden intensiv an ihrem autoritären Charakter, denn ihr Über-Ich bewertet das eigene ICH mit sadomasochistischer Strenge schärfer als alle Vorgesetzten dies je tun würden. Das Über-Ich akzeptiert das ICH nur in äußerster Perfektion und lässt es in ständiger Furcht leben - ein Hinweis darauf, dass autoritärer Charakter und ein überhöhtes ICH in der Regel gemeinsam auftreten. Fromm weist mit wenigen Gedankengängen nach, dass die vom Behaviorismus als Argument für eine natürliche Gewalttätigkeit des Menschen vorgebrachten Verhaltensweisen von Menschen, die vermeintlichen Delinquenten unangemessen hohe Stromstöße versetzen, auf einen starken autoritären Charakter zurückzuführen sind und kein Beweis eines vermeintlich natürlichen Aggressionspotenzials sind, sondern Ausdruck eines starken autoritären Charakters. Selbst viele deutsche Buddhistinnen und Buddhisten sind - zur Verwunderung ihrer asiatischen Lehrenden - strebsame und auf Perfektion bedachte Lernende. Denn als Menschen, die in Deutschland aufgewachsen sind, wo bis vor 70 Jahren der „administrative Massenmord" aus autoritärem Glauben praktiziert wurde, haben wir einen stark ausgeprägten autoritären Charakter.

Eine Buchhalterin beispielsweise berichtet, dass sie täglich 60 Kundenaufträge erledigt, obwohl in der Abteilung durchschnittlich nur 20-30 Aufträge gleichen Umfangs bearbeitet werden. Auch ihr Vorgesetzter hat keine Erwartung an eine höhere Leistung formuliert. Sie jedoch hat diesen inneren Perfektionsanspruch und leidet seit Jahren unter den eigenen Erwartungen. Bis zum Zusammenbruch. Im Zuge einer Familienaufstellung entdeckt sie, dass sie als Kind alles getan hatte, um ihrem Vater zu gefallen und diesen nicht zu verlieren. Sie fühlte die Tendenzen des Vaters, Mutter und Kinder wegen sexueller Abenteuer zu verlassen. Doch trotz ihrer Bemühungen verließ der Vater die Familie. Zurück blieb das autoritäre Introjekt, das seither mit eiserner Peitsche von ihr schier unmenschliche Anstrengungen in allen Lebenslagen einfordert, wodurch sie zu einer äußerlich starken Person mit einem überhöhten ICH wurde, die alles perfekt und effizient macht will - und doch nur Verzweiflung und Einsamkeit fühlt. Denn solche Erwartungen hält niemand lange aus.

Der autoritäre Charakter ist die Ursache für die Nervosität vor anspruchsvollen Aufträgen oder Gesprächen mit dem Chef; ist Ursache für die Schweißausbrüche bei falscher Loyalität, die eine berechtigte Kritik über falsche Handlungen zurückhält; lässt uns als dumme Schafe im Stall der Autorität verharren, obwohl das Gatter zur Freiheit schon längst geöffnet ist. Das autoritäre Introjekt ist fast durchgängig Ursache für Schlaflosigkeit, Magenschmerzen, Nierenkoliken, Gallenschmerzen oder Migräneanfälle. Diese körperlichen Symptome drücken den Widerspruch aus zwischen den autoritären Erwartungen und der damit verbundenen Existenzangst einerseits und dem heilsamen, intuitiven Wissen über das bloße Ich und Menschsein andererseits. Eine an Nierenkoliken leidende Person hat zwar den Wunsch, sich von einer Autorität zu trennen, scheitert jedoch immer wieder am eigenen Vorsatz, weil das Introjekt ihn oder sie daran hindert. Die Person hält daher mit aller Gewalt an der äußerlich vertrauten Situation fest, kann nicht loslassen, was der typischen „Gemütsverfassung" einer an den Nieren erkrankten Person entspricht. Als Rechtfertigung für die Unmöglichkeit der Trennung werden äußere Umstände als Rationalisierungen vorgeschoben. Diese und andere „Gemütsverfassungen als Leitmotive von Krankheiten" basieren auf einer verlorenen Balance des Geistes.

Die von vielen Vorgesetzten eingeforderte Loyalität ist ein vielfaches Hindernis zur Befreiung von der Gewalt des eigenen, inneren autoritären Charakters, der eine vertrauensvolle Zusammenarbeit zwischen Menschen verhindert, die Existenz von Abteilungen oder Unternehmen vernichtet und die Ohnmacht der Tyrannei erzeugt, gegen die wir uns teilweise gewitzt wehren: Ein Polizeimeister berichtet in einer Fernsehreportage über die Ölkrise 1973/74, dass er damals für die Streifenfahrten von seinem Vorgesetzten die Vorgabe bekam, nur eine bestimmte Kilometerzahl zu fahren, die in einem Fahrtenbuch täglich zu dokumentieren war. An einem Tag fuhren er und sein Kollege aber zu weit weg von der Wache. Damit dies nicht auffiel und er keinen Ärger mit dem Vorgesetzten bekam, fuhren die beiden Polizisten mit dem Fahrzeug mehrere Kilometer rückwärts, um zu vermeiden, dass das mechanische Tachometer die Fahrstrecke zählte. Immer dann, wenn jemand Loyalität einfordert ist klar, dass eine gewalttätige Autorität sich austoben will.

Der autoritäre Charakter kann auch bei offensichtlich heilsamen Handlungen wie der Versorgung eines Kindes oder einer anderen bedürftigen Person wirksam sein. Gerade in familiären Zusammenhängen erfolgt Hilfe unter dem Deckmantel des autoritären

Charakters: „Es geht doch um die Familie", heißt es dann. Der Familiengeist als Autorität schwingt dann die Keule der Gewalt. Die Hilfe wird zur Qual, weil sie eine Fortsetzung der erlebten autoritären Unterdrückung in der Kindheit ist. Die Pflege der altersschwachen Eltern kommt nicht vom Herzen und mündet oft in dem Wunsch, die Alten mögen endlich sterben, damit der Spuk mit den autoritären Eltern endlich aufhört. Doch mit dem Tod der Eltern wird der vor Jahrzehnten gespeicherte blinde Glaube an deren Autorität nicht beseitigt. Die Autorität lebt im Über-Ich weiter, selbst wenn die Eltern nicht mehr leben. Sogar das einstmals devote Verhalten einer längst verstorbenen Mutter gegenüber Männern kann den Töchtern über den Tod der Mutter hinaus noch das Gift des autoritären Charakters injizieren. So wird sexuelle Unterwerfung von Frauen über Generationen tradiert. Autoritäre Glaubensrituale, wie die Vollverschleierung von Frauen oder die vermeintlich natürliche Doppelbelastung der Frau durch Beruf und Familie, manifestieren eine patriarchale Herrschaft über viele Generationen, ohne dass wir uns dessen bewusst sind.

Anstelle der Familie wird oft die Autorität eines Gottes oder Propheten beschworen, als ob solche höheren Wesen von uns mit Gewalt verlangen würden, Hilfe zu gewähren. Die Sittenmoral übernimmt dann die Rolle der gesellschaftlich tradierten Autorität, dessen Motiv und Ziel lediglich Herrschaft ist. Das im Über-Ich verankerte autoritäre Introjekt gaukelt uns vor, zum Wohle anderer handeln zu wollen und pervertiert Mitgefühl in Folgsamkeit. Autoritär motivierte Sittenmoral entspringt nicht der ursprünglichen Kooperationsfähigkeit des Menschen, die zur universellen Moral der egalitären Achtung gehört. In der Sittenmoral sind Gott oder Buddha nur die Projektionsflächen eines autoritären Charakters, dessen Ergebnis fanatischer Glaube mit Missionierungsdrang ist, der sich mit kaum zu erfüllenden Geboten oder sogar mit Todesstrafen und Bomben durchzusetzen versucht. Selbst manche buddhistischen Gruppen und deren Führer erliegen dem Irrsinn der Autorität, versuchen Abtrünnige zu isolieren oder gar zu töten, verstoßen Andersdenkende aus einer Gesellschaft oder verweigern ihnen Unterstützung: 2013 wurde berichtet, dass der Abt eines buddhistischen Klosters in Myanmar zur Verfolgung von Menschen islamisch Glaubens aufrief, um eine vermeintliche Verunreinigung der buddhistischen Gesellschaft in Myanmar zu verhindern. Auch die Kriege des buddhistischen Sri Lanka gegen drawidische Tamilen sind ohne jede Rechtfertigung und basierten nur auf einfachem Irrglaube. An diesen Beispielen zeigt sich schmerzhaft, dass der autoritäre Charakter oft stärker ist, als die auf Liebe und Mitgefühl basierende Lebenshaltung Buddhas.

Der autoritäre Charakter gehört bis heute zum Wesen der meisten Menschen. Fast alle tragen wir dieses Introjekt in uns. Wir fühlen in unterschiedlichem Ausmaß Angst vor irgendeiner vermeintlichen Autorität wie einem Chef, einer Behörde oder dem Staat. In Abwesenheit der Autorität schimpfen oder lästern wir zwar über sie, doch sobald eine Autorität - Vorgesetzte oder Vorstandsvorsitzende, Präsidenten oder Abgeordnete, Bischof oder Guru - den Raum betritt, werden wir leise. Historisch-karmisch wird diese weitverbreitete Geistesschwäche tradiert durch die ausgeprägten autoritären Gesellschaften, die bis vor fünfzig Jahren in der ganzen Welt üblich waren. Wir leiden seit Jahrhunderten unter Kaisern und Königen, Päpsten und anderen autoritären Führern und Führerinnen, die Menschen ständig gedemütigt haben. So entstanden in jedem und jeder Einzelnen von uns die autoritären Introjekte, Datenstrukturen in unserem Geist, die wir nur durch geeignete Gegenmittel wie Vertrauen und Wertschätzung wieder beseitigen können.

Trotz Demokratisierung der Gesellschaft leiden wir auch heute noch unter unserem eigenen autoritären Charakter. Doch anstatt unserem tief verankerten Wunsch nach Gleichwertigkeit Raum zu geben, beugen wir uns weiter und geben den Autoritäten ein ums andere Mal ihr Herrschaftsinstrument in die Hand, mit dem sie uns antreiben wie Maultiere. Trotz des dadurch erzeugten Leids, himmeln wir die Autoritäten sogar an, sind devot und untertänig und glauben an ihre besonderen Fähigkeiten als Führer und Führerinnen. Aus dieser Untertänigkeit zimmern die Autoritäten schließlich ihre Diktaturen - ob säkular in Russland und China oder theistisch in Arabien und Nordafrika, ob kapitalistisch im Westen oder ethnisch in weiten Teilen der Welt. Unser fast naives Verhalten gewalttätigen Führern und Führerinnen gegenüber basiert auf unserem autoritären Charakter. Sobald sie auftreten folgen wir, fühlen uns geborgen, glauben uns sicher und aufgehoben. Führer, wir folgen dir!

Aber tief in uns wurzelt die Sehnsucht nach der Verwirklichung eines würdevollen Lebens. Diese Sehnsucht drängt immer wieder an die Oberfläche des Unbewussten, will sich realisieren. Im Grunde wollen wir alle unsere Verletzungen und Ungerechtigkeiten, den ganzen Schlamm des an Autorität gebundenen Lebens hinausschreien. Doch der Schrei bleibt allzu oft noch im Halse stecken, wird vom autoritären Über-Ich abgewürgt. Die Energie dieses Aufschreis zeigt sich im körperlichen Schmerz einer Migräne oder einer Kolik. Ein Kampf zweier Giganten - zwischen ICH und Über-Ich - findet statt. Das Leben wird erst dann wieder lebenswert, wenn das autoritäre Introjekt endlich ausgespien wird. Das Ausspucken des autoritären Introjekts ist aber keine leichte Aufgabe und erfordert eine intensive Arbeit an der Wertschätzung des eigenen Selbst. Mit ein paar einfachen Entspannungstechniken oder aufmunternden Sätzen wie „Ich schaffe das schon" kann das Ziel nicht erreicht werden, weil solche Ratschläge sich nur auf der Ebene einer psychologisierenden Unterhaltung bewegen, die nichts bewirken.

Den Glauben an eine herrschende Autorität kritisierte Buddha Sakyamuni bereits vor über 2500 Jahren in seinem wohl berühmtesten Ausspruch:

„Genau wie die Menschen die Reinheit des Goldes prüfen,
indem sie es einschmelzen, zerschneiden und auf einen Prüfstein legen,
so sollt auch Ihr Euch meine Worte erst zu eigen machen,
nachdem Ihr sie einer kritischen Prüfung unterzogen habt
und nicht aus Ehrerbietung mir gegenüber."

Buddha Sakyamuni empfiehlt uns, durch eigenes Nachdenken und Meditieren intellektuelle und intuitive Analysen zu machen, um unmittelbare Einsichten über das Leben zu erlangen und nicht seinen Worten in blindem Glauben zu folgen. Und schon gar nicht irgendeinem autoritären Guru oder Führer zu huldigen oder zu dienen, der in begrifflichen Schablonen fabuliert und jede Geistesanalyse verhindert. Denn er wusste schon damals um die schädigende Wirkung jedes Führerprinzips, das wir immer noch in viel zu vielen Organisationen vorfinden. In diesem Sinne ist dem Buddhismus eine tiefgreifende anti-autoritäre Haltung zu eigen.

Um zu verstehen, warum wir an den Autoritäten so sehr haften, hilft der Blick auf die Herkunft des Begriffs. Dabei lernen wir, dass eine Wurzel des Begriffs das Lateinische „auctoritas" ist, das das Ansehen und die Würde einer Person umschreibt. Es benennt die freie Anerkennung der Würde eines Erfahrenen. Die zweite Wurzel des Begriffs Autorität führt zum Verb „augere", das „etwas vermehren und fördern" bedeutet. Die ursprüngliche Bedeutung des Begriffs Autorität bekundet also die Erhöhung oder Verstärkung des Ansehens einer erfahrenen und mit Lebenswissen ausgestatteten Person oder Institution und besagt, dass es hilfreich ist, wenn weniger Erfahrene sich in ihrem Denken und Handeln an dieser Autorität freiwillig und vollständig gewaltfrei orientieren.

Das ursprüngliche Verständnis der Autorität drückt das intuitive Streben nach kommunikativer Kooperation sogar in der römischen Gesellschaft aus. Mit dem Wissen und der Erfahrung einer – ich möchte den Zusatz wählen: produktiven - Autorität, der oder die eine Gruppe berät, kann eine Gesellschaft gemeinsam schwierige oder gar lebensbedrohliche Situationen meistern. Die Erfahrungen und Fähigkeiten solcher Menschen dienen der Gemeinschaft als Wissenspotenziale. Kinder und Heranwachsende können gewaltfreie, produktive Autoritäten als Orientierungspunkte für ihre geistigen Entwicklungen nutzen. Sie lernen ihr Leben gewaltfrei zu gestalten. Sie vertrauen der produktiven Autorität liebevoller Eltern, um selbst genügend Wissen für ihr Leben zu sammeln. Ebenso lassen sie sich gewaltlos von anderen Lehrenden leiten, die die Potenziale der Lernenden erkennen und mit Vertrauen fördern.

Doch über die Jahrhunderte hat sich diese heilsame Idee einer produktiven Autorität gewandelt in die Vorstellung einer destruktiven und gewalttätigen Autorität. Gewalttätige Autoritäten fordern bis heute Loyalität und Konformität. Heute werden zwar eher säkulare Herrschaftsinstanzen herangezogen, um Regeln und Normen zu setzen. Doch sie agieren genauso despotisch wie ehemals, dass selbst Demokraten an das Gewaltmonopol eines Staates glauben. Dabei wird vergessen, dass gewalttätige Autoritäten nur unproduktiv sein können, weil sie die Vereinzelung der Menschen betreiben und die Ohnmacht der Tyrannei herauf beschwören. Sie dulden keine Abweichler, erheben sich selbst zur partikulären Moral, sind vollständig intolerant gegenüber Abweichendem und Neuem. So versperrte selbst eine sozial-liberale Regierung in den 1970er Jahren jungen Menschen den Zugang zu ihrem erlernten Beruf im öffentlichen Dienst, nur weil diese jungen Menschen anderes als erwünscht dachten. Gewalttätige Autorität ist brutal, wird erlitten, erzeugt und fokussiert sich auf den leiderzeugenden autoritären Charakter.

Offensichtlich existieren zwei sich widersprechende Bedeutungen von Autorität: Die eine ist heilsam und produktiv, die andere gewalttätig und unproduktiv. Wie so oft, wenn ein Begriff für zwei konträre Bedeutungen genutzt wird, ist eine Präzisierung der Sprache notwendig, damit wir uns wieder besser verständigen können. Da die Hauptqualität einer produktiven Autorität darin besteht, ein enormes Wissen zu besitzen und dieses vermitteln zu können, ist es meines Erachtens sinnvoll, zwischen produktiv-heilsamer Kompetenz einerseits und gewalttätig-destruktiver Autorität andererseits zu unterscheiden.

Die Befreiung von jeglichen destruktiven Autoritäten und die Überwindung des eigenen, bereits antrainierten gewalttätigen, autoritären Charakters ist eine Notwendigkeit, um das eigene Leid sowie das anderer zu reduzieren und Glück zu ermöglichen. Ein solcher Befreiungsprozess - ich spreche bewusst nicht von Kampf - ist für die Menschheit noch ein junges Pflänzchen. Zwar haben die französischen und amerikanischen Revolutionen vor fast 250 Jahren die Grundlage für diesen Demokratisierungsprozess und den Widerstand gegen gesellschaftliche Autoritäten gelegt. Aber dieser Demokratisierungsprozess ist im Laufe der Jahrhunderte ins Stocken geraten, weil theistische oder andere ideologische Phantasiegebäude - wie die Idee einer absoluten Freiheit in den USA oder die Idee einer Vorherrschaft des Staates in sozialistischen Ländern - in den Gesellschaften Fuß fassen konnten. Erst mit dem Schock des Holocaust hat sich die Weltgemeinschaft an das Fundament des Menschseins wieder erinnert und vereinbarte - trotz des bereits aufziehenden Ost-West-Konfliktes - 1948 die bereits erwähnte „Allgemeine Erklärung der Menschenrechte".

Fromm setzt dem gewalttätigen autoritären Gewissen ein „humanistisches Gewissen [entgegen, das] die Reaktion unserer Gesamtpersönlichkeit auf deren richtiges oder gestörtes Handeln ist. Es ist keine Reaktion auf das Funktionieren dieser oder jener Fähigkeit, sondern auf die Ganzheit der Fähigkeiten, die unsere menschliche und individuelle Existenz ausmacht. Das humanistische Gewissen beurteilt, ob wir als menschliche Wesen handeln. Es ist die Kenntnis über uns selbst, die Kenntnis über den Erfolg oder über das Versagen in der Kunst des Lebens."[351] Das humanistische Gewissen entspringt unserem intuitiven Wissen über die universelle Moral der egalitären Achtung, speist sich aus der unbegrifflichen Weisheit über heilsame oder schädigende Handlungen.

Die Überwindung des eigenen autoritären Charakters ist eines der anspruchsvollsten Ziele, das wir im Leben erreichen können. Selbstreflexion und Selbstanalyse des Geistes mit all den verschiedenen Ausprägungen sind hierfür in einem lebenslangen Prozess erforderlich. Was in einem solchen Prozess geschieht, ist nur schwer in Worte zu kleiden, doch wie so oft gelingt dies Erich Fromm in besonderer Weise: „Was geschieht im analytischen Prozess? Ein Mensch empfindet zum ersten Mal, dass er eitel ist, Angst hat und dass er hasst, während er im Bewusstsein geglaubt hatte, bescheiden, mutig und liebevoll zu sein. Die neue Einsicht schmerzt vielleicht, aber sie öffnet eine Türe; sie ermöglicht ein Ende damit zu machen, auf andere das zu projizieren, was er in sich verdrängt. Der Mensch geht weiter, erlebt den Säugling, das Kind, den Heranwachsenden, den Verbrecher, den Wahnsinnigen, den Heiligen, den Künstler, den Mann und die Frau in sich. Der Mensch kommt dadurch mit der Menschheit, mit dem universalen Menschen enger in Berührung, verdrängt weniger und ist freier. Wenn der Mensch sein Einssein mit den anderen fühlt, sieht er zum ersten Mal, dass es eine Illusion ist, das isolierte, individuelle ICH für etwas zu halten, das er festhalten, kultivieren und bewahren soll. Er wird empfinden, wie nutzlos es ist, die Antwort des Lebens darin zu suchen, sich zu haben, anstatt selbst zu sein und zu werden. Der Mensch fühlt sich hernach freier, stärker und weniger ängstlich als je zuvor."[352] Mir scheint manchmal, als habe Buddha durch Fromm mit uns reden wollen.

351 Erich Fromm, Pathologie der Normalität , S. 125

352 Erich Fromm, Zen Buddhismus und Psychoanalyse, S. 176

Vertrauen Sie daher Ihren intuitiv menschlichen Fähigkeiten und erlauben Sie sich, bestimmte Handlungen, die ein Unternehmen oder eine Organisation von Ihnen verlangt und die Sie für falsch erachten, weil es anderen schadet, nicht durchzuführen. Erlauben Sie sich die Freiheit, sich selbst und Ihrem Gewissen, der universellen Moral der gleichwertigen Achtung an jedem Tag Ihres Lebens zu vertrauen. Erlauben Sie sich das Eingebunden-Sein in eine Gemeinschaft der Menschheit, in der sich Menschen gegenseitig respektieren und nicht zerstören. Erlauben Sie sich das Heranwachsen zu einem weisen Menschen und lassen Sie jenen kleinen Jungen oder jenes kleine Mädchen, das einer destruktiven Autorität folgte, hinter sich. „Wenn die [destruktive] Autorität nicht existierte, das heißt, wenn der Mensch sie nicht zu fürchten bräuchte, würde das [gewalttätige] autoritäre Gewissen schwächer werden und an Macht verlieren."[353] Die Befreiung vom inneren, destruktiven, autoritären Charakter ermöglicht das vollständige Erleben des Menschseins und damit geistige und körperliche Gesundheit.

Diese Befreiung ist ein langwieriger Prozess, der sich immer wieder auch in gesellschaftlichen Umbrüchen kundtut. Denn sobald sich Raum findet für Veränderungen hin zur Kooperation und gleichwertiger Achtung, sucht sich die heilende Energie des Lebens zu entfalten, wächst Kreativität zur Schaffung menschenwürdigen Lebens. Dies fühlten die Menschen während des Prager Frühlings 1968 ebenso wie die Menschen in der DDR auf ihren Montags-Demonstrationen in Leipzig oder auf dem Tiananmen Platz in Peking 1989. Und Ähnliches fühlen auch die vielen während des immer noch andauernden arabischen Frühlings, ob auf dem Tahrir-Platz in Kairo oder bei der Besetzung des Gezi-Parks in Istanbul. Die sich leider dann zu oft entladende Gewalt der vor Angst zitternden, gewalttätigen Regime offenbart dann das gesamte Leidenspotenzial der Menschen und weist darauf hin, dass eine Veränderung überfällig, aber vor allem möglich ist.

353 Erich Fromm, Pathologie der Normalität, S. 116

Der Existenzmodus des Habens

Als westlich zivilisierte Menschen leben wir in ständiger Erwartung: Wir sind konfrontiert mit den Erwartungen der Familie oder der Freunde, der Kollegen oder Vorgesetzten, der Nachbarn oder der Öffentlichkeit und auch mit unseren eigenen Wünschen. Wir richten den Blick vor allem auf die Zukunft, wodurch die Gegenwart in den Hintergrund gerät. Wir leben meist schon in der Zukunft und verdrängen die Gegenwart. Der Verlust der Gegenwart aber ist gleichsam ein lebendiger Tod, weil wir uns dann nicht mehr unter Menschen aufhalten. Mit dem Verlust des Jetzt und Hier verlieren wir das Vertrauen in uns selbst. Ohne Gegenwart weiß ich nicht, wer ich eigentlich bin. In diesem Zwiespalt suchen wir einen Ankerplatz an Dingen. Wir wollen Leben haben. Glück haben. Liebe haben. Geld haben. Und erschaffen eine Welt, „die sich vollständig am Besitz- und Profitstreben [orientiert]. Die meisten Menschen sehen die auf das Haben gerichtete Existenzweise als die natürliche, ja einzig denkbare Art, zu leben an."[354]

Fromm entlarvt die „Sucht des Habens" an grandios einfachen Beispielen: „Studierende, die an der Existenzweise des Habens orientiert sind, hören eine Vorlesung, indem sie auf die Worte hören, ihren logischen Zusammenhang und ihren Sinn erfassen und so vollständig wie möglich alles in ihr Notizbuch schreiben. Aber der Inhalt der Vorlesung ist nicht Bestandteil ihres eigenen Geistes, er bereichert und erweitert diesen nicht. Inhalt der Vorlesung und Student bleiben einander fremd, außer dass jeder Studierende zum Eigentümer bestimmter, von anderen getroffenen Feststellungen wird."[355] Am Haben orientierte Studierende leben in der Erwartung, die Studieninhalte besitzen zu können, um zukünftig ein gutes Leben führen zu können. Besonders zielstrebige Studierende bemerken dann kaum mehr einen Erkenntnis- und Lernzuwachs. Empfindung und Einsicht werden ihnen fremd. Schlimmer noch: Ganz im Sinne Hegels „Dialektik der Begierde" erreicht

354 Erich Fromm, Haben oder Sein, S. 44; er bezieht dies 1953 auf die USA, in der er seit seiner Emigration aus Deutschlahd 1933 lebte.

355 Erich Fromm, Haben oder Sein, S. 45

das angestrebte Wissen nicht mehr ihren Geist. Wissen wird durch Besitz flüchtig, entfernt sich aus dem Geist wie Wasser aus einem löchrigen Eimer, verliert schon in der erstbesten Lebenssituation an Bedeutung und steht für die Orientierung im Leben nicht zur Verfügung. Je mehr ich etwas haben möchte, desto weiter entfernt sich das Angestrebte von mir - ob Wissen, Geliebte oder das Leben.

Das Wissen steht zwar im Notizbuch des Studierenden als Objekt des Habens, wie der geliebte Menschen vielleicht zu Hause ist. Doch aufgrund des Haben-Wollens entsteht eine subtile Distanz zwischen den Begehrenden und den Begehrten. Sie verhalten sich wie Subjekt und Objekt, sind sich fremd. Je größer die Entfremdung, desto intensiver wird der Wunsch, das Objekt noch mehr besitzen zu wollen. Eine sich selbst verstärkende Spirale aus Begierde und Entfremdung beginnt sich zu drehen. Bis Subjekt und Objekt wie in einer Zentrifuge vollständig getrennt werden. Die wechselseitigen Abhängigkeiten werden dann nicht mehr wahrgenommen. Die Dualität beherrscht und bestimmt von nun an das Leben: ICH und die Welt – beziehungslos in professioneller Distanz. Das ICH glaubt an seine Unabhängigkeit, Größe, Einzigartigkeit – und lebt getrennt von allem Begehrten. Einsam. Verlassen.

An diese Trennung des ICH von der Welt haben wir uns gewöhnt wie an die Feuchtigkeit des Regens. Wir fühlen nicht mehr, dass die Trennung in die Zweiheit ein wesentliches Symptom unserer geistigen Verwirrung ist. Denn die Trennung von Subjekt und Objekt erzeugt jene illusionäre Wirklichkeit, die ihren Ausdruck besonders in der Instrumentalisierung von allem und jedem findet: Der Studienabschluss ermöglicht eine Position in einer Organisation und die entsprechende Stellung in der Gesellschaft, mit kaum noch menschlichen Beziehungen. Das eigene Leben wird zu einem instrumentellen Akt, einem Geschäft, mit wem auch immer. Ziel ist nur noch, durchs Leben zu kommen, als wäre das Ende, der Tod, das angestrebte Ziel. Das ICH lebt unter diesen Bedingungen professionell unberührt in Distanz zur Welt – selbst dann, wenn Menschen wegen einer Spekulation mit Lebensmitteln oder Rohstoffen verhungern. Das brillante Auswendiglernen von Wissen verhindert nicht, als Beamtin Flüchtlinge abzuschieben oder als Ingenieur Waffen zu produzieren, wodurch Menschen elendig sterben. Instrumentalisierung verhindert gegenwärtiges Leben - und ist doch gesellschaftlich positiv sanktioniert.

Als Handwerker und Handwerkerinnen instrumentellen Wissens sind wir einsam. Das studierte Objekt bleibt nur eine Sachfrage im Notizbuch, ohne je den Geist des oder der Studierenden zu berühren. Die Zusammenarbeit mit Kollegen und Kolleginnen findet nicht statt, weil jeder und jede einsam vor dem Bildschirm in Großraumbüro hockt. Alle schauen nur noch auf die eigenen Interessen mit den eigenen Sichtweisen. Ehepaare leben nebeneinander dem Alltag hinterher. Mit dem Ausruf „Ich liebe dich!" meinen die meisten nur sich selbst. Im Existenzmodus des Habens rauscht das Leben im Schnellzug der Erwartungen vorbei. Noch bevor uns etwas berühren kann, ist es auch schon passé.

Fromm erklärt die Dominanz des „Existenzmodus des Habens" aufgrund seiner philosophischen Prägung in der Frankfurter Schule der 1920er Jahre zunächst noch in marxistischer Tradition mit den Produktionsbedingungen[356] der westlichen Konsumgesellschaft und der damit verbundenen Entfremdung: „Wörtlich bedeutet Entfremdung, dass wir uns fremd geworden sind oder dass die äußere Welt uns fremd geworden ist.... Wir haben keinen Kontakt mehr zur Wirklichkeit, außer über die von Menschen hergestellte Realität des Geschäftemachens und der Organisation von Dingen. Wir stehen nur noch mit Artefakten und gesellschaftlichen Routinen im Kontakt. Wir haben keine Verbindung mehr mit dem, was wir wirklich fühlen: mit unseren Glücksgefühlen, Unglücksgefühlen, Ängsten, unserem Zweifel und dem, was im Menschen vor sich geht. Wir haben den Kontakt zu unseren Mitmenschen und zur Natur verloren. In Wirklichkeit ängstigen wir uns sehr, etwas tief Greifendes zu berühren."[357]

Der aus der Begierde entstandene Mangel an Gefühlen verstärkt die Begierde nach mehr. Arbeit wird zu einem Akt der Hingabe und zur Hoffnung eines möglichen Sich-Wohlfühlens. Jeder Stress und jeder Adrenalin-Kick sind herzlich willkommen. Wie alle Ma-

---

356 Dies wird besonders deutlich in seinen Schriften „Furcht vor der Freiheit" (1944) und „Den Menschen verstehen" (1953). Doch überlesen wir die marxistischen Färbungen, wird eine klare Analyse des Geistes sichtbar.

357 Erich Fromm, Pathologie der Normalität, S. 71/72

nager habe ich dies jahrelang erlebt. Je weniger ich fühlte, desto mehr arbeitete ich. Je mehr ich arbeitete, desto weniger fühlte ich. Ein Teufelskreis, der sich immer schneller dreht. Zum Schluss konnte ich Konzepte und Präsentationen nur noch unterwegs - meist in Zügen oder Flugzeugen - formulieren, wo ich nichts mehr zu fühlen brauchte. Ruhe empfand ich als wenig inspirierend. In der Hektik des Reisens bleibt keine Zeit mehr, über Dinge und Situationen, über die Wirkungen der eigenen Arbeit und Strukturen von Problemen nachzudenken. Vermutlich deshalb erliegen so viele Manager dem Rausch von Langläufen und Extremsportarten. Die Begierde nach Bewegung und ständiger Veränderung treibt sich selbst an, um nicht wahrzunehmen, dass ein solches Leben im Hamsterrad stattfindet - ständige Bewegung ohne örtliche Veränderung.

Dem Rausch der Begierde entspringt auch die Begeisterung für alles Technische: „Bei einem Bekannten habe ich kürzlich [1953] beobachtet, wie dieser seinen dreijährigen Sohn den Anlasser-Knopf seines Autos drücken ließ,… wodurch der Junge bereits mit drei Jahren die Erfahrung macht, dass er mit einem winzigen Energieaufwand eine 120 PS Maschine in Gang setzen kann. Dies beschreibt das, wie wir heute denken und fühlen."[358] Es ist die Faszination, mit geringem Aufwand eine riesige Wirkung erzeugen zu können, die Welt zu beherrschen. ICH kaufe ein Flugticket und schon fliege ICH über den Atlantik. Das Gefühl, wie diese riesige Maschine langsam im Gleitflug zur Landung über das Häusermeer von New York ansetzt, ist unbeschreiblich: ICH bin wirksam! ICH erschaffe die Welt! ICH bin der Nabel der Welt! Wunderbar!

Fromm konstatiert mit fast visionärer Fähigkeit: Heute „lebt die Verehrung der Produktion als Selbstzweck. Der Mensch von heute ist vom Akt der Produktion ähnlich fasziniert, wie es der Mensch in den religiösen Kulturen von deren Symbolen war." Produktion und Arbeit sind zu religiösen Akten geworden, die den Bezugsrahmen des Lebens und die Objekte der Hingabe definieren. „Wir arbeiten für einen ganz speziellen Sinn, nämlich für das Idol der Maschine. Wir verehren eine Maschine, die arbeitet,… es fasziniert

358 Erich Fromm, Pathologie der Normalität, S. 48

uns das produktive Wachstum einer Maschine. Wir möchten Maschinen wachsen sehen,... die noch mehr Güter produzieren, noch schnellere Autos usw."[359] Sechzig Jahre später möchten wir hinzufügen: schnellere Computer! Netzverbindungen! Satelliten! Roboter! Maschinenmenschen?

Die Verehrung der Produktion wird durch die Vergötterung des Konsums ergänzt: „Es hat den Anschein, wir konsumierten, weil es uns Spaß macht.... Aber auch das Konsumieren ist zum Selbstzweck geworden. Die Menschen von heute empfinden nur wenig Lust bei allem, was sie kaufen. Heute ist der Himmel mit Geräten bestückt und man hat das nötige Geld, um die neuesten Geräte zu kaufen. Der Denkfortschritt bei diesen paradiesischen Zuständen besteht darin, dass die Geräteherstellung noch schneller geht. Wir sind Konsumenten von allem geworden: Wissenschaft, Kunst, Vorträge, Liebe. Die Haltung dabei ist immer die gleiche: ich zahle und bekomme etwas dafür, und zwar ohne besondere Anstrengung."[360] Treffender hätte wohl niemand 1953 die Zukunft des 21. Jahrhunderts beschreiben können: Die Instrumentalisierung des Lebens zur unstillbaren und sofortigen Bedürfnisbefriedigung.

Aufgrund vieler Psychoanalysen mit Patienten und Patientinnen in den USA und später in Mexiko entdeckt Fromm Mitte der 1960er Jahre die Hegelsche Überhöhung des ICH als die hintergründige Ursache für den Existenzmodus des Habens. Durch seine Erfahrungen aus vielen hundert Analysen erkennt er, dass das sich überhöhende, narzisstische ICH wesentlicher Grund der beobachtbaren Entfremdung ist. Das ICH ist so sehr mit sich und der Selbstwahrnehmung beschäftigt, dass andere und deren Bedürfnisse, die Welt als Ganzes, kaum mehr wahrgenommen werden können. Das ICH dreht sich wie ein Kreisel um sich selbst, glaubt sich vollkommen unabhängig von jeder anderen Person, glaubt sich eigenständig und nur aus sich heraus existierend und lebt im eigenen isolierten Kosmos. Was wir als Individualismus kultivieren und feiern, ist im Kern klinischer Narzissmus. „In dem Maße, wie ein Mensch narzisstisch ist, hat er einen doppelten Maßstab

359 Erich Fromm, Pathologie der Normalität, S. 46

360 Erich Fromm, Pathologie der Normalität , S. 49-51

für seine Wahrnehmungen. Nur er selbst und was zu ihm gehört, besitzt Signifikanz, während die übrige Welt mehr oder weniger ohne Gewicht und Farbe ist."[361]

Narzissmus wird oft mit Selbstliebe verwechselt. Aber „Selbstsucht und Selbstliebe sind keineswegs identisch, sondern in Wirklichkeit Gegensätze. Der Selbstsüchtige [narzisstische Mensch] liebt sich selbst nicht zu viel, sondern zu wenig. Der Mangel an der Freude über das eigene Selbst gibt ihm das Gefühl der Leere und Enttäuschung", woraus er den vergeblichen Versuch unternimmt, „zu vertuschen und zu kompensieren, dass es ihm nicht gelingt, sein wahres Selbst zu lieben."[362] Diese Selbstsucht verliert den Bezug zur Welt, bis dies im „klinisch manifestierten Narzissmus einer Schizophrenie" endet. Fromm findet in den vielen Lebensläufen seiner Patienten und Patientinnen Bestätigung für Hegels These über die Zerstörung des ICH durch dessen unersättliche Begierde, die nur im Leid enden kann, weil sie die Welt konsumiert und damit die Wurzel des ICH zerstört.

Schauen wir uns zum besseren Verständnis die vielen Varianten des Narzissmus an, wird klar, wie sehr wir alle davon betroffen sind und darunter leiden. Doch Vorsicht: Es geht nicht um Schuld oder Vorwürfe gegen sich oder andere. Wesentlich ist eine liebevolle Betrachtung der uns allen eigenen Fehler, die wir nur beheben können, wenn wir sie als solche anerkennen. Schuld und Schuldgefühle treiben nur das Rad des Leids weiter an.

Die Überhöhung des ICHs ist zumeist ein schleichender Prozess. Beispielsweise verstehen wir zunächst einfach nicht, was andere uns sagen: „Den meisten Menschen fällt es schwer, Wahrnehmungen anderer als gleichwertig zu berücksichtigen, vor allem dann, wenn sie den eigenen stark widersprechen. In der Regel enden solche Gespräche in Wiederholungen auf beiden Seiten, ohne dass sich die Positionen annähern oder die beiden Parteien einander verstehen lernen."[363] Wer kennt dies nicht? Wir reden aneinander vorbei. Jeder und jede bleibt in ihrem oder seinem Kosmos.

---

361 Erich Fromm, Anatomie der menschlichen Destruktivität, S. 226

362 Erich Fromm, Kunst des Liebens, S. 73

363 Eva Maria Hartings, Verstehen ist möglich. Empathie in Elterngesprächen, siehe hierzu: www.supervision-hartings.de

Wenn zwei Menschen zusammen leben, jedoch nichts oder kaum etwas füreinander empfinden, dann reden sie oft aneinander vorbei, weil ihre individuellen Wahrnehmungen nur auf sich selbst eingestellt sind.

Was oft harmlos anfängt, kann schnell in eine so starke ICH-Bezogenheit umschlagen, dass die Kommunikation mit anderen weitgehend behindert wird. „Jemand schreibt einen Beitrag für eine Zeitschrift und liest den Entwurf noch einmal durch. Er findet das, was er geschrieben hat, ganz großartig und toll. Dann zeigt er es einem Freund. Als dieser das Geschriebene gar nicht so gut findet, ist [der Schreibende] tief verletzt. Später schaut er sich seinen Entwurf noch einmal an und er hat den Eindruck: Das Ganze macht wenig Sinn, ist nichtssagend, schlecht dargestellt, unklar."[364] Während des Schreibens an diesem Buch und anderen Texten in den vergangenen Jahren bin ich stets in diese Falle gelaufen. Entwürfe, die nicht einmal das Papier wert waren, hielt ich für grandios. „Die Erklärung für den Sinneswandel [bzgl. der Qualität des eigenen Textes] ist recht einfach: Während des Schreiben wird eine narzisstische Stimmung erzeugt, in der alles, was mich betrifft - meine Gedanken, meine Gefühle, mein Körper, meine Interessen - real ist, während alles andere, auf das ich mich nicht beziehe, keine Bedeutung hat, farblos, grau und ohne Gewicht ist. Ich urteile mit zwei völlig verschiedenen Maßstäben."[365] Die Welt ist in diesem Geisteszustand getrennt von mir, gespalten. Im narzisstischen Zustand sehe ich alles nur noch aus meiner Perspektive und halte selbst unsinnige Formulierungen für wertvoll, so dass die gewünschte Vermittlung von Gedanken erschwert wird. Nur die eigenen Annahmen und Vorstellungen gelten. Daran zeigt sich der alltägliche Narzissmus.

Narzissmus ist eine der am weitesten verbreiteten Verwirrungen des Geistes und das „entscheidende Problem der menschlichen Entwicklung", weil der unerschütterliche Glaube an die eigene Großartigkeit und Unfehlbarkeit die Beziehung zur Welt schon im Keim erstickt. Wenn jeder und jede in seiner oder ihrer schö-

364 Erich Fromm, Die Kunst des Zuhörens, S. 211

365 Erich Fromm, Die Kunst des Zuhörens, S. 212

nen, vermeintlich heilen, narzisstischen Welt lebt, die immer als die Beste angenommen wird, bleiben alle einsam in ihrem individuellen Kokon. Wir werden unfähig, die Meinungen anderer überhaupt zu hören, geschweige denn Kritik anzunehmen. Am Ende schimpfen wir nur über die vermeintlichen Dummköpfe und deren Unzulänglichkeiten, die dieses und jenes falsch sehen oder machen, und gleiten dabei ab in eine der zehn schädigende Handlungen, die eindeutige Symptome eines ausgeprägten Narzissmus sind. Denn eine schädigende Handlung ist nur dann möglich, wenn ICH meine Perspektive als die einzig richtig und die der anderen sieben Milliarden Menschen als falsch bewerte. Und schon ruft das ICH trotzig: „ICH habe trotzdem recht!"

Die Überhöhung des ICH ist insofern ein recht durchschnittliches, gewöhnliches Phänomen, das jede und jeder in unterschiedlicher Intensität und Ausprägung lebt. Es ist unsinnig, uns dies wechselseitig vorzuwerfen, denn wir sind in diesem Aspekt alle gleich. Mit jedem Vorwurf gegenüber jemand anderen treffe ich nur mich selbst. Fromm berichtet beispielsweise über die Wahrnehmungen einer Mutter und ihrer Tochter, die „ganz und gar davon überzeugt [sind], dass sie beide im ganzen Land die einzigen sauberen, ordentlichen Menschen seien, die zu kochen verstünden. Jeder wird diese Überzeugung für verrückt abtun, denn wir alle wissen, dass noch viele andere saubere Haushalte und gute Küchen existieren." Die Überhöhung der eigenen Familie entspricht einem „kollektiven Narzissmus" auf familiärer Ebene, der meist recht harmlos bleibt: „Man denke nur an jene Familien, in denen die Mutter aus einer Familie mit höherem Sozialprestige stammt. Sie wird immer geltend machen, dass ihre Herkunftsfamilie die bessere sei. Natürlich ist das Unsinn."[366]

Aus diesem familiären Narzissmus kann sich aber schon bald ein regionaler Narzissmus speisen, wie er sich in dem Ausspruch „Wir Düsseldorfer sind besser als die Kölner" - der auch in der Kölner Variante existiert - widerspiegelt. Dies belächeln wir zwar wie den scheinbar ewigen Narzissmus von Landsmannschaften – den der Bayern, Hamburgern, Preußen oder Rheinländern – und

366 Erich Fromm, Von der Kunst des Zuhörens, S. 214

halten dies bei klarem Licht betrachtet für weitgehenden Unsinn. „Wenn allerdings jemand sagt: >Mein Land ist das wunderbarste Land<, dann wird er als patriotischer, loyaler und guter Bürger angesehen. Niemand behauptet, dass so jemand verrückt sei, denn diese Art von Narzissmus wird von allen geteilt."[367] Und ist Ursache für fast alle Kriege und Konflikte.

Im ersten Moment scheint der Begriff „kollektiver Narzissmus" ein Widerspruch zu einem sich selbst überhöhenden ICH zu sein, da sich in einem kollektiven Narzissmus ja eine Gruppe und nicht eine Person überhöht. Doch auch hier gilt es wieder dialektisch zu denken: „Der kollektive Narzissmus ist der Narzissmus des kleinen Mannes. Was hat der Durchschnittbürger auch vorzuzeigen? Er ist irgendwo angestellt, hat nichts zu melden, fürchtet seine Konkurrenten, sein ganzes Leben ist eine Hetzjagd. Sobald er aber am kollektiven Narzissmus teilhaben und sich als Mitglied einer Nation, [Region, Religion, Partei, Bewegung, Fußballverein usw.] erleben kann, ist auch er der [bzw. sie die] Größte."[368] Wird diesem kollektiven Narzissmus nicht Einhalt geboten, entwickeln sich Kriege und andere Aggressionen zwischen Staaten aufgrund der sich aus dem Patriotismus ergebenden „mörderischen Identitäten".[369] Ein Staat überhöht sich dann zur Herrscherelite der Menschheit, zur Weltpolizei gegen Schurkenstaaten, zum ausgewählten Land eines Propheten oder einer ethnischen Bevölkerungsgruppe. Der kollektive Narzissmus füttert die Sucht der immer wieder in der Geschichte auftretenden Diktatoren genauso, wie unseren Wunsch, Mitglied eines Sieger-Vereins zu sein. Im kollektiven Narzissmus überhöht sich das ICH durch die Übersteigerung einer Nation, einer Religion, Ideologie oder irgendeiner anderen Idee. Ohne die jubelnden Deutschen wäre Hitler nur eine bedauernswerte, kranke, narzisstische Person gewesen. Seine Fähigkeit bestand nur darin, den in weiten Teilen der Bevölkerung existierenden Antisemitismus, Rassismus, Patriotismus und Antikapitalismus in Sprache und Agitation umzusetzen und dadurch den kollektiven Narzissmus des Deutschen Volkes zu näh-

367 Erich Fromm, Von der Kunst des Zuhörens, S. 214
368 Erich Fromm, Von der Kunst des Zuhörens, S. 215
369 Amin Maalouf, Mörderische Identitäten

ren und als Waffe zu formen. Dabei stellt sich das ICH über andere und schreit: ICH bin der Größte! Und reckt welche Hand auch immer gen Himmel.

Eine besondere Variante des kollektiven Narzissmus ist der assimilierende Narzissmus, wobei eine Person oder eine Gruppe unbedingt und mit jeder Faser ihres Lebens die eigene Identität aufgeben und sich in die Identität einer angenommen stärkeren Gruppe, einer Ideologie oder auch nur einem Modetrend assimilieren will. Dies durchleben meist Menschen, die sich in einer Gesellschaft als Minderheit wahrnehmen oder aus anderen Gründen diskriminiert werden. Sie können und wollen ihr gesellschaftliches Anders-Sein sowie die vielfach damit verbundenen Verletzungen nicht mehr ertragen. Dann versucht das ICH sich in eine andere Religion oder Nation zu retten, in der Hoffnung, sich selbst wieder positiv fühlen zu können. Hannah Arendt hat den assimilierenden Narzissmus in der Biographie über Rahel Varnhagen, geborene Levy, brillant nachgezeichnet. Es ist vielleicht bezeichnend, dass sie ihr Manuskript 1933 fertiggestellt hat, dem Jahr, in dem die Vernichtung Menschen jüdischen Glaubens zur offiziellen Politik Deutschlands wurde. Die Qualität dieser und anderer Arbeiten von Hannah Arendt liegt auch darin, dass sie als Jüdin einen so klaren Blick auf die geistigen Lebenssituationen der jüdischen Gemeinschaft in den Jahrhunderten vor dem Holocaust entwickelt hat. Angesichts der Leiden, die Menschen jüdischen Glaubens in Europa und besonders Deutschland erlitten haben, konnte nur ein Mensch des gleichen Glaubens diesen analytisch scharfen Blick entfalten.

Rahel Levy wurde 1771 als Tochter eines reich gewordenen Juwelenhändlers in Berlin geboren. „Rahel hatte nichts gelernt, nicht ihre eigene Geschichte, nicht die des anderen Volkes, Gelderwerb und Studium des Gesetzes waren die Lebenszentren im jüdischen Ghetto gewesen. Reichtum und Bildung halfen seine Tore zu sprengen."[370] Doch sie bleibt nicht reich, denn nach „dem Tode des Vaters übernehmen die Söhne das Geschäft und wollen die beiden Schwestern verheiraten. Ein politischer Kampf um die gleichen Rechte ist dieser Generation [zum Ende des 18. Jahrhunderts], de-

370 Hannah Arendt, Rahel Varnhagen, S. 19

ren jüdische Vertreter sogar die Massentaufe anbieten, völlig unbekannt. Juden wollen nicht einmal als Gesamtheit emanzipiert werden, wollen nur aus dem Judentum heraus; wenn es irgend geht als Einzelne, heimlich und verschwiegen das lösen, was sie für ein persönliches Problem, ein persönliches Unglück halten."[371]

Der Wunsch, nicht mehr der Gemeinschaft von Menschen jüdischen Glaubens angehören zu wollen, treibt und bestimmt das Leben der Rahel Levy. „Rahel will aus dem Judentum heraus; eine andere Möglichkeit, als sich zu assimilieren, scheint es nicht zu geben."[372] Zunächst versucht sie dies durch eine Heirat zu erreichen. Doch alle Chancen auf Assimilation durch Heirat scheitern in jungen Jahren, weil der Landadel des 18. Jahrhunderts, den sie als Quelle eines möglichen Ehemannes ausgemacht hat, antisemitisch denkt. „Juden, Franzosen und Philister galten allgemein [in Preußen zum Ende des 18. Jahrhunderts] als die Vertreter der Aufklärung. Frankreich, dem klassischen Land der Aufklärung, verdankten die Juden die Verwirklichung der Gleichberechtigung. Worauf es [dem Landadel] ankam war, dass man sich geistig gegen die Aufklärung, politisch gegen Frankreich und gesellschaftlich gegen die Juden zusammenfand."[373] 1800 flüchtet Rahel zunächst nach Paris, um in der Fremde nicht mehr als Jüdin erkannt zu werden. „Fremd sein tut gut", bemerkt sie in einem Brief, denn „schönes Wetter und Klima sind das schönste auf Erden."[374]

Mit dem Sieg Napoleons über Preußen und Österreich 1806 wachsen der deutsche Nationalismus und Antisemitismus als Gegenbewegung zur drohenden Republik nach französischem Vorbild. Heinrich von Kleist, Clemens von Brentano, Achim von Arnim sind die geistigen Vorreiter jenes deutschen Fanatismus, der vom preußischen Adel und Beamtentum getragen und im Elend des Holocaust enden wird. Mit dem Edikt von 1812 macht die Napoleonische Besatzungsmacht das „preußische Judentum gar zu Bürgern des Staates", was die Wut der preußischen Adeligen gegen Menschen jüdischen Glaubens noch verstärkt.

371 Hannah Arendt, Rahel Varnhagen, S. 20

372 Hannah Arendt, Rahel Varnhagen, S. 41

373 Hannah Arendt, Rahel Varnhagen, S. 136

374 Hannah Arendt, Rahel Varnhagen, S. 85

Doch anstatt sich über die Möglichkeit einer Republik zu freuen und die neuen Bürgerrechte zu nutzen, unterstützt Rahel, wie die meisten Deutschen, den Krieg von Preußen und Russland, später auch von Österreich gegen Napoleon. Rahel gibt sogar ihren jüdischen Namen auf und nennt sich nun Friederike Roberts. Der Krieg Preußens gegen Napoleon bietet ihr „die erste Gelegenheit, ihre Zugehörigkeit [zu Preußen] zu beweisen und sich zu legitimieren. Rahel [Fredericke] beginnt zu tun, was alle Frauen in ihrer Umgebung tun: Hilfe zu organisieren, Geld und Sachen für Verwundete zu sammeln."[375] Sie lebt zu dieser Zeit in Prag „ihre Vaterlandsbegeisterung" für Preußen aus. „Jüdin sein ist ihr eine schlechte Lage in der Welt, nichts sonst.... Sie muss sich und allen anderen beweisen, ein für alle Mal, wie sie glaubt, dass sie wie alle anderen ist, und sie muss übertreiben, damit es auch alle merken: Sie wird betriebsam, tüchtig, von jener Tüchtigkeit, die wir dann hundert Jahre zu studieren in Deutschland Gelegenheit hatten."[376] Die „Völkerschlacht von Leipzig", in der Napoleon unterliegt und in dessen Folge der europäische Adel die Chance auf Restaurierung seiner Macht ergreift, empfindet sie als einen freudigen und überfälligen Sieg über ihre jüdische Existenz.

1814 scheint ihr dann doch die vollständige Assimilation gelingen zu können. Sie heiratet Karl August Varnhagen, der eine politische Karriere als Geheimer Legationsrat der preußischen Regierung macht. Doch selbst diese Fassade hilft ihr nicht mehr, das „Jude-Sein" zu kaschieren, weil ihre Umgebung in ihrer Assimilation das Jüdische wieder und wieder hervorhebt. Aus einem Brief von Wilhelm Humboldt geht hervor, dass selbst der spätere Begründer der preußischen Bildungsreform und Mitgründer der Berliner Humboldt Universität dem frühen deutschen Antisemitismus und Nationalismus verfiel und die Jüdin Rahel als solche herabwürdigt: „Man sagt mir, dass Varnhagen die kleine Levy geheiratet hat. So kann sie noch einmal Gesandtenfrau und Exzellenz werden. Es ist nichts, was die Juden nicht erreichen."[377] Arendt schließt hieraus mit harter Analyse: „Juden, wenn sie in der

375 Hannah Arendt, Rahel Varnhagen, S. 203

376 Hannah Arendt, Rahel Varnhagen, S. 206

377 Hannah Arendt, Rahel Varnhagen, S. 211

Gesellschaft eine Rolle spielen wollten, werden im 19. Jahrhundert zu den Parvenüs par excellence.... Rahel träumt von einem Personen-Wechsel zu ihren Gunsten, der dann alles wie mit einem Zauberschlag verbessern würde, um nur überhaupt einige Stufen auf der Stufenleiter der Gesellschaft zu erklimmen; der kleinste Erfolg, so schwer errungen, muss dem Parvenü ein >alles ist möglich< vorspiegeln." Rahel Varnhagen sagt daher von sich selbst: „Was es garstig ist, sich immer erst legitimieren zu müssen! Darum ist es ja so widerwärtig, eine Jüdin zu sein!"[378]

Die Analyse der Lebensgeschichte der Rahel Levy zeigt exemplarisch auf, dass der Diskriminierung einer Menschengruppe aus religiösen, ethnischen, sexuellen oder irgendeinem anderen Grund fast unmittelbar ein assimilierender Narzissmus nachfolgt. Denn ausgegrenzt zu werden ist für jeden Menschen kaum zu ertragen. Das Leid, entstanden aus verweigerter Zusammenarbeit und Kommunikation, einer Diskriminierung, ist in jedem Fall immens, weshalb damals wie heute ehemals ausländische Menschen in Deutschland versuchen, die besten Deutschen zu sein. Die zuletzt in die USA Eingewanderten sind die lautesten Vertreter des amerikanischen Patriotismus. Viele Menschen mit dunkler Hautfarbe leben diesen assimilierenden Narzissmus, bis hin zum ersten schwarzen US-Präsident, der trotz seiner Machtfülle und seinem sicherlich echten Wunsch nach einem gleichwertigen Leben für alle Menschen in den USA es nicht schafft, ein einfaches Dokument zu unterzeichnen, mit dem er unabänderlich das Konzentrationslager Guantanamo schließen könnte. Stattdessen will er ein guter Amerikaner sein und unterzeichnet monatlich Todeslisten, woraufhin Menschen ohne Gerichtsbeschluss per Drohnen ermordet werden.

Die Biographie der Rahel Levy zeigt auf, wie der assimilierende Narzissmus Deutscher jüdischen Glaubens in Kombination mit dem kollektiven Narzissmus, Nationalismus und Antisemitismus fast aller Deutschen des 19. Jahrhunderts die Entwicklung jenes extremen autoritären Charakters und damit den gefährlichen Nährboden förderte, auf dem der Irrsinn der nationalsozialistischen Ideologie gedeihen konnte. Die Menschen dieser Zeit waren,

---

378 Hannah Arendt, Rahel Varnhagen, S. 229

wie übrigens weite Teile der Gesellschaften in Frankreich, Belgien, Niederland, Österreich, Polen und Ungarn, antisemitisch, weil ihre Eltern und Großeltern dies seit dem Ende des 17. Jahrhunderts so gelernt hatten. Juden gelten seit den Schriften der Evangelisten als Mörder Christus und damit als Schuldige für alles Leid. Mit dem vorläufigen Ende der Religionskriege nach dem dreißigjährigen Krieg 1648 wurde die Schuldfrage wieder auf die Juden projiziert. Dieser Verurteilung versuchten die Einzelnen wie Rahel Levy zu entfliehen, zunächst durch erfolgreiche Geschäfte, später durch Taufe und Assimilation. In ihrem Bericht über den Eichmann Prozess deckt Hannah Arend auf, dass die Deportationen von Menschen jüdischen Glaubens nur in den Ländern gelang, in denen eine antisemitische Haltung in weiten Teilen der Gesellschaft verankert war. So kann sich in der europäischen Gesellschaft des 19. Jahrhunderts der Antisemitismus ausbreiten, um im Extrem des Holocaust zu explodieren.

Der assimilierende und kollektive Narzissmus sind aber nicht nur ausschlaggebend für die in der Geschichte extremste Form industrieller Vernichtung von Menschen, sondern für alle Kolonialkriege, Gulags und andere Formen der Vernichtung menschlichen Lebens. Im Umkehrschluss folgt: Die Verhinderung solcher dramatischen Ereignisse setzt voraus, dass wir alle unseren alltäglichen Narzissmus erkennen und verringern, damit dieses historisch gefährliche Gemisch nicht wieder zu gären beginnt. Auch wenn wir glauben, dass dies in einem Europa des 21. Jahrhunderts nicht mehr möglich sei, so kann das Zündeln all jener, die über Wirtschaftsflüchtlinge oder Sozialbetrug durch Menschen anderer Länder palavern, schnell zu einem Gemenge werden, in dem Rassismus und Vernichtung von Menschengruppen möglich werden. Die gleichen Zündler bereiteten schon in den 1920er Jahren den Nährboden für den politischen Aufstieg des Wiener Obdachlosen Adolf Hitler in München vor, der dem unter der Oberfläche gärenden kollektiven Narzissmus der Alldeutschen ein Gesicht und eine Sprache der Hetze verlieh, aussprach, was die anderen dachten.

Auch in der Berufswelt leben wir den individuellen wie kollektiven Narzissmus mit großer Ausdauer. Als Manager glauben wir, dass unsere Konzepte und Präsentationen, Strategien und Kommunikationen perfekt sind, und geraten in Rage, wenn andere diese nicht mittragen oder gar kritisieren. Selbst ein nur schwach ausgeprägter Narzissmus lässt Kritik kaum zu. Die eigenen Ideen werden als die genialsten betrachtet. Der eigene Projektplan ist immer der beste. Die Qualität der eigenen Arbeit ist immer die höchste. Die eigene Leistung immer außergewöhnlich. Das eigene Leben wird als Opfer für andere dargebracht. Oh ja, ICH und MEINE Welt sind wunderbar und außergewöhnlich! Hieraus sprießt der gesellschaftlich akzeptierte Narzissmus, der die hierarchische Verengung auf wenige „Führer" ermöglicht.

„Unter Führern ist ein hochgradiger Narzissmus sehr häufig anzutreffen. Man kann ihn als Berufskrankheit - oder auch als Berufskapital - auffassen, besonders bei denen, die ihre Macht ihrem Einfluss auf ein Massenpublikum verdanken. Wenn der betreffende Führer von seinen außergewöhnlichen Gaben und von seiner Mission überzeugt ist, wird es ihm leicht fallen, das große Publikum zu überzeugen.... Selbst wenn solche Menschen Erfolg haben, spüren sie den Drang, nach weiterem Erfolg zu streben, da ein Scheitern für sie die Gefahr eines seelischen Zusammenbruchs mit sich bringen würde. Populärer Erfolg ist sozusagen ihre Eigentherapie gegen Depression und Wahnsinn. Wenn sie um ihre Ziele kämpfen, kämpfen sie in Wirklichkeit um ihre geistige Gesundheit."[379]

Obwohl Fromm hier hauptsächlich auf Berufspolitiker abhebt, gelten seine Ausführungen für die meisten Menschen in sogenannten „Führungspositionen". Auch ICH fühlte mich als „Führer" in MEINER Welt, hielt MEINE Sicht der Dinge in Bezug auf MEINE Kompetenz in MEINEM Arbeitsfeld Umweltschutz als die einzig relevante Wahrheit. ICH war selbstverständlich im Recht, und diese Sicht durchzusetzen, war nur eine Frage von Strategie und Taktik. Auf diesem Narzissmus gründet sich denn auch die Idee, dass „Management eine Tätigkeit der Willensdurchsetzung" sei. Denn als „Führungskräfte" glauben wir uns unbezwingbar, betrachten unser Tun als Willensdurchsetzung gegenüber Mitarbeitenden, Wettbewerbern oder Parlamenten. Wir leben dann in unseren kleineren oder größeren und doch immer unwichtigen Fürstentümern.

379 Erich Fromm, Anatomie der menschlichen Destruktivität, S. 228

„ICH habe 100.000 Mitarbeiter unter meiner Regie!", „ICH bin ein begnadeter Führer!", „ICH bin eine sagenhafte Führerin!", „ICH bin eine unglaubliche Kämpferin!" Und doch wundern wir uns warum niemand das genauso sieht. Warum fühlt sich denn niemand wohl in MEINER Welt? Warum will keiner MEINEN Ideen freiwillig folgen?

Das überhöhte ICH lebt sich in beruflichen Situationen in vielen Varianten aus: Wenn Professoren und Professorinnen die Gedanken ihrer Mitarbeitenden als die eigenen darstellen und das WIR des Forschungsprozesses ausblenden, weil die Diplomanden oder Masterstudierenden angeblich doch nur aufgrund ihrer Professorenherrlichkeit die besagten Gedanken denken konnten, dann wütet der gesellschaftlich akzeptierte Narzissmus. Gleiches geschieht, wenn Oberbürgermeister anordnen, dass Pressemitteilungen nur von Amtsleitenden oder Dezernenten unterschrieben werden dürfen, obwohl kompetente Mitarbeitende diese Texte denken und schreiben. Werden die Führer gar direkt vom Volk, dem Souverän, gewählt, ergeben sich unausweichlich autokratische Machtstrukturen und Verhaltensweisen. In manchen Bundesländern werden Oberbürgermeister oder Oberbürgermeisterinnen für acht Jahre direkt gewählt. Da sie als einzelne Person das Votum des Souveräns haben, fühlen sie sich machtvoller als das gleichfalls vom Volk gewählte Stadtparlament. Dadurch wird in den meisten Städten das jeweilige Stadtparlament de facto entmachtet. Es regiert mit einsamer Macht der einzelne Meister: „L'état, c'est moi!" (Der Staat bin ICH) Das ist kein Vorwurf an die einzelnen Bürgermeister und Bürgermeisterinnen, weil jeder Mensch dieser Macht erliegen würde. Wir sollten vielmehr die Gemeindeordnungen dahingehend ändern, dass die Bürgermeister und Bürgermeisterinnen die Spitze der Verwaltung und damit der Exekutive sind, während die Parlamente die alleinige Legislative und damit das Volk vertretende Macht repräsentieren. Dann erst kann die sinnvolle Gewaltenteilung einer Demokratie verwirklicht werden.

Politisch und psychologisch fördern diese Tendenzen die Hierarchisierung der Gesellschaft, bis hin zur manchmal beobachtbaren Feudalisierung von Organisationen, in der wenige narzisstische Obere alleine und willkürlich über viele Untere herrschen. Seien dies Vorsitzende eines Vereins, einer Partei, einer Kirche oder eines Landes. Die Präsidial-Systeme in den USA, Frankreich, Südafrika und vieler anderer Staaten sind genauso weit davon entfernt reale Demokratien zu sein, wie die meist autokratisch regierenden Despoten in Russland, China oder den arabischen Ländern. Denn die Zuspitzung einer verfassungsmäßigen Gewalt in einer einzigen Person bläst den alten Marsch der Monarchie – der Macht eines Einzelnen - und füttert den individuellen wie kollektiven Narzissmus.

Auch die neuen, erfolgreichen Frauen erleben dieses Dilemma: Angetreten, um weibliche Lebendigkeit in Unternehmen und andere Organisationen zu tragen, herrschen die in „Führungspositionen" angekommen Frauen meist mit genauso viel Stolz, Arroganz und Gewalt wie ihre männlichen Kollegen. Die Frauen der Frauenbewegung und die Frauen und Männer in vielen anderen sozialen und ökologischen Bewegungen glaubten sich auf einem guten Weg, wenn nur die Inhalte sich ändern würden. Dabei haben sie den Einfluss des individuellen wie kollektiven Narzissmus unterschätzt. Die notwendigen humanen und ökologischen Veränderungen werden in unserer Gesellschaft nur möglich, wenn wir unseren individuellen Narzissmus und autoritären Charakter überwinden. Sonst bleibt das ICH unangefochten und tobt sich weiter gewalttätig aus, ohne die Gleichwertigkeit aller auch nur zu erahnen.

Hegel wie Fromm weisen nach, dass das narzisstische ICH den Bezug zur Welt verliert. Wird die Welt ausschließlich durch die eigene Brille betrachtet, verliert das ICH die Verbindung zur Welt und letztlich sich selbst. Dies schmerzt und will kompensiert werden. Dann blühen Selbstsucht und Selbstprofilierung, die die narzisstische Persönlichkeit in ihrer Überheblichkeit und ihrem Größenwahn füttern, bis sie sich verselbstständigen. Vollkommen überhöht. Schwebend über der Welt. Einsam im Olymp des ICH. Ein ewig Aufsteigender.[380] Mit einem Joystick die Drohne des Todes steuernd oder den Roboter auf dem Mars lenkend.

380 Wolf Biermann hat diesen Prozess der egozentrischen Selbstsucht in dem schönen Gedicht „Der Aufsteigende!" 1976 verdichtet; zwar mit anderen Motiven, aber doch herrlich zu hören und zu lesen. Siehe: YouTube Wolf Biermann - Der Aufsteigende.

Doch dieser Olymp ist einsam. Alle Führer und Führerinnen dieser Welt sind einsam - und leiden darunter, wie soziologische Studien der „Führungseliten deutscher Unternehmen" zeigen, wobei in der Studie von Eugen Buß[381] besonders auffällt, wie sehr das ehemals ostpreußische Gewaltpotenzial der Junker und Barone bis heute in brutaler Weise wirksam ist. Selbst auf dem roten Teppich der Medien, auf den flirrenden Partys oder eleganten Galadinners fühlen wir die Einsamkeit. Ich habe kaum einsamere Momente erlebt, als auf Empfängen und Schauveranstaltungen. Denn als empathisch veranlagte Menschen erahnen wir durch den Schleier des Machtrausches die damit verbundene Isolation von der Welt. Mit jedem neuen Rausch des Erfolgs wird das ICH einsamer. Fühlt sich weniger. Wird depressiver. Durch Arbeit, Geschwindigkeit und Adrenalin versucht das ICH sich noch zu retten. Wie Hegel schon wusste, soll die Gier nach Mehr das Elend kompensieren. Rauschzustände mittels Nikotin, Alkohol, Sex, Kokain oder anderen Drogen sollen endlich Glück schaffen. Doch diese Reize verfestigen nur das Alleinsein. Jeder Konsum, jede zusätzliche Arbeit, jede hierarchische Stufe, die erklommen wird, vergrößern das Elend.

Nach einer gewissen Leidenszeit beginnt das überhöhte ICH sich und andere zu reinen Funktionären zu degradieren. Denn Funktionalisierung braucht kein Gefühl, schon gar kein Mitgefühl. „Statt bezogen auf die Welt zu sein und unsere Liebe, unsere Angst, unsere Zweifel und alle grundlegenden Erlebensweisen des Menschen zu spüren, sind wir [im Narzissmus] alle auf Distanz zueinander."[382] Die Arbeitsbeziehungen werden instrumentell. Mitarbeitende, Kollegen und Kolleginnen werden nur unter dem Blick gefiltert, wie sehr sie meiner Arbeit dienlich sein können. Beim Einkauf fühle ICH mich nicht mehr als Kunde, dessen Wohlbefinden eine freudige Aufgabe der Mitarbeitenden sein kann, sondern nur noch als funktional Zahlender zur Existenzsicherung eines Betriebs. Als Restaurantbesuchende lebe ICH meinen funktionalen Narzissmus, indem ICH die Kellnerin oder den Kellner zur Dienstfunktion meiner Essensbedürfnisse degradiere. Das Ziel des überhöhenden ICH scheint zu sein, jeden menschli-

381 Eugen Buß, Deutsche Spitzenmanager - wie sie wurden, was sie sind

382 Erich Fromm, Pathologie der Normalität , S. 73

chen Kontakt zu verhindern. In der Funktionalisierung und Instrumentalisierung überhöhe ICH mich weiter, brauche nichts zu fühlen, weil doch alles effizient und schön funktioniert - die Familie und die Kinder, die Umwelt, der Verein, die Verwaltung, die Universität, das Unternehmen. Doch der Preis dafür ist hoch. Am Ende ist die Würde aller tief verletzt.

Die durch das überhöhte ICH ausgelöste Instrumentalisierung ist umfassend, auf allen Ebenen der Gesellschaft, und erzeugt Leid in fast allen Lebenslagen. Wir sind enttäuscht und verletzt nicht mehr als Menschen betrachtet zu werden - ob als CEO oder Präsidentin, Manager oder Mitarbeitende, Pflegekraft oder Erziehende, Schaffnerin oder Müllwerker, Ehefrau oder Ehemann. Im Unternehmen werde ICH gar zum Kostenfaktor mit der perfiden Aufgabe, meine Effizienz zu steigern, um die Firma von meiner kostenmäßigen Last zu befreien. „Dies führt zu den wirtschaftlichen Fehlentwicklungen der vergangenen Jahrzehnte, kulminierend in der Weltfinanz- und Wirtschaftskrise in den Jahren nach 2007. Die Idee einer kleinteiligen, an messbaren Kriterien orientierten Steuerung menschlichen Verhaltens führt in die Irre.… Denn die Ausrichtung des gesamten ökonomischen Verhaltens an qualitativ präzisierten Kriterien gefährdet die Kooperationsbereitschaft und das Vertrauen der Mitarbeitenden im Ganzen."[383]

In diesem Prozess verliere ICH Vertrauen und Lebensfreude, Engagement und Befriedigung an der Tätigkeit. Verzweifelt suche ICH Ausfahrten. Doch keine ist gut genug. Die Einsamkeit des Narzissmus holt uns sogar in den sozialen Netzwerken ein. Wir hocken einsam vor dem Computer und träumen doch nur von einer realen Begegnung mit Freunden, wünschen uns kaum mehr, als wieder Mensch sein zu dürfen. Entwurzelt und tief depressiv verliert sich das ICH schließlich selbst, spaltet sich ab, lebt als multiple Persönlichkeit in der Einsamkeit des ewig ruhigen, eigenen Kosmos. Einsam im Gewühl der Millionen - auf einer Jacht, in einer Villa oder einfach nur vor der Glotze oder dem Computer und manchmal auf dem Meditationskissen.

---

383 Julian Nida-Rümelin, Falsches Maß, in DIE ZEIT, 2. Mai 2013, S. 29; J. Nida-Rümelin ist Professor für Philosophie an der LMU München.

Doch selbst dann ist das Ende der Überhöhung noch nicht in Sicht. Steigerung des ICH und seine Kraft zur Zerstörung der Welt scheinen immer möglich. Aus den schizoiden Phasen löst sich das ICH weiter auf, will alles zerstören, so wie Hitler nur noch den totalen Untergang Deutschlands in seinem Führerbunker anstreben konnte. Das auf Selbstzerstörung programmierte, übersteigerte ICH zerstört Gesellschaft und Umwelt, bis es gar seine biologische Grundlage vernichtet - das Gehirn. Das hochtourig überdrehte ICH löst im Endstadium der Krankheit die Strukturen des Gehirns auf, landet in der Dunkelheit der Demenz, in der Einsamkeit eines Moments, ohne jeden Bezug zu irgendjemanden. Vermutlich ist aufgrund unserer weitgehend narzisstischen Gesellschaftsstruktur die Demenz so weit verbreitet.

Narzisstische Gesellschaften sind ohne Chance auf Zukunft, weil sie die Gleichwertigkeit und damit die Würde der gemeinsam tätigen Menschen aufheben. Sie erzeugen jenes Oben und Unten, unter dem wir alle leiden. Um das alltägliche Leid zu vermindern bleibt nur ein Ausweg: Den eigenen Narzissmus erkennen und überwinden lernen. Dies ist - neben der Überwindung des autoritären Charakters - die zweite wesentliche Ausprägung eines Weges zu einem glücklicheren Leben in die Gegenwart. Es ist ein schwieriger Weg, der viele Jahre, wenn nicht gar Jahrzehnte dauern kann, weil das - ach so starke - ICH sich ständig wieder einmischt. Wenn ihm oder ihr gesagt wird, er oder sie sei narzisstisch, schlägt das ICH ohne Rücksicht um sich, ist uneinsichtig, aggressiv und wütend. Das ICH ist lieber Opfer einer vermeintlich dummen Welt, als sich selbst als überhöht zu erkennen, wehrt jede Hilfe als Einmischung in Autonomie und Individualität ab, will sich einfach durchsetzen. Gewöhnen wir uns daher an den fast immer gültigen, einfachen Satz: „Auch ich überhöhe mein ICH!" Um Glück zu erlangen ist es sinnvoll, immer wieder auf die narzisstischen Impulse des eigenen ICH zu schauen, wenn es ruft: „Ach, bin ICH toll!" „Ach, ICH habe doch Recht!" Niemand ist frei davon. Wir alle sind in verschiedener Ausprägung und in unterschiedlichem Ausmaß narzisstisch.

Wenn ich mir selbst ohne Schuldgefühle eingestehe, dass auch ich narzisstisch geprägt bin, beginnt sich nach einer Weile die Welt positiv zu verändern. Neue Beziehungen und Netzwerke, in denen ich meine realen Abhängigkeiten freudig fühlen und leben darf, werden möglich. Ich beginne die ständigen Veränderungen als heilsam zu betrachten und nicht mehr als Bedrohung. Dann darf ich leben und lieben, freudig tanzen und traurig sein, denken und forschen und den Grund des unmittelbaren Seins erkunden. „Alle Lehren der Menschheit, die der Buddhisten, Juden, Christen oder Humanisten kommen darin überein, dass es ihnen wesentlich um die Überwindung des Narzissmus geht. Denn solange Menschen narzisstisch sind, bleiben sie einander entfremdet, zueinander feindselig und unfähig, den anderen zu verstehen.“[384] Geshe Pema Samten hat für sich daraus die wichtige Konsequenz gezogen: „Meine tägliche Praxis besteht darin, andere nicht zu verletzen. Denn wenn ich andere verletze, verletze ich mich selbst.“

384 Erich Fromm, Von der Kunst des Zuhörens, S. 218

Instrumentalisierung verhindert Leben

Das überhöhte ICH und der individuell ausgeprägte Narzissmus erzeugen in vielen Varianten fast unermessliches Leid, das ich hier nur an einigen wenigen Beispielen beschreiben kann, weil die Formen dieses Leids so vielfältig und zahlreich sind. Ich möchte dabei nicht anprangern, sondern nur anregen, genauer auf das eigene Leben zuschauen.

Versetzen wir uns zunächst einen Moment in die Situation von Menschen in einem Krieg, den immer noch viel zu viele erleben müssen. Krieg bedeutet Morden. Morden bedeutet, dass ich als Zivilist oder Soldat in einer extremen Situation bin. Angst, existenzielle Not, unendlicher Schmerz und teilweise geistiger Wahnsinn prägen die Momente, die Frauen und Männer, Kinder und alte Menschen im Krieg erleben. Solche außergewöhnlichen, emotionalen Situationen lassen fast alle Gefühle absterben; denn Ängste, und die mit jedem Grauen verbundenen Gefühle, werden mit aller Wucht ins unbewusste ES verdrängt. Nicht-mehr-fühlen-zu-müssen wird zu einem Schutzmechanismus.

Fromm nennt diesen Zustand „Depression, die gleichbedeutend ist mit der Abwesenheit von Gefühlen."[385] Nicht einmal Trauer oder Wut können dann noch ins Bewusstsein gelangen. Europa leidet mindestens seit 1945 unter solcher Depression, nach den unvorstellbaren Leiden des Krieges von 1939 - 1945, aber auch der vielen Kriege in den Jahrhunderten zuvor. Kaum ein Kriegsheimkehrer hat 1945 über die gelebte und erlebte Gewalt gesprochen. Kaum eine vergewaltigte Frau hat über ihr Leid in den ausgebombten Städten geklagt. Aufgrund der Grausamkeiten während dieser Jahre und auch noch einigen Jahren danach, leben alle Europäer und Europäerinnen in einer individuell sehr unterschiedlich ausgeprägten Gefühlsreduzierung, die sich in Sätzen zeigen wie: „Wir kennen keinen Schmerz!". Aber genau dann schmerzt ES ungeheuerlich.

385 Erich Fromm, Die Pathologie der Normalität, S. 55

In den Zeiten des Aufschwungs und Aufbaus nach dem Krieg, mit Milchbar und Petticoat, wurden die Gefühle weiter unterdrückt. „Viele sagen, dies ist doch wunderbar, nichts zu fühlen. Es ist ausgezeichnet, wenn ich nichts fühle. Was zum Teufel muss ich auch fühlen? Ich möchte meine Ruhe haben und keinen Ärger!“[386] Frei nach dem Motto: „Hurra, es lebe die Depression!“ Deshalb hieß es in vielen Familien, wenn Kinder oder Enkel nach Erlebnissen während des Krieges fragten: „Nun sei doch mal ruhig und lass den Opa (den Vater, den Onkel, die Oma, die Mutter, die Tante oder andere Bekannten) in Ruhe!“ Hieraus speiste sich die verdrängende und restaurierende Adenauer-Republik, in der alte SS-Schergen geschickt Gesetze schrieben, um nicht zur Rechenschaft für ihre Verbrechen an die Menschheit gezogen zu werden. Dies wiederum führte schnurstracks zur Generation der 1968er, die endlich diese depressive Ruhe stören wollte, um aufzurütteln und an die Unantastbarkeit der Würde aller Menschen in Deutschland zu erinnern.

„Wendet man diese Einsichten auf unsere Kultur an, dann muss der normale [westliche] Mensch als beträchtlich depressiv angesehen werden, weil die Intensität seines Gefühlslebens stark reduziert ist. Es gibt eine Fülle von Abwehrhaltungen gegen das Gefühl, das sich ergibt, wenn man nicht lebendig ist. Unsere Unterhaltungsindustrie, unsere Arbeit, unsere Cocktail-Partys, unser Geschwätz sind alles Abwehrformen gegen diesen furchtbaren Augenblick, in dem wir wirklich spüren könnten, dass wir nichts fühlen. Aufs Gesamte gesehen lässt sich ein allgemeiner Geisteszustand beobachten, der durch eine generelle Reduktion der Gefühlsstärke ausgezeichnet ist, die nahe an eine Depression kommt.“[387]

Fast alle Erwachsenen der 1960er Jahre waren traumatisiert von den furchtbaren Erfahrungen, die sie als Kinder und Jugendliche im Krieg und danach erlebt haben. Sie waren kaum mehr fähig, sich selbst oder andere zu lieben oder für andere Mitgefühl zu empfinden. Sie waren gefangen in den Albträumen ihrer Ver-

386 Erich Fromm, Die Pathologie der Normalität, S. 55

387 Erich Fromm, Die Pathologie der Normalität, S. 55/56

gangenheit, die sie ins Unbewusste ES verdrängt hatten. Sie waren Opfer unbeschreiblicher Gewalt und tradierten dies in ebenso unbewusster Weise in der Erziehung ihrer Kinder, für die sie zwar ein besseres Leben wünschten, denen sie aber wenig liebevolle Zuwendung schenken konnten. Nur die materielle Zuwendung war ihnen möglich und der Wunsch: „Die Kinder sollen es einmal besser haben!“ Dies will kein Urteilen sein, sondern nur eine einfache, liebevolle und respektvolle Benennung dessen, was Menschen in vermutlich ganz Europa erlitten haben und weshalb so viele Menschen selbst in diesem reichen Europa heute noch leiden. Mache ich mir die Lebensumstände derjenigen bewusst, die mich zu oft geschlagen oder angeschrien haben, die als Lehrende pure Gewalt ausgeübt haben, werden die karmischen Ursachenketten sichtbar. Hierdurch löst sich meine Wut auf die Täter auf sowie die damit verbundene Ablehnung. Aber nicht ins Unbewusste. Der Zorn weicht vielmehr einer Traurigkeit. Ich fühle mit diesen Menschen, ihre Trauer über das scheinbar nicht enden wollende Leid der Kriege, die Trauer über die Gewalt, die sich schon über so viele Generationen hinzieht und in so existenzieller Weise im Widerspruch zum eigentlichen Menschsein steht. Ich empfinde tiefes Mitgefühl - ein schönes und manchmal auch schmerzhaftes Gefühl, weil es Trauer und die Sicht auf das Leid aushalten muss.

Fast alle Männer, die als Soldaten - welcher Armee auch immer - den Krieg und sehr oft auch Gefangenschaften überlebten, waren entweder gebrochene Menschen, die das unendliche Leid des Schlachtens auf den Schlachtfeldern nicht mehr aus ihren Träumen bekamen und daher leise und verschüchtert ihre verbliebene Lebenszeit fristeten. Männer, die sich erst ihren Enkeln wieder zuwenden konnten, schüchtern, innerlich weinend und hoffend. Oder sie waren laut und frech, weil sie sich darüber freuten, nicht erwischt worden zu sein und einen Persilschein ergattert zu haben, ohne je ihre Teilnahme an den Massakern des Krieges in Frage zu stellen. Sie stellten ihr Ego in den Vordergrund, ohne sich und andere zu fühlen und glaubten sich trotz der menschlichen Schmach weiter im Recht. Soldaten sind Todeswerkzeuge staatlicher Gewalt. Sie morden gegen ihr Gewissen und ihre Menschlichkeit. Kaum ein ehemaliger Soldat hat eine Chance, je wieder glücklich zu werden - zumindest nicht ohne eine langjährige Therapie, wie wir dies heute selbst aus regional begrenzten Kriegen wie Afghanistan wissen.

Die Instrumentalisierung der Menschen durch Kriege zerstört aber nicht nur das Leben der Soldaten, sondern hinterlässt gleichfalls traumatisierte Familien. Bekannt sind die offenbar üblichen Vergewaltigungen während der Kriege auf allen Seiten der Fronten. Vergewaltigungen, die die moralische Substanz des Gegners untergraben sollen. Weniger bekannt - weil kaum darüber geschrieben und berichtet wird - sind die Traumata und die Instrumentalisierung der Frauen in den Nachkriegszeiten:

1945 lebt ein junges Mädchen zusammen mit ihrer Mutter und drei Geschwistern bei ihren beiden Tanten und deren fünf Kindern in einem Zimmer. Die Wohnhäuser sind in dieser Zeit im Rheinland zu fast 90 Prozent zerstört. Lebensmittel sind rar, die Männer in Gefangenschaft. Die beiden Tanten und ihre älteren Töchter sowie die 19-jährige Schwester des jungen Mädchen verkaufen in der Not ihren Körper an englische Soldaten. Hunger ist stärker als jede andere Pein. „Erst kommt das Fressen, und dann kommt die Moral."[388] Lebensmittel gegen Sex. Als die Männer der Familie nach einigen Jahren Lagerhaft wieder nach Hause kommen, brennen sie Alkohol aus gestohlenen Rüben und Kartoffeln, der gleichfalls gegen Lebensmittel getauscht wird. Die Prostitution quält die Frauen fast drei Jahre - bis die Familien wieder genügend zu essen haben.

Dieser Missbrauch der Frauenkörper ermöglichte den Familien das Überleben. Doch die Folgen waren dramatisch für die weiteren Lebenswege der Frauen und ihren Kindern: 1948 heiratet die Schwester des jungen Mädchen einen Mann, den sie nur einmal zuvor gesehen hatte und der noch in einem Gefangenenlager saß. Wegen der Hochzeit wird er vorzeitig entlassen. Wieder erlebt die Schwester die Benutzung ihrer Weiblichkeit, wenn zunächst auch nur in schwacher Form. Liebe war jedenfalls kein Motiv bei der Hochzeit der Brautleute, die sich nicht kannten, sondern vielmehr der Wunsch, sich wechselseitig im Überleben zu stützen. Die Ehe dauerte trotzdem fünfzig Jahre, war aber von fast steter Gewalt geprägt. 1952 wird eine Tochter geboren. Sie beginnt 1966 mit vier-

388 Bert Brecht, Ballade über die Frage: Wovon lebt der Mensch?, Dreigroschenoper

zehn Jahren eine Lehre in einer Bäckerei. Als nach wenigen Wochen Probleme mit dem Lehrmeister auftreten, sagt ihre Mutter zu ihr im Beisein meiner Mutter und mir als Siebenjährigem: „Dann musst du mal die Beine breit machen, dann hören die Probleme schon auf. Das haben wir alle gemusst." Die Tochter folgt dem Rat ihrer Mutter, so wie ihre Mutter dem Rat ihrer Mutter 1945 gefolgt war. Sie lebt das Leid der Prostitution fast elf Jahre. Mit fünfundzwanzig Jahren wird sie von einem Zuhälter aus dem Fenster geworfen. Stirbt. Als ihr Vater mit einem Kriminalbeamten am Tag danach die Wohnung betritt, sagt er nur: „Oh, hier riecht es nach Geld, da ist etwas zu holen." Er findet jene 20.000 DM, die vermutlich der Grund waren, warum seine Tochter sterben musste.

Doch danach ist der Vater nur noch ein Phantom, fühlt endgültig nichts mehr. Er versäuft das Geld in den folgenden Jahren. Er und seine Frau erleben nach dem Tod ihrer Tochter unfassbares Leid – tägliche Gewalt, Depression, Alkoholismus, Diabetes, Krebs. Beide sterben verbittert und einsam, wollen nur anonym auf einer Wiese beerdigt werden, als wollten sie sich endgültig auslöschen. Sie wussten wohl um das Leid, das sie sich und ihrer Tochter angetan hatten. In ihrem Innersten fühlten sie, dass sie ihre Tochter in die Prostitution und damit in den frühzeitigen Tod getrieben hatten. Sie ahnten wohl auch die Zusammenhänge mit den (Nach) Kriegserlebnissen. Und doch haben sie nie darüber gesprochen, hatten den Albtraum des Krieges in ihrem ES eingesperrt.

Die Instrumentalisierung der Körper der Frauen und Männer in ganz Europa durch Kriege, der besondere Missbrauch der Körper der Frauen in der Nachkriegszeit haben in Deutschland und Europa tiefe Wunden gerissen, die bis heute nachwirken. Es gibt wohl kaum eine Familie, die nicht das Leid der Instrumentalisierung durch Gewalt erlebt hat.[389] Daher leben wir in Europa weitgehend in einer „kollektiven Depression", leben heute noch so viele Kinder und Enkel der Kriegsgeneration in depressiven Lebensumständen mit vielfältigen Ausdrucksformen und Intensitäten.[390] Eine dieser Ausdrucksformen

389 Eindrucksvoll und kaum zu ertragen beschreibt Swetlana Alexijewitsch dies in ihrem Buch „Der Krieg hat kein weibliches Gesicht"

390 Siehe hierzu auch die stetig anwachsende Literatur in der Bibliographie über die Traumata aufgrund der Kriegserlebnisse, die selbst bei der Enkelgeneration noch wirksam ist.

ist, dass wir in Deutschland arbeiten bis zum Umfallen. Ähnlich der Situation in Japan, Nordkorea und China, wo die Menschen gleichfalls extreme Gewalt sinnloser Vernichtung erlebt haben. Denn in der Arbeit, in der Routine des Alltags, brauchen Menschen nichts mehr zu fühlen, können das Leben fristen, ohne lebendig sein zu müssen, können sich in Gedankenlosigkeit scheintot stellen. Ein anderer Auswuchs dieser Depression ist die Vergnügungssucht, die Fromm in seinen Analysen der 1950er Jahre beschreibt. Das heutige Maß an Vergnügungssucht, vom Alkoholkonsum bis zur Internetsucht, ist auf die Depression der Nachkriegszeiten zurückzuführen. Dies erklärt auch, dass Deutschland zum Bordell Europas geworden ist. In keinem anderen Land Europas ist Prostitution so verbreitet, sind so viele Beziehungen zwischen Männern und Frauen zum Warenverkehr verkommen.

Die Instrumentalisierung des Menschen durch Menschen hat dramatische Auswirkungen, reduziert die Gefühle aller Beteiligten und führt unmittelbar in kerkerhafte Einsamkeit. Menschen ohne Wahrnehmung ihrer Gefühle treten weder mit sich noch mit anderen in Kontakt, sind Gefangene ihrer Albträume. Diese Einsamkeit leben auch die vielen Alten, Überlebende des Krieges, die die Beziehungslosigkeit der Kriegs- und Nachkriegszeiten auf den Fluren der Altersheime verlängern, ihren Tod erwartend ihren Geist im Gewäsch der Boulevard-Medien zerstören. Vorläufiger Höhepunkt dieser Alterseinsamkeit sind projektierte Pflege-Roboter, Ausdruck davon, dass niemand sich um lebende Tote kümmern will. Diese Einsamkeit durchleben aber auch viele Jugendliche und junge Menschen, die sich am Wochenende ins Koma saufen, gewissermaßen als Ausdruck der Depression ihrer Eltern und Großeltern, von denen sie die Gefühlsreduzierung erlernt haben. Sie wissen wie die Alten kaum, warum sie leben und was sie mit diesem wertvollen Juwel, ihrem Leben, anfangen sollen.

Auch im Berufsleben holt uns diese Einsamkeit ein, wenn wir in großen Büroräumen vor unseren Bildschirmen hocken, irgendwelchen Programmbefehlen folgen, kaum mehr miteinander sprechen, während eine funktionalisierte Kommunikation über Maschinen abläuft, als wären wir Roboter. So verharren wir in der Einsamkeit der Depression, die wir von unseren Eltern übernommen haben. Mir scheint es manchmal, als hätten wir die Maschinen erfunden, um nicht mehr miteinander sprechen zu müssen. E-Mail und Chats sind zu Ersatzhandlungen des Sprechens geworden. Sich einfach treffen und sprechen oder selbst nur für mehrere Stunden miteinander zu telefonieren, sich auszutauschen, in Kontakt zu treten, ist rar geworden in einer Zeit, die sich selbst ironischer Weise Kommunikationszeitalter nennt. In dieser Einsamkeit verlieren wir leicht die Orientierung, wissen nicht mehr, unser Leben zu schätzen, sehen nur das schier unendlich laufende Hamsterrad. Leben wird zu einer Last, die doch hoffentlich bald vorbei sein möge. Dann ist das Endstadium der Depression erreicht, der Wunsch zur Beendigung des Lebens.

Dabei ist das menschliche Leben besonders wertvoll: Es ist nach unseren Maßstäben die einzige Möglichkeit, den eigenen Geist kennenzulernen und dadurch von schädigenden Datensätzen oder Samen zu reinigen. Keine anderen Lebewesen scheinen diese Fähigkeit zu besitzen, sind vermutlich noch mehr eingekerkert in einem Daseinskreislauf des Leids. Doch anstatt die menschliche Existenz für das Erkennen und Reinigen des Geistes zu nutzen, machen wir uns in fast allen Organisationen ständig wechselseitig zu Werkzeugen. Einsamkeit ist das prägende Gefühl der instrumentalisierenden Gesellschaft, die unaufhaltsam im Gleichschritt mit dem wirtschaftlichen Erfolg wächst: Je ökonomisierter und effizienter eine Gesellschaft ist, desto größer und intensiver wird die Einsamkeit der Menschen.

Einsamkeit ist aber nur schwer auszuhalten. Darum sucht jeder und jede in dieser Lebenslage intuitiv nach Auswegen, die sich irgendwo in der Bandbreite zwischen zwei Extremen befinden: Das eine Extrem ist das stille Allein-Sein, das Sich-zurück-ziehen von anderen. Beobachtungen von Psychologen und Supervisorinnen zeigen, dass die Mehrheit der Menschen ihre Gefühle kaum ausdrücken kann und aufgrund der Instrumentalisierung sowie den damit verbundenen Erwartungen sich vom Leben abwenden. Stattdessen verlagern sie die wichtigsten Aktivitäten ihres Lebens auf materielle und funktionale Beziehungen: Automobil, Haus, Reisen, Essen, soziale Netzwerke, Drogen und andere Vergnügungen sollen helfen, der Einsamkeit zu entfliehen. Gefühle werden als hinderlich außen vor gelassen, genauso wie eine natürliche

Spiritualität. Der gesellschaftlich akzeptierte nihilistische Materialismus ist Ausdruck und Katalysator dieser einsamen Lebenshaltung, in der Experten Gefühle als chemische Reaktionen oder gar als genetische Defekte definieren. Zweckfreies Denken und Kontemplieren, Fühlen und Meditieren finden kaum mehr Raum. Dabei kann der Weg zum Glück sehr kurz sein: Wenn Lernende in den Schulen ausnahmsweise einmal an einem gemeinsamen Projekt „mit open end" arbeiten dürfen und nicht nur einem Frontalunterricht folgen müssen, empfinden sie schon ein kleines Glück.

Im anderen Extrem versuchen Menschen ihre Einsamkeit durch aggressives Laut-Sein sowie einer ständigen Selbstprofilierung zu kompensieren. Sie präsentieren eine vermeintliche Lebensfreude als Show, sind hyperaktiv und ständig unterwegs. Aber ihre Beziehungen bleiben instrumentell. Mitmenschen dienen nur als Objekte ihres Habens. Selbst Ehefrau und Kinder sind Statussymbol wie der Porsche oder die Yacht. Kinder werden als Objekte einer nach außen vollkommenen Familie betrachtet, ohne je wirklich geliebt zu werden. Wenn die Kinder dann durch Wutausbrüche oder andere Gefühlsäußerungen ihre Sehnsucht nach Liebe und Zuwendung äußern und einfordern, werden sie als ADS- oder ADHS-Kranke diagnostiziert und mit Betäubungsmitteln vollgepumpt, damit sie wieder funktionieren. Sie sollen Leistungen bringen, nicht leben. Das laute, überhöhte und doch depressive ICH bezieht sich nur auf sich selbst. Konsum und Vergnügungen stellen in diesem Konzept den Sinn des Lebens dar. Der Nabel der Welt ist das narzisstische ICH. Wie bei einem Kreisel, der sich immer schneller dreht, kreist das Individuum um sich selbst, ist egozentrisch, egomanisch, laut, aggressiv. Das narzisstische ICH beschaut und giert nach sich selbst am meisten und bezeichnet seinen Willen als frei. „Freiheit von anderen!", „Wille zum Kampf" und „Autonomie" sind die Schlachtrufe dieser Einsamkeit.

Zwischen diesen beiden Polen – der introvertierten und der extrovertierten Ausprägung - existieren viele Varianten. Bei allen ist die Sucht ein durchgängiges Merkmal: Drogen-, Tabletten- oder Alkoholsucht, Sex- und Vergnügungssucht, Spiel- und Konsumsucht, die Sucht nach Reisen mit Fernweh, die Sucht zur Selbstprofilierung, ob im Unternehmen oder im Internet, Arbeitssucht und die Sucht nach Erfolg. Wir alle im Westen leben in unterschiedlichem Ausmaß die Süchte des narzisstischen Individualismus, der die Grundlage unserer heutigen Gesellschaft ist, und tanzen um das goldene Kalb.

So entsteht ein Teufelskreis, der die Menschen von einem Krieg in den nächsten treibt. Krieg erzeugt Krieg, Aggression erzeugt Aggression, weil das narzisstische ICH nicht zur Ruhe kommt. Zwar keimt unmittelbar nach einem Krieg die Hoffnung auf Frieden auf, mit dem sich die durch Krieg und Leid traumatisierten Menschen neu orientieren wollen. Doch sie fühlen sich zerrissen, können ihre Schmerzen kaum aushalten, sind unfähig zu trauern und fallen wieder und wieder in aggressives handeln. Aber „erst wenn Trauer gelebt wird, besteht Hoffnung. Erinnerungen können uns helfen, aus dem Geschehen zu lernen, statt erneut agieren zu müssen, was wir nicht als Inhalt unseres Bewusstseins über uns selbst ertragen: unsere Fähigkeit zu ebenso törichter wie tödlicher Wut." [391]

Erst das Erinnern der traumatischen Kriegserlebnisse, das daraus entstehende Bewusstsein über den Horror sowie die damit verbundene eigene Rolle ermöglichen Veränderung und langfristigen Frieden. Das gilt auch für die Kinder und Enkel der Nachkriegsgenerationen. Denn erst mit der Erinnerung und der Trauer über die brutalen Ursachen des Leids, dem Verständnis über die Folgen des autoritären Charakters und des narzisstischen ICH können heilsame Kräfte geweckt werden. Dadurch gelangen Erfahrungen und Erlebnisse, abgespeichert im unbewussten ES, wieder ins Bewusstsein. Gefühle können dann endlich wieder wahrgenommen und ausgedrückt werden: Weinen, Schreien, Sich-Schütteln, Toben - allesamt heilsame Reaktionen zur Überwindung traumatischer Erlebnisse. Gerade die körperlichen und intuitiven Ausdrucksformen der Gefühle sind notwendig, um die Verletzungen des Geistes zu heilen. Deshalb gehören das Singen trauriger Lieder, das Malen trauriger Bilder und auch das manchmal hysterisch erscheinende Jammern bei Beerdigungen zu einer heilsamen Therapie.

Doch Erinnern alleine hilft nicht, wie Fromm so zutreffend erkannt hat. Bilder und Erfahrungen, die den Geist verletzt haben,

391 Alexander und Margarete Mitscherlich, Die Unfähigkeit zu trauern, S. 84

werden nicht mehr ausgelöscht. Jede Erfahrung und jede Wahrnehmung, ob fröhlich oder schmerzhaft, bleiben in unserem Geist als Datensatz erhalten, denn keine Information geht im Geist verloren. Überwunden werden können die Bilder der Bombennächte, kann der Geruch des Todes, die sexualisierte Gewalt niemals. Jedes Leid ist und bleibt als Erfahrung im Geist haften.

Wie kann ich also mit dem erlebten Schmerz umgehen, wenn er anscheinend ewig in meinem Geist bleibt? Der Weg der buddhistischen Lehre baut darauf, die leidvollen Erlebnisse als unwiderrufliche Erfahrungen anzunehmen und sie in einen Kontext zu stellen, der über das gegenwärtige Leben hinausgeht. Leid fällt nicht vom Himmel, ist kein Zufall oder einfach nur Unglück. „Auge um Auge" oder „Wut folgt Wut" sind blinde, sinnlose und nicht-heilsame Konzepte, denn nichts geschieht ohne Ursache. Wenn wir die Ursachen für erlebtes und erlittenes Leid, wenn wir die strukturellen Zusammenhänge für die Schmerzen suchen und anschauen und sie durch intensives Nachdenken und Fühlen wieder an die Oberfläche des Unbewussten bringen, beginnen wir aus den erfahrenen Verletzungen zu lernen. Wir lernen zunächst, dass alle fühlenden Wesen ähnliches Leid erleben und erlebt haben und dass dies einfach ungeheuer traurig ist. Wir lernen aber auch, dass Leid nicht durch individuelle Schuld erzeugt wird, sondern durch karmisch-strukturelle Verkettungen, die kaum zu übersehen sind. Schaue ich mir dann das Leid möglichst vieler Menschen an, entsteht fast unmittelbar der schöne Wunsch, alle geschundenen Wesen mögen sich von diesem Leid befreien können. Dieser Wunsch entspringt unserer evolutionär erfolgreichen Kooperationsfähigkeit, die wir Mitgefühl nennen, aus dem die Kraft zu mitfühlendem Handeln entspringt. Gelingt mir mitfühlendes Handeln, beginnt Befreiung - und auch Glück!

Doch erst indem ich mir des eigenen Leidens bewusst werde, kann ich nachempfinden, worunter andere Menschen und Wesen gleichfalls leiden. Erst indem ich eine intuitive Erfahrung darüber erlange, dass mein Leid nicht vom Himmel gefallen ist, sondern aus einer anscheinend unüberschaubaren Kette von Ursachen und Wirkungen - Karma - entsteht, lerne ich das erlittene Leid als Lernfeld zu betrachten und werde zur Empathie fähig.

Die wirklich große, heilsame Kraft des Lebens besteht darin, aus den leidverursachenden Umständen und Fehlern der Vergangenheit Mitgefühl erblühen zu lassen und dadurch wieder als Menschen unter anderen Menschen zu leben. Mitgefühl hilft mir so zu handeln, dass ich alles Leid in der Zukunft verhindern suche. Meine Mitmenschen und ich können dann einer besseren, einer wirklich heilsamen Gegenwart und Zukunft entgegen gehen und einfaches Glück erleben. Wenn ich meinen Geist in diesem Sinne täglich und stetig trainiere, entsteht irgendwann der Wunsch, dass alle fühlenden Wesen glücklich sein mögen, was aufrichtiger und umfassender Liebe entspricht, die keine leere Worthülse mehr ist. Die Wirkung ist grandios: Indem ich das Glück anderer wünsche, anstrebe und entsprechend handle, wächst in mir ein neues, heilsames Ich, das die Ursprünge des Menschseins, kommunikative Kooperation und universelle Moral der egalitären Achtung, fühlt und lebt. Glück wächst unaufhaltsam! Denn Liebe ist das einzige das wächst, wenn wir es verschwenden.

Krieg oder Frieden

Nach all den schönen Worten über Liebe und Mitgefühl, über kommunikative Kooperation, universelle Moral der egalitären Achtung und der Überwindung des autoritären und narzisstischen Charakters wird bei einem Realitätscheck schnell ein eklatanter Widerspruch sichtbar: Aktuell toben wir uns auf unserem Planeten mit Kriegen, Gewalt und Terror aus. Alleine im Jahr 2012 addierten sich nach offiziellen Angaben der Regierungen die Budgets für Waffenkäufe auf 1750 Milliarden US-Dollar[392] – das sechsfache des Etats der Bundesrepublik Deutschland. Ist der Mensch also letzten Endes doch, wie Hobbes, Darwin, Lorenz und viele andere Theoretiker immer behaupten, nur ein ungezähmtes Raubtier? Stimmt das Bild, dass der Mensch von Natur aus kriegerisch ist?

Die Menschheitsgeschichte ist geprägt von vielen unterschiedlichen und verheerenden Kriegen. Über die Jahrhunderte nehmen Kriege und Schlachten stetig zu. Die Kriege in Europa entvölkern fast den Kontinent:

- Der 100-jährige Krieg (1337-1453) zwischen Engländern und Franzosen verwüstet weite Gebiete Frankreichs. Teile des Landes werden zu Provinzen Englands mit der Folge vieler weiterer Kriege.
- Der 30-jährige Krieg (1618-1648) ist ein Religionskrieg um die Macht von Kirchen, Königen und Fürsten. Vorgeschoben wird der Kampf um den wahren Glauben. Viele Länder Europas werden nahezu entvölkert. Der Kampf zwischen katholischer Kirche und den Reformern hat seither noch viele weitere Kriege hervorgebracht, flackert beispielsweis im Nordirland-Konflikt immer wieder auf.
- Friedrich II. (1712 -1786) überzieht Europa viele Jahrzehnte mit Krieg. Es ist ein Kampf um die Vorherrschaft des protestantischen Preußen gegen das katholische Österreich und

392 Siehe hierzu http://www.sipri.org

das zaristische Russland. Religiöser Eifer vermengt sich wie so oft mit machtpolitischem Interesse.

- Nach der französischen Revolution setzt Napoleon (1769-1821) diesen Kampf in einem europaweiten Krieg unter dem Banner der Republik fort. Von 1796 bis zur Schlacht von Waterloo, 1815, leiden die Menschen in Europa zwei Jahrzehnte unter den Schlachten der Kriege. Am Ende siegen die europäischen Monarchen, restaurieren ihre Macht und teilen Europa nach ihren Wünschen auf. Die Keime für noch schwerwiegendere Kriege des 20. Jahrhunderts werden gesät.
- Mit dem Untergang des „Heiligen Römischen Reiches Deutscher Nation“ nach verlorener Schlacht gegen Napoleon im Oktober 1806 und dem Abdanken von Kaiser Franz II. blühen in den deutschen Landen Nationalismus und Antisemitismus. Frankreich, das Land der Aufklärung, wird zum Todfeind des preußischen Adels. Die beiden Länder bekämpfen sich danach in mehreren Kriegen: 1813-1815, 1870-1871, gefolgt vom unerbittlichen Weltkrieg 1914-1918 und dem wohl grausamsten je in Europa geführten Krieg 1939 - 1945. 70 Millionen Menschen sterben qualvoll. Der Holocaust ist seither Synonym für Verbrechen gegen die Menschheit. Erst 178 Jahre nach der Schlacht von 1806 reichen sich Francois Mitterand und Helmut Kohl 1984 die Hand zur Versöhnung; eine historisch bedeutsame Geste.

Auch in anderen Teilen der Welt ertrinken die Menschen in den letzten 500 Jahren fast in ihrem Blut:

- Die Kreuzzüge des frühen Mittelalters zur sogenannten Befreiung Jerusalems von Ungläubigen, die dem Dschihad des heutigen Islams sehr ähnlich sind, ziehen lange Blutspuren durch ganz Europa und den Vorderen Orient und bestimmen bis heute viele Konflikte im Nahen Osten. Da gibt es nichts zu bewundern.
- Die spanische Krone tritt mit der Eroberung Südamerikas im 16. Jahrhundert die erste Welle von Weltkriegen der Neuzeit los. Spanien mordet, plündert, vergewaltigt und zwingt die Ur-Einwohnenden Mittel- und Südamerikas zum Chris-

tentum. Bis heute herrscht zwischen den Ureinwohnern und den spanisch stämmigen Herrschaftseliten in Süd- und Mittelamerika Krieg mit über 100.000 Toten pro Jahr. Die Objekte der Begierde heißen heute Öl, Land, Rohstoffe oder Drogen.

- Das Britische Empire hat wohl die meisten Weltkriege aller Länder zu verantworten: Australien, Asien, Afrika, Amerika - überall auf der Erde mordet, raubt, plündert das Empire und hinterlässt eine bis heute sichtbare Spur der Gewalt. Die britische Gewalt in Afrika und Asien ist bis heute verantwortlich für die anscheinend nicht mehr enden wollenden Konflikte und Kriege in Arabien, Afghanistan und Pakistan, Nord- und Zentralafrika, Indien und vielen weiteren Ländern der Welt. Nordamerika wird erobert, die Ureinwohner werden systematisch ausgerottet. Selbst die nach Freiheit strebenden Siedler und Siedlerinnen der Vereinigten Staaten von Amerika rauben den wenigen noch verbliebenen Ureinwohnern das restliche Land, verschleppen deren Kinder in weiße Familien, um die genetische Existenz der Ureinwohnenden zu besiegeln. Genozid. Doch damit nicht genug: Menschen aus Afrika, Asien, Südamerika werden versklavt, diskriminiert und ermordet. Die USA erleben seither ein ständiges Morden mit mindestens 30.000 Toten pro Jahr durch Schusswaffen. Noch nicht eingerechnet sind die vielen Toten aufgrund anderer Verbrechen wie Totschlag, Vergewaltigung oder Drogen. Zum Vergleich: Im Vietnamkrieg starben offiziell 55.000 Amerikaner. In Deutschland sterben jedes Jahr nach offizieller Statistik ca. 100 Menschen durch Schusswaffengebrauch. Die USA befinden sich in einem permanenten inneren und oftmals auch äußeren Kriegszustand.
- Trotz buddhistischer Prägung in weiten Teilen der Gesellschaft massakriert Japan in den 1930er Jahren viele Millionen Menschen in China und Korea. Der nachfolgende „Lange Marsch“ Maos zur Befreiung Chinas durch die kommunistische Partei sowie die spätere Kulturrevolution fordern mindestens 50 Millionen Tote.

Alle kolonialen Staaten mordeten, raubten, plünderten, vergewaltigten in ihren Kolonien. Die Liste der Kriege und Eroberungen ist lang. Auf allen Kontinenten sind wohl die meisten Familien Opfer dieser Gewalt. Die Geschichtsbücher sind voll von Gräueltaten. Und trotzdem werden in heutigen Fernsehproduktionen - seien sie durch BBC oder ZDF produziert - die mordenden Reiche glorifiziert, als wären sie goldene Zeitalter gewesen. Damit verstellen sie den Blick auf die schlichte Wirklichkeit, dass alle Reiche und Empires blutrünstige Terrorregime waren - ohne Glanz und ohne Gloria.

Die üblichen Erläuterungen für dieses Leid lauten: Der Mensch führt Krieg, weil er kriegerisch ist. Die Beobachtung wird durch sich selbst begründet. Eine typische positivistische Tautologie, die immer dann als logischer Bruch auftritt, wenn kein Wissen vorliegt. Mit Darwins Theorie vom Kampf ums Überleben wurde vergeblich eine biologische Erklärung für das Morden gesucht. Eindrucksvoll ist die Tautologie von Konrad Lorenz[393] (1903 - 1989) vorgetragen worden, um die nicht vorstellbaren Grausamkeiten der Morde während des Nazi-Regimes in Deutschland zu erläutern. Doch manchmal klingt bei ihm Rechtfertigung durch: „Für Lorenz ist die menschliche Aggressivität genau wie für Freud ein Trieb, der von einer ständig fließenden Energiequelle gespeist wird und nicht notwendigerweise das Resultat einer Reaktion auf äußere Reize ist. Lorenz vertritt den Standpunkt, dass sich die für einen triebhaften Akt spezifische Energie ständig in den Nervenzellen ansammelt, die auf dieses Verhaltensmuster bezogen sind, und dass mit einer Explosion zu rechnen ist, sobald sich genug Energie angestaut hat.... Allgemein gesagt nimmt Lorenz an, dass die intraspezifische Aggression dem Überleben der Art dient."[394]

Fromm zeigt in seiner brillanten „Anatomie der menschlichen Destruktivität", dass die Triebtheorie der Aggression eher den ideologischen Gedanken der jeweiligen Zeiten entspricht. „Lorenz' Annahme von 40.000 Jahren organisierter Kriegsführung ist nichts weiter als das alte Klischee Hobbes' vom Krieg als einem natürlichen Zustand des Menschen, das als Argument dient, mit dem

393 Konrad Lorenz war ein österreichischer Zoologe und einer der Hauptvertreter der klassischen vergleichenden Verhaltensforschung (Ethologie).

394 Erich Fromm, Anatomie der menschlichen Destruktivität, S. 34.

die angeborene menschliche Aggression bewiesen werden soll."[395] Thomas Hobbes (1588-1679) war wie Malthus ein Ideologe des Empire, geprägt vom Elisabethanischen Zeitalter (Queen Elisabeth I. 1533-1603). Im Leviathan (1651) argumentierte er für die Übertragung aller Gewalt auf einen souveränen Herrscher, da im „Naturzustand ein egoistischer Krieg aller gegen alle um Besitz und Ansehen" herrsche, der nur durch die Angst vor der Strafe durch eine übermächtige Gewalt verhindert werden könne. In einem Gesellschaftsvertrag sollten demzufolge die Einzelnen ihre natürlichen Rechte auf eine zentrale Gewalt übertragen, die in einer Person, einem absoluten Herrscher, repräsentiert werde. Hobbes rechtfertigt damit alle autokratischen Staatsformen wie die Monarchie und Diktatur durch eine möglichst kleine Gruppe (Oligarchie) und lieferte mit Mathus die philosophische Grundlage für Terrorregime.

Vergegenwärtigen wir uns, dass einerseits nur wenige Tausend geistig erkrankte Menschen nötig waren, um bei SS-Einsatzkommandos in Osteuropa etwa 1,2 Millionen Menschen in Massenerschießungen zu ermorden, und dass andererseits Besatzungssoldaten in Dänemark, Norwegen und Italien die Befehle zur „Endlösung" sabotierten, so wird an historischen Gegebenheiten sichtbar, dass die biologistischen Erklärungsversuche von Darwin über Lorenz bis zum heutigen Dawkins falsch sind. Denn würde die Triebtheorie stimmen, hätten alle Soldaten der SS und der Wehrmacht wie gleichgeschaltet ausschließlich morden müssen.

Offensichtlich dienen diese Thesen hauptsächlich dazu, die unangenehme Tatsache zu rechtfertigen, dass breite Bevölkerungsschichten in Deutschland und anderen europäischen Ländern dem Antisemitismus zustimmten, und wollen jede Verantwortung in die Transzendenz der Triebe verschieben, in der anonyme Täter ihrem vermeintlich natürlichen Aggressionstrieb folgen können. Mit dieser Argumentation braucht dann niemand mehr ernsthaft ein schlechtes Gewissen zu haben und nach gesellschaftlichen oder geistigen Ursachen für diesen Wahnsinn zu suchen. Gleichzeitig erzeugen diese Theoretiker das geistige Klima für Nachahmung, weil sie annehmen, dass ein natürlicher Aggressionstrieb ständig

395 Erich Fromm, Anatomie der menschlichen Destruktivität S. 35.

latent vorhanden ist. Auf diese Weise schaden sie vielen Generationen und Millionen Menschen. Um die Illusion der Triebtheorie zu entlarven, müssen wir uns mit dessen Konstruktionen auseinander setzen. Denn sie sind zu weit verbreitet und erzeugen ständig neues Leid - fast an jedem Arbeitstag fast aller Beschäftigten weltweit.

Unzählige historische Daten widerlegen die Triebtheorie und erzählen eine andere Geschichte: Hannah Arendt zeichnet in ihrem Bericht über den Eichmann Prozess in Jerusalem sehr detailliert nach, dass der Widerstand weiter Bevölkerungsschichten in besetzten Ländern viele hunderttausend Menschen jüdischen Glaubens vor der Ermordung gerettet hat. Das Nazi-Regime wich in vielen besetzten Ländern dem offensichtlichen Widerstand der Bevölkerung aus, weil es wusste, dass es gar nicht die Macht hatte, gegen die Bevölkerung eines besetzten Landes zu agieren. „Auf der Wannsee-Konferenz [1942] hatte Martin Luther vom Auswärtigen Amt darauf hingewiesen, dass man in Skandinavien, besonders in Norwegen und Dänemark, mit großen Schwierigkeiten rechnen müsse,... [und] schlug vor, Deportationen aus Skandinavien für den Augenblick hinauszuschieben."[396] Der Widerstand und die Empörung der dänischen Bevölkerung gegen den Antisemitismus, einschließlich ihres Königs, der sich selbst als erster den Gelben Stern angeheftet hatte, war so stark, dass selbst die deutschen Besatzungstruppen in Dänemark die Deportation von jüdischen Menschen nicht mehr durchführen wollten. Deshalb wurde für die Tage der geplanten Deportation ein besonders loyales Kommando der SS nach Dänemark beordert. Doch die Soldaten fanden die Wohnungen der meisten registrierten jüdischen Menschen leer vor, weil in einer Nacht- und Nebelaktion die dänischen Fischer mit ihren Booten über 90 Prozent der dänischen Bevölkerung jüdischen Glaubens nach Schweden verschifft hatten. „In Dänemark bekamen die Deutschen zu spüren, wie begründet die Bedenken des Auswärtigen Amtes gewesen waren. Die Geschichte der dänischen Juden ist einmalig. Das Verhalten des dänischen Volkes und seiner Regierung war einzigartig. Diese Geschichte möchte man als Pflichtlektüre allen Studierenden der politischen Wissenschaften empfehlen, die etwas darüber erfahren wollen, welch ungeheure

396 Hanna Arendt, Eichmann in Jerusalem, S. 272ff

Macht in gewaltlosen Aktionen und im Widerstand gegen einen an Gewaltmitteln vielfach überlegenen Gegner liegt."[397]

Aber nicht nur die Dänen widersetzten sich. Auch in Italien und Bulgarien wurden die meisten Deportationen dadurch verhindert, dass die Bevölkerungen sowie die lokalen oder regionalen Behörden nicht mit den deutschen Besatzungsbehörden zusammen arbeiteten. Stattdessen ignorierten sie deren Anweisungen und retteten dadurch Tausenden Menschen das Leben. Der Bericht Hannah Arendts ist in dieser Hinsicht besonders erhellend und bestätigt, dass wir selbst in schwierigsten Lebenslagen als kooperative und mitfühlende Mensch handeln können, was beweist, dass die Theorie über den Aggressionstrieb von Konrad Lorenz definitiv falsch ist und hauptsächlich einer hilflosen Rechtfertigung dient.

Trotzdem müssen wir überprüfen, ob das historisch nachgewiesene Morden vieler Staaten in den vergangenen Jahrhunderten auf eine „natürliche und angeborene Verhaltensweise" des Menschen zurückzuführen ist oder nicht. Ob also das Töten zum Wesen des Menschen gehört? Hierzu können wir zunächst grundsätzlich nach den Eigenschaften von Verhaltensweisen fragen, ob sie zum Wesen einer Spezies gehören. Gehört beispielsweise eine Verhaltensweise zum Wesen einer Spezies, die diese selbst vernichten kann? Die Antwort ist nach wenigen Überlegungen klar: Wenn etwa jemand behauptet, zum Wesen eines Fisches gehöre Luft zu atmen, kann diese These sofort mit dem Argument widerlegt werden, dass Luftatmung Fische tötet und die Spezies Fisch mit diesem Verhalten nach kurzer Zeit ausgerottet wäre. Analog kann ohne weiteres argumentiert werden, dass es nicht zum Wesen des Menschen gehört, ohne Hilfsmittel durch die Luft zu fliegen, weil ein Mensch ohne Hilfsmittel wie ein Stein vom Himmel fällt. Mit Hilfe solch einfacher Beispiele gelangen wir zu einer leicht einsichtigen und allgemeingültigen Erkenntnis:

Eigenschaften oder Verhaltensweisen,
die eine Spezies vernichten können, gehören nicht zu dessen Wesen,
weil die Spezies aufgrund der vernichtenden Wirkung der Eigenschaft
entweder erst gar nicht lange bestehen oder sich kurzfristig vernichten würde.

397 Hanna Arendt, Eichmann in Jerusalem, S. 274

Diesem Argument wird landläufig das Beispiel der Lemminge entgegen gehalten, die sich angeblich zu Tausenden in den Selbstmord stürzen. Wäre dem tatsächlich so, würden die Lemminge nicht mehr existieren. Neue Forschungen widerlegen die Legende vom freiwilligen Massensterben der Tiere. „Wissenschaftlich gibt es dafür keinen Beleg", sagt Benoit Sittler von der Universität Freiburg.[398] Offensichtlich entsprechen die schaurigen Geschichten über den Selbstmord der Lemminge mehr einem Mythos als der Realität.

Wechseln wir die Perspektive, folgt aus dem gefundenen Argument unmittelbar, dass eine Art, die heute existiert, Eigenschaften aufweisen muss, die ihr einen evolutionären Vorteil bieten. Beispielsweise haben Fische im Wasser im Vergleich zu Lungenatmern den evolutionären Vorteil, den im Wasser gelösten Sauerstoff nutzen zu können. Daher bewohnen sie fast alleine Weltmeere und Flüsse. Nur wenige Amphibien wie Kröten oder Säuger wie Wale leben ebenfalls im Wasser, weil sie lange abtauchen können.

Dies führt uns zu den zwei grundsätzlichen Charakteristika für die Identifizierung von Eigenschaften, die zum Wesen des Menschen gehören:

A) Solche Eigenschaften dürfen die Gattung Mensch nicht vernichten.

B) Sie müssen der Gattung Mensch einen evolutionären Vorteil bieten.

Hieraus ergeben sich die beiden Leitfragen, die zu untersuchen sind, wenn wir wissen wollen, ob das Töten des Menschen durch den Menschen zum menschlichen Wesen gehört oder nicht:

1. Bietet das Töten des Menschen durch den Menschen der Spezies einen evolutionären Vorteil?

2. Wird die Gattung Mensch sich selbst vernichten?

(i) Untersuchen wir zunächst die erste Frage mit Hilfe eines Gedankenexperimentes: Stellen Sie sich vor, Sie müssten einen ande-

398 http://www.pm-magazin.de/r/gute-frage/begehen-lemminge-wirklich-selbstmord

ren Menschen töten. Sie haben eine Pistole in der Hand und werden aufgefordert, eine andere Person zu töten. Fühlen Sie in sich hinein, um die Empfindungen und unbewussten Regungen ihres Geistes in einer solchen Situation wahrzunehmen: Statt Glück und Freude empfinden Sie Angst und Verzweiflung. Sie sind in kaltem Schweiß gebadet. Ihr Puls ist extrem schnell. Sie wollen fort. Ablehnung der möglichen Handlungen wallt in Ihnen auf. Sie fühlen eine große Traurigkeit über den potenziellen Tod eines anderen Menschen. Schaffen Sie es tatsächlich, diesen Menschen zu töten, können Sie sich danach kaum noch konzentrieren, geschweige denn schlafen. Sie werden zu einem nicht mehr überlebensfähigen Wrack, sind verzweifelt über Ihre Unfähigkeit, nicht anders gehandelt zu haben. Ähnlich würden alle gesunden Menschen in Ihrer Nähe empfinden, Nachbarn und Freunde, wenn sie jemanden töten müssten. Alle würden Entsetzen, Angst und Trauer fühlen.

Menschen, die als Soldaten im Auftrag einer Regierung Menschen getötet haben, leben in Angst und Verzweiflung. Deshalb töten Soldaten in extremen Situationen nur aufgrund barbarischer Befehle, wie jenem Befehl des in Stalingrad kommandierenden Generals vom September 1942: „Die Lethargie der Mehrheit der Soldaten muss durch aktivere Führung ausgeglichen werden. Ich werde mit aller Strenge, die das Gesetz verlangt, vorgehen. Jene, die auf ihrem Posten an der Front einschlafen, müssen mit dem Tode bestraft werden. In die gleiche Kategorie fällt Ungehorsam, der auf folgende Art zum Ausdruck kommt: mangelnde Sorgfalt im Umgang mit den Waffen, dem eigenen Körper, der Kleidung, Pferden und mechanischer Ausrüstung."[399] Kurz vor der Kapitulation in Stalingrad brachten sich hunderte von Soldaten selbst um. In vielen Fällen stellten sie sich auf das Eis der Wolga und sprengten sich in die Luft. Sie konnten und wollten den Erwartungen ihrer Führer nicht mehr entsprechen, wollten und konnten das Morden nicht mehr ertragen.

Jede Kriegshandlung traumatisiert die beteiligten Soldaten und Soldatinnen, wie wir dies auch an den posttraumatischen Belastungsstörungen der viel zu vielen Kriegsveteranen aus Kriegen der nahen Vergangenheit - von Vietnam bis Afghanistan, von Li-

---

399 Wir waren keine Menschen mehr in: DIE ZEIT, 2003, Nr. 5

byen bis Syrien - beobachten. Im seinem Film „Apokalypse now!" zeichnet Francis Coppola den geistigen Wahnsinn des Vietnam-Krieges brillant nach, der bis heute die amerikanische Gesellschaft prägt. Heute sterben mehr US-Veteranen durch Selbstmord in der Heimat als je im Irak oder Afghanistan zusammen getötet wurden. Diese Veteranen sind traumatisiert und können kein Glück mehr finden. Sie sind unfähig mit ihren Familien zu leben, mit Freunden zu lachen, einen anderen Menschen zu umarmen oder zu lieben. Sie sind unkonzentriert, schlafen schlecht oder gar nicht, können die lebensnotwendigen Dinge nicht mehr erwirtschaften. Sie sind depressiv und verwirrt, können ihre Kinder nicht erziehen und sind kaum noch zu Beziehungen fähig. Sie sind verunsichert und leben mit Panikattacken. Viele GIs flüchteten nach dem Vietnamkrieg in die Wälder und Einsamkeit Alaskas, um ihre von physischer Gewalt erzeugten geistigen Traumata alleine zu ertragen. Manche wussten, dass sie eine Gefahr für andere darstellten. Sie konnten nicht mehr unter Menschen verweilen, wurden lebende Tote.

Alle Mörder, ob staatlich sanktioniert oder nicht, sind einsam, leiden ohne Ausnahme unter ihrer Tat. Selbst Soldaten, die heute aus sicherer Entfernung, scheinbar leicht per Joystick, online Menschen durch den Abwurf von Bomben aus ferngesteuerten Drohnen töten, leiden unter psychischen Qualen, wie neuere Untersuchungen[400] zeigen. Krieg bedeutet, dass (meist) Männer andere Männer, Frauen und Kinder, Omas und Opas töten. Krieg ist nichts anderes als staatlich legitimiertes Morden. Er hinterlässt im Geist eines jeden Menschen eine tiefe Verletzung und stellt den grundlegenden Wunsch nach Leben und Weiterleben in Frage.

Mit diesem Wissen über die Auswirkungen staatlichen Mordens auf Soldaten können wir uns auch vorstellen, wie sich unsere Väter und manche Mütter gefühlt haben, als sie aus dem Krieg kamen. Sie waren psychische Wracks, kaum mehr fähig zum Mitgefühl, eingesperrt in den Alpträumen der Nacht. Dass wir als Kinder darunter ebenfalls gelitten haben, ist selbstverständlich. Unsere Mütter haben in der Zeit nach dem Krieg im Wesentlichen die Trümmer fortgeräumt, wie es Frauen nach fast allen Kriegen

400 Siehe hierzu: Obamas riskanter Drohnenkrieg, DIE ZEIT, Nr. 35, 2010 sowie Peter W. Singer, Wired for War - The Robotics Revolution and Conflict in the 21st Century, Penguin Books, 2009

tun, und hatten kaum Zeit für liebevolle Zuwendung.[401] Kriege erzeugen nur evolutionäre Nachteile und zerstören die für den Erfolg der Menschheit notwendige kommunikative Kooperation.

(ii) Betrachten wir ein zweites Argument: Die Menschheit existiert je nach Definition seit ein bis zwei Millionen Jahren.[402] Archäologische und prähistorische Daten zeigen, dass Schlachten und Kriege erstmals vor rund 6000 Jahren stattfanden. Für die Jahrhunderte davor können Archäologen keine Spuren von Schlachten oder Kriegen finden. Kriege sind aus historischer Perspektive also ein ziemlich junges Phänomen und Untersuchungen zeigen, dass „die Sammler, primitiven Jäger und Ackerbauern am wenigsten kriegerisch [waren]. Die weiter fortgeschrittenen Ackerbauern waren kriegerischer, und die am höchsten stehenden Ackerbauern waren die kriegerischsten von allen."[403] Stellen wir uns für einen Moment vor, dass ein keulenschwingender Ur-Mensch durch die Steppe zieht und als einsamer Wolf seine Wettbewerber tötet. In dieser Formation wird er zwar viele Morde begehen und sich vermutlich auch Nahrung beschaffen. Aber er wird kaum Zeit dafür finden, neue Ideen wie das Rad zu entwickeln.

Die Erfolgsgeschichte der Menschheit ist geschrieben worden von Menschen, die kooperieren, sich organisieren, sich wechselseitig unterstützen, fördern, teilen, sich achten und respektieren, die mitfühlen und einander lieben. Das systematische Ermorden von Menschen ist keine Handlung, die jemals zum Entwicklungsprozess der Spezies Mensch beigetragen hat. Krieg ist kein Naturzustand, sondern ein kultureller Fehlgriff.

(iii) Als weiteres Argument wird vorgetragen, dass Kriege den Erfolg des jeweils kriegsführenden Staates begründen. Dieses Argument akzeptiert zwar, dass die tötenden Soldaten nach einem Krieg kaum lebensfähig sind, behauptet aber, dass der kriegsfüh-

401 In Liberia war nach einem langjährigen Krieg die Situation entstanden, dass keine Männer mehr für Führungspositionen der Regierung zur Verfügung standen. Sie hatten sich schlicht alle umgebracht. Daher übernahmen Frauen die Regierung.

402 Die Zeitspanne ist so groß, weil es einen Streit unter den Anthropologen gibt, welche Hominiden schon oder noch nicht zur Menschheit gehören.

403 Quincy Wright, A Study of War (1965) zitiert nach: E. Fromm, Anatomie der menschlichen Destruktivität, S. 170

rende Staat immer Vorteile aus einem Krieg ziehen würde. Wäre das Argument des wirtschaftlichen und kulturell-evolutionären Vorteils durch Kriegshandlungen richtig, dann müssten kriegstreibende Staaten über Jahrhunderte erfolgreich sein. Doch auch das ist offensichtlich nicht der Fall: Das Römische Reich ist - zum Glück - genauso untergegangen, wie das Reich der Spanischen Krone heute nur noch eine romantische Sentimentalität sein kann. Das weltumspannende Britische Empire stürzte zum Glück und gab den Weg frei für die Freiheit von Millionen Menschen auf allen Kontinenten. Und auch das fürchterliche „Dritte Reich" dauerte nicht tausend Jahre, sondern viel zu lange zwölf Jahre, drei Monate und acht Tage. Russland hat nach dem verlorenen Krieg in Afghanistan und den damit verbundenen politischen Umbrüchen im eigenen Land seine Weltmachtstellung verloren. Viele Menschen hungern in dem riesigen Reich. Die Großmacht USA ist nach zu vielen Kriegen vollkommen überschuldet und kann sich über Jahrzehnte zum Glück keine weiteren Kriegszüge mehr leisten, wie die Diskussionen um einen Einsatz der Truppen in Syrien 2013 und das dauernde Haushaltsloch zeigen. Und schauen wir uns die inner-chinesischen Konflikte an, dann ist auch dieses Weltreich in wenigen Jahrzehnten nur noch Geschichte.

Die Frage, ob das Töten des Menschen durch den Menschen einen evolutionären Vorteil bietet, kann schon nach wenigen einfachen Gedanken eindeutig beantwortet werden: Nein!

Wenden wir uns der zweiten Leitfrage zu, ob die Menschheit sich selbst aufgrund eines angeblichen Aggressionstriebes vernichten wird?

(iv) Als im Oktober 1962 die UdSSR als Antwort auf amerikanische Atomraketen in der Türkei Atomraketen vor der Haustüre der USA auf Kuba stationierte, stand die Welt nur noch wenige Zentimeter vom Abgrund eines atomaren Untergangs entfernt. Erst in letzter Minute gelang auf informellen Wegen eine Kommunikation zwischen Generalsekretär Chruschtschow und US-Präsident Kennedy und verhinderte die vermutlich vollkommene Zerstörung Europas und Nordamerikas.[404] Als in den 1980er Jahren

404 Siehe hierzu die brillante Erzählung der Ereignisse in dem Film „Thirteen Days"

sowohl die USA als auch die UdSSR Europa mit Atomwaffen vollpumpten, wiederholte sich die Gefahr eines atomaren Untergangs der Menschheit. Wir alle standen mehrfach am Abgrund eines sehr realen atomaren Untergangs: „Zwei Schicksalsminuten entschieden kurz nach Mitternacht am 26. September 1983 darüber, ob es einen Atomkrieg der Supermächte geben würde. Quälende Minuten der Entscheidung für Oberstleutnant Stanislaw Petrow. Die Verbindung aus der 80 Kilometer von Moskau entfernten Kommandozentrale zu den sowjetischen Spionagesatelliten funktionierte nach Überprüfung einwandfrei. Und die hatten soeben den Start einer amerikanischen Atomrakete mit Ziel UdSSR gemeldet. Petrow drückte nicht auf den ominösen roten Knopf, um einen atomaren Gegenschlag auszulösen. Nach zwei Minuten meldete er dem Generalstab einen Fehlalarm."[405] 2006 - meines Erachtens viel zu spät - erhielt er dafür von der UNO den „World Citizen Award".

Vermutlich gab es noch viele weitere solcher atomarer Bedrohungen, die die Menschen in Europa fühlten. In diesen Jahren litt ich - wie viele Freunde auch - unter Schlafstörungen. Wir hatten Angst vor einem möglichen Erstschlag, von welcher Seite auch immer. Deshalb organisierten wir und viele Millionen Menschen in Europa massenhafte Demonstrationen mit dem richtigen Ziel: „Nie wieder Krieg!" Diese Demonstrationen und gewaltfreien Blockaden lösten millionenfache Diskussionen aus, getrieben von dem einfachen Wunsch, in Frieden leben zu wollen. Hannah Arendt hatte schon einige Jahre zuvor konstatiert: „Die technische Entwicklung der Gewaltmittel hat in den letzten Jahrzehnten den Punkt erreicht, an dem sich kein politisches Ziel mehr vorstellen lässt, das ihrem Vernichtungspotential entspräche oder ihren Einsatz in einem bewaffneten Konflikt rechtfertigen könnte. Damit ist ein wirklicher Wendepunkt eingetreten. Der Krieg - seit Zeiten letzte Instanz der Außenpolitik - hat seine Effektivität und das Kriegshandwerk hat seinen Glanz eingebüßt. Das apokalyptische Schachspiel zwischen den Supermächten hat keine Ähnlichkeit mehr mit den bisherigen Kriegsspielen; es wird nach der Regel ge-

405 Die TAZ vom 17.2.2013

spielt: >wenn einer siegt, sind beide am Ende<."[406] Eindrucksvoll wird diese Weisheit seit Jahren durch die Wirklichkeit bestätigt.

Und wir leben immer noch! Allein aus dieser schönen Tatsache lässt sich folgern, dass wir Menschen uns offensichtlich nicht vernichten wollen, obwohl wir genügend Möglichkeiten und Fähigkeiten dazu haben. Würde das Töten des Menschen durch Menschen zu seiner Wesensart gehören, dann würde die Menschheit heute nicht mehr existieren. Dann hätte Oberstleutnant Petrow einfach den roten Knopf gedrückt und unsere Geschichte beendet. Wir lernen daraus: Kampf und Gewalt entspringen nur einer falschen Ideologie, die nichts mit unserem Wesen als Mensch zu tun hat. Diese Ideologie manövriert uns in Situationen, die den Planeten vollständig zerstören können. Unsere gemeinsame Aufgabe besteht daher darin, derartige gedankliche Konzepte wie tödliche Viren zu isolieren und ihnen keine Plattform mehr für ihre Verbreitung zu geben.

(v) Zum Abschluss dieses kurzen Exkurses will ich noch auf das Argument eingehen, das aus dem Kannibalismus abgeleitet wird. Dies wird von sozial-darwinistischen Theoretikern als Argument für die natürliche Anlage des Menschen zum Töten von Menschen angeführt. Doch hätte Kannibalismus zur Weiterentwicklung des Menschen beigetragen, dann säßen in unseren Städten heute Kannibalen und nicht sozial-fähige Wesen. Oder kennen Sie eine Stadt, die von Kannibalen beherrscht wird? Wir brauchen nur die Wirklichkeit richtig anzusehen um zu erkennen, dass das Argument des Kannibalismus schlichtweg Unfug ist. Unsinnig wie alle Anstrengungen, Gewalt und Kriege als natürliche Vorgänge oder Triebe zu rechtfertigen, auch wenn manche Verhaltensweisen von Finanzmanagern durchaus an Kannibalismus erinnern. Dass sie fähig sind, Gesellschaften zu zerstören, erleben wir seit 2007 in epischer Breite. Doch weil wir Leben bejahende Menschen sind, werden wir auch diesen Wahnsinn überwinden.

Kriege werden definitiv nicht aufgrund eines „natürlichen Aggressionstriebes" geführt. „Dass die Vervollkommnung der Gewaltmittel den Grad erreicht hat, an dem die zur Verfügung ste-

---

406 Hannah Arendt, Macht und Gewalt, S. 7

henden Mittel im Begriff sind, ihr Ziel, nämlich die Kriegsführung, unmöglich zu machen, ist eine letzte ironische Reflexion auf die grundsätzliche Willkür und Un-Sinnigkeit im Bereich der Gewalt. Wie wir aber dieses Un-Sinns Herr werden sollen, wissen wir nicht. Denn wenn Kriege immer noch geführt werden, wenn immer noch gerüstet wird, so nicht, weil die Menschheit von einem geheimen Todes- oder einem unkontrollierbaren Aggressionstrieb besessen wäre, sondern einzig und allein, weil bisher nirgends ein annehmbares Surrogat für die Willkür der Gewalt als ultima ratio in den Konflikten der Völker zum Vorschein gekommen ist."[407]

„Alleine im 20. Jahrhundert starben über 200 Millionen Menschen einen gewaltsamen Tod durch Kriege. Das ist verrückt!",[408] bringt der Dalai Lama das Drama der letzten einhundert Jahre auf den Punkt und fordert uns auf, das 21. Jahrhundert zu einem Jahrhundert des Friedens zu machen. „Wenn etwa Ihr Nachbar Sie ständig ärgert und Ihnen Probleme bereitet, ist es sinnvoll, dass Sie sich ein Gefühl der universellen Verantwortung bewahren, in dem Sie innerlich ruhig bleiben und Ihr Mitgefühl für diesen Menschen wahren. Sie erkennen ihn dabei als einen Menschen, wie Sie selbst einer sind.... Regierungen und andere Verantwortliche haben sicher ihr Methoden, um eine friedlichere Gesellschaft zu erreichen. Echter Frieden ist allerdings nicht möglich, wenn wir ihnen alleine das Feld überlassen. Wir alle müssen uns bemühen, uns selbst zu verändern. Nur so schaffen wir die Voraussetzung für eine positive Entwicklung."[409]

Dass Frieden auch über einen längeren Zeitraum möglich ist, können wir in mehreren Regionen der Welt beobachten, in denen seit längerer Zeit kein Krieg mehr ausgefochten wird:

- Bhutan lebt als kleines buddhistisches Königreich seit vielen Jahrhunderten ohne Krieg. Darüber hinaus zeigen Befragungen der ungefähr 700.000 Einwohnenden, dass fast 41 Prozent der Bevölkerung sich als glücklich bezeichnet.

407 Hannah Arendt, Macht und Gewalt, S. 9

408 Dalai Lama in seiner Rede am 27. August 2011 in Hamburg. Siehe hierzu: www.dharma-university-press.org

409 Rede des Dalai Lama am 3.11.1998 in Oldenburg. Siehe hierzu: www.dharma-university-press.org

Weltrekord![410] Auch Nepal in direkter Nachbarschaft erlebt seit langem eine Phase des Friedens, obwohl das Land verschiedene interne bürgerkriegsähnliche Konflikte erlitt - meist ausgelöst durch europäische Ideologien.

- Eine weitere Region ohne Krieg ist seit mehreren Jahrhunderten die Mongolei. Die Reitertruppen der Mongolen waren zu Beginn des 16. Jahrhundert in Europa gefürchtet. Der Erste Dalai Lama[411] Sonam Gyatso (1543-1588) reiste auf Einladung des dortigen Altan Khan in die Mongolei. Dieser nahm schon bald eine buddhistische Haltung an und empfahl die buddhistische Schulung des Geistes für alle Mongolen. So wurde die geistige Grundlage für einen seither stabilen Frieden gelegt.

- In Europa lebt die Schweiz seit vielen Jahrhunderten ohne Krieg. Zwar hat das Land eine auf Selbstverteidigung ausgerichtete Bürgerwehr. Aber wohl mehr, weil es historisch immer von kriegslüsternen Ländern umgeben war. Stattdessen verfolgt die Schweiz die Strategie der Kooperation auch nach innen. Die Verfassung schreibt vor, dass die von der Bevölkerung gewählten Parteien des Bundestages in einer gemeinsamen Regierung kooperieren müssen. Der Posten des Präsidenten oder der Präsidentin des Landes wechselt jedes Jahr an eine andere Partei.[412] Was uns als antidemokratische Einheitsregierung erscheint, trainiert alle gesellschaftlichen Gruppen darin, aufeinander zuzugehen. Die Neutralität und Kooperation hat auch dazu geführt, dass die Schweizer Garde den Papst seit mehreren Jahrhunderten beschützen darf. Und doch ist auch das Schweizer Modell noch nicht perfekt, wie wir an Volkabstimmungen erkennen können, die Nicht-Schweizer entwürdigen. Abstimmungen über Aspekte, die zur Beschädigung der Würde des Menschen führen könnten, sollten besser nicht zulässig sein.

---

410 40.9% sind schon glücklich, Die Zeit, Nr. 49, 2011, S.30/31

411 Der Begriff Dalai Lama ist ein mongolischer und bedeutet „Lehrer, der so groß ist wie ein Ozean". Er wurde Sonam Gyatso posthum für seine Friedensverdienste von dem mongolischen Altan Khan verliehen. Siehe zu: Glenn Mullin, Meditations to transform the mind

412 Siehe hierzu auch die spannende Beschreibung des Schweizer Modells von Hans Kristoferitsch, Vom Staatenbund zum Bundestaat.

- Zentraleuropa lebt seit fast 70 Jahren in Frieden, was schon eine beträchtliche Phase für diesen Kontinent ist. Die Europäische Union ist Ausdruck der Kooperationsfähigkeit von Menschen, die doch eigentlich blutrünstig aufeinander einschlagen. Wie wollen die Ideologen der Gewalt uns erklären, dass die Menschen aus Frankreich und Deutschland heute gemeinsam feiern, trinken und essen, arbeiten und denken, anstatt sich angeblich ganz natürlich und triebhaft den Kopf einzuschlagen? Die Mär von der Erzfeindschaft der Menschen in Frankreich und Deutschland wurde von den Fürsten und Königen zum Ende des 18. Jahrhunderts erfunden, die ihre Gewaltherrschaft durch die französischen und amerikanischen Revolutionen bedroht sahen. Es lohnt sich, auch heute wieder genau hinzuschauen: Nicht die Präsidenten, Premierminister oder Kanzler ermöglichen diesen Frieden, sondern die jungen und alten Menschen, die durch Reisen und Arbeit, Sport und Wissenschaft, Liebe und Alltag zusammen kommen und sich trotz ihrer Politiker in ihrer Gemeinsamkeit als Menschen mit dem gleichen Wunsch nach Glück zusammen finden. Mobilität und Kommunikation, Kultur und Sprachen sind wesentliche Faktoren, die Frieden ermöglichen, genauso wie eine gemeinsame Wirtschaft und Währung. Die Freiheit, in der EU den Arbeits- und Lebensort frei wählen zu können, führt zu dem wunderbaren Umstand, dass über 20 Prozent Nicht-Deutsche in Deutschland leben und arbeiten[413]. Dieser Anteil wird zum Glück weiter wachsen und die friedfertige Kooperation der künstlich in Nationalstaaten getrennten Menschen stärken.

Die Tage der Kriegstreiber sind also gezählt. Auch weil die Menschheit einen atomaren Krieg nicht überstehen würde. Selbst wenn einige konservative deutsche, französische, niederländische, österreichische Politiker und Politikerinnen immer wieder versuchen, manche Asylbewerber als Wirtschaftsflüchtlinge zu verunglimpfen, um nationalistische Ressentiments zu schüren, können

413 In einem zentralen Register – auch so eine furchtbare Hinterlassenschaft aus der Nazi-Zeit – sind aktuell ca. 7,3 Millionen Menschen aus anderen Ländern, die hier leben und arbeiten, registriert. Diesem Anteil von ca. 9% der Bevölkerung müssen noch jene hinzugezählt werden, die mittlerweile eingebürgert sind und teilweise schon über 40 Jahre in Deutschland leben.

sie uns nicht mehr den Unterschied zu den willkommenen Wirtschaftsflüchtlingen aus Spanien oder Portugal, Griechenland oder Italien erklären. In Europa sind nationalistische Konzepte Auslaufmodelle wie die Kannibalen. Doch noch haben wir kein Rezept gefunden, wie Hannah Arendt richtig feststellt, um unser Zusammenleben wirklich friedlich zu gestalten. Zu oft noch erklingt der Ruf nach harten Sanktionen, wie im Fall der Ukraine, oder gar zum Waffengang. Noch zu oft wird der Glaube an historische Erzfeindschaften gepflegt, wie wir dies leider in den Medienberichten über die Ursachen des Ersten Weltkrieges beobachten müssen. Um dies in Zukunft zu verhindern, müssen wir die Ursachen der Kriege tiefgreifender verstehen.

Tomasellos Untersuchungen zeigen uns die Richtung an, um diesen Wahnsinn zu beenden. Sie belegen, dass nur die kommunikative Kooperation jenen evolutionären Vorteil schafft, der den Erfolg der Gattung Mensch begründet. Es ist leicht nachvollziehbar, dass Menschen, die von Tieren, Wetterbedingungen und anderen Umständen bedroht sind, nur dann überleben können, wenn sie kooperieren, sich helfen, Wissen teilen und altruistisch handeln. Das zeigt sich immer wieder in der spontanen Hilfe bei allen großen Katastrophen, die Menschen erleiden müssen, wie 2004 nach dem furchtbaren Tsunami und dessen Folgen rund um den Indischen Ozean. Kooperation und das damit verbundene Mitgefühl, die Fähigkeit das Leid und die Bedürfnisse anderer neuronal-intuitiv zu erfassen, um es zu mildern, ist die evolutionäre Grundlage für alle menschlichen Gesellschaften. Selbst technische Fortschritte sind ausschließlich aufgrund der Kooperation von vielen Menschen möglich. Der famose Edison hätte - alleine lebend auf diesem Planten - weder Glühbirne noch Telefon erfunden, weil dafür die vielen hundert Forschenden notwendig waren, die die wissenschaftlichen Grundlagen der Elektrizität und der elektromagnetischen Wellen formulierten.

Das Bild der Helden, seien es politische, unternehmerische oder wissenschaftliche, wird gemalt, um die falsche Ideologie des Kampfes beständig zu forcieren. Selbst die Siedelnden in Nordamerika waren nur erfolgreich, weil sie zusammen arbeiteten. Noch heute ist der Gedanke der Community in den vielen kleinen Orten lebendig, in denen sich Menschen in den USA organisieren. Doch gleichzeitig bedroht die Ideologie des Kampfes den Erfolg der Kooperation, so dass die Meinung wächst: „Die USA sind kein Land, sondern Business, in dem jeder nach dem eigenen Vorteil jagt."[414] Seit Thomas Malthus im 19. Jahrhundert, die Chicago School of Economy im 20. Jahrhundert und viele andere die Kampfparolen der Ökonomie ausgaben, befinden sich die Gesellschaften in den USA und Europa, China und Russland und weiten Teilen der Erde in einem bürgerkriegsähnlichen Zustand, der so lange dauern wird, bis die Menschen wieder den Blick auf die Gleichwertigkeit aller richten. Sicher ist nur, dass die gewalttreibenden Kräfte verlieren werden, weil sie im evolutionären Nachteil sind. Hören wir nicht auf mit diesem Unsinn, werden wir von der Evolution aussortiert und am Ende nur noch eine Randnotiz in der Geschichte des Universums sein.

414 Brad Pitt in der Abschluss Szene des Films „Killing them softly" (eigene Übersetzung)

Wie wir uns aus dem Paradies selbst vertrieben haben

Wollen wir verstehen, warum wir das Leid der Kriege und andere Formen der Gewalt erleben, müssen wir nach deren Ursachen auf geistiger Ebene suchen, denn sowohl Glück als auch Leid werden durch Zustände des Geistes erzeugt. Die Ideologie des Kampfes prägt selbstverständlich auch die Geschichtsschreibung, die uns immer wieder von der vermeintlichen Naturgegebenheit der Kriege erzählt, wenn sie Schlachten und Kriege aufzählt und uns sagen will: „Seht her, die Menschen können nicht anders, als Kriege zu führen!" Dies ist eine der ungeprüften Annahmen der meisten Historiker und Historikerinnen, die in tautologischer Weise das bestätigen, was sie schon ungeprüft denken. Schauen wir aber genauer hin, werden andere Daten sichtbar, die nicht mehr vor dem Licht der Wirklichkeit versteckt werden können:

Vor etwa 11.000 Jahren, beim Übergang von der Jäger- und Sammlergesellschaft zur Ackerbaugesellschaft, herrschte wohl noch ein weiträumiger Frieden auf Erden. „Es gibt einleuchtende Daten, dass die neolithische Gesellschaft relativ egalitär, ohne Hierarchie, ohne Ausbeutung und ohne ausgesprochene Aggression war.... Die prähistorischen Jäger und Ackerbauern hatten keine Gelegenheit, leidenschaftliches Besitzstreben oder Neid gegenüber den Besitzenden zu entwickeln, weil es einen Privatbesitz[415], nach dem man hätte streben können, gar nicht gab, und weil die wirtschaftlichen Unterschiede so geringfügig waren, dass sie kaum Neid erregen konnten.... Im Gegenteil war die damalige Lebensweise dazu angetan, die Zusammenarbeit und ein friedliches Miteinander zu fördern."[416] Jeder kümmerte sich um die Belange des Lebensnotwendigen. Das gemeinsame Überleben der Gruppe hatte Priorität. Kommunikative Kooperation und egalitäre Ach-

415 Die verheerende Wirkung von selten vorkommenden Dingen wird in dem sehr schönen Film „Die Götter müssen verrückt sein" nachempfunden. Siehe Kurzversion auf Youtube: https://www.youtube.com/watch?v=xzwDu_DmPpU

416 Erich Fromm, Anatomie der menschlichen Destruktivität, S. 182

tung als Basis menschlicher Gesellschaften waren gelebte Wirklichkeit. Das können wir heute noch bei manchen Naturvölkern beobachten, wie die Berichte von Anthropologen und Ethnologen zeigen: „Zu den verschiedenen Beziehungen, die die Existenz des Einzelnen ausmachen, gehören selbstverständlich auch die Familien- und Clanverwandtschaften... [wobei ein] Verwandter in jeder Navajo-Familie eine maßgebliche Rolle spielt, den die Navajo >shima< nennen. >Shima< übersetzt man zumeist mit >Mutter<, doch heißt es unter anderem auch >Erde<. Die Erde ist für die Navajo nicht bloß wie eine Mutter,... sondern wir sehen, dass für jeden Navajo die >shima< zur allernächsten Verwandtschaft gehört und dass ein Mensch ohne >shima< undenkbar ist."[417] Eine Differenzierung zwischen Subjekt und Objekt ist bei den Naturvölkern weitestgehend unbekannt, da sie die Abhängigkeiten voneinander und von den Naturgegebenheiten täglich erleben.

Doch offensichtlich haben wir uns aus dem ehemaligen Paradies selbst vertrieben. Was könnten die Ursachen dafür gewesen sein? Noch ist die Datenlage schwach, weil die gängige Forschung noch immer dem Dogma des vermeintlich natürlichen Kampfes anhängt und zu wenig die geistigen Ursachen für Kriege betrachtet werden. Ein weites Feld einer Geschichtsforschung, die die Geisteszustände der Menschen beispielsweise anhand von Biographien, Literatur und anderen Dokumenten betrachtet, liegt noch brach. Verlassen wir die einseitige Ideologie des Kampfes als Interpretationsmuster der Geschichte, ergeben sich neue Erzählungen:

Versetzen wir uns für einen Moment in eine vor 11.000 Jahren lebende Menschengruppe, die in einer klimatisch relativ lebensfreundlichen Zone wie dem heutigen Südfrankreich oder dem Ursprungsgebiet von Euphrat und Tigris in der heutigen östlichen Türkei siedelt. Zu dieser Zeit sammeln die Menschen Früchte und jagen Tiere, kurz: Sie sind Jäger und Sammler. Präziser wäre dies als Phase der sammelnden und jagenden Menschen zu benennen, weil Frauen vermutlich die tragenden Säulen der Gesellschaft wa-

417 Ted Dreier, Wissen und Welt in den modernen Naturwissenschaften und bei den Navajo, in: Hans Peter Dürr, Der Wissenschaftler und das Irrationale, Beiträge aus Ethnologie und Anthropologie, S. 133

ren. Denn nur sie haben die Fähigkeit, Leben zu gebären. Sie sind die Wurzel jeden Stammes und jeder Gesellschaft.

Versinnbildlicht wird dies in überlieferten Mutter-Göttinnen-Kulten der neolithischen Zeit. Die Potenz der Frau wird mit großen Brüsten und Bäuchen demonstriert. Wunderschöne Exponate im Anthropologischen Museum in Heraklion, Kreta, und im Anthropologischen Museum in Mexiko-City zeugen davon. Die Potenz der Frau ist bis heute Bedingung für jedes gesellschaftliche Wachstum. Je weniger Menschen in einer Gesellschaft geboren werden, desto geringer ist ihre wirtschaftliche Kaufkraft und Stärke. Die Lebensmacht der Frau kann sich aber erst entfalten, wenn sie mit ihm, dem Mann, zusammenkommt. Sie braucht ihn, um ihre Fähigkeit, Leben zu gebären, abrufen zu können. Und auch alle Manneskraft kann sich ohne die Frau nicht verwirklichen, bleibt nur ein schlummerndes Potenzial. Insofern sind Mann und Frau von Natur her gleichwertige Wesen. Im Moment des Geschlechtsaktes fühlen beide ihre gleichwertige Teilhabe an der gemeinsamen Macht, Leben zu bewirken, und damit oft eine unbändige Freude. Und dennoch bleibt ein Unterschied: Nur die Frau kann das Kind austragen und gebären, was bei allen Männern bis heute das Gefühl hinterlässt, eben doch nicht gleich viel wert zu sein. Ihm bleibt das Geheimnis der Geburt prinzipiell verschlossen, kann nur intellektuell vorgestellt, nie erlebt und gefühlt werden.

Vermutlich hatte die Frau in der Steinzeit nicht nur einen Mann in ihrem Bett, sondern mehrere, wie dies bei vielen nomadischen Stämmen noch heute üblich ist. Das hat den evolutionären Vorteil, dass das gesamte genetische Potenzial des Stammes vermischt und genutzt wird. Die Mütter säugen die Kinder der Sippe für zwei bis drei Jahre. Die Frauen organisieren die Erziehung und Pflege der Kinder in gemeinsamer Verantwortung, sammeln die regionalen Früchte, stellen Kleidung her, versorgen die Unterkünfte und unterrichten die Kinder. Fromm nennt diese Gesellschaftsform daher „matriazentrisch" und bringt damit zum Ausdruck, dass Frauen zwar die gesellschaftlichen Richtungen weitgehend dominieren, dabei aber keine Gewalt ausüben. Da die Kinder keiner Kleinfamilie zugeordnet sind, wird das im Wesentlichen weibliche Wissen des Stammes an die nächste Generation vermittelt: eine Frühform unserer Schulen, in der eine Gesellschaft ihren Kindern gemeinsam Wissen vermittelt, das als wichtig und bedeutsam für das Leben eingestuft wird. Noch heute sind Erziehung und Schulen von Frauen dominiert. Erzieher in Kindergärten und Lehrer in Grundschulen sind eher selten. Erst in den Oberstufen und den späteren Ausbildungen dominieren Männer.

Die Männer sind in der Steinzeit meist für Monate auf der Jagd. Sie wissen um die Notwendigkeit der Kooperation, weil kein Einzelner jemals ein Mammut oder einen Elefanten erlegen kann. Doch die Jagd-Ergebnisse schwanken mit den Populationen der Tiere. Um eine größere Unabhängigkeit vom ungewissen Jagdglück oder der Suche nach Früchten zu erlangen, fangen Menschen irgendwann vor acht- bis neuntausend Jahren an, Pflanzensamen zu sammeln und Nutzpflanzen gezielt auszusäen. Es ist sehr wahrscheinlich, dass die vor Ort lebenden Frauen den Ackerbau erfunden haben, denn sie hatten die Ruhe für die notwendigen Beobachtungen, waren nicht ständig wie die Männer unterwegs. Zunächst säen sie aber nur die von der Natur bereitgestellten Samen aus. Archäologische Untersuchungen belegen, dass schließlich die Sumerer in Mesopotamien vor etwa 7000 Jahren beginnen, neue Getreidesorten durch Kreuzung und zugehörige Bewässerungstechniken zu entwickeln.

Durch die Pflanzenzüchtung erlebt der Mensch erstmals eine neue Beziehung zur Welt, denn er kann nun neues Leben außerhalb seines Körpers erschaffen. Der Akt des Erschaffens neuer Pflanzenarten löst im Bewusstsein der Menschen damals vermutlich ungläubiges Erstaunen aus. Es ist ein Staunen über die Verschiedenheit des Ich von der Natur und dessen ungeheurer Wirksamkeit. Der Mensch erlebt sich erstmals als Erschaffenden, der neues, nicht-menschliches Leben auch ohne eine Frau zeugt. Die Männer werden sich deshalb die Pflanzenzüchtung vermutlich schnell angeeignet haben. Denn dies gibt ihnen die Möglichkeit, die bis dahin nur weibliche Schöpferpotenz endlich auch beherrschen und mit dem Leben erschaffenden Potenzial der Frauen mithalten zu können. Statt immer nur auf der Jagd zu sein, kann der Mann nun auch Leben zur Welt bringen. Frauen werden dieses Motiv wohl nicht gefühlt haben, denn sie besitzen ja bereits diese

Lebensmacht. Vermutlich deshalb haben die Männer einige Tausend Jahre später einen männlichen Schöpfergott in verschiedenen Varianten kreiert, der seit ungefähr 5000 Jahren die theistischen Religionen der Welt prägt. Die geistige und emotionale Bedeutung der Pflanzenzüchtung entspricht sehr wahrscheinlich dem heutigen Gefühl von Ingenieuren und Wissenschaftlern, wenn sie mit einem Joystick riesige Maschinen in Bewegung setzen, Wissen über kleinste Teilchen schaffen oder wenn sie Entscheidungen von globalem Ausmaß treffen, die selbst das Klima beeinflussen. Die Faszination über die Wirksamkeit des ICH auf die umgebende Welt ist heute noch genauso groß wie damals. Aus der ehemaligen Ohnmacht des Mannes entwickelt sich nun eine neue Herrschaft über Objekte aller Art.

Die Züchtung neuer Pflanzenarten ist die erste Instrumentalisierung der Natur durch den Menschen. Nach einer technischen Konsolidierungsphase, die damals noch ein- bis zweitausend Jahre dauerte, ermöglicht diese erste technologische Revolution[418] der Menschheit die Produktion von unbekanntem Reichtum: „In dem Maße, wie der Überschuss wuchs, konnte er zu neuen Zwecken benutzt werden. Man konnte damit Menschen ernähren, die ihre Nahrung nicht selbst erzeugten, sondern die Sümpfe entwässerten, Häuser und Städte bauten oder als Krieger dienten. Man entdeckte, dass der Mensch als ökonomisches Werkzeug nutzbar war."[419] Die Menschen erleben vor 6000 – 5000 Jahren erstmals, dass sie mit ihrer Arbeit mehr produzieren können, als sie für den Erhalt der eigenen Person oder der eigenen Sippe benötigen. Die Sumerer schaffen durch die Pflanzenzüchtung und den nachfolgenden Ackerbau die materiellen Grundlagen für die Entwicklung größerer Siedlungsgebiete, bauen Städte und gründen Dynastien und denken sich schließlich Religionen aus. Die Nutzung der Natur legt den Grundstein für die Arbeitsteilung und der nachfolgenden Instrumentalisierung des Menschen durch den Menschen, worauf sich bis heute die Ökonomie gründet.

418 Die Entwicklung der Werkzeuge war sicher eine frühere technische Entwicklung. Doch da sie kein neues Leben wie Pflanzen schuf, war sie nur ein Prozess der Umformung von Vorhandenem und löste nicht zwangsläufig eine Revolution der Gesellschaften aus.

419 Erich Fromm, Anatomie der menschlichen Destruktivität, S. 185

Aus Jägern werden Bauern. Dies ist kein einfacher Berufswechsel, sondern prägt das neue Selbstverständnis des Mannes und seiner Fähigkeiten. Er ist nicht mehr nur Mittel zur Verwirklichung der Potenz der Frau, sondern er erschafft selbst Leben. Zwar keine Kinder, aber immerhin Pflanzen und später anderes, das dem Wohlstand der Gesellschaft dient. In diesem Sinne ist die Wissenschaft bis heute vor allem ein von Männern geprägtes und dominiertes Tätigkeitsfeld. Männer verfolgen dabei meist unbewusst vermutlich auch das Ziel, eine ähnliche Fähigkeit zu erlangen wie die der weiblichen Potenz, nämlich Leben hervorzubringen. Mit der heute möglichen künstlichen Befruchtung und dem Heranwachsen von Embryonen außerhalb des weiblichen Körpers scheint dieses Ziel fast erreicht. Aber eben nur fast - weil das Ei der Frau immer noch notwendig ist. Obendrein ist auch sie schon wieder einen Schritt weiter: Mit der neuen Technik braucht eine Frau nur ein paar Tropfen Samenflüssigkeit aus Samenbanken und kann selbst Kinder ohne konkreten Mann zeugen. Und dennoch: Mann und Frau bleiben auf ewig gleichwertig aufeinander angewiesen: Ohne Ei und ohne Samen kann keine Wissenschaftlerin und kein Wissenschaftler neues Leben schaffen, auch wenn manche von Roboter-Wesen träumen.

Die Pflanzenzüchtung als erste technologische Revolution verändert die gesellschaftlichen Strukturen dramatisch und stürzt die bis dahin „matriazentrische Gesellschaft" in eine tiefe Krise. Aus einer Gemeinschaft, in der Frauen aufgrund ihrer Gebärfähigkeit faktisch Monopolistinnen des Erschaffens von Leben waren und in den Gesellschaften eine dominierend-gleichwertige Rolle hatten, entsteht über viele Jahrhunderte langsam eine patriarchale Gesellschaft. Zur Göttin gesellt sich Gott, der Herrscher werden will, wie sich dies aus der sumerischen Religion ablesen lässt. Aus dem Gefühl, Gott ähnlich zu sein, entstehen Dynastien. Das ICH, besonders das der Männer, überhöht sich in jene von Hegel diagnostizierte Omnipotenz-Fantasie, bis der Narzissmus ein Niveau erreicht, als könne ER alleine herrschen. Das überhöhte ICH isoliert sich zunehmend vom Draußen und bleibt in seinen narzisstischen Stürmen in den eigenen Ideen und Vorstellungen gefangen. Alleine auf dem Olymp des Schaffens, mit Zeus als Symbol eines erschaffenden Mannes, der als Kopfgeburt die Kriegerin Athena gebiert, Symbol dafür, dass der Mann sein überhöhtes ICH unbewusst kennt und den Krieg der Frau zu schreiben will. Das neue ICH ist Macher und Gestalter, analysiert und erobert und sonnt sich darin selbst am meisten. Der narzisstische Mann wird zum Idol der patriarchalen Gesellschaft, steht von nun an Religionen, Imperien und Wissenschaften, Unternehmen vor.

Aus der Allmachtsphantasie, alles Leben alleine erschaffen und bestimmen zu können, speisen sich die nachfolgende Instrumentalisierung und Ökonomisierung der Gesellschaften. Diese These steht auch mit der Beobachtung im Einklang, dass genau diese Allmachtsfantasie bei fast allen Managern – ob in Unternehmen, Verwaltungen, Regierungen oder Universitäten - heute noch vorhanden ist. Auch ich bin dem Ruf gefolgt: „ICH trage die Verantwortung!" „ICH werde das regeln!" „ICH schaffe das schon!" „Ich kreiere Welt!" Da die Wissenschaft Taufpate des Narzissmus war, ist sie bis heute Teil des damit verbundenen Gewaltpotenzials: „Da Gewalt als reale Vorbedingung zu ihrer Betätigung Werkzeuge erfordert, [haben] die technischen Revolutionen in der Herstellung von Geräten besonders weitreichende Folgen auf dem Gebiet der Gewalthandlung, da diese wie alle Herstellungsprozesse im Sinne der Zweck-Mittel-Relation verläuft. Wird diese Herstellungskategorie auf den Bereich der menschlichen Angelegenheiten angewandt, so hat sich noch immer herausgestellt, dass die Vorrangstellung des Zwecks im Verlauf der Handlung verloren geht; der Zweck, der die [Kriegs-]Mittel bestimmt, wird von den Mitteln überwältigt. Daher sind die zur Erreichung politischer Ziele eingesetzten Mittel für die Zukunft der Welt von größerer Bedeutung als die Zwecke, denen sie dienen sollen."[420] Noch heute werden die größten Forschungsbudgets vom Militär finanziert, die uns dann netterweise etwas für die zivile Nutzung überlassen.

Die vermutlich vor 7000 Jahren erstmals auftretende, sich dann immer weiter verstärkende männliche Omnipotenz gründet sich auf Interpretation und Beherrschung der Natur, während die weibliche Tätigkeit sich auf Beobachtung und Organisation konzentriert. Konsequenterweise unterteilt sich die entstehende patri-

420 Hannah Arendt, Macht und Gewalt, S. 8

archale Gesellschaft der sumerischen, später der hellenischen Polis einerseits in einen weiblichen Anteil, mit dem die Frauen die Lebensnotwendigkeiten und das praktische Leben organisieren und andererseits in einen männlichen Anteil, der forscht, erobert, herrscht. Die Struktur der patriarchalen Gesellschaft verhindert, dass Frauen in den neuen Herrschaftsraum des Mannes eindringen und ihm seine neue Schöpfungspotenz streitig machen können. Den Frauen werden über Jahrhunderte die männlichen Instrumente der Herrschaft vorenthalten. Die ehemals mächtige Göttin bleibt verbannt im Haushalt. Der mit neuem männlichen Logos ausgestattete herrschende Gott, in seiner Vertretung der jeweilige Herrscher, lenkt den Staat, ist Vorsitzender der freien Bürger Griechenlands, später Roms und anderer Staaten und heute fast aller globaler Organisationen.

Männer beherrschen aber nicht nur Frauen, sondern gleichfalls männliche Untertanen. Sie unterjochen Sklaven, die vermeintlich schwächer sind als sie, an denen sie ihr ICH erproben. Die männlichen freien Bürger des antiken Griechenlands kümmern sich nicht mehr um die Produktion der lebensnotwendigen Güter. Das erledigen Sklaven und Frauen. Die „Hausherrin" ist zwar noch höher gestellt als der Sklave, aber nur als ein Instrument des Patriarchen zur Wahrung seiner Interessen. Die hierarchisch-patriarchale Gesellschaft wird zum Standard der europäischen Gesellschaften und Kulturen.

Damit sind die entscheidenden Grundlagen für Konflikte und Kriege der Zukunft gelegt: Frauen und Sklaven verspüren irgendwann den Drang, nicht mehr für jemand anderen arbeiten zu wollen, spüren die Sehnsucht nach längst vergangener gleichwertiger Achtung und kommunikativer Kooperation. Die „freien Bürger" leben ihren wohlhabenden Narzissmus und wollen noch mehr: Mehr Ansehen, mehr Einflussgebiete, mehr Frauen, mehr Sklaven, die ihren Reichtum mehren sollen. So entsteht jenes Kriegshandwerk, mit dem wir uns seither quälen. Der Rest ist die Geschichte einer fast zwangsläufigen Wiederholung. Getrieben vom übersteigerten ICH des Freien und seinem Wunsch nach mehr Wohlstand, Produktionsmitteln, Einfluss, Sex ruft er zum Krieg gegen andere Staaten auf. Andererseits wächst bei den Nicht-Freien – Sklaven wie Frauen - der Wunsch, zurück in den Zustand der Natur, der Gleichwertigkeit aller Menschen zu gelangen. Kriege prägen daher das Leben der Menschen seit nun schon 6000 Jahren.

Das omnipotente ICH und dessen Trennung vom WIR hat vor 6000 Jahren eine Lawine der Bewertungen losgetreten, die seither über die Menschheit rollt. Das alleinige, ach so starke ICH unterteilt die verschiedensten Aspekte des Lebens in höher und niedriger, wertvoll und wertlos, förderlich und hinderlich, gut und schlecht. Das narzisstische ICH hebt die natürliche Gleichwertigkeit aller auf, fühlt sich größer, stärker, unabhängiger, wichtiger, eigenständiger als diese. Im Laufe der Jahrhunderte übersteigert es sich zum Narzissmus eines Kaiser Nero, der Rom niederbrennen ließ oder eines Sonnenkönigs Louis XIV., einer Queen Elisabeth I. oder Queen Victoria zur Beherrschung der Welt, um schließlich in den Wahnvorstellungen eines Adolf Hitler oder Josef Stalin, Idi Amin[421] oder Pol Pot[422], Saddam Hussein oder Muammar al-Gaddafi zu kulminieren. Wir können eine gerade Linie ziehen durch 6000 Jahre Krieg- und Narzissmus-Geschichte.

Das überhöhte ICH ist seither die treibende psychologische Kraft der menschlichen Gesellschaften, Motor ihrer Zerstörungskräfte, die sich in Terror und Kriegen scheinbar explosionsartig entladen. Vermutlich gibt es noch weitere Erklärungsmuster, die das Entstehen von Kriegen erläutern. Wie immer handelt es sich um ein multikausales Phänomen. Doch ausschlaggebend für die Entstehung von Kriegen sind die Omnipotenz-Phantasien und Übersteigerungen des ICH von Führern und nicht - wie vielfach folkloristisch verbrämt dargestellt - die Bedürfnisse zum Schutz und zur Ernährung der Sippe. Oder glaubt jemand ernsthaft, dass Cäsar oder Alexander der Große, Elisabeth I. oder Friedrich der Große, Napoleon oder Bismarck, Hitler oder Stalin jemals ernsthaft die Interessen der Menschen ihrer Länder im Auge hatten, als sie welche Kriege auch immer anzettelten?

---

421 Diktator in Uganda von 1971 - 1979, unter dessen Gewaltherrschaft geschätzt 500.000 Menschen ermordet wurden.

422 Diktator in Kambodscha von 1975 - 1979, unter dessen Regime geschätzt 3 Millionen Menschen ermordet wurden.

Und doch ist es ratsam, bei diesem Argument einen Moment innezuhalten und genauer hinzuschauen, denn die Zuweisung der Ursache für Kriege an narzisstische Führer alleine ist zu einfach. Schauen wir uns die Biographien narzisstischer Führer und Führerinnen an, wird deutlich, dass sie genauso wenig unabhängig waren, wie irgendjemand auf dieser Welt. Sie sind als Kinder und Jugendliche in einer Welt aufgewachsen, die ihre narzisstischen und autoritären Charaktere gefördert hat, wie Volker Ullrich exemplarisch in einer neuen Biographie über Adolf Hitler eindrucksvoll belegt: Adolf Hitler entwickelte in einer gewalttätigen Familie seinen autoritären Charakter, scheiterte beruflich wie emotional und wird einsamer Bewohner der Obdachlosenheime Wiens. Vermutlich aufgrund seiner traumatischen Erlebnisse im Ersten Weltkrieg als Frontläufer kommt es zu einer extremen narzisstischen Störung, die Hitler, der über ein enormes Agitationstalent verfügte, ab 1919 in die Lage versetzte, dem in Deutschland und Österreich seit 1806 weitverbreiteten Antisemitismus und Nationalismus eine Stimme zu geben: „Zur Versammlung der DAP [Deutsche Arbeiterpartei, Vorläufer der NSDAP] am 12. September 1919 in der Münchner Gastwirtschaft Sterneckerbrau hatten sich gerade einmal 41 Personen eingefunden.... In der Diskussion hatte auch Hitler [erstmals] das Wort ergriffen und damit Eindruck auf die Anwesenden gemacht. Nach der Versammlung eilte Drexler [Vorsitzender der DAP] ihm hinterher und drückte ihm seine Schrift >Mein politisches Erwachen< in die Hand." Eine Woche später wurde er Mitglied der DAP und entwickelte sich zu deren „Starredner" mit dem Ziel, „aus der sektiererischen Stammtischrunde eine schlagkräftige Partei zu machen."[423] Was ihm auch hinlänglich gelang und die NSDAP „innerhalb von nur vier Jahren zu einem bedeutenden Machtfaktor der bayrischen Politik entwickelte."[424]

„Erfolgreich" jedoch wurde Hitlers Narzissmus und Agitationstalent erst aufgrund des narzisstischen Hass der meisten Deutschen auf alle anderen Staaten Europas. Nach dem Verlust des „Heiligen Römischen Reiches Deutscher Nation" 1806 und dem als „Schmach" empfundenen Vertrag von Versailles, fühlten sich

423 Volker Ullrich, Adolf Hitler – Die Jahre des Aufstiegs, S. 104-106

424 Volker Ullrich, Adolf Hitler – Die Jahre des Aufstiegs, S. 110

die meisten Deutschen gedemütigt, was ihre völkische Wahnvorstellung beflügelte, sie seien ein „ausgewähltes Volk" und eine „besonders wertvolle Rasse". Hieraus ergab sich die Unterstützung Hitlers auf vielen Ebenen: Als er nach dem Putschversuch vom 9. November 1923 im Gefängnis auf der Festung Landsberg einsaß, ermöglichte der bayrische Justizapparat ihm und seinen Anhängern ein freies Leben hinter den Mauern. Sie empfingen Damen und Politiker. Hitler schrieb sein Machwerk >Mein Kampf< und hielt interne Vorträge über die „Vernichtung der Juden". Es scheinen Zustände geherrscht zu haben, wie wir sie nur aus Mafia-Filmen kennen, in denen der Don die Geschäfte hinter den Gittern weiter lenkt. „So sah der bayrische Innenminister [Ende 1926 denn] auch keinen Grund mehr, Hitler [nach Beendigung der Haftstrafe] weiterhin öffentliche Auftritte zu verweigern. Am 5. März 1927 wurde das Redeverbot aufgehoben. Am 9. März feierte er sein Comeback im Zirkus Krone [in München]. Rund 7000 Menschen füllten das riesige Rund, unter ihnen auch >Angehörige der besseren Schichten, Damen im Pelzmantel und Vertreter der Intelligenz<, wie die Berichterstatter der Münchner Polizei beobachteten. >Die Leute gebärden sich froh und erregt und winken, rufen andauernd Heil, stehen auf den Bänken. Getrampel donnert. Dann ein Posaunenstoß. Wie im Theater. Plötzlich Stille. Der Führer zieht ein<, heißt es weiter in dem Polizeibericht. >Die Leute grüßen nach Faschistenart mit ausgestrecktem Arm. Auf der Bühne hat Hitler in gleicher Weise den Arm zum Gruß gestreckt. Die Musik rauscht. Fahnen ziehen vorüber, blitzende Standarten mit Hakenkreuz im Kranz und den Adlern, den altrömischen Feldzeichen nachgebildet.<"[425] In solchen Momenten blühte der kollektive Narzissmus der anwesenden Zuhörenden, dem sich kaum jemand entziehen konnte und wollte, und fütterte gleichzeitig die extreme narzisstische Störung Hitlers und seiner Parteifreunde wie die jungen Studenten Rudolf Hess und Josef Goebbels.

Die eigentliche Regierungsübernahme am 30. Januar 1933 war nicht das Werk Hitlers. Ihm wurde das Kanzleramt von den alldeutschen und konservativen Kräften unter der Leitung des vormaligen Reichskanzlers von Papen förmlich angetragen. Sie hoff-

425 Volker Ullrich, Adolf Hitler – Die Jahre des Aufstiegs, S. 228

ten auf eine monarchische Restauration und die Überwindung der Weimarer Republik, die sie hassten, weil dadurch der Adel nicht mehr alleine regieren konnte. Diese Verblendung nutzten sie als Argument gegenüber dem ehemaligen General-Feldmarschall und Reichspräsidenten Hindenburg, dem als adliger Ostpreuße die Republik eh zu weich und zuwider war, damit dieser Hitler zum Reichskanzler beförderte, was aber erst wenige Stunden vor der geplanten Ernennung gelang. Hier zeigt sich der Narzissmus vor allem des ostpreußischen Adels und einiger Industrieller, die glaubten, Hitler und seine Partei kontrollieren und „einhegen" zu können:

„Gegen 10.45 Uhr [am 30. Januar 1933], eine Viertelstunde vor der angesetzten Vereidigung, begab sich die Gesellschaft [der designierten Minister] zu Fuß durch die Ministergärten der Reichskanzlei. Hier residierte Hindenburg seit Sommer 1932, da das Reichspräsidialpalais renoviert wurde. Während die übrigen designierten Minister nach und nach eintrafen, verhandelten Hitler, von Papen und Hugenberg [Vorsitzender der Deutsch-Nationalen Volkspartei DNVP] in Meissners Arbeitszimmer [Adjutant Hindenburgs] über die letzten ungelösten Fragen. Erst jetzt rückten Hitler und von Papen gegenüber dem DNVP-Vorsitzenden mit der Absicht heraus, den Reichstag aufzulösen und [erneut] Neuwahlen anzusetzen. Der überrumpelte Hugenberg widersprach vehement: Das Ergebnis der Novemberwahl 1932 habe die jeweiligen Stärkeverhältnisse der Parteien zutreffend abgebildet, eine Neuwahl sei nicht vonnöten...." Bei den Wahlen am 6.11.1932 errang die NSDAP 33,1Prozent und hatte im Vergleich zur Wahl des Reichspräsidenten im März 1932 4,2 Prozent verloren. Die SPD erhielt 20,4 Prozent, die KPD 16,9 Prozent und zusammen wären sie stärker als die NSDAP gewesen. Doch die national-konservativen Parteien Zentrum (11.9 Prozent), DNVP (8.9 Prozent), BVP (3,1 Prozent), DVP (1,9 Prozent) sowie die liberale Staatspartei (1 Prozent) zielten auf eine rechtskonservative Koalition, wollten ein Rot-Rotes-Linksbündnis auf jeden Fall verhindern. Nur aufgrund dieser Konstellation hatte der Parteilose von Papen, der eine große Nähe zu Hindenburg hatte, genügend Spielraum, um eine Regierung unter Hitler in Verhandlungen zwischen den Parteien zu ermöglichen. „>Es ist 11.15 Uhr. Sie können den Herrn Reichspräsidenten nicht länger warten lassen<, stürzte Meissner in den Raum. Erst jetzt gab Hugenberg nach und Hitler hatte gewonnen. >Stolz, triumphierend, als Sieger vorneweg, so schritt Hitler, seine Handlanger im Gänsemarsch hinterher, die Treppe hinauf, wo in der ersten Etage der alte Herr [Reichspräsident Hindenburg] das neue Kabinett schon erwartete.< berichtet Theodor Duesterberg [Vorsitzender des deutschnationalen paramilitärischen Stahlhelmbundes] über das Geschehen“[426] an diesem denkwürdigen Tag.

Betrachtet man die politischen Entwicklungen von 1929-1933, so war es nicht so sehr die vielzitierte Wirtschaftskrise, die den Höhenflug der NSDAP von einer 4-Prozent-Partei 1929 zu einer 45-Prozent-Partei im Frühjahr 1933 ermöglichte, denn die Arbeitslosenzahlen sanken bereits vor 1933 signifikant. Es war vor allem der Narzissmus des deutsch-nationalen Adels und Beamtentums, der meistens aus Großgrundbesitzerfamilien stammenden Offiziere, einiger Großindustrieller wie Fritz Thyssen, Ernst Poesgen, Karl Haniel und Finanzmanagern wie Hjalmar Schacht, die Hitler sponserten: „Göring zeigte sich nach Schachts Erinnerung als >urbaner, angenehmer Gesellschafter<, und so kam es am Abend des 5. Januar 1931 in Görings Wohnung zu einer weiteren Begegnung mit Schacht, an der diesmal auch Thyssen, der neue Gönner der Nazi-Partei, teilnahm.“[427] Und natürlich auch der Mittelklasse mit Ingenieuren und Großbauern, die sich von der erlittenen >Schmach< befreien wollten, was Hitler geschickt in seinen Ansprachen unter dem tosenden Applaus Zigtausender umsetzte: „So sind wir 13 Jahre lang Ankläger gewesen, und nun kommt die Stunde, da Sie, meine Volksgenossen, nach 13 Jahren am 13. März [1932 bei der Wahl des Reichspräsidenten] wohl zum ersten Mal im großen Umfang Richter sein müssen über das, was bisher von der einen Seite [der SPD] zerstört, und Richter sein müssen über das, was die andere Seite [NSDAP] an inneren Werten unseres Volkes aufgebaut hat.“[428]

Seit 1945 versuchen viele in Deutschland – unterstützt durch viele Fernsehreportagen und tendenziösen Dokumentarfilmen,

426 Volker Ullrich – Adolf Hitler, Die Jahre des Aufstiegs, S. 409-410
427 Volker Ullrich – Adolf Hitler, Die Jahre des Aufstiegs, S. 232
428 Volker Ullrich – Adolf Hitler, Die Jahre des Aufstiegs, S. 332

die teilweise mehr an eine Verherrlichung dieser Zeit erinnern - Hitler und einer kleinen Clique um ihn die alleinige Schuld am Holocaust zuzuweisen, wollen sich vor ihrer Verantwortung und besonders ihrem eigenen Narzissmus davonstehlen. Aber Deutschland und die Hälfte Europas freuten sich damals über die Möglichkeit, endlich die Juden vertreiben zu können. Dieses Ziel war ja auch kein Geheimnis, denn Hitler hatte auf hunderten Reden in mehreren Wahlkämpfen klar und deutlich über sein Ziel, „Deutschland und Europa von den Juden zu reinigen" gesprochen. Hannah Arendt weist detailliert anhand von Berichten aus allen Ländern Europas nach, dass dies auch eine breite Zustimmung in anderen Ländern fand. Deshalb wies Himmler 1942 „die Priorität beim Durchkämmen Europas [zur Reinigung von allen Juden] vom Westen nach Osten" Frankreich zu, „teils weil die Vichy-Regierung ein wahrhaft erstaunliches Verständnis für das Judenproblem gezeigt hatte und von sich aus einen beachtlichen Komplex an antijüdischen Gesetzen erlassen hatte. Als Konzession an die französische Spielart des Antisemitismus, die eng verknüpft war mit einer starken, allgemein chauvinistischen Xenophobie in allen Schichten der Bevölkerung [Frankreichs], sollte die Deportation mit den nicht-französischen Juden beginnen, und da 1942 mehr als die Hälfte von Frankreichs Juden staatenlos war, beschloss man, mit der Deportation von rund 100.000 staatenlosen Juden aus Frankreich den Anfang zu machen."[429] Ähnlich attraktiv war der Antisemitismus für viele in Belgien, den Niederlanden, Polen, Ungarn oder Rumänien. Der Narzissmus verbreitete sich in seiner rassischen Ausprägung auch weit über die Grenzen Europas hinaus, wie das „rassistische Pamphlet des amerikanischen Autokönigs Henry Ford, >Der internationale Jude. Ein Weltproblem<" zeigt, das 1922 in Deutschland publiziert und ein großer Erfolg wurde. „Ich betrachte Ford als eine Inspiration"[430], soll Hitler einem amerikanischen Reporter offenbart haben und begründet damit die große finanzielle Unterstützung amerikanischer Industrieller für sein antisemitisches Deutschland, ohne die

429 Hannah Arendt, Eichmann in Jerusalem, S. 264

430 Volker Ullrich, Adolf Hitler – Jahre des Aufstiegs, S. 201

Nazi-Deutschland niemals seine Kriegsfähigkeit wiedererlangt hätte.

Ohne jubelnde Deutsche, ohne die Vorbereitung des rassistischen Gedankengutes durch christliche, liberale, konservative und nationalistische Parteien in der Weimarer Republik und deren Unterstützung durch die bürgerliche Elite des Landes, besonders jenem ostpreußischen Landadel und Beamtentum, der in den letzten beiden Regierungen vor 1933 regierte, ohne den latenten Rassismus in fast allen Ländern Europas und dem ausgeprägten Faschismus in Italien, Spanien oder Ungarn wäre Hitler nur eine Randnotiz der Geschichte geblieben. Kein Diktator kommt alleine an die Macht. Es bedarf immer einer gesellschaftlichen Unterstützung des narzisstischen und autoritären Charakters des jeweiligen Diktators durch die Bevölkerung und den gesellschaftlichen Eliten eines Landes. So wurde Hitler von den Deutschen bejubelt für den Bau der Autobahnen und den Volkwagenwerken, in denen der KdF-Wagen (KdF= Kraft durch Freude, die größte Massenorganisation der NSDAP) und später der kriegswichtige Kübelwagen produziert wurde; für den Anschluss von Rheinland und Saarland an das Reich sowie für die Wiederbewaffnung der Wehrmacht entgegen den Vorgaben des Versailler Vertrages; und für die Wiederbelebung eines tosenden Patriotismus, der als „Volksgemeinschaft" dem kollektiven Narzissmus förmlich zur Explosion verhalf.

Wesentliche Ursache jener Stimmungen, die zum Nationalismus und nachfolgend zu Kriegen führen, ist der individuelle und kollektive Narzissmus in den verschiedenen Ausprägungen in Verbindung mit einem starken autoritären Charakter breiter Bevölkerungsschichten. Je ausgeprägter beide sind, desto größer ist die Wahrscheinlichkeit einer Machtübernahme durch Führer. Angesichts der aktuellen politischen und ökonomischen Entwicklungen in vielen Ländern Europas kann nicht ausgeschlossen werden, dass sich eine solch verheerende Konstellation von Umständen wiederholt, wie dies am Konflikt um die Ukraine sichtbar wird. Wenn sogar weltläufige Fernsehjournalisten und Journalistinnen die Frage stellen „Wie lange will der Westen sich denn noch von Putin vorführen lassen?", dann wird der Narzissmus des durchschnittlichen Menschen bedient, der die treibende Kraft hinter Gewaltausbrüchen und Kriegen ist. Dies verhindert den Blick auf die grundlegenden Ursachen von Konflikten, die nur durch Geduld und Gleichmut und dem Wissen über die Gleichwertigkeit aller Menschen friedlich beigelegt werden können.

Wie bei allen Strukturen dieser Art besteht eine beziehungsmäßige Abhängigkeit von Ursache und Wirkung: Das Eine entsteht nicht ohne das Andere und umgekehrt; beide sind wechselseitig Ursache und Wirkung des jeweils anderen. Konkret: Einerseits verstärkt der autoritäre Charakter hierarchische Gesellschaftsstrukturen - wie Königreiche, Kaiserreiche oder Empires, Überwachungsstaaten oder Leistungsgesellschaft, in der nur diejenigen als wertvoll gelten, die Leistungen erbringen und an der Spitze einer Hierarchie stehen. Andererseits bringen solche autoritären Gesellschaften den autoritären Charakter der Einzelnen erst hervor, intensivieren und nähren ihn, wie wir dies in den vergangenen Jahrhunderten leidvoll erfahren mussten. Diese Mischung ist aktuell auch in Russland und der Ukraine gefährlich wirksam. Die Menschen in beiden Ländern leben seit Jahrhunderten unter autoritären Strukturen - zunächst unter Zaren, dann unter dem Diktator Stalin, später unter brutalen Parteifunktionären und Oligarchen, heute unter einem ehemaligen Geheimdienstagenten mit Finanzjongleuren - begleitet von einem kollektiven Narzissmus des Nationalstolzes, der sich durch das narzisstische Streben der Führer und ihrer Cliquen verstärkt. Die feudalen und kolonialen, rassistischen und autoritären Strukturen der Gesellschaften auf allen Kontinenten waren bis zur Mitte des 20. Jahrhunderts das Medium, auf dem der autoritäre Charakter mit ausgeprägter narzisstischer Störung gedeihen konnte. Unbedingter Gehorsam mit tödlicher Loyalität und Identität, verbunden mit einem extremen, kollektiven Narzissmus, war der Nährboden des Holocaust, der sowjetischen Gulags, der chinesischen Todeslager oder dem amerikanischen Guantanamo. Diese Haltung tobt sich weiter aus in menschenverachtenden Beschäftigungsverhältnissen: Ob auf dem Bau, in der Logistik oder in der Prostitution - in denen Mitmenschen nur als funktionale Ware - in der Zeit ab 1933 hießen sie „Fremdarbeiter" - gehandelt werden.

Kriege werden nur möglich durch die Tätigkeiten vieler Soldaten, die sich in absolutistischen Armeen organisieren: Als die deutschen Soldaten im Sommer 1914 in den Krieg gegen Frankreich zogen, glaubten sie, Weihnachten wieder zu Hause zu sein. Deutschland war im kollektiven Siegestaumel: „Wie hätte der Künstler, der Soldat im Künstler, nicht Gott loben sollen für den Zusammenbruch einer Friedenswelt, die er so satt hatte, so überaus satt hatte. Krieg! Krieg! Es war eine Reinigung, Befreiung, was wir empfanden, und eine ungeheure Hoffnung" [431], schrieb der in München lebende Schriftsteller Thomas Mann 1914. Als die deutschen Soldaten ab 1937 Österreich, Tschechien, Polen, die Niederlande, Belgien, Dänemark, Norwegen „heim ins Reich holten", glaubten sie in ihrem Wahn an ein „tausendjähriges Drittes Reich" und zogen begeistert in einen Krieg zur „Eroberung von Lebensräumen im Osten". Sie waren genauso berauscht von ihrem kollektiven Narzissmus wie einst Rahel Levy, die ihren assimilierenden Narzissmus beim Sieg der Preußen über Napoleon auslebte und sich gleichzeitig dem autoritären Charakter des restaurierenden Feudalsystems hingab. Kriege sind weltweit getrieben vom überhöhten narzisstischen ICH als „tödlicher Identität" in Verbindung mit einem gehorchenden, autoritären Charakter, der Loyalität über den Tod hinaus fordert. Diese beiden Standbeine für das Leid marschieren gemeinsam voran, pflegen und verstärken sich wechselseitig in Kriegen und autoritären Gesellschaften. Die Überhöhung des ICH in Kombination mit dem autoritären Charakter ist der entscheidende Akt, mit dem der Mensch sich selbst aus dem Paradies vertrieben hat und mit dem er die wesentlichen Aspekte unseres Menschseins - Liebe und Mitgefühl - noch immer mit Füßen tritt.

Mit dieser neuen Erkenntnis wird die Ambivalenz des Geistes sichtbar, die wir schon bei den heilsamen und schädigenden Keimen unseres eigenen Geistes beschrieben haben: Einerseits ist das Menschsein geprägt von der universellen Moral der gleichwertigen Achtung, unserer Kooperationsfähigkeit, die uns unseren evolutionären Erfolg einschließlich von Sprache und Wissenschaft ermöglicht hat. Wir brauchen als Menschen Liebe und Mitgefühl wie

431 Volker Ullrich, Adolf Hitler - Jahre des Aufstiegs, S. 67

die Luft zum Atmen. Andererseits hat sich das ICH im Laufe der letzten 6000 Jahre so weit überhöht, dass wir in den vergangenen Jahrzehnten öfter die Gelegenheit hatten, uns selbst zu vernichten. „Ach, zwei Herzen schlagen doch in meiner Brust." Meist in einer männlichen. Niemand hat diesen Zwiespalt und den Narzissmus schöner literarisch verarbeitet als Goethe in seinem Faust, den er sagen lässt:

„So ist es mir, so ist es dir gelungen;
Vergangenheit sei hinter uns getan!
O fühle dich vom höchsten Gott entsprungen,
der ersten Welt gehörst du einzig an."[432]

Doch Mephisto hat Faust durchschaut und konstatiert:

„Ihn sättigt keine Lust, ihm genügt kein Glück,
so buhlt er fort nach wechselnden Gestalten;
den letzten, schlechten, leeren Augenblick,
der Arme wünscht ihn festzuhalten."[433]

432 J.W. Goethe, Faust, Zweiter Teil, Zeile 9562-65
433 J.W. Goethe, Faust, Zweiter Teil, Zeile 11587-90

Die Banalität des Bösen

Jede Theorie muss sich am Realen messen lassen, in unserem Fall an historischen Gegebenheiten, um als richtig oder falsch erkannt zu werden. Aus der Distanz der Zeit können wir heute Geschehnisse der Vergangenheit betrachten und Theorien für das Warum und Weshalb formulieren. „Vom alt-griechischen Wort für Zuschauer, theatai, wurde später der philosophische Ausdruck Theorie abgeleitet, und das Wort theoretisch bedeutet >betrachtend, von außen auf etwas blickend<, aus einer Perspektive, die den Teilnehmenden und Protagonisten eines Spektakels verschlossen ist. Als Zuschauer kann man die Wahrheit dessen verstehen, worum es in dem Schauspiel [des Lebens] geht; doch der Preis dafür ist der Verzicht auf Teilnahme."[434] Eine Theorie, die Betrachtung eines Schauspiels, gilt es anhand ähnlicher Schauspiele zu verifizieren, um zu strukturellen, grundlegenden Weisheiten zu gelangen, die uns helfen können, zukünftige Schauspiele neu zu inszenieren. Die so gewonnenen Erkenntnisse oder auch Weisheiten eröffnen Möglichkeiten, das Leben jedes und jeder Einzelnen vom unsäglichen Leid der Rituale zu befreien.

1961 ergab sich für Hannah Arendt die einmalige Gelegenheit, die Grausamkeiten des Nazi-Regimes mit der sicheren Distanz der Zeit und doch nah genug zu betrachten, als sie als Beobachterin des Magazins „The New Yorker" den Prozess gegen den ehemaligen SS-Obersturmbannführer Adolf Eichmann in Jerusalem begleiten durfte. Dieser hatte die Deportationen von etwa sechs Millionen Menschen organisiert. Doch anstatt eines gewöhnlichen Gerichtsberichts verfasste die Philosophin eine Analyse, um den Menschen Eichmann hinter der Maske seiner Person zu finden. Sie wollte das unvorstellbare Grauen verstehen lernen, dem sie selbst dank ihrer frühzeitigen Emigration nach New York entfliehen konnte.

Sie analysierte Eichmann anhand seiner in wochenlangen Befragungen gemachten Erklärungen und seiner direkten Aussagen vor dem Gericht in Jerusalem sowie mit Hilfe von unzähligen

434 Hannah Arendt, Vom Leben des Geistes, S. 98

Zeugenaussagen. Einer Psychoanalytikerin gleich beschreibt sie in ihrem historischen Report „Eichmann in Jerusalem“ gleichzeitig die gesellschaftlichen, organisatorischen und damit auch geistigen Strukturen in Deutschland und Europa, die die Deportation und Ermordung von sechs Millionen Menschen jüdischen Glaubens ermöglichten, aber auch solche, die dies zum Teil verhinderten, wodurch Tausende Menschen vor den Grauen der Konzentrationslager bewahrt werden konnten. Wenn die These der narzisstischen und autoritären Charakterstrukturen von Menschen als wesentliche Ursachen für das Töten von Menschen und damit für Kriege und Terrorregime in dieser Welt richtig sein soll, dann müsste sie sich auch am Beispiel des Adolf Eichmann verifizieren lassen.

Der Bericht Hannah Arendts ist erschütternd. Selbst heute, 70 Jahre danach, wird das Unmenschliche jener Zeit wieder lebendig, ist so dramatisch beschrieben, dass ich das Lesen oft nicht mehr aushalte, obwohl ich, geboren 1959, doch scheinbar nicht damit verbunden bin. Aber das ist eben nur eine scheinbare Wahrheit: Drei Verwandte hatten sich freudestrahlend zu Beginn des Krieges freiwillig zur Waffen-SS gemeldet, die später in Osteuropa mit unvorstellbarer Grausamkeit wütete. Der Älteste starb in Stalingrad, der Jüngste kam mit krankem Herzen aufgrund einer Malaria-Infektion wenige Wochen vor der Schlacht um Stalingrad nach Hause. Der Dritte kam als einer der Letzten aus einem sowjetischen Gefangenenlager zurück. Mein Großvater war leitender Ingenieur in einem Stahlwerk, das die Rohstoffe für die Waffenproduktion lieferte und in dem auch Menschen aus Konzentrationslagern arbeiteten. Kurz vor dem Ende des Krieges setzte sich die Leitung des Stahlwerks zusammen mit ihren Familien als angebliche Bombenflüchtlinge ab. Ihr Ziel war es, sich reinzuwaschen und Beweise zu zerstören, um in der Nachkriegszeit nicht zur Verantwortung gezogen werden zu können. Offensichtlich hatten die Manager jenes Stahlwerks Angst, dass ihre Verbrechen gegen die Menschheit geahndet würden. Auch die Familie meines Großvaters war dabei.

Diese Geschichte nach und nach zu erfahren, erzeugte zunächst einen großen Schock bei mir. Doch solcher Schock ist heilsam, wenn die geistigen Ursachen und Bedingungen für Leid erkannt werden können. Denn nur durch das Anschauen des Leids und seiner geistigen Ursachen kann zukünftiges Leid vermieden werden - wird Glück ermöglicht. Verdrängung, sich dieses oder jenes schön reden, sind beste Garantien für fortgesetztes Leid. Und doch: Alle dies Männer waren, als ich sie als kleiner Junge kennen gelernt habe, liebenswürdige, fast sanfte Menschen. Später erst wurde mir bewusst, dass ihre Lebensenergien gebrochen waren von ihren Gewalttaten, oft traurig, fast depressiv und wohl innerlich mit sich und der Frage ringend, warum sie nur so handeln konnten, wie sie gehandelt haben. Warum können Menschen so grausam handeln, dass sie das offensichtliche Leid der Erniedrigten und Ermordeten nicht mehr fühlen? Das Denken und Schreiben darüber fällt schwer, selbst aus meiner bequemen Distanz von rund siebzig Jahren, weil damit das schier unendliche Leid in der Vorstellung meines Geistes aktualisiert wird und, obwohl nur Gedanke, kaum zu ertragen ist.

„Eichmann wurde am 19. März 1906 in Solingen geboren.... Sein Vater war Buchhalter für die Straßen- und Elektrizitätsgesellschaft in Solingen und nach 1931 Direktor der gleichen Gesellschaft in Linz, hatte fünf Kinder, von denen nur Adolf, der älteste, außerstande war, die Realschule zu beenden. Und auch auf dem Polytechnikum, in das er dann gesteckt wurde, hat er kein Schlussexamen gemacht.... Sein Leben lang täuschte Eichmann seine Umwelt. Die Berufsangabe, die auf seinen sämtlichen offiziellen Dokumenten erscheint – Maschinenbauingenieur - hatte ungefähr ebenso viel mit der Wirklichkeit zu tun wie seine Behauptung, dass er in Palästina geboren sei und fließend hebräisch spreche – blanke Lügen, die Eichmann seinen SS-Kameraden, aber auch seinen jüdischen Opfern, mit Vorliebe erzählte. Wichtigtuerei und Angeben waren ihm offenbar früh zur lieben Gewohnheit geworden.... [Der Vater] kaufte [1928 in Österreich] ein kleines Bergbauunternehmen und brachte seinen nicht gerade vielversprechenden Sprössling als einfachen Arbeiter unter. Er war jetzt etwa 22 Jahre und ohne jede Aussicht auf eine vernünftige Laufbahn; das einzige, was er vielleicht gelernt hatte, war zu verkaufen."[435]

---

435 Hannah Arendt, Eichmann in Jerusalem, S. 100-103

Heute würden wir vermutlich formulieren: Eichmann war ein wenig begabter Schüler, der seine mangelnde Intelligenz durch Prahlereien kompensierte. Angeben und Aufschneiden ermöglichten ihm, sich eine eigene Welt zu errichten, in der seine Schwächen kaum auffielen. So schuf er sich jenen Schutzraum, in dem er seinem Verkäufertalent nachgehen konnte - die ersten Symptome seiner narzisstischen Persönlichkeit.

„Ein Cousin seiner Stiefmutter - er nannte ihn Onkel - benutzte seine Beziehung zum Generaldirektor der österreichischen Vakuum Oil Company, einem jüdischen Herrn Weiss, um seinem armseligen Verwandten einen Job als Reisevertreter zu vermitteln. Eichmann war gebührend dankbar. Die Juden in seiner Familie erwähnte er als einen seiner privaten Gründe, kein Antisemit geworden zu sein. Noch 1943 und 1944, als die >Endlösung< in vollem Gange war, hatte er jene Hilfe nicht vergessen [und erzählt in den Vernehmungen]: >Die Tochter aus dieser Ehe - glaube ich - war nach den Nürnberger Gesetzen Halbjüdin. Sie kam noch zu mir 1943, um mit meiner Genehmigung in die Schweiz ausreisen zu können. Ich habe es natürlich genehmigt, und dieser selbe Onkel kam auch zu mir, um für irgendein Wiener Juden-Ehepaar zu intervenieren. Ich will damit nur sagen, von Haus aus kannte ich keinen Hass gegen Juden<. Eichmann gab sich in [den Verhören] die größte Mühe, diesen Punkt zu beweisen: dass er gegen seine Opfer niemals irgendwelche feindseligen Gefühle gehegt, ja, dass er daraus auch nie ein Geheimnis gemacht hätte."[436]

Seine persönlichen Beziehungen zu Juden gingen soweit, dass er „in Wien, wo er so außerordentlich erfolgreich die >forcierte Auswanderung< der Juden organisierte, eine jüdische Geliebte [hatte]. >Rassenschande< - Geschlechtsverkehr mit Juden - war wohl das größte Verbrechen, das ein Mitglied der SS begehen konnte."[437] Eichmann betrachtete sich bei seiner Tätigkeit im Referat für Judenfragen nicht als Antisemit. Er empfand sich als eine besondere Persönlichkeit, die über Leben und Sterben entscheiden konnte. Dies gab ihm das Gefühl eines Herausragenden. Sein nar-

436 Hannah Arendt, Eichmann in Jerusalem, S. 104
437 Hannah Arendt, Eichmann in Jerusalem, S. 105

zisstischer Kokon oder Kosmos waren so stark ausgeprägt, dass er für sich selbst beanspruchte, so wie viele andere heute auch, ausschließlich nach eigenen Regeln leben und entscheiden zu können.

„Das Jahr 1932 sollte ein Wendepunkt in seinem Leben werden. Im April dieses Jahres trat er in die NSDAP[438] ein und wurde auch gleich Mitglied der SS auf Grund der Aufforderung von Ernst Kaltenbrunner, damals junger Rechtsanwalt in Linz und später Chef des Reichssicherheitshauptamtes (RSHA), in dem Eichmann im Amt IV und schließlich als Leiter der Sektion B-4 unter dem Kommando von Heinrich Müller"[439] die Deportationen von fast sechs Millionen Menschen organisieren würde. „Er war eigentlich der deklassierte Sohn aus solidem bürgerlichen Hause.... Er hatte keine Zeit und noch weniger Lust, sich wirklich über die NSDAP zu informieren, er kannte nicht einmal das Parteiprogramm, nie hatte er >Mein Kampf<[440] gelesen." Als eine Person mit ausgeprägter narzisstischer Störung, bewertete er das Denken anderer und selbst das der NSDAP nur als zweitklassig, kümmerte sich kaum darum. Seine Ziele waren eine Karriere und die Erhöhung seines Lebens.

Eichmann folgte dem Weg des Dazugehörens und lebte zunächst einen assimilierenden Narzissmus. „Kaltenbrunner hatte ihm geraten: Warum treten Sie nicht der SS bei? Und er hatte [fast naiv] erwidert: >Warum auch nicht?< So war es passiert, und mehr war nicht daran." Wenig später „bedeutete man ihm, es sei höchste Zeit für eine militärische Ausbildung. >Schön, dachte ich, warum nicht Soldat werden? <". So „blieb er in den [bayrischen] Ausbildungslagern der SS in Lechfeld und Dachau von August 1933 bis September 1934 - [und] fühlte sich kreuzunglücklich: >Mir war das Einerlei des Dienstes, das war etwas, was mir wi-

438 Der Zeitpunkt zeugt von einer hohen Attraktivität der Partei für Menschen wie Adolf Eichmann, die unter einer narzisstischen und autoritären Störung litten, denn bei den Reichstagswahlen am 14. September 1930 erhielt die NSDAP 18,3% der Stimmen und war damit zweitstärkste Fraktion im Reichstag geworden. „In ihr sammelte sich der soziale Protest der verschiedenen Bevölkerungsschichten." (Volker Ullrich, Adolf Hitler - Jahre des Aufstiegs, S. 262)

439 Hannah Arendt, Eichmann in Jerusalem, S. 106

440 Die Auflage des Buches erreichte über 12 Millionen Exemplare und machte den noch in Wien bis 1914 in Obdachlosenheimen lebenden Hitler zu einem reichen Mann. Nach 1933 erhielt jedes Ehepaar bei der Trauung vom Standesbeamten dieses Buch überreicht.

derstrebte, jeden Tag immer dasselbe, immer wieder dasselbe.<“ Sein narzisstisches ICH langweilte sich in der Eintönigkeit des militärischen Drills, wollte stattdessen Aktion erleben, nicht immer den gleichen Dienst schieben. „In diesem Abgrund von Langeweile erfuhr er, dass es im Sicherheitsdienst (SD) des Reichführers-SS Himmler offene Stellen gab, und er bewarb sich sofort.“[441] Ohne jede Vorbildung oder Ausbildung und mit der Lüge, von Beruf Maschinenbauingenieur zu sein, bewirbt sich Eichmann mit der ihm eigenen Hochstapelei beim SD. Ein ganz durchschnittliches, banales Handeln eines jungen Mannes, der eine Karriere im neuen Reich suchte, um endlich Erfolg zu spüren.

„Im Jahre 1934, als sich Eichmann erfolgreich um eine Stelle bewarb, war der SD noch eine relativ neue Abteilung der SS, die Himmler zwei Jahre zuvor als Nachrichtendienst der Partei gegründet und der Leitung von Reinhardt Heydrich unterstellt hatte - [dem] eigentlichen Dirigenten der >Endlösung<.... Man steckte ihn [zunächst] in die Abteilung >Gegnerforschung und Bekämpfung<, und seine erste Aufgabe bestand darin, alle Auskünfte über Freimaurer zu katalogisieren.... Das Ärgerliche daran war, dass alles wieder sehr, sehr langweilig war, und er fühlte sich höchst erleichtert, als er nach fünf Monaten Freimaurerei in die nagelneue Abteilung gesteckt wurde, die sich ausschließlich mit Juden befasste. In diesem Augenblick begann seine Laufbahn, die vor dem Jerusalemer Gericht enden sollte.“[442] Er war begeistert von der neuen Aufgabe im Judenreferat, da er nun Größeres tun könnte, wie so viele junge narzisstisch geprägte Menschen, die endlich eine herausfordernde Aufgabe übernehmen, um sich zu profilieren. Dieser Wunsch ist umso intensiver, je länger - wie bei Eichmann - die Erfolge ausbleiben. Verlierer schwimmen in autoritären Gesellschaft schnell nach oben.

„Als Eichmann seine Lehrzeit in der Abteilung Judenangelegenheiten antrat, für die er nach vier Jahren der anerkannte Fachmann war, und seine ersten Kontakt mit jüdischen Funktionären [dem Zentralverein Deutscher jüdischen Glaubens] aufnahm, redeten

441 Hannah Arendt, Eichmann in Jerusalem, S. 107/109

442 Hannah Arendt, Eichmann in Jerusalem, S. 111

sowohl Zionisten[443] wie Assimilanten[444] von >jüdischer Wiedergeburt<, von einer >großen Aufbaubewegung des deutschen Judentums<, wobei sie das Für und Wider jüdischer Auswanderung erbittert diskutierten, als sei dies noch eine innerjüdische Frage, deren Entscheidung von ihnen abhing."

Eichmann las in dieser Zeit „Theodor Herzls Buch >Der Judenstaat<, das klassische Werk des Zionismus; es scheint, dies war das erste ernsthafte Buch, dass er überhaupt gelesen hatte, und es machte auf ihn einen unauslöschlichen Eindruck. Seit damals, das wiederholte er immer wieder, habe er kaum etwas anderes im Kopf gehabt, als die >politische Lösung der Judenfrage<, [wie sie Herzl propagierte]. Darunter verstand er die Vertreibung der Juden aus dem Reichsgebiet, im Gegensatz zur >physischen Lösung< der Ausrottung. Er behauptete, nach der Lektüre Herzls sich mit nichts angelegentlicher befasst zu haben, als >wie man festen Grund und Boden unter die Füße der Juden< - [der zentralen These Herzls] - bekommen könnte.... Um Verständnis für diese Ansicht der Dinge zu verbreiten, begann er in der SS Vorträge zu halten und sogar Broschüren zu schreiben."[445]

Im System der NSDAP ließ man ihn zunächst gewähren: „Die ersten persönlichen Kontakte zu jüdischen Funktionären, alles alte prominente Zionisten, waren zufriedenstellend, denn für ihn waren Zionisten Idealisten wie er selbst. Um seiner Vorstellung von Idealisten zu entsprechen, genügte es nicht, an eine Idee zu glauben. Idealist [in seinem Sinne] war jemand, der für seine Idee lebte und der bereit war, seiner Idee alles und insbesondere alle zu opfern."[446] Für eine Idee zu sterben oder andere dafür zu opfern, ist ein besonderer Zug des narzisstischen ICH. Aufgrund mangelnder Anerkennung oder auch aufgrund des Mangels anderer Fähigkeiten identifiziert sich das narzisstische ICH mit den Ideen

443 Eine politische Strömung innerhalb der jüdischen Gemeinschaft in Europa, die einen eigenen Staat für Menschen jüdischen Glaubens errichten wollte.

444 Der Begriff „Assimilant", der hier Menschen jüdischen Glaubens bezeichnet, die ihren Glauben verheimlicht oder abgelehnt haben, hat m.E. eine diskriminierende Konnotation, wie jeder Begriff, der einer Gruppe von Menschen eine bestimmte Eigenschaft zuschreibt und teilweise fixiert, wie „Weiße", „Schwarze", „Gelbe", „Rote".

445 Hannah Arendt, Eichmann in Jerusalem, S. 115

446 Hannah Arendt, Eichmann in Jerusalem, S. 117

eines Kollektivs, einer Gruppe oder einer Nation so intensiv, um sich schließlich darin zu übersteigern. „Für Führer und Vaterland" hieß die Losung der NSDAP. „Für Sozialismus und Partei" die der SED. Aber auch die Losungen „Freiheit statt Sozialismus", „Gemeinsam für unsere Heimat" oder „Erfolgreich für Deutschland" sprechen das assimilierende narzisstische ICH an.

Im März 1938 erhielt Eichmann die Aufgabe, in Wien die „forcierte Auswanderung" voranzubringen, „was nicht weniger hieß, als dass alle Juden, ohne Rücksicht auf ihre Absichten und ohne Rücksicht auf ihre Staatsangehörigkeit, zur Auswanderung gezwungen werden sollten. Es handelte sich um die Austreibung der Juden aus dem Reich, mit der man in Österreich begann." Eichmann hob immer wieder hervor, dass „dieses Jahr in Wien als Leiter der Zentralstelle für jüdische Auswanderung aus Österreich seine glücklichste und erfolgreichste Zeit gewesen sei. Der Auftrag war die erste wichtige Aufgabe, die ihm übertragen wurde. Seine Karriere war endlich in Gang gekommen."[447] Die Beförderung zum Offizier (Untersturmführer SS) schmeichelte ihm, der in der Schule nichts gelernt hatte. „Er muss sich überschlagen haben, um sich zu bewähren, und sein Erfolg war glänzend: Innerhalb von acht Monaten verließen 45.000 Juden Österreich." Nach nur 18 Monaten hatte er „annähernd 150.000 Menschen - 60 Prozent der jüdischen Bevölkerung Österreichs" - zum „legalen Verlassen" des Landes bewegt. Wie hat Eichmann das geschafft? Auch hier „schmückte er sich" in narzisstischer Weise „mit fremden Federn", indem er seine Urheberschaft daran suggerierte. Doch vermutlich stammte die Methode von Heydrich, der in einer Besprechung mit Göring darlegte: „Wir haben das in der Form gemacht, dass wir den reichen Juden, die auswandern wollten, bei der jüdischen Kulturgemeinde einen gewissen Betrag abgefordert haben. Mit dieser Summe und Devisenzahlungen konnte dann eine gewisse Anzahl armer Juden herausgebracht werden."[448] Eichmanns Zentralstelle brauchte lediglich den Zentralrat der Juden in Wien zu motivieren, „einen Auswanderungsfond" einzurichten. Die Juden organisier-

447 Hannah Arendt, Eichmann in Jerusalem, S. 119
448 Hannah Arendt, Eichmann in Jerusalem, S. 120

ten und finanzierten ihre eigene Ausweisung von da an selbst - sogar in Übereinstimmung mit zionistischen Zielen.

Trotzdem beginnt die forcierte Auswanderung zunächst nur schleppend. „Eichmann ließ sich alles erklären, bis er begriffen hatte, wie die Angelegenheit funktionierte und weshalb sie eben nicht funktionierte. >Ich ging mit mir zu Rate, und noch am selben Nachmittag hatte ich die Idee geboren. Und zwar stellte ich mir ein laufendes Band vor, vorne kommen das erste Dokument drauf und die anderen Papiere, und rückwärts musste dann der Reisepass abfallen. Das ließe sich verwirklichen, wenn alle in Frage kommenden Beamte - das Finanzministerium, die Leute von der Einkommenssteuer, die Polizei, die jüdische Gemeinde usw. - unter demselben Dach untergebracht würden und gezwungen wären, ihre Arbeit an Ort und Stelle in Gegenwart des Antragstellers zu erledigen. Der brauchte dann nicht mehr von Büro zu Büro rennen, und ein Teil der demütigenden Schikanen und Bestechungsgelder würde ihm wahrscheinlich auch erspart.<"[449]

Eichmann lief nun zu Hochtouren auf, funktionalisierte jeden Handgriff verschiedener Behörden, beschleunigte die Prozesse und wäre von jedem Vorgesetzten für seine erfolgreiche Prozessoptimierung ausgezeichnet worden. „Es ist wie ein automatisch laufender Betrieb, wie eine Mühle, in der Getreide zu Mehl zermahlen wird und mit einer Bäckerei gekoppelt ist. Auf der einen Seite kommt der Jude herein, der noch etwas besitzt, einen Laden oder eine Fabrik oder ein Bankkonto. Nun geht er durch das ganze Gebäude, von Schalter zu Schalter, von Büro zu Büro, und wenn er auf der anderen Seite herauskommt, ist er aller Rechte beraubt, besitzt keinen Pfennig mehr, dafür aber einen Pass, auf dem steht: >Sie haben binnen 14 Tagen das Land zu verlassen, sonst kommen Sie in ein Konzentrationslager.<"[450]

Diese Aussage Eichmanns deckt die wesentliche Eigenschaft eines hochgradig narzisstisch erkrankten Mensch auf: Er fühlt nicht, was er tut. Er fühlt nicht, welches Leid er anderen mit seinen Handlungen zufügt. Hochgradig narzisstische Menschen le-

449 Hannah Arendt, Eichmann in Jerusalem, S. 121
450 Hannah Arendt, Eichmann in Jerusalem, S. 121

ben vollständig in ihrem eigenen Kosmos, verschreiben sich einer Idee oder Aufgabe ohne Rücksicht auf Verluste. Ob bei dieser Aufgabe Menschen ihre Arbeit und damit ihre finanzielle Existenz verlieren oder ob dabei Menschen ihr Zuhause, ihre Kinder oder Familie, ihre Gesundheit oder gar ihr Leben verlieren, fühlen narzisstische Menschen nicht. Jede Abschiebeverordnung ist höherwertiger als das damit verbundene Leid. Jede Unternehmensbilanz ist wichtiger, als die vielleicht damit verbundene Verletzung von Menschen. Jeder Profit ist wichtiger, als die atomare Verseuchung während des ganz normalen Betriebs eines Atomkraftwerkes oder einer Wiederaufbereitungsanlage. In diesem Sinne sind hochgradig erkrankte narzisstische Menschen Psychopathen. Immenses Leiden kann nur von Menschen mit starker narzisstischer und autoritärer Störung verursacht werden.

Eichmann verstand sich, obwohl er gerade einmal ein paar kleine Schritte im Nazi-System gemacht hatte, schon frühzeitig als Vordenker und Treiber der politischen Lösung der „Judenfrage" - sich selbst und seine Möglichkeiten in der SS vollkommen überschätzend. Denn natürlich wurde die ideologische Ausrichtung - zunächst „forcierte Auswanderung gegen Geld", später die rücksichtslose „Deportation und Ermordung" - nicht von ihm entschieden oder vorgegeben. Auf der sogenannten Wannseekonferenz 1942, auf der sich die Staatsekretäre der Ministerien trafen, um die „Endlösung der Judenfrage" zu diskutieren, war „Eichmann ein recht bescheidener Teilnehmer: >Hier auf der Wannseekonferenz sprachen nur die Prominenten des damaligen Reiches, es befahlen die Päpste<, beschreibt er in einem Verhör die Situation. Jetzt sah er mit eigenen Augen und hörte mit eigenen Ohren, dass nicht nur Hitler, nicht nur Heydrich, nicht alleine die SS und die Partei, sondern dass die ganze Elite des guten und alten Staatsbeamtentums sich mit allen anderen und untereinander um den Vorzug stritten, bei dieser >gewaltsamen Angelegenheit< in der vordersten Front zu stehen. >In dem Augenblick hatte ich eine Art Pilatus' scher Zufriedenheit in mir verspürt, denn ich fühlte mich bar jeder Schuld.<"[451]

451 Hannah Arendt, Eichmann in Jerusalem, S. 204

Dennoch sah Eichmann sich als Dreh- und Angelpunkt der gesamten Judenpolitik des Reiches. „Wichtigtuerei war das Laster, das Eichmann zugrunde richtete. Es war reine Angeberei, wenn er seinen Leuten in den letzten Kriegstagen erzählte: >Ich werde freudig in die Grube springen, denn das Bewusstsein, fünf Millionen Juden auf dem Gewissen zu haben, verleiht mir ein Gefühl großer Zufriedenheit.< Den Tod von fünf Millionen Juden auf das eigene Konto zu buchen, war natürlich absurd; dennoch wiederholte er diesen Satz vor jedermann, sogar noch zwölf Jahre später in Argentinien, denn es verlieh ihm ein außerordentlich erhebendes Gefühl, sich vorzustellen, dass er auf diese Weise von der Bühne abtreten würde. So war es reine Prahlerei, wenn er behauptete, dass er das Ghettosystem erfunden hätte sowie den Plan, alle europäischen Juden nach Madagaskar[452] zu verfrachten."[453]

Manche wenden ein, dass Eichmann und viele Nazi-Schergen nur einfache Sadisten waren, mit einer Freude am Leid anderer, die sich einfach nur austobten, was überdies auf einem natürlichen Aggressionstrieb gründen würde, wie Konrad Lorenz in der Nachkriegszeit formulierte. Doch Eichmanns Berichte über seine Besuche in den Todeslagern in Osteuropa zeigen alles andere als einen aggressiven Sadisten:

1944 reiste er beispielsweise in das Todeslager Kulmhof, in dem über 300.000 Menschen ermordet wurden. „Anstelle von Gaskammern wurden fahrbare Vergasungswagen benutzt. Was Eichmann zu sehen bekam, sah so aus: Die Juden befanden sich in einem großen Raum; man befahl ihnen sich zu entkleiden; dann fuhr ein Lastwagen vor, hielt direkt vor der Türe des Raumes, und die nackten Juden mussten einsteigen. Seine Türen wurden geschlossen und der Lastwagen fuhr los."[454] Die Insassen wurden mit dem Kohlenmonoxyd des Lastwagens vergast. „>Ich fuhr dann dem Wagen nach, und da sah ich das Entsetzlichste, was ich in meinem Leben bis dahin gesehen hatte. Der LKW fuhr an eine längliche

452 Das Auswärtige Amt entwarf Ende 1939 den Plan, alle Juden des Reichsgebietes nach Madagaskar auszusiedeln. Das Ghettosystem, wonach Juden in viel zu kleinen Ghettos deportiert wurden, war eine Idee Heydrichs.

453 Hannah Arendt, Eichmann in Jerusalem, S. 122

454 Hannah Arendt, Eichmann in Jerusalem, S. 173

Grube, die Türen wurden geöffnet und heraus wurden Leichen geworfen. Ich sehe noch, wie ein Zivilist mit einer Zange die Zähne rauszieht, und dann bin ich abgehauen. Da war ich bedient. Da war ich fertig. Ich weiß nur noch, dass ein Arzt dort in einem weißen Kittel mir sagte, ich sollte durch ein Guckloch schauen, wie sie im Wagen drin waren. Das habe ich abgelehnt. Ich konnte nicht, ich konnte nichts mehr sagen, ich musste weg.<"[455] Eichmann, der große Organisator der Deportationen in die Konzentrationsläger in Osteuropa, konnte den Akt des von ihm vorbereiteten Mordens nicht aushalten.

Wenig später wurde er von seinem Vorgesetzten Müller „nach Minsk in Weißrussland geschickt, der ihm sagte: >In Minsk werden die Juden erschossen; möchte Bericht haben, wie dies so vor sich geht.< Er fuhr nach Minsk, und als er ankam, >war die Sache fast vorbei - worüber ich heilfroh gewesen bin. Als ich hinkam, sah ich noch, wie junge Schützen mit dem Totenkopf [der SS] auf den Spiegeln in eine Grube schossen. Schossen hinein, und ich sehe noch eine Frau, Arme nach rückwärts, und dann sind auch mir die Knie abgewankt und ich bin weg.< Nach seiner Rückkehr bittet er seinen Vorgesetzten Müller: >Schicken Sie doch bitte jemand anderen hin. Jemand robusteren. Es gibt doch genügend andere, die können das sehen. Die kippen nicht aus den Latschen. Ich kann's nicht sehen. In der Nacht kann ich nicht schlafen. Ich träume - ich kann's nicht, Gruppenführer.<"[456]

Arendt führt noch viele weitere Aussagen an, die eindeutig belegen, dass Sadismus bei Eichmann kein Motiv war. Stattdessen findet sie unzählige Belege für Eichmanns ausgeprägten Hang zur Prahlerei und zur Lebenslüge. Doch wie kann solche Selbsttäuschung über so viele Jahre aufrechterhalten werden? Eine wesentliche Ursache dieser Selbsttäuschung war der Umstand, dass dies ein permanenter Zustand der deutschen Gesellschaft war: „Wenn er sicher sein wollte, dass er nicht log und keiner Selbsttäuschung unterlag, brauchte er sich nur in eine nicht all zu ferne Vergangenheit zu versetzen, als zwischen ihm und seiner Umwelt vollkom-

455 Hannah Arendt, Eichmann in Jerusalem, S. 174

456 Hannah Arendt, Eichmann in Jerusalem, S. 175

mene Übereinstimmung herrschte, weil 80 Millionen Deutsche gegen die Wirklichkeit und ihre Faktizität durch genau die gleichen Mittel abgeschirmt gewesen waren – durch die gleiche Verlogenheit und Dummheit und durch die gleichen Selbsttäuschungen.... Allen war zur Gewohnheit geworden, sich selbst zu betrügen [und zu belügen], weil dies eine Art moralischer Voraussetzung zum Überleben geworden war; und diese Gewohnheit hat sich so festgesetzt, dass es noch heute manchmal schwer fällt, nicht zu meinen, dass Verlogenheit und Lebenslüge zum Bestandteil des deutschen Nationalcharakters gehören."[457] Solche Selbstlügen sind charakteristisch für narzisstische Störungen.

Spontan schwillt in uns Widerspruch gegen eine solche Bewertung an. Doch schaue ich mir die Vergangenheit und Gegenwart vieler Menschen in Deutschland an, wird klar, wie oft und intensiv die Lebenslügen nach dem Krieg noch gelebt wurden und wohl allzu oft immer noch gelebt werden. Unrecht und Leid werden solange zurecht gebogen, bis es ausgehalten werden kann. „Wir haben ja nichts davon gewusst!" lautet die übliche Schutzbehauptung, selbst jener, die nur wenige Kilometer von einem Konzentrationslager entfernt gelebt haben oder die an den Todestransporten logistisch beteiligt waren, die Giftgase und andere Waffen hergestellt haben,.... Dies ist jenes Phänomen, das Fromm über die 1950er Jahre beschreibt: In den Zeiten von Rock 'n Roll und Petticoat, in der das Leben so lange ver-rückt wurde, bis nichts mehr gefühlt werden konnte, blühte die Lebenslüge weiter. Die Lebenslüge, die von Freiheit spricht und Rassentrennung zwischen Schwarz und Weiß fordert. Denn das Grauen des Krieges und der Gewalt und das damit verbundene Leid zu fühlen, ist kaum auszuhalten. Bis heute leben wir in dieser Tradition, nicht nur in Deutschland, wie Arendt meint, sondern in fast ganz Europa und Nordamerika, in Japan und weiten Teilen Chinas und Russlands. Überall dort, wo unerträgliche Gewalt das Leben über Generationen prägt, sind Lebenslügen zu Hause.

Ein scheinbar unbedeutender Mangel Eichmanns bringt Arendt in ihrer Analyse letztlich auf eine besondere Spur ihrer Ursa-

457 Hannah Arendt, Eichmann in Jerusalem, S. 129

chenforschung. „Komisch ist Eichmanns heldenhafter Kampf mit der deutschen Sprache, in dem er regelmäßig unterlag." Er war offensichtlich kaum fähig, in eigenen Worten zu sprechen, sondern konnte nur Sätze bilden, die mit „Redensart auf Redensart" angehäuft waren. Vom Richter in Jerusalem daraufhin ermahnt, entschuldigte er sich und sagte: „Amtssprache ist meine einzige Sprache." Er war von Hause „unfähig, einen einzigen Satz zu sagen, der kein Klischee verband.... Je länger man ihm zuhörte, desto klarer wurde, dass diese Unfähigkeit sich auszudrücken, aufs engste mit der Unfähigkeit zu denken verknüpft war."[458] Auch heute können wir viele Menschen beobachten, die sich nur in Redensarten, Sprüchen und anderen Worthülsen mitteilen und offensichtlich kaum mehr darüber nachdenken, was sie gerade sagen möchten.

Selbst „im Angesicht seines eigenen Todes [wenige Minuten vor seiner Hinrichtung] fiel ihm nur das ein, was er in unzähligen Grabreden gehört hatte: das >Wir werden ihn, den Toten, nicht vergessen.< Sein Gedächtnis, auf Klischees und erhebende Momente eingespielt, hatte ihm den letzten Streich gespielt: er fühlte sich >erhoben< wie bei einer Beerdigung und hatte vergessen, dass es die eigene war. In diesen letzten Minuten war es, als zöge Eichmann selbst das Fazit der langen Lektion in Sachen menschlicher Verruchtheit, der wir beigewohnt hatten - das Fazit von der furchtbaren Banalität des Bösen, vor der das Wort versagt und an der das Denken scheitert."[459] Diese Banalität des Bösen fasst Hannah Arendt mit den ebenso banalen Worten zusammen: „Eichmann war unfähig zu denken."

Dies erschüttert die Denkerin Arendt in den nachfolgenden Jahren zutiefst und wird Anlass für sie sein, 1965 eine Vorlesung „Über das Böse"[460] zu halten und 1973 eine philosophische Analyse „Über das Denken" zu verfassen. In ihrer Begründung für die Untersuchung „Vom Leben des Geistes", auf die ich im zweiten Band näher eingehen werde, bezieht sie sich explizit auf die konstatierte Banalität des Bösen: „Der unmittelbare Anstoß ergab sich aus meiner Anwesenheit beim Eichmann Prozess in Jerusalem. In meinem

458 Hannah Arendt, Eichmann in Jerusalem, S. 126

459 Hannah Arendt, Eichmann in Jerusalem, S. 371

460 Hannah Arendt, Über das Böse, Eine Vorlesung zu Fragen der Ethik

Bericht sprach ich von der Banalität des Bösen. Dahinter stand keine These oder Theorie, doch irgendwie ahnte ich, dass diese Formulierung unserer literarischen, theologischen und philosophischen Denktradition über das Böse entgegenlief.... Das Böse, so haben wir gelernt, ist etwas Dämonisches; seine Verkörperung ist der Satan, der vom Himmel fällt als ein Blitz,... oder Luzifer, der gefallene Engel, dessen Sünde der Hochmut ist.... Ich aber stand vor etwas vollkommen anderem und doch unbestreitbar Wirklichem. Ich war frappiert von der offenbaren Seichtheit des Täters. Die Taten waren ungeheuerlich, doch der Täter war ganz gewöhnlich und durchschnittlich, weder dämonisch noch ungeheuerlich. Nichts an ihm deutete auf feste ideologische Überzeugungen oder besonders böse Beweggründe hin; das einzig Bemerkenswerte an seinem früheren Verhalten wie auch an seinem jetzigen vor Gericht und in den vorangegangenen Polizeiverhören war etwas rein Negatives: Nicht Dummheit, sondern Gedankenlosigkeit."[461]

Um den Begriff Gedankenlosigkeit zu ergründen, meditiert Hannah Arendt mehrere Jahre über das Leben des Geistes, dessen Tätigkeit das Denken ist und dessen Untätigkeit eben jene „Gedankenlosigkeit" ist, wodurch wir nicht mehr wahrnehmen können, was wir tun und welche Wirkung wir erzeugen, wo wir sind und wie wir handeln. Denken ist übrigens für Hannah Arendt nicht nur das rationale Denken, das auf Ergebnisse ausgerichtet ist, sondern in gleichwertiger Weise „nicht-kognitives Denken", das umgangssprachlich eher der Intuition entspricht oder in buddhistischer Terminologie den unmittelbaren meditativen Erfahrungen. Gedankenlosigkeit, das Fehlen des Denkens, ist daher „nicht die uns allen bekannte Geistesabwesenheit", sondern das fehlende „Zwiegespräch mit uns selbst", in dem ein Mensch über seine Welt reflektiert und die Wirkungen der jeweiligen Handlungen analysiert und antizipiert; wenn er versucht, andere und deren Perspektiven wahrzunehmen und zu verstehen. Dabei trifft er oft auf unmittelbare, begrifflich nur schwer formulierbare Erkenntnisse.

Der Entdeckung der „Gedankenlosigkeit als wesentliche Ursache für Eichmanns Handeln" folgend, findet Arendt dies an vie-

461 Hannah Arendt, Vom Leben des Geistes, S. 13-14

len kleinen Beobachtungen bestätigt: „Im Rahmen des israelischen Gerichtsverfahrens und der Gefängnisordnung funktionierte Eichmann ebenso gut wie seinerzeit unter dem Naziregime; doch wenn er vor Situationen stand, für die es keine solchen routinemäßigen Verhaltensvorschriften gab, so war er hilflos, und seine von Klischees durchsetzte Sprache im Zeugenstand führte zu einer Art makabren Komödie. Klischees, gängige Redensarten, konventionelle, standardisierte Ausdrucks- und Verhaltensweisen haben die gesellschaftlich anerkannte Funktion, gegen die Wirklichkeit abzuschirmen, gegen den Anspruch, den alle Ereignisse und Tatsachen kraft ihres Bestehens an unsere denkende Zuwendung stellen."[462] Diese „denkende Zuwendung" ist die Quelle der Empathie, des Mitgefühls, der kommunikativen Kooperation und Liebe, die uns als Menschen auszeichnet.

Mit dem Denken über den Fall Eichmann steht Hannah Arendt in guter Denktradition, erörtert grundlegende Fragen, mit denen jedes Denken seit Sokrates beginnt: „Dieses Fehlen des Denkens - eine durchaus normale Erfahrung im Alltagsleben, wo wir kaum die Zeit, geschweige denn die Neigung haben, innezuhalten und nachzudenken - rief mein Interesse wach. Hängt vielleicht das Problem von Gut und Böse, unsere Fähigkeit, Recht und Unrecht zu unterscheiden, mit unserem Denkvermögen zusammen?... Es drängte sich die folgende Frage auf: Könnte vielleicht das Denken als solches - die Gewohnheit alles zu untersuchen, was sich begibt oder die Aufmerksamkeit erregt, ohne Rücksicht auf die Ergebnisse und den speziellen Inhalt - zu den Bedingungen gehören, die die Menschen davon abhalten Böses zu tun? Das Wort >Ge-wissen< selbst jedenfalls, deutet darauf hin, denn es bedeutet ja >bei sich wissen<, was bei jedem Denkvorgang der Fall ist. Das Denken - nach Platon ein stummes Gespräch mit sich selbst - dient dazu, die Augen des Geistes zu öffnen, und selbst der Aristotelische Geist [nous] ist ein Organ, das die Wahrheit sieht und anschaut."[463] Indem wir also mit uns selbst ins Zwiegespräch kommen und - wenn möglich - bei jeder Handlung, bei jedem Wort und jeder Entscheidung uns fragen, welche Auswirkung meine

462 Hannah Arendt, Eichmann in Jerusalem, S 334
463 Hannah Arendt, Vom Leben des Geistes, S. 15-17

Handlung haben könnte und ob ich dies selbst erfahren möchte, kann ich Leid verhindern.

Die Gedankenlosigkeit finden wir bei Erich Fromms Beschreibung eines narzisstischen Menschen wieder, „denn solange Menschen narzisstisch sind, bleiben sie einander entfremdet, zueinander feindselig und unfähig, den anderen zu verstehen."[464] Menschen mit großer narzisstischer Störung, wie Adolf Eichmann und viele andere, können Menschen in ihrem Leid nicht mehr wahrnehmen. Sie können nicht das Leid, das sie anderen zufügen, fühlen. Sie verstehen und empfinden andere Menschen nicht mehr. Das besonders Erschreckende an dieser Erkenntnis ist, dass wir alle in unterschiedlichem Ausmaß narzisstisch und gedankenlos sind, so dass wir die Auswirkungen unserer Handlungen immer wieder wechselseitig erleiden. Drei einfache Beispiele hierzu:

- Wenn wir andere beschimpfen oder anderweitig verbal verletzen, denken wir nicht darüber nach, welche Auswirkung dies auf die Beschimpften hat. Wird dies vielleicht jene in eine tiefe Depression oder gar in einen Selbstmord stürzen?
- Wenn wir Menschen, die vor Verfolgung oder einfach aus Sehnsucht nach einem guten Leben aus ihrem Land geflohen sind, aufgrund welcher Gesetze und Verordnungen auch immer, abschieben, denken wir kaum darüber nach, welche Auswirkung dies hat. Wird dieser Mensch vielleicht bald gefoltert? Werden die Kinder der Abgeschobenen gar zu Mördern, weil sie aufgrund der Abschiebung nun eine so große Wut auf den Westen empfinden?
- Wenn wir als Vorgesetzte Menschen abwerten, ihnen den eigenen Willen aufzwingen, denken wir kaum darüber nach, welche Auswirkung dies auf das Leben der Betroffenen hat. Wird der Mitarbeiter vielleicht aus lauter Frust am Abend seinen Sohn verprügeln und wird sich dadurch die Spirale der Gewalt in der Schule weiterdrehen?

Die Liste solcher Beispiele ist beliebig lang. Wir alle denken viel zu wenig darüber nach, welche Konsequenzen sich aus unseren

464 Erich Fromm, Von der Kunst des Zuhörens, S. 218

Handlungen und Worten ergeben können. Dies ist unsere alltägliche „Gedankenlosigkeit", die wir mit jenem Adolf Eichmann gemein haben und die uns vermutlich daran hindern würde zu merken, wenn bestimmte Handlungen in einen Überwachungsstaat von der Qualität der SS, Stasi oder KGB münden, weil wir uns doch in einem Rechtsstaat wähnen und geheime Gerichte die doch offensichtlichen Menschenrechtsverletzungen der NSA überprüfen. Doch geheime Gerichte sind die besten Belege dafür, dass etwas verborgen bleiben soll. Recht und Rechtsstaat haben keine eigenen moralischen Qualitäten, denn innerhalb des von jedem Staat selbst gesetzten Rechts verstanden und verstehen sich alle Unrechtsstaaten immer auch als Rechtstaaten. Das ist die Begründung des Bundesverfassungsgerichts mit Blick auf die Rechtfertigung von Pensionsansprüchen von NS- und SED-Tätern und ihren Witwen.

Zur Verteidigung der These, dass der Krieg ein natürlicher Akt sei, mögen manche nun einwenden, dass eben der Narzissmus ein natürlicher Zustand des menschlichen Geistes und nur ein anderer Begriff für den Aggressionstrieb sei. Doch diesem Einwand ist leicht zu begegnen, ist dieser wohl der letzte verlorene Posten einer längst vergangenen Zeit: Ein Trieb ist per Definition eine Eigenschaft, die kein Wesen steuern oder ändern kann. Ein Trieb geschieht zwangsläufig, ist determiniert von biologischen Abläufen, ähnlich einem Reflex auf einen äußeren Reiz, wie jenes berühmte Zucken des Unterschenkels beim Klopfen auf die Kniescheibe oder die Produktion von Speichel bei bestimmten Gerüchen. Die Zwangsläufigkeit eines Triebes bedeutet, dass sich die aus dem Trieb ergebenden Taten durch nichts verhindern lassen. Wenn es einen Aggressionstrieb gäbe, frage ich mich, warum ihn manche Menschen besitzen und andere nicht. Und je länger ich aber über Triebe nachdenke, desto schwieriger wird es, einen echten Trieb zu finden. Denn selbst beim viel diskutierten Sexualtrieb ist es möglich, durch Meditationen und andere geistige Übungen die gewöhnlichen Verhaltensweisen zu verändern. Wir erleben sogar eine große Freude dabei, wenn wir eine andere Person nicht zum Objekt der Begierde degradieren. Sexualität ist kein explosionsartiger Reflex, der sich ergießen muss, auch wenn viel zu viele dies so erleben und darunter leiden. Die Vorstellung von einem Sexualtrieb entspringt mehr der großen Märchenstunde biologistischer, verhaltenstheoretischer oder materialistischer Ideen. Und falls es so etwas wie einen Aggressionstrieb überhaupt gibt, dann ist der entscheidende Unterschied zwischen der narzisstischen Gedankenlosigkeit und dem Trieb, dass der Letztere nicht steuerbar ist, während die narzisstische Gedankenlosigkeit durch das Erlernen des Denkens und der Untersuchung des eigenen Geistes durch den Geist zu jedem Zeitpunkt verändert werden kann.

Und doch gibt es auch eine körperliche Komponente bei der narzisstischen Gedankenlosigkeit, währenddessen sich das ICH wie durch eine innere Droge stark überhöht. Menschen, die Kokain konsumieren, halten sich für unbezwingbar und aus sich heraus existierend. Sehr ähnliche Wirkung erleben Menschen bei einem Marathonlauf oder anderen Extremsportarten. Ab einem gewissen Punkt werden im Körper zur Aufrechterhaltung der Leistung so viele körpereigene Drogen erzeugt, dass ein rauschartiger Zustand entsteht, wodurch das ICH sich fast unsterblich wähnt. Ähnliches geschieht bei einem Orgasmus, bei dem der Hormonspiegel so stark ansteigt, dass ein Rauschzustand entsteht. Im Höhepunkt des Rausches, was wir Orgasmus nennen, sind die Partnerin oder der Partner kaum mehr wahrnehmbar. Erst kurz danach entsteht wieder Nähe und Freude, die zu allererst jedoch dem eigenen Rausch gilt. Diese körperliche Komponente ist vermutlich der Grund, weshalb die allermeisten klösterlichen Lebensgemeinschaften körperliche Rauschzustände zu verhindern suchen, um die Überhöhung des narzisstischen ICH zu zügeln und das humane Ich, das eingebunden ist in viele Beziehungsabhängigkeiten, zu stärken. Dass dies mit sittenmoralischen Peitschen jedoch kaum gelingt, davon zeugen die vielen Kinder katholischer Priester.

Mit dieser Sicht auf die Geschichte wird die These, der Mensch führe Krieg, weil er kriegerisch sei und nur einem Aggressionstrieb folge, als ein einfaches und von diversen Interessen motiviertes Märchen enttarnt. Wir können endlich aufhören, weiter dem sozialdarwinistischen Albtraum einer Kampftheorie in unserem Alltag zu folgen. Wir können endlich beginnen, Kriegsministerien zu schließen, die immer schon nur absurde Geldverschwendung waren. Mit dem Wissen über die grundlegende kommunikative Kooperationsfähigkeit des Menschseins gründen wir stattdessen Friedensministerien, in denen Menschen Wege erarbeiten, um Konflikte aller Art zwischen Staaten kommunikativ und kooperativ zu überwinden. Ja, wir brauchen große Transportflugzeuge, aber eben nicht zum Transport von Waffen, sondern zum Transport von Hilfsgütern und Helfenden, die die Not von Menschen lindern.

Indem wir das Denken wieder erlernen und unseren Geist täglich betrachten und untersuchen, nähern wir uns der Weisheit an, dass jeder und jede Einzelne immer unter der Aggression des Kampfes leidet. Selbst autoritäre Vorgesetzte oder aggressive Mitarbeitende leiden unter ihren eigenen Handlungen, weil sie fühlen, dass sie sich von der Gemeinschaft empfindsamer Wesen mit jeder Aggression entfernen. Als Manager oder sonstige Entscheidungstragende sind wir genauso wenig bösartig wie Adolf Eichmann. Doch damals wie heute erleben andere aufgrund unserer Entscheidungen großes Leid - verlieren Tausende ihre Arbeit, hungern die, die in Sklavenarbeit unsere Kleidung und Schuhe nähen. Es ist die Gedankenlosigkeit über die Auswirkungen der eigenen Handlungen, die Leid verursacht, einer Gedankenlosigkeit, die auf einem mehr oder weniger stark ausgeprägten narzisstischen ICH basiert. Deshalb sind auch alle gut motivierten Ansätze zu einer wie auch immer gearteten „neuen Ethik in der Wirtschaft" so lange zum Scheitern verurteilt, bis sie das narzisstische ICH als Ursache der Misere erkennen. Es können noch so viele Trainings zum moralischen Verhalten, „codes of conducts" verabschiedet werden, noch so viele TÜV-Siegel zur Überprüfung sozialer Arbeitsstandards entwickelt werden. Sie können kaum wirksam werden, solange wir nicht die Gedankenlosigkeit und das narzisstische ICH als Ursache erkennen und berücksichtigen. Erst mit Methoden und Wegen zur stetigen Verringerung des narzisstischen ICH werden alle diese guten ethischen Ansätze wirksam, weil wir erst dann wieder zu Menschen in Beziehung treten können. Dann fühlen wir wieder freudig den intensiven Kontakt, die wohltuenden Beziehungsenergien zwischen Menschen und können in der Folge Strukturen des gemeinsamen Lebens und Arbeitens positiv verändern und gestalten.

Die Überwindung des autoritären Charakters und des omnipotenten narzisstischen ICH ermöglicht dann auch jenen „Verfassungsstaat", den sich Jürgen Habermas erträumt, in dem „die staatliche Gewalt über das demokratische Verfahren und in der Grammatik allgemeiner Gesetze programmiert wird, so dass die Bürger [und Bürgerinnen] ihre Herrschaft über Organe der Gesetzgebung, Exekutive und Rechtsprechung wieder ausüben."[465] Auf dem Weg dorthin können die immer noch existierenden Monarchien und Präsidialdemokratien in echte, reale Demokratien umgewandelt werden. Auch die latente Aufhebung der Gewaltenteilung in vielen fortgeschrittenen Staaten kann wieder umgewandelt werden durch direkte demokratische Methoden. Dann endet der Missstand, dass die Bundesregierung als Exekutive gleichzeitig die Rolle der Gesetzgebung übernimmt, indem die jeweilige Regierungsmehrheit im Parlament jedes Gesetzesvorhaben der Regierung durchwinkt.

Ein weiteres Merkmal des Erfolgs dieses Prozesses wird die Überwindung der Nationalstaaten sein und damit aller Gewaltansprüche von wem auch immer, wie wir dies in den sogenannten Grenzgebieten zwischen den EU Staaten wunderbar sehen können. In diesen Regionen lösen die Menschen die Grenzen durch ihre alltäglichen Handlungen auf, indem sie gemeinsam arbeiten und feiern, essen und trinken, wohnen und sich einfach nur freuen. Dies weist darauf hin, dass „in dem Maße, wie die Funktionssysteme der im Entstehen begriffenen Weltgesellschaft durch die nationalen Grenzen hindurch greifen, ein Regelungsbedarf entsteht, der die bestehenden politischen Handlungskapazitäten [der Nationalstaaten] überfordert.... Mit solchen Problemlagen [wie Kriege, Finanzkrise und Klimakatastrophe] der Weltgesellschaft sind heute nicht einzelne Staaten oder Koalitionen von Staaten konfrontiert, sondern die [Welt]Politik im Singular."[466] Ziel ist eine „demokratische Verfassung der Weltgemeinschaft", in der wir uns als Weltbürger[innen]-Gemeinschaft" auf der Basis universeller, kommunikativer Kooperation und Gleichwertigkeit aller verwirklichen. Deshalb ist der Ruf nach einem freien und unabhängigen Nationalstaat, welchen Volkes auch immer, ein Ruf in die alte narzisstische und autoritäre Vergangenheit. Mit dem Wissen über

465 Jürgen Habermas, Zur Verfassung Europas, S. 57
466 Jürgen Habermas, Zur Verfassung Europas, S. 84

diesen Zusammenhang fordert der Dalai Lama denn auch kein unabhängiges Tibet, sondern nutzt seit seiner Flucht aus Tibet 1959 die Gespräche mit China als Weg, zwischen den Menschen in Tibet und China Frieden zu stiften. Jenem Weg, der auch als „Mittlerer Weg" bezeichnet wird, der die Idee eines Nationalstaates aufgibt, weil es nur auf das friedliche Zusammenleben der Menschen ankommt. Nationalstaaten sind nur gedankliche Konstruktionen eines überschäumenden kollektiven Narzissmus.

Die Überwindung der Gedankenlosigkeit des überhöhten, narzisstischen ICH ist daher das wesentliche Mittel, um Leid zu verhindern und Glück zu ermöglichen. Doch damit wir dieses Ziel erreichen können, müssen wir unseren eigenen Geist verstehen lernen. Das, was wir in der Regel in Schulen und Universitäten darüber lernen, hat kaum etwas mit der Fähigkeit des Denkens gemein, die Hannah Arendt als Erfordernis einklagt, weil wir uns dabei nur mit Daten und Wissen beschäftigen. „Das Denkvermögen, das Kant die Vernunft nannte, ist völlig anders beschaffen, als das Erkenntnisvermögen. Der Verstand möchte fassen, was den Sinnen gegeben ist, doch die Vernunft möchte dessen Sinn verstehen."[467] Im Tibetischen gibt es daher verschiedene Begriffe für den Geist, die verschiedene Nuancen des Denkens zum Ausdruck bringen.

Die Beschäftigung mit dem eigenen Geist - und natürlich auch mit dem Geist der anderen sowie der scheinbar unübersehbaren Wechselwirkungen der vielen Geister miteinander - ist in unserer komplexen Welt offensichtlich lebensnotwendig, weil wir erst dadurch den Sinn unserer Handlungen und damit auch den unseres Lebens begreifen können. Dies gilt vor allem auch für die Prozesse, die wir heute Management nennen, in denen viele Menschen gemeinsam Aspekte der Welt gestalten, die heilsam und schädigend wirken. Die Untersuchung des Geistes und seiner Geistesfaktoren ist der Schwerpunkt des zweiten Bandes.

---

467 Hannah Arendt, Vom Leben des Geistes, S. 66

Auf unbegangenen Wegen wandeln

Bevor wir den Geist und seine Wirkungsfaktoren im zweiten Band untersuchen, mögen Sie sich fragen, ob wir das narzisstische ICH und die sich daraus ergebende Instrumentalisierung und Gedankenlosigkeit je werden vermeiden können. Werden wir jemals eine Freiheit vom Leid erreichen können, wo wir uns doch alle Tag für Tag wechselseitig instrumentalisieren? Sind die schönen Worte von Liebe und Mitgefühl, das Denken über gleichwertige Achtung, Würde und Freiheit nicht einfach nur schöne, aber eben nur Worte voller Illusion?

Wie immer bei solchen grundsätzlichen Lebensfragen gibt es zwei Möglichkeiten damit umzugehen: Einerseits können wir sagen, dass sich die Menschen immer schon gegenseitig instrumentalisiert haben und zukünftig auch in diesem instrumentalisierenden und gewalttätigen Zustand leben werden, ob in der Antike oder heute. Aus dieser eher deprimierenden, weil hoffnungslosen Sichtweise auf das Leben, ist sicher, dass wir bis zum Ende unserer Tage Leid erfahren werden. Glück ist mit dieser Lebenshaltung unmöglich, weil ihre Basis die Hoffnungslosigkeit ist, die glaubt, dass sich nichts verändert und wir auf immer und ewig in einem Jammertal leben werden.

Andererseits können wir eine lebensbejahende Haltung in dieser Frage einnehmen und annehmen, dass alles, was geschieht und was wir erleben, eine Ursache hat, die veränderbar ist. Das ist eine hoffnungsvolle Perspektive, wie sie in den ersten sogenannten „Vier Wahrheiten" des Buddha Sakyamuni zum Ausdruck kommt, die ich wiedergeben möchte mit vielleicht wenig heilig klingenden Worten:

1. *Ja, das Leben ist weitgehend von Leid geprägt.*
2. *Aber alles Leid hat eine Ursache und fällt nicht vom Himmel.*
3. *Wenn wir die Ursachen kennen, können wir Mittel dagegen finden.*
4. *Wenden wir diese Mittel an, verringern wir das Leid und erleben Glück.*

Dass diese Haltung keine Fantasie ist, zeigt sich schon in dem Umstand, dass einfache Menschen ihr Leben nach extremen Erfahrungen wie Krieg und Gewalt immer wieder neu miteinander aufbauen. Unter dieser Voraussetzung können wir beginnen, die wenigen Momente des Glücks, die wir immer schon erlebt haben, durch Ursachenforschung und Anwendung geeigneter Mittel auszudehnen, um schließlich andauerndes Glück zu erleben. In einem ersten Schritt ist das Leid bedingungslos in all seinen Facetten anzusehen, eine oft schwierige Arbeit, um hiernach die Ursachen zu erkennen und zu verändern. In der Folge fühlt der Mensch sich glücklich, wie nach einem intensiven Bad, sauber und frisch. Erkennen wir die Ursachen des Leids, kann uns nichts mehr schrecken.

Erinnern und fühlen Sie sich dazu in eine Situation hinein, in der Sie Glück erlebt haben, etwa als Sie Ihre Partnerin oder Ihren Partner kennen lernten oder als Ihr Kind geboren wurde. In den Momenten der Verliebtheit oder gar der Liebe sind wir glücklich, weil wir als Personen ohne Bedingungen und Erwartungen - wir können auch sagen uneigennützig und vollständig - angenommen werden und andere annehmen. Wir dürfen einfach so sein, wie wir sind, und fühlen dabei das pure Leben, den bloßen Moment (carpe diem!), das ganze bloße Ich, ohne einem Interesse, einer Bedingung oder Erwartung genügen zu müssen. Liebe und Glück sind frei von Bedingungen, Erwartungen und Interessen. Im Zustand des bloßen Seins ist es möglich, mit anderen in einen echten, nicht-instrumentellen, uneigennützigen Kontakt zu treten. Die Zärtlichkeit der Worte, der Gesten und Hände richtet sich bedingungs- und interessenlos auf eine andere Person. Diese Zärtlichkeit wünscht, dass diese Person bedingungsloses Glück erlebt. Hieraus entsteht echte Beziehung, nach der wir uns so sehr sehnen.

Eine Beziehung, frei von Interessen, kann sogar geschäftlicher Natur sein, weil wir Mitmenschen auch durch Lebensmittel oder andere Güter Wohlbefinden schenken können, geleitet lediglich von dem altruistischen Wunsch, dass meine Handlungen ihnen Glück bringen mögen. Mit bedingungsloser Liebe lerne ich, andere Menschen ernsthaft und vollständig wahrzunehmen und sie wertzuschätzen. Als Folge dieses wohltuenden Aktes erlebe ich bloße Freude. Ohne Rausch und ohne Sucht werde ich überschwemmt von Zuneigung und Liebe. Befreiung und Erfüllung entstehen, wenn ich nicht mehr Bildern und Interessen erliege und Erwartungen nicht mehr auf mich und andere projiziere. Funktionalität hört unmittelbar auf. Ich erlebe stattdessen intensiven Kontakt und tiefes Leben zwischen anderen und mir. Ich fühle vorbehaltlose Liebe, gepaart mit dem Wunsch, die geliebten Personen mögen kein Leid mehr erleben.

Solche Bedingungslosigkeit darf ich seit dreißig Jahren mit Eva immer wieder erleben und eintauchen in die wunderbare Welt des Zusammenlebens und Liebens, wobei wir das Gefühl des Eins-Seins, eines wechselseitigen und umfassenden Verständnisses auf fast allen Ebenen des Geistes und des Körpers, erfahren können. Schon nach den ersten Tagen haben wir intuitiv eine Art Vereinbarung getroffen, uns nie gegenseitig zu erziehen, nicht in Erwartungen oder Interessen zu ertrinken und nicht in Rollen verhaftet zu sein. Diese Erwartungslosigkeit und Offenheit für alles Kommende sind bis heute die Essenzen unseres Glücks. Natürlich gab es trotz aller guten Vorsätze immer wieder Erwartungen, aus denen sich durchgängig Beziehungskrisen entwickelten. Doch gemeinsam hatten wir die Kraft, uns dem Sog der Interessen und Erwartungen wieder zu entziehen und miteinander glücklich zu sein. Sobald wir zusammen sind und keine alltäglichen Dinge erledigen müssen, betrachten und analysieren wir die Welt, auch mit allem Leid, und genießen doch die Schönheit des Lebens und des Seins. Die dabei gelebten und erlebten Gedanken sind der Treibstoff, der uns glücklich macht, weil wir so miteinander und mit der Welt in Kontakt treten. Es ist wunderbar und ich hätte mir kein schöneres Zusammenleben mit einem Menschen vorstellen können. Vor einigen Jahren sagte unser damals zwölfjähriger Sohn zu uns: „Wer hat eigentlich als Kind die Möglichkeit, so vielen guten Gesprächen zu Hause zu lauschen und die Welt darin zu erleben!?“ Das war für uns beide ein wundervolles Kompliment und wir hatten Tränen in den Augen.

Erwartungen aufzugeben und damit zu vermeiden, andere Menschen zu Marionetten zu machen, bezieht sich auch auf die Erwartungslosigkeit hinsichtlich der eigenen Lebensspanne. Hätte ich angesichts meines schwachen Herzens nach mehreren Infarkten die Erwartung, noch lange zu leben, würde ich in eine tiefe Depression fallen. Darunter leiden bedauerlicherweise die meisten schwerkranken Menschen. Eine unerfüllbare Erwartung raubt ihnen die letzte Lebensqualität. Es ist sehr unwahrscheinlich, dass ich alt werde in diesem Körper - das Ergebnis meiner vergangenen Handlungen. In dem Zustand der jetzt erreichten Erwartungslosigkeit jedoch kann ich mich über jeden Augenblick des Lebens freuen.

Mein Leben ist intensiv, besonders aufgrund der Meditationen, auch über das Sterben, die ich in manchen Phasen tatsächlich erlebe gleich einem „Denken, das stumme Zwiegespräch des Menschen mit sich selbst, reine Tätigkeit des Geistes in Verbindung mit völliger Unbeweglichkeit des Körpers."[468] Zeit ist kaum mehr relevant. Die Verbundenheit des bloßen Ich mit der Welt, dem Draußen, wird fühlbar. Es sind Welten-Reisen mit immer tiefer werdenden Einsichten in Zusammenhänge und Ursachen. Verbindungen werden durchlebt, als würde die Welt in einem Moment kulminieren. Die Zeit beginnt sich zu dehnen. Aus Monaten werden Jahre.

Erwartungen an die eigene Lebenszeit aufzugeben, hat zur Folge, dass das überhöhte ICH als solches enttarnt wird. Denn die Überhöhung des ICH wird von der Angst vor dem Tod getrieben, eine Erkenntnis fast aller Philosophen der vergangenen Jahrtausende. Obwohl nach durchschnittlichem Verständnis der Tod das größte aller Übel ist, meinte Platon, ohne „Selbstmordkandidat gewesen zu sein: Der Tod ist [in gewissem Sinne] eine Wohltat, weil er die Vereinigung von Seele und Körper auflöst und damit den Geist von Schmerz und Lust des Körpers befreit."[469] Das scheint pathetisch zu sein, benennt aber nur die Erkenntnis, die das bloße Ich im Zustand des Loslassens unmittelbar erlebt - auch ohne jetzt zu sterben.

Während das Ich zu Beginn des Lebens noch die vollständige Verschmelzung, die Symbiose mit der Mutter, erlebt, ist der Tod Sinnbild für vollständige Trennung und Einsamkeit. Aus dem Wunsch, den Tod irgendwie zu überwinden, überhöht sich das ICH im Laufe des Lebens und glaubt sich so mächtig, dass es sogar den Tod besiegen könne. Bei einer schweren Krankheit ruft

468 Hannah Arendt, Vom Leben des Geistes, S. 127

469 Platon in Phaidon, zitiert nach: Hannah Arendt, Vom Leben des Geistes, S. 86

das ICH laut und mit großer Kraft: „ICH werde siegen!" Die Erwartung an die Unendlichkeit des Lebens als jetzige Person wird in dieser Situation unersättlich: „ICH werde überleben!" Am Ende jedoch verstummt jeder Schrei, der Körper hat nur ein Ziel: Verwesung in der kalten Kiste.

Schon der Gedanke lässt jeden erschaudern. Die mit dem Tod verknüpfte Einsamkeit ist uns unerträglich und will verdrängt werden. Tod ist in unserer Gesellschaft tabu. Die Körper werden unmittelbar nach ihrem physischen Tod in Kühlboxen geschoben, werden unsichtbar gemacht. Friedhöfe sind als Parkanlagen konzipiert, damit die Nachfahren nicht an den Tod erinnert werden. Dabei ist der eigene Tod eine nicht wegzudiskutierende Tatsache. Die Sterblichkeitsrate des Menschen beträgt genau 100 Prozent. Niemand hat bisher überlebt. In jeder Minute sterben sieben Menschen in Europa, weltweit zwischen 300 und 400. Der Begriff Überleben ist reine Absurdität. Wenn wir in Ruhe darüber nachdenken, erkennen wir, dass das Sterben impliziter Teil des Lebens ist, vor dem wir uns genauso wenig zu fürchten brauchen wie vor dem Leben selbst: Nur weil ich sterbe, lebe ich. Nur weil ich lebe, sterbe ich.

Leben und Tod sind als absolute Begriffe genauso unsinnig wie die Idee eines einsamen Atoms, das die Welt begründen soll. Leben und Tod sind lediglich Begriffe für relative, zeitliche Zustände des Seins. Das Sein ist in diesem Sinne kein ontologischer oder statischer Zustand, sondern beschreibt lediglich eine ganz offensichtliche, kontinuierliche Veränderung - die Metamorphose des Lebens. Die Angst vor dem Tod ist daher nur ein Produkt des sich selbst überhöhenden ICH, das sich im Tod in einer kalten Kiste auf dem Friedhof wähnt. Dies aber ist nur die Wahnidee eines unwissenden Geistes, der aus lauter Überhöhung an etwas festhalten will, das nicht existiert. Das einzige, das in dieser Kiste liegen wird, ist ein verrottender Körper. Eine leblose, materielle Hülle ohne jeden Geist, ohne Ängste oder Erinnerungen, dessen Materie bei genauer Analyse - der Quantenmechanik folgend - nicht einmal mehr zu finden ist. Warum also soll ich Angst vor etwas haben, das Teil eines dynamischen Seins, einer ständigen Metamorphose ist, die so sicher ist, wie der Apfel zur Erde fällt und die kein Lebewesen je überwinden kann?

Seit den Herzinfarkten habe ich viel über die Endlichkeit meines Lebens meditiert. Auch in der Zeit davor habe ich oft darüber nachgedacht. Damals war das Sterben nur ein intellektuelles Konzept. Eine Logik, die sich ausdrückt in Sätzen wie: „Ist doch klar, dass ich irgendwann sterben werde." Doch das „Irgendwann" drückt bereits den Wunsch des ICH nach Unendlichkeit aus. Während des Infarktes im Flugzeug erlebe ich das Nahen des Todes. Und zu meinem großen Erstaunen ist dies, trotz der damit verbundenen heftigen Schmerzen in der Brust, keine unangenehme Erfahrung. Schon wenige Minuten nach den ersten Schmerzen beginne ich zu meditieren, entspanne meinen Geist, atme ruhig, wobei die Sauerstoffmaske während des Flugs die körperliche Not deutlich lindert. Nach einer Weile ist mein Geist fast vollständig ruhig, fast schon gelassen. Befreit von allen Äußerlichkeiten. Was bislang wichtig war, verliert seine Bedeutung. In keinem dieser Momente empfinde ich Panik oder Angst. Mein Geist ist auf Heilsames ausgerichtet. Notarzt und Sanitäter können daher nach der Landung den Infarkt im EKG nicht sehen. Nur der Intuition einer Ärztin ist es zu verdanken, dass der Herzinfarkt erkannt wird. Auch später, auf dem OP-Tisch, als der Herzkatheter geschoben wird, bin ich immer noch ganz entspannt, meditiere weiter. Wenn ich diese Szene heute in meinen Geist zurückrufe, sehe ich den OP-Saal und höre, wie ein Arzt ruft, dass er Adrenalin spritzen müsse, weil er - mein Körper - drohe abzuhauen. Und doch: Ich erinnere nur ein angenehmes Gefühl, obwohl ich nicht narkotisiert war.

Heute kann ich den Satz Descartes nachempfinden, der gesagt hat, „dass der Geist ohne den Körper denken kann, nur dass er, solange er mit dem Körper verbunden ist, in seiner Tätigkeit durch die schlechte Beschaffenheit der Körperorgane behindert werden kann."[470] Ja, mein Körper ist ein unzuverlässiger Geselle. Vergeht. Stirbt jeden Tag. Schon seit meiner Geburt. Das ist nichts Neues, nur eine realistische Sicht. Die Meditation legt nur frei, dass das bloße Ich nicht identisch ist mit dem Körper. Das bloße Ich ist auch kein Eigentümer dieses Körpers. Durch die Nähe zum Tod und meinen nachfolgenden Meditationen löst sich die Angst vor dem Tod weitgehend auf. Auf der Intensivstation kann ich diesen Zustand noch halten.

470 Descartes zitiert nach Hannah Arendt, Vom Leben des Geistes, S. 90

Nur der Schmerz über Evas und Davids Angst ist kaum auszuhalten. Am zweiten Tag sitzt David, eine vierzehnjähriger, noch kleiner Junge, auf dem Stuhl neben meinem Bett und weint bitterlich. Es ist gut, dass er weint. Ich fühle seine Traurigkeit und weiß darum, weil ich 35 Jahre zuvor genauso gefühlt habe, aber es nicht zeigen durfte. Auch jetzt, wenn ich darüber schreibe, fühle ich diese Traurigkeit, weil wir einen geliebten Menschen nicht verlieren möchten. Und doch wird dies geschehen. Die Trennung ist unausweichlich. Das Loslassen von geliebten Menschen ist die eigentliche Hürde beim Sterben, weil wir glauben, sie zurücklassen zu müssen, ohne ihnen auf ihrem weiteren Lebensweg helfen zu können. Doch auch hier schlägt das überhöhte ICH wieder erbarmungslos zu, glaubt den Lebensweg eines Kindes oder Heranwachsenden oder irgendeiner geliebten Person kontrollieren und gestalten zu können. Hinterbliebenen leiden weniger, wenn der Tod als das anerkannt wird, was er ist: Die Veränderung eines Sein-Zustands. Teil der Metamorphose des Lebens.

Mit der Genesung in den ersten Wochen wächst bei mir wieder die Sorge um das ICH. Zum Glück ahne ich die neuen Möglichkeiten. Während ich in der Vergangenheit erschrak, wenn ich an den Tod dachte, verschwindet dieser Schrecken mit jeder Meditation über Leben und Tod Stück für Stück. Die Klarheit des nicht-rationalen Denkens in der Meditation zeigt mir die einfache Realität. Ich akzeptiere das Sterben meines Körpers. Es gibt kein Entrinnen. Für Niemanden. Das ist die einzige Gewissheit in jedem Leben. Der Zeitpunkt wird kommen und eintreten, auch wenn die Ärzte mir heute mitteilen, ich könnte durchaus noch zehn oder fünfzehn Jahre leben. Aber ob ich nun heute oder in einigen Jahren sterben werde, aus der Perspektive des Moments des Sterbens besteht kein Unterschied zwischen heute und später. Angst entsteht, wenn der Geist im Zustand des Festhalten-Wollens bleibt. Gelingt es mir, meinen Geist durch Meditation auf das Loslassen und die natürliche Veränderung vorzubereiten, verliert der Tod seinen Schrecken, weil er als solcher nicht mehr weiter existiert. Der Tod als Absolutheit, wie ihn viele Religionen darstellen, entpuppt sich als eine Einbildung des Geistes. Übrig bleibt die einfache Gewissheit, dass der Geist diesen Körper verlassen und sich eine neue Wohnstätte suchen wird.

Durch Meditationen über das Sterben des Körpers, in denen ich das Verlassen des Geistes aus dem sterbenden Körper simuliere, wächst Vertrauen in das, was kommen wird und was jeder Geist schon so oft erlebt hat. Der Geist hat schon viele Male in der Vergangenheit einen Körper verlassen und wird dies auch noch viele Male tun. Die Vorbereitung auf die Zukunft entsteht durch das Betrachten der Vergangenheit und dem Antizipieren der Zukunft in der Meditation.[471] Das Sterben wird mich nicht mehr erschrecken: Vermutlich wird mein Herz zunächst anfangen zu rasen. Mund und Körper trocknen aus. Mein Körper beginnt auszukühlen. Die Kälte kriecht langsam von Füßen und Händen in den Rumpf bis zum Herzen. Dann erfolgt der letzte Atemzug. Jede Bewegung im Körper, auch die des Herzens, hört auf. Der Körper ist tot.

Der Materialismus glaubt, dass damit das Ende erreicht ist. Doch das ist, wie bereits Platon wusste, pure Naivität. Die moderne Wissenschaft unternimmt nicht einmal den Versuch, einen Beweis für ihre These des absoluten Endes zu finden. Menschen in vielen verschiedenen Kulturen wissen jedoch, dass der Geist nach dem offensichtlichen Tod des Körpers diesen erst später verlässt. So wie der Geist schon mit der Befruchtung in die erste Zelle eintritt und das Leben mit dem Geist beginnt, löst sich dieser Geist erst nach dem klinischen Tod vom Körper. Zur Erklärung, damit wir uns eine Vorstellung machen können, formuliert die buddhistische Philosophie - aber auch Denker anderer Kulturen - dass sich dabei verschiedene subtile Energieebenen des Körpers langsam und nacheinander auflösen. Geshe Pema Samten schreibt: „Im weiteren Verlauf des Sterbeprozesses setzen subtilere Prozesse der so genannten inneren Atmung ein, die von außen nicht beobachtet werden können. Nach dem buddhistischen Tantra wie auch nach dem Yogasystem ist der gesamte materielle Körper von einem feinstofflichen Körper durchzogen, bestehend aus feinstofflichen Kanälen, den Nadis, in denen Windenergie, Prana, zirkuliert. Darüber hinaus werden im Tantra energetische Tropfen erwähnt: Am Scheitel befindet sich der weiße Tropfen, am Nabel der rote Trop-

471 Für weitere Hinweise zur Meditation über den Tod siehe: Sogyal Rinpoche, Das Tibetische Buch vom Leben und vom Sterben, Das Tibetische Totenbuch in der Übersetzung von Stephan Schumacher und auch auf www.dharma-university-press.org

fen und in der Herzregion der sogenannte äußerst subtile Tropfen. Der subtile Körper, der mit subtilen Geisteszuständen verbunden ist, die wir normalerweise im Leben nicht bewusst erfahren, degeneriert nun ebenfalls."[472] Je nach dem in welchen Zustand sich der Geiste befindet und welche Umstände zum Zeitpunkt des Tod zusammen kommen, kann dieser Prozess wenige Stunden oder auch mehrere Wochen dauern. Als Durchschnitt werden drei Tage angegeben. So lange sollte ein toter Körper möglichst in Ruhe liegen bleiben, damit der höchst sensible Geist nicht zusätzlich beschädigt wird. Erst dann verlässt der Geist den Körper wie eine immaterielle Essenz.

Ich - Hans - bin dann Geschichte, nicht mehr existent. Die bisherige Person Hans hat dann aufgehört zu existieren. Denn Ich – Hans - bin lediglich eine Benennung aus der Kombination aus diesem Körper mit diesem Geist zum jetzigen Zeitpunkt. Mit dem Tod des Körpers und der Trennung des Geistes vom Körper hört die bisherige Existenz auf. Nach dem Tod des Körpers ist der Geist, der zu diesem Hans einmal gehörte, frei von dem unzuverlässigen Gesellen Körper. Der Dalai Lama beschreibt dies mit schönen Worten: „Wenn wir Leben und Tod aus einer breiteren Perspektive betrachten, dann ist das Sterben nur wie das Anziehen neuer Kleider. Wird dieser Körper alt und unbrauchbar, dann sterben wir und nehmen einen neuen Körper an, der frisch, gesund und voller Energie ist. Das ist doch nicht unbedingt etwas Schlechtes!"[473] Mit dieser schönen Sichtweise verliert der körperliche Tod seine Dramatik und wird zu einem positiven Teil des Lebens, weil mein Geist danach ein neues Kleid, einen neuen Körper finden kann. Der Tod wird zu einem Schritt, mit dem wir einen altersschwachen oder erkrankten Körper, der dem Geist nicht mehr helfen kann, endlich verlassen können. Das tröstet dann hoffentlich auch David, Eva und andere, die traurig sind. Denn „mein" Geist wandelt dann auf guten, neuen, unbegangenen Wegen.

Die Begierde nach Leben und die Angst vor dem Tod - sie sind zwei Seiten derselben Medaille, die uns in der Illusion eines aus

---

472 Geshe Pema Samten, Die Auflösung im Sterbeprozess, in Tibet und Buddhismus, 4-2009, S. 16-18

473 Das Tibetische Totenbuch, S. 46

sich heraus existierenden ICH schwelgen lässt. Sie beflügelt die Illusion an einen Gott und den Glauben, dieser Gott könne Sterben verhindern. Das aber verstärkt nur Verzweiflung und Schmerz. Denn je mehr ich mich an das Leben in diesem Körper klammere, desto schmerzhafter wird der Abschied. Wieder eine einfache Form der Dialektik der Begierde. Die Vorstellung, den Krebs überleben zu können, bewirkt, dass das Leben schon im Leben verloren ist, weil die illusionäre Erwartung ans Überleben die Gegenwart verschleiert. Jede Verdrängung des Todes bewirkt eine größere Distanz zum Leben – lässt die Gegenwart in den Sentimentalitäten der Vergangenheit oder den Träumen einer Zukunft untergehen. Das sowieso schon überhöhte ICH glaubt sich dann weiter autonom, unabhängig, stark, ewig, aus sich heraus existierend und mächtiger als der Tod - und ist doch nur eine Fata Morgana, stirbt definitiv.

Als gesunder Mensch, in der Blüte des Lebens, fällt es schwer, diesen Gedanken zu folgen, denn das ICH will sich an der Fata Morgana erfreuen. Doch einfache, logische Betrachtungen helfen, sich der Klarheit des Lebens anzunähern, um das angeblich aus sich heraus unabhängige, inhärente ICH als eine Illusion zu entlarven. Schauen wir uns in Ruhe die Wirklichkeit an:

Aus einer recht groben Perspektive bestehe ich aus vielen Milliarden Teilen, unzählbaren Atomen, die selbst nicht einmal als Materie auffindbar sind und deren Kombination meinen Körper ausbilden. Es gibt kein einheitliches Etwas, das wie ein Monolith als ICH auftreten kann. Ich bin zudem abhängig von fast unzählbaren äußeren Faktoren wie Lebensmitteln, Wetter und anderen Umwelteinflüssen und natürlich von allen mir bekannten sowie noch mehr unbekannten Menschen, Gruppen und Institutionen. Ohne diese anderen würde ein Ich nicht existieren, wie Hegel und Sartre festgestellt haben.

Diese einfache Realität beschreibt zunächst nur die groben Abhängigkeiten, die zeigen, dass niemand unabhängig und eigenständig ist und auch nicht sein kann. Dafür brauchen wir nicht einmal buddhistische Meister, sondern nur den klaren Blick auf das einfache Leben. Die Ideen der Autonomie, der unbegrenzten Freiheit, des Individualismus sind wie die Idee eines inhärenten

ICH eine Fata Morgana, erlernt durch die von Hannah Arendt entlarvte Gedankenlosigkeit.

Wollen wir die feineren Abhängigkeiten verstehen, hilft uns die Definition eines aus sich heraus existierenden Phänomens: Inhärente Phänomene entstehen nicht, denn sie existieren per Definition aus sich (a se) heraus. Sie können nicht vergehen, denn was nicht entsteht, kann auch nicht vergehen. Sie sind unabhängig von anderem, weil sie ohne Ursache sind. Daher existieren sie ohne andere und stehen nicht mit ihnen in Wechselwirkung. Sie sind also wirkungslos. Bei der einfachen Betrachtung meines Lebens wird jedoch schnell deutlich: Ich bin zum Glück entstanden und werde - eine Tatsache - vergehen. Ich bin abhängig von anderen Menschen und tausenden sonstigen Faktoren und könnte ohne dies alles nicht existieren. Daher lebe ich in ständiger Wechselwirkung mit anderen und bin – wie wunderbar - wirksam. Mein Ich erfüllt keines der Kriterien eines inhärent existierenden Phänomens.

Diese Einsicht ist für gewöhnlich viel zu abstrakt, scheint eher einem philosophischen Seminar zu entstammen und hält uns viel zu oft von der Wirklichkeit ab, weil mit dem rationalen Denken über ein höchst emotionales Thema der Geist verwirrt wird und verschiedene Abwehrargumente in Marsch gesetzt werden. Gelingt es uns jedoch, in einer Meditation, diese einfachen Zusammenhänge in unseren Geist eintreten zu lassen, und tritt diese Weisheit dann mit dem schon lange in den Höhlen des ES gelagerten Wissen darüber in Resonanz, entsteht einfache, klare Freude.

„Welche Freude, wenn der Regen zur rechten Zeit fällt!
Welche Freude, wenn die Früchte auf dem Feld wachsen!
Welche Freude, wenn im Bewusstseinsstrom der unzähligen Wesen
der Erleuchtungsgeist geboren wird!“[474]

Leben aus dieser Perspektive ist einfach: Ich rede, schreibe, esse, trinke, fühle, denke, arbeite, spiele, genieße, träume - bloß. Jetzt. Im bloßen Moment. In unendlicher Beziehungsabhängigkeit mit jedem einzelnen Wesen und der Welt. Der Dalai Lama findet - wie so oft – einfache, klare Worte: „Das Selbst ist eine bloße Benen-

474 Khunu Lama, Allen Freund sein, Vers 92, S. 142

nung der Relation aus der Kombination von Körper und Geist. Weil es nur benannt ist, gibt es kein unabhängiges, von Körper und Geist substanziell verschiedenes Ich oder Selbst. Die Schlussfolgerung ist, dass das Ich ein bloßes Ich ist, das als Benennung auf der Grundlage der fünf körperlichen und geistigen Aggregate existiert."[475] Das bloße Ich ist ein einfaches Ich, das in jedem Moment bloß existiert. Pure Gegenwart. Klares Sein. Nur ein Name für den Beziehungsmoment des augenblicklichen Körpers, Geistes und allem Existierenden, das sich schon im nächsten Moment wieder ändert.

Das Charakteristische der Gegenwart ist, dass sie nur in einem Moment so ist, wie sie ist. Schon im nächsten Moment wandelt sich die Gegenwart aufgrund der vielfältigen Wechselwirkungen mit fast unzählbaren Faktoren um in den nächsten Moment. Gegenwart ist pure Energie, in ständigem Fluss (griechisch: panta rhei). Das bloße Ich hat genau diese Eigenschaften: Nimmt in jedem Moment die Welt so wahr, wie sie aktuell ist, ohne Schminke oder Theorie; ist pure Energie des Moments; abhängig und verbunden mit dem ganzen Universum; hochgradig wirksam und in ständiger Veränderung. Das bloße Ich ist wie die Gegenwart ein Produkt der vielfältigen Beziehungsabhängigkeiten und Einflussfaktoren der Vergangenheit, konstituiert sich - nach Hegel - aus der Wechselwirkung mit der Welt, wenn diese sich - nach Freud - auf der Oberfläche des Geistes spiegeln und das Ich erzeugen. Um sich schon im nächsten Moment wieder zu verändern und ein anderes Wir mit der Welt zu erschaffen. In diesem Wechselspiel ist nicht identifizierbar, wer oder was zuvor, primär oder dominant ist. Das bloße Ich lebt im „Existenzmodus des Seins", wie Fromm den Zustand der absoluten Gegenwart nennt, des Gewahrseins, in dem ich Schmerzen und Freude, Liebe und Mitgefühl für das Leid aller Wesen empfinde und diese Wechselwirkung mit der Welt freudig wahrnehme. Ein Ich im Wir mit voller Dynamik des Lebens.

Vielleicht fühlen Sie nun eine Unsicherheit oder eine Abwehr gegen den Gedanken, dass Ihr Ich nicht inhärent, nicht aus sich selbst heraus existiert, nicht autonom und nicht frei ist von allem

---

475 Der Dalai Lama, zitiert nach Systematisches Studium, Unterrichtseinheit IX, S. 112

anderen. Das Bewusstsein über solche Abhängigkeit löst oft unangenehme Gefühle aus, weil das Ich sich dann auf andere verlassen muss. Fast jeder Mensch wünscht sich ein starkes, unabhängiges ICH. „ICH bin unabhängig!" ist der Schlachtruf der Autonomie, um bloß keine Abhängigkeiten ertragen zu müssen. Wie kann ich mich je auf andere verlassen, nachdem sich selbst meine Mutter von mir getrennt und mich in diese Welt geworfen hat? Wir leben in der Euphorie der Unabhängigkeit des ICH, weil wir den Schmerz der Trennung fürchten. Deshalb haben wir die Autonomie zur Ideologie eines unbändigen Individualismus hochstilisiert und meinen, dass wir unabhängig, substanziell und wie aus einem Guss sind. Der große tibetische Mönch Dsche Tsongkhapa schreibt:

„So wie ein junges Mädchen in einem Traum
ihren Freund sterben sieht,
und sich freut, wenn er doch um die Ecke kommt,
und traurig ist, wenn er dann wirklich stirbt,
so sollten wir alle Erscheinungen als nicht inhärent existent betrachten.

Alle hergestellten und nicht-hergestellten Produkte
sind frei von jeder Konstruktion.
Die Weisen sind frei von konzepthaften Denken.
In allen Welten, seit sie die Weisheit des Nicht-Entstehens erlangt haben,
sind sie frei von allen Vorstellungen."[476]

Die Einsicht in und das Nachdenken über die Realität des bloßen Ich ist nicht trivial, weil sie gegen das Gewohnte andenken muss. Daher brauchen wir Zeit und vor allem mehr Wissen über diesen Geist. Lassen wir uns aber auf die neuen Gedanken ein, wird zunehmendes Glück erlebbar. Denn erst die scheinbare Autonomie, geglaubte Unabhängigkeit und Individualität erzeugen jene Einsamkeit und Entfremdung, vor der wir uns fürchten. Durch die Entfremdung verdingliche ich mich zum scheinbar unabhängigen Subjekt und degradiere alle anderen unmittelbar zu von mir begehrten Objekten. Hierdurch erst verliere ich Beziehungen zu Menschen und zur Welt. Oder mit Hegel gesprochen: In der Begierde erhebe ich mich zum Subjekt über die anderen und verlie-

476 Dje Tsongkapa, Ocean of Reasoning, A great Commentary on Nagarjunas Mulamadhyamakakarika, translated by Geshe Ngawang Samten and Jay Garfield, S. 218 (eigene Übersetzung)

re damit mich und die Welt und mache mich ebenfalls zum Werkzeug der anderen. So machen wir uns zum Produktionsfaktor und Humankapital, zum Ehepartner oder zum Familienversorgenden, zu welcher Funktion auch immer. Die Funktionalisierung der Beziehungen, die Instrumentalisierung der Lebenden - der anderen wie auch mir - erfolgt nur aufgrund der Überhöhung des ICH zum Subjekt, der Entfremdung des bloßen Ich von der Welt als Objekt und der sich hieraus ergebenden Trennung in Subjekte und Objekte. Die Dualität von Subjekt und Objekt ist eine der einschneidenden Folgen des überhöhten narzisstischen ICH.

Die Einsicht in diese einfache Wirklichkeit wirkt befreiend. Tsongkhapa schreibt darüber:

„Diejenigen, die die Welt in dieser Weise verstehen,
haften niemals an irgendetwas,
hassen nicht und überhöhen sich nicht.
Ihr Geist ist fokussiert auf die Essenz des Leer-seins,
wodurch sie ein machtvolles Samadhi besitzen."[477]

Diese Weisheit erlöst vom Leid in allen Bereichen des Zusammenleben mit anderen, in welchen Organisationsformen auch immer. Die wichtigen Schritte zum Glück, zum Freisein vom Leid, sind verbunden mit der Analyse des Ich und dem Verständnis über die verschiedenen Aspekte und Facetten des eigenen Geistes, seiner grundlegenden Eigenschaften sowie den vielfältigen Beziehungsabhängigkeiten. Würde und Freiheit erfordern Selbstreflexion, die mit Hilfe von Supervision, System- oder Familienaufstellung, Psychoanalyse, Kunst- oder Gestalttherapie, Musik- oder Bewegungstherapie und Selbstanalyse möglich ist. Alle diese psychologischen Methoden wie auch Yoga oder Entspannungstechniken, Achtsamkeits- oder Gelassenheitsübungen sprechen die heilenden Wege des Geistes an.

Meditation ist ein besonders wirksames Mittel der Selbstreflexion, der Betrachtung des eigenen Geistes mit dem Geist. Der geniale Aspekt der Meditation ist meines Erachtens, dass nach einer gewissen Konzentrationsübung die Selbstreflexion nicht mehr in Begriffen er-

477 Dje Tsongkapa, Ocean of Reasoning, A great Commentary on Nagarjunas Mulamadhyamakakarika, translated by Geshe Ngawang Samten and Jay Garfield, S. 219 (eigene Übersetzung)

folgt, sondern übergeht in eine unbegriffliche und unmittelbare Erfahrung. In der Meditation wird das Denken intuitiv, verlässt die Bahnen der Begriffe und der intellektuellen Gebäude. Der oder die Meditierende betritt dann - langsam und behutsam - den ursprünglichen, konzeptionslosen Raum des Geistes, die Höhle des unbewussten ES. Das als inhärent geglaubte ICH löst sich dann langsam auf. Das bloße Ich wird im klaren Licht des Geistes sichtbar. Bewusstes Leben. Ohne Erwartung. Einfaches Sein. Wieder fehlt uns die Sprache zur Beschreibung dieses Zustandes. Deshalb leihen wir uns Bilder und Metaphern aus anderen Wissensgebieten. Die Wege hin zu solchen Meditationen möchte ich Ihnen im vierten Band zeigen.

Die Überwindung der Instrumentalisierung ist kein triviales und einfaches Ziel. Denn wir leben in unserer Gesellschaft fast ausschließlich in Erwartungen, zu deren Erfüllung wir uns und andere instrumentalisieren. So erzeugt Werbung ständig neue Erwartungswelten: Mal ist die Haarfarbe zu hell, zu dunkel, zu grell. Mal ist der Anzug zu streng oder die Hose zu leger. Mal das Auto zu klein oder der Energieverbrauch zu hoch. Ständig werden wir mit Erwartungen bombardiert, sollen Funktionen erfüllen, werden zu Werkzeugen gemacht oder machen uns und andere dazu. Und meist können wir die Erwartungen nicht erfüllen. Die Folgen: Frust, Enttäuschung, Unglück. Diese Instrumentalisierung geht bis in den Tod hinein: Ein Mann, Mitte vierzig, liegt nach einem Herzstillstand und anschließender Reanimation auf der Intensivstation. Seine Frau steht weinend am Bett, hebt die Arme und ruft laut: „Wie soll es denn nun weitergehen? Er muss doch das Geld verdienen." Der Mann war offensichtlich hauptsächlich das Werkzeug zur Familienernährung. Liebe und Ehe werden instrumentalisiert, im Extrem durch Zwangsehen und Zweckheiraten.

Die Glücksforscher stellen immer wieder fest, dass wir in der westlichen Welt trotz Reichtum nicht glücklich sind, weil die Erwartungen stetig enttäuscht werden. Selten oder nie erfüllen sich die Erwartungen der Gesellschaft, der Unternehmen oder anderer Organisationen, in denen wir arbeiten und leben. Und je größer die Enttäuschung, desto mehr instrumentalisieren wir uns. Die Kantische Forderung „Instrumentalisiere Niemand!" ist daher aktueller denn je. Die Forderung an uns alle lautet, Erwartungs- und

Bedingungslosigkeit, die Befreiung von der Instrumentalisierung in so vielen Bereichen unseres Lebens wie möglich zu leben.[478] Dann können wir andere Menschen in ihrer Würde wieder achten und sie als gleichberechtigte Personen wahrnehmen. Die Überwindung der Benutzung und des Missbrauchs von Menschen und der Erwartungswelt sind grundlegende Herausforderungen für alle Gemeinschaften - Unternehmen, Vereine, Gemeinden, Länder, ja für die Menschheit insgesamt. Mein Anliegen und mein Aufruf an alle Menschen, die dies lesen, die darüber nachdenken und die glücklicher leben möchten, lautet:

Lasst Euch nicht weiter instrumentalisieren!
Instrumentalisiert niemanden!
Lebt die Freude der Erwartungslosigkeit!
Lebt den bedingungslosen, innigen Kontakt miteinander!

Ganz praktisch bedeutet dies: Wenn Sie mit jemandem sprechen, sprechen Sie nur. Wenn Sie zuhören, hören Sie nur zu. Wenn Sie schreiben, schreiben Sie. Wenn Sie lesen, lesen Sie. Seien Sie ganz im Jetzt. In diesem Moment. „Für Studierende, die in der Weise des Seins zur Welt bezogen sind, hat der Lernvorgang eine völlig andere Qualität. Zunächst gehen sie selbst zu der ersten Vorlesung nicht als tabula rasa.[479] Sie haben über die Thematik schon früher nachgedacht; es beschäftigen sie bestimmte Fragen und Probleme.... Statt nur passiv Worte und Gedanken zu empfangen, hören sie zu, sie empfangen und antworten auf aktive und produktive Weise. Was sie hören, regt ihre eigenen Denkprozesse an. Neue Fragen, neue Ideen, neue Perspektiven tauchen auf. Der Vorgang des Zuhörens ist ein lebendiger Prozess; die Studierenden nehmen die Worte der Lehrenden auf und werden in der Antwort lebendig."[480]

Meditieren und praktizieren Sie dies, werden Sie irgendwann laut lachen. Es bricht aus Ihnen heraus und Sie spüren diese innere Gelassenheit, die Freude über jeden einzelnen Moment. Sie er-

478 Ich weiß, dass mir dies in dem nun vergangenen Berufsleben nur selten gelungen ist und möchte mein tiefes Bedauern denjenigen gegenüber zum Ausdruck bringen, die durch meine instrumentalisierenden Handlungen Leid erfahren haben.

479 Lateinisch; zu Deutsch: leerer Tisch

480 Erich Fromm, Haben oder Sein, S. 45

leben die Vergegenwärtigung eines Moments. ES und bloßes Ich sind in dieser Sekunde im Einklang, mit allem in der Welt verbunden. Sie fühlen die Dynamik des Seins, der Metamorphose des Lebens. Die Begierde wird schwächer und Sie nähern sich wieder dem WIR. Lassen Sie sich auf dieses Gefühl ein, erleben Sie Bezogenheit, Lebendigkeit, Lebensfreude, stetiges Lernen, Gestalten und Verantwortung.

Wenn uns dies gelingt, dann leben wir in einer Art und Weise, dass wir das Glück aller fühlenden Wesen erreichen wollen, was Buddha, Jesus, Augustinus, Kant, Hegel, Arendt, Sartre, Fromm, der Dalai Lama und viele andere kurz in einem Begriff zusammen fassen: Liebe! Die Kunst des Lebens ist Liebe. Wenn Sie diese Kunst erlernen möchten, lade ich Sie ein, im zweiten Band zunächst den Geist und seine Geistesfaktoren zu studieren, um im dritten Band über die Konsequenzen für den beruflichen Alltag und das Management nachzudenken. Im vierten Band werden Sie dann Methoden der Meditation kennen lernen. Ich freue mich darauf.

Meditation: Mit allem verbunden

Zum Ende dieses ersten Bandes möchte ich Ihnen eine Meditation ans Herz legen, mit der Sie Ihre Verbundenheit mit der Welt in purer Freude fühlen können. Diese Meditation können Sie an fast jedem Ort durchführen, ob bei einer Wanderung durch den Wald oder über Felder, auf dem Fußweg durch eine Stadt, in der Straßenbahn oder dem Zug, im Büro und selbst nach einer gewissen Übung auch während Besprechungen oder in Konferenzen, in denen es ja immer wieder Phasen des geistigen Leerlaufs gibt. Oder auch wenn Sie einfach nur irgendwo warten, beim Arzt, auf dem Bahnhof oder dem Flughafen.

Wenn Sie diese Meditation zum ersten Mal machen, ist es günstig, dies an einem ruhigen Ort zu tun, damit Sie Ihren Geist besser auf die Meditation richten können. Dies kann auf einem Stuhl oder Sessel, aber auch bei einem kurzen Spaziergang in der Natur sein. Die Ablenkungen sollten so gering wie möglich sein und Ihre Konzentration sollte weder durch Gemütlichkeit gedämpft noch durch Aufregung überreizt sein. Und natürlich sollten Sie dies nicht in Situationen tun, in denen Sie Ihre Konzentration für andere notwendige Tätigkeiten brauchen, wie der Achtsamkeit im Straßenverkehr. Nach einer gewissen Übung können Sie diese Meditation jedoch in fast jeder Lebenslage durchführen, selbst variieren und ergänzen mit Aspekten der jeweiligen Lebenssituation, in der Sie sich befinden. Ich wünsche Ihnen viel Freude dabei!

Beginnen Sie die Meditation, indem Sie zunächst
Ihren Atem ganz ruhig betrachten und fließen lassen.
Bei einem Spaziergang beobachten Sie mit jedem Schritt den Fluss des Atems.
Die kühle, frische Luft fließt durch die Nase in den Körper hinein,
fließt hinunter in Ihren Bauch, der sich leicht hebt,
um schließlich - vom Körper erwärmt - diesen langsam wieder zu verlassen.
Beobachten Sie so zunächst Ihren Atem ein oder zwei Minuten,
ohne ihn bestimmen, kontrollieren oder verändern zu wollen.

Haben Sie Ihren natürlichen Atemrhythmus
für die Situation, in der Sie sich gerade befinden, erlangt,

entspannen Sie zunächst Ihre Schultern,
indem Sie diese langsam nach unten sinken lassen. Öffnen Sie die Hände,
so als wollten Sie den warmen oder kalten Atem der Welt
mit der ganzen Hand ertasten. In dieser Weise gehen Sie weitere
ein oder zwei Minuten durch den Wald
oder sitzen ganz entspannt auf Ihrem Stuhl.

Jetzt richten Sie Ihre Konzentration auf den Kontakt Ihrer Füße mit der Erde.
Die Füße stehen vielleicht ruhig auf dem Boden, während Sie sitzen.
Oder Sie fühlen, wie jeder Fuß bei jedem Schritt langsam abrollt.
Achten Sie auf jede kleine Veränderung des Druckes und der Bewegung.
Stellen Sie sich vor, wie Ihre Füße mit der Erde verbunden sind,
wie die Erde und Ihre Füße in engem Kontakt miteinander sind,
plaudern, als wären Sie uralte Freunde oder Spielkameradinnen.

Nun öffnen Sie Ihren Brustkorb. Ihr Herz wird weit.
Sie spüren die frische Luft, die Sonnenstrahlen oder Regentropfen, den Wind
und wie diese mit Ihrer Brust und Ihrem Herzen in Verbindung treten.
Stellen Sie sich vor, wie jeder kleine Windhauch, jeder Regentropfen, jeder Sonnstrahl, jedes Luftmolekül in der Sie umgebenden Luft wie durch
Fäden oder feine Luftströme
im Bereich Ihres Brustkorbes mit Ihnen in Kontakt tritt.
Freuen Sie sich über diesen schönen Kontakt mit Ihren Freunden.
Ihr Atem ist jetzt nicht nur natürlich fließend, sondern freudig entspannt.
Jeder Lichtschein, jeder Regentropfen, jeder Luftzug ist pure Freude.

Nun nehmen Sie weiteren Kontakt mit dem auf, was Sie gerade umgibt.
Fühlen Sie, wie der Wind oder der Regen, die warme oder kalte Luft
durch Ihr Haar streichen,
Sie berühren und mit Ihnen in einen Gesang eintreten.
Es ist das Lied über die Verbundenheit zwischen Ihnen und der Welt.
Diese Verbundenheit fühlen Sie in jedem Teil Ihres Körpers.
Fühlen Sie, wie der gerade am Wegesrand stehende Baum
seine Fühler nach Ihnen ausstreckt, Sie berührt an Armen und Beinen,
am Bauch und Po, an Mund und Nase, an Ohr und Auge.

Fühlen Sie, wie jeder Grashalm „Hallo!" ruft,

wie jede Mücke oder Fliege vorbeikommt und mit Ihnen tanzen möchte,
wie ein Pferd oder eine Kuh auf einer Wiese sich freuen
über Ihr Vorbeikommen.
Wenn Sie durch eine Straße gehen, fühlen Sie, wie die vielen Menschen
mit Ihnen neuronal sprechen, Ihnen Geschichten erzählen und sich freuen,
dass ihnen jemand zuhört. Achten Sie auf alle diese kleinen
Verbindungen zur Welt, genießen Sie jeden einzelnen Kontakt,
jede Linie, jeden Faden,
mit dem Sie mit dieser wunderschönen Welt verbunden sind.

Zum Schluss dieser Meditation fühlen Sie, wie jeder Lichtstrahl,
der - von welcher Person oder welchem Ding auch immer - reflektiert wird,
Ihnen eine Botschaft über diese Person oder dieses Ding schickt.
Wie jeder Ton, der durch die Luft getragen wird und an Ihr Ohr gelangt,
Ihnen zu flüstert: „Du bist mit uns allen verbunden. Wir sind zusammen."
Freuen Sie sich über diese grandiose Familie,
die Ihnen bedingungslose Liebe und Aufmerksamkeit schenkt ,
denen Sie gleichfalls Ihre Liebe und Freude schenken.

Die Welt und Sie tanzen gemeinsam zum Takt der Symphonie des Lebens.

Gesang des unübertroffenen Pfades

Gib die Anhaftung und Abneigung auf,
bohre stattdessen Brunnen,
aus dem die Wasser der Liebe quellen,
die alle fühlenden Wesen mit Freude gießen.
Die das Mitgefühl wässern, das sich wünscht
die Befreiung aller vom Leid,
und im Geist universeller Verantwortung
die Lasten zur Erlangung des Wohls aller teilt.

Brich mit der Geisteshaltung,
die dein Selbst über andere stellt.
Wecke in dir die Buddha-Natur,
mit dem Ziel der Erleuchtung
und richte deinen starken Willen darauf,
deinen Geist zu üben, um endlich
die Wege der Bodhisattvas zu gehen -
zum Nutzen und Wohl aller Wesen.

Mit dem Schlüssel der Freigebigkeit,
schwer und rein wie pures Gold,
wird das schwer zu öffnende Schloss
des engen Herzens gesprengt,
aus dem die Liebe dann ohne Ende strömt;
Übe das Loslassen,
mit dem du alles geben kannst -
zum Nutzen und Wohl aller Wesen.[481]

Der Siebte Dalai Lama

481 Freie Übersetzung der Strophen 30-32 aus dem Gedicht des Siebten Dalai Lama *Gesang des unübertroffenen Pfades* in: Glenn Mullin, Meditations to transform the mind, S. 74.

Bibliographie

Swetlana Alexijewitsch

Der Krieg hat kein weibliches Gesicht, Hanser Verlag 2013

Hannah Arendt

Rahel Varnhagen, Piper Verlag 2013
Vita Activa, Piper Verlag 2002
Eichmann in Jerusalem, Piper Verlag 2007
Macht und Gewalt, Piper Verlag 1970
Über das Böse, Eine Vorlesung zu Fragen der Ethik, Piper Verlag 2013
Vom Leben des Geistes, Piper Verlag 1998

Aryadevas Catuhshatka – 400 Verse über den Weg zur Erleuchtung, Angkor Verlag 2007

Joachim Bauer

Das kooperative Gen, Heyne Verlag 2010

Sabine Bode

Die Nachkriegskinder: Die 1950er Jahrgänge und ihre Soldatenväter, Klett-Cotta-Verlag
Die vergessene Generation, Die Kriegskinder brechen ihr Schweigen, Klett-Cotta-Verlag

Ernst Bloch

Prinzip Hoffnung, Suhrkamp Taschenbuch Wissenschaft 1982

Eugen Buß

Die deutschen Spitzenmanager, Wie sie wurden, was sie sind, Oldenbourg Verlag 2007

Daniel Coleman

Emotionale Führung, Ullstein Verlag 2010

Dalai Lama VII., Glenn Mullin

Meditations to transform the Mind, Snow Lions Publications 1999

Dalai Lama XIV

Einführung in den Buddhismus, Die Harvard Vorlesungen, Path to Bliss, Snow Lion Publications 1991

Der Schlüssel zum Mittleren Weg, dharma edition 1991

Weisheit des Vajrayana, Kagyü Dharma Verlag 1996

Yoga des Geistes, dharma edition 1999

The Ethics for a New Millennium, Riverhead Books 1999

Die Vier Edlen Wahrheiten, Fischer Verlag 2000

Die Essenz der Meditation, Heyne Verlag 2001

Ohne Anfang, ohne Ende, O.W. Barth Verlag 2002

Meine spirituelle Autobiographie, Diogenes Verlag 2010

Richard Dawkins

Das Egoistische Gen, Rowohlt Verlag 2004

Hans-Peter Dürr

Geist, Kosmos und Physik, Crotona Verlag 2010

Hans-Peter Dürr

Der Wissenschaftler und das Irrationale, Europäische Verlagsanstalt 1985

Paul Feyerabend

Wider den Methodenzwang, Suhrkamp Verlag 1981

Sigmund Freud

Gesammelte Werke, Fischer Taschenbuch Verlag 2000

Abriss der Psychoanalyse, Fischertaschenbuch Verlag, 1976

Darstellung der Psychoanalyse, Fischer Taschenbuch Verlag, 1975

Erich Fromm

Furcht vor der Freiheit, dtv 1993

Den Menschen verstehen, dtv 1985

Zen-Buddhismus und Psychoanalyse, suhrkamp taschenbuch 1971

Haben oder Sein, dtv 1979

Vom Haben zum Sein, Ullstein Taschenbuch 2005

Pathologie der Normalität, Ullstein Taschenbuch 2005

Anatomie der menschlichen Destruktivität, rowohlt taschenbuch verlag 1977

Kunst des Zuhörens, Ullstein Taschenbuch 2005

Kunst des Liebens, Ullstein Taschenbuch 1990

Gesamtausgabe, dtv 1995

Howard Gardner

When Excellence and Ethiks meets, Basic Books 2002

Geshe Pema Samten

Karma, editionblumenau 2011

Raphael Gross

Anständig geblieben, Nationalsozialistische Moral, S. Fischer Verlag 2010

Jürgen Habermas

Faktizität und Geltung, Suhrkamp Taschenbuch Wissenschaft 1998

Erkenntnis und Interesse, Suhrkamp Taschenbuch Wissenschaft 1973

Theorie des kommunikativen Handelns, Suhrkamp Taschenbuch Wissenschaft 1983

Zur Verfassung Europas, Edition Suhrkamp 2011

Samuel Hahnemann

Organon der Heilkunst, Narayana Verlag,
Kandern Deutschland 2005

Werner Heisenberg

Quantentheorie und Philosophie, Reclam 9948 1979

Georg Friedrich Wilhelm Hegel,

Phänomenologie des Geistes,
Suhrkamp Taschenbuch Wissenschaft 1986

Florence Hervè, Elly Steinmann, Renate Wurm,
Das Weiberlexikon,

Papy Rosa Verlag 1994

Axel Honneth

Das Ich im Wir, Suhrkamp Taschenbuch Wissenschaft 2010

Gerald Hüther, Inge Krens

Das Geheimnis der ersten neun Monate, Belz-Verlag 2011

Gerald Hüther, Wolfgang Roth, Michael von Brück

Damit das Denken einen Sinn bekommt,
Herder Verlag Freiburg 2008

David Hume

Traktat über die menschliche Natur, Buch I,
Meiner Verlag, Hamburg 1978

Karl Jaspers

Aus dem Ursprung denkende Metaphysiker, Piper Verlag 1957

Khunu Lama

Allen Freund sein, Diamant Verlag 2004

Hans Kristoferitsch

Vom Staatenbund zum Bundestaat, Springer Verlag 2007

Thomas Kuhn

Die Struktur wissenschaftlicher Revolutionen,
Suhrkamp Taschenbuch Wissenschaft 2001

Richard Layard

Die glückliche Gesellschaft, Campus Verlag 2009

Fredmund Malik

Führen, Leisten, Leben, Campus Verlag 2006

Amin Maalouf

Mörderische Identitäten, edition suhrkamp 2010

Alexander und Margarete Mitschlich

Die Unfähigkeit zu trauern, Piper Verlag 1977

Nagarjuna - Mulamadhyamakakarika

David Kalupahana - The Philosophy of the Middle Way,
State University of New York Press, 1986
C.W. Huntington - The Emptiness of Emptiness
University of Hawaii Press 1994
Jay Garfield - The fundamental wisdom of the Middle Way,
Oxford University Press 1995
Kenneth Inada - A translation of his Mulamadhyamakakarika,
Sri Satguru Publications 1993
Bernhard Weber-Brosamer, Dieter Back, Die Philosophie der
Leere, Harrassowitz Verlag 1997

Tsongkapa - Ocean of Reasoning, Oxford University Press 2006

Lutz Geldsetzer - Die Lehre von der Mitte,
Meiner Verlag, 2010

Karl Popper

Logik der Forschung, Mohr Siebeck Verlag 2005

John Rawls

Eine Theorie der Gerechtigkeit, Suhrkamp Taschenbuch Wissenschaft 1979

Sogyal Rinpotche

Das tibetische Buch vom Leben und Sterben,
O.W. Barth Verlag 1994

Giacomo Rizzolatti

Empathie und Spiegelneurone. Die biologische Basis des Mitgefühls, edition unseld 2008

Rajan Sankaran

Die Empfindung in der Homöopathie,
Homoeopathic Medical Publishers, Mumbai, Indien, 2005

Jean-Paul Sartre

Das Sein und das Nichts, Rowohlt Taschenbuch Verlag 1993

Erwin Schrödinger

Mein Leben, meine Weltansicht, dtv 2006

Wolf Singer

Der Beobachter im Gehirn, Essays zur Hirnforschung,
Suhrkamp Taschenbuch Wissenschaft, 2002

Shantideva - Anleitung auf dem Weg zur Glückseligkeit,

O.W. Barth Verlag 2005

Das Tibetische Totenbuch,

Erste Vollständige Ausgabe, Arkana Verlag 2008

Michael Tomasello

Ursprünge der menschlichen Kommunikation,
Suhrkamp Taschenbuch Wissenschaft 2011

Ernst Tugendhat

Vorlesungen über Ethik, Suhrkamp Taschenbuch Wissenschaft 1993

Volker Ullrich

Adolf Hitler - Die Jahre des Aufstiegs, S. Fischer Verlag 2013

Anne-Ev Ustorf

Wir Kinder der Kriegskinder, Herder Verlag 2010

Paul Watzlawik,

Menschliche Kommunikation, Hans Huber Verlag 2011

Wilhelm Weischedel

Die philosophische Hintertreppe, dtv Jubiläumsedition 2011

Benjamin Zander

The Art of Possibility, Penguin Books 2004

Auflösung des Rätsels von Seite 86, das lautete: Die Bedeutung einer geschlechtergerechten Sprache zeigt sich an folgendem Rätsel: Ein Vater fährt mit seinem Sohn auf einer Landstraße. An einem Bahnübergang geschieht ein schwerer Unfall. Der Vater stirbt. Der Sohn wird schwer verletzt ins Krankenhaus eingeliefert. Der Chirurg betritt den Operationssaal und ist entsetzt: „Ich kann den Jungen nicht operieren. Das ist mein Sohn.“ Wieviel Väter hat der Junge?

Antwort: Wie jedes Kind hat auch dieser Junge nur einen Vater. Die Verwirrung entsteht durch die unspezifische Benennung „Chirurg“, was wir intuitiv und korrekter Weise als „der Chirurg“ interpretieren. Doch in diesem Fall handelte es sich um eine Chirurgin, die ihren Sohn operieren sollte und dies nicht konnte. An diesem einfachen Beispiel wird sichtbar, dass eine konkrete und geschlechtergerechte Sprache notwendig ist, die das jeweilige Geschlecht der handelnden Person benennt. Nur so ist eine angemessene und die Gleichwertigkeit aller Menschen anerkennende Sprache möglich.

Ich habe in diesem Buch versucht, die Verwobenheit des Geistes mit der Welt zu beschreiben, um meinen eigenen Geist damit vertraut zu machen. Sollte diese Darlegung Aspekte enthalten, die andere verletzen oder entwürdigen, so bedauere ich dies vor dem Angesicht aller Wesen und Buddhas. Sollte diese kleine Komposition irgendetwas Heilsames bewirken, so bete ich dafür, dass Liebe und Mitgefühl im Geistesstrom der unendlich vielen Wesen entsteht.

Neuss, im Mai 2014 Hans Korfmacher

Widmung

Mögen durch die Kraft dieser Bemühungen
alle fühlenden Wesen von
zerstörerischem Handeln und Denken ablassen und
in Freundschaft, Liebe, Mitgefühl und Harmonie zusammen leben.

Mögen alle fühlenden Wesen kraft dieser Bemühungen
verdienstvolles Karma und Weisheit ansammeln können
und mögen sie die zwei heiligen Körper erlangen,
die daraus entstehen.

Möge der Dalai Lama,
der große Ozean und Halter der Lehre, lange leben,
möge der Geist der Einsichtsvollen sich wie ein Lotus entfalten
und möge unter der Sonne von Studium und Praxis
allen zehn Himmelrichtungen Glück beschieden sein.

Geshe Thubten Ngawang

dup

dharma-university-press.org

Die dharma-university-press.org ist eine Publikationsplattform zur Vermittlung des tibetischen Buddhismus wie dieser vom Dalai Lama, von Geshe Rabten und Geshe Thubten Ngawang und seit 2003 von Geshe Pema Samten und vielen anderen Lehrenden am Tibetischen Zentrum in Hamburg unterrichtet wird. Wir fühlen uns verbunden mit allen Tibetischen Zentren und Einrichtungen dieser Tradition.

Buddhismus zu praktizieren erfordert Studium und die Anwendung des Wissens in der Meditation. Das Studium des Buddhismus durch die Veröffentlichung von Büchern und Essays, Filmen und Bilder, Präsentationen und Tondokumente sowie durch Rezensionen und Empfehlungen von Büchern und Veranstaltungen zu fördern, ist unser zentrales Anliegen.

Als Verlag bieten wir gedruckte Medien so kostengünstig wie möglich an, um vielen Menschen einen Zugang zu ermöglichen. Der geringe Preis deckt die Druck- und Vertriebskosten. Die weitere Finanzierung der Bücher erfolgt ausschließlich über freiwillige Zuwendungen von interessierten Menschen, die den Wunsch haben, dass die Texte und anderen Medien Menschen zugänglich werden. Mit den Zuwendungen finanzieren Sie die Autoren und Übersetzenden, Lektorierende und Gestaltende sowie die Infrastruktur der dharma-university-press.org. So besteht die Möglichkeit, Freigebigkeit zu praktizieren.

Die dharma-university-press.org ist nicht auf Gewinn ausgerichtet und veröffentlicht die verschiedenen Medien on-line kostenlos. Je mehr Menschen Zugang zu den Veröffentlichungen erhalten, darüber nachdenken und meditieren, desto heilsamer und wirksamer wird unser Handeln sein. Alle Texte und Medien sind daher frei zugänglich und können mit einem Hinweis auf die dharma-university-press.org für nicht-gewerbliche Zwecke in jeder Form vervielfältigt und verbreitet werden. Freigebigkeit zu leben, ist eins unser Ziele.

Doch wir wollen mehr: Wir möchten Studierenden, Denkenden, Meditierenden und andere Interessierten eine Plattform zur Veröffentlichung ihrer Gedanken und Erfahrungen, Eindrücken und Einsichten geben, um diese mit anderen Menschen auf noch unbegangenen Wegen zu teilen. Dies kann und soll gerade auch Fragen und Aspekte des alltäglichen Lebens beleuchten. Denn was nützen die schönsten Geistesströme, wenn sie sich nicht auf das praktische Leben beziehen? In diesem Sinne wollen wir einen öffentlichen Raum schaffen, indem wir über die Perspektiven auf das Leben miteinander in Kontakt kommen. Denn Buddhismus ist ein Weg, um die Perspektiven von allen fühlenden Wesen verstehen zu lernen. Ihre Beiträge und Gedanken sind daher erwünscht!

Schauen Sie auf unsere Webseite unter www.dharma-university-press.org. Dort finden Sie auch eine kostenlose E-Book-Version dieses Buches.